改革开放40年
中国税收改革发展研究

——从助力经济转型到服务国家治理

国家税务总局税收科学研究所　编著

中国税务出版社

图书在版编目(CIP)数据

改革开放40年中国税收改革发展研究:从助力经济转型到服务国家治理/国家税务总局税收科学研究所编著.
--北京:中国税务出版社,2018.12(2021.7重印)
ISBN 978-7-5678-0244-5

Ⅰ.①改… Ⅱ.①国… Ⅲ.①税收改革-研究-中国
Ⅳ.①F812.422

中国版本图书馆CIP数据核字(2018)第297722号

书　　名:改革开放40年中国税收改革发展研究
——从助力经济转型到服务国家治理
作　　者:国家税务总局税收科学研究所　编著
责任编辑:刘　菲　范竹青
责任校对:姚浩晴
技术设计:刘冬珂
出版发行:中国税务出版社
北京市丰台区广安路9号国投财富广场1号楼11层
邮政编码:100055
http://www.taxation.cn
E-mail:swcb@taxation.cn
发行中心电话:(010)83362083/86/89
传真:(010)83362046/47/48/49
印　　刷:保定市中画美凯印刷有限公司
规　　格:787毫米×1092毫米　1/16
印　　张:24.25
字　　数:400000字
版　　次:2018年12月第1版　2021年7月第3次印刷
书　　号:ISBN 978-7-5678-0244-5
定　　价:80.00元

前　言

1978年12月，党的十一届三中全会胜利召开，正式拉开中国改革开放的序幕。改革开放40年既是中国风雨兼程砥砺奋进，取得瞩目历史成就的40年，也是中国税制改革不断深化，助力国家经济转型的40年。40年来，中国税收制度在探索中不断创新、在实践中不断完善，税收改革发展的伟大实践，积累了丰富的经验，有着许多重要启示，也必将在新时代背景下确立新定位，展现新风貌，激发新作为。

为系统梳理总结改革开放以来税收领域的重大事件和历史节点，全景展示税收改革发展轨迹，深刻揭示税收改革发展内在规律，国家税务总局税收科学研究所（以下简称科研所）联合北京国家会计学院成立专题研究课题组，分为“利改税”、1994年税改、“两法合并”、营改增、个人所得税改革、税收征收管理法、税收现代化、落实税收法定原则、国税地税征管体制改革、“便民办税春风行动”、金税工程、第十届税收征管论坛大会（国际税收治理）等十二个专题进行研究。科研所所长李万甫，副所长秦凯、黄立新、李本贵，研究员魏志梅、付广军、龚辉文、陈琍、孙红梅、陈文东、李平，以及北京国家会计学院院长秦荣生、财税改革与应用研究所所长李旭红等负责组织研究。课题的研究思路是以论带史，以点带面，分别论述、各有侧重，选取具有影响力的重大税收事件作为研究的起点，将税收改革进程与整个改革开放进程紧密联系在一起，分析总结改革开放40年来的税收发展变迁，从历史轨迹中挖掘税收改革发展的规律。

本书是上述十二个专题研究成果的集中反映。在研究过程中，曾邀请税务系统内外的专家学者进行座谈交流；在形成初步研究成果后，组织了部分专题负责人进行会审，提出修改意见，并邀请国家税务总局征收管理和科技发展司原司长李林军、教育中心原主任程永昌、科研所原副所长靳东升等对研究成果进行审核。2018年11月23日，科研所、北京国家会计学院和中国税务出版社组织召开专题研讨会，邀请知名财税专家、科研所特约研究员和特聘研究员等，共同回顾改革开放40年来税收改革发展的伟大成就，展望推进税收现代化建设的前景，并将特邀专家主旨发言的主要观点收录书中。

在课题的研究和本书的编辑、出版过程中，科研所崔玮、董超、刘和祥、魏东方、李淼焱、燕晓春，国家税务总局广东省税务局魏升民、青岛市税务局谭伟、北京市税务局王晓强等参与了本书的研究、写作、编辑和校对工作，中国税务出版社对本书的出版工作给予了悉心指导和大力支持，在此一并表示感谢。书中不足之处，敬请批评指正。

国家税务总局税收科学研究所

2018年11月30日

目　　录

总 论

改革开放40年中国税收发展的逻辑

一、40年中国税收发展的重要事项

改革开放40年来的税收改革发展，可以研究讨论的内容很多，对于改革发展的梳理角度也很多。国家税务总局2018年重点科研项目“改革开放40年税收改革发展研究”选取了40年来税收改革发展的十二个重要事项，相应地形成了四个方面十二个专题：

一是反映税收市场化发展脉络的五次税制改革，包括1983年和1984年的“利改税”、1994年税制改革和分税制改革、2008年企业所得税“两法合并”、2012年局部试点到2016年全面推开的营改增、2018年个人所得税改革。

二是反映税收法治化发展脉络的两大涉税事项：《税收征收管理法》的制定与完善、落实税收法定原则。

三是反映税收征管现代化发展脉络的三大涉税事项：反映税收服务发展的“便民办税春风行动”；反映税收信息化发展的“金税工程”；反映税务机构变化的“国税地税征管体制改革”。在此基础上，将“税收现代化”作为一个独立的专题，综合回顾税收的现代化发展脉络。

四是反映税收国际化发展脉络的“国际税收法理”专题，该专题以中国在2015年首次承办的“第十届税收征管论坛大会”为切入点。

上述四个方面十二个专题，按照事件的背景、过程、内容、影响、社会评价等的思路开展研究，以点带面，将税收改革进程与整个改革开放进程紧密联系在一起，梳理分析改革开放40年来税收发展轨迹，总结税收改革发展的基本规律。

通过对这十二个专题的研究可以看出，中国税收改革发展的逻辑特征可以归纳为市场化、国际化、法治化和现代化四个方面。

二、税收的市场化发展

中国经济改革的核心是市场化改革，中国税收改革实际上也是以市场化改革为主要线索。

就企业所得税而言，20世纪80年代初涉外税制初步建立。1980年通过了《中外合资经营企业所得税法》；1981年通过了《外国企业所得税法》。由于涉外税制主要面向以市场经济体制为基础的发达国家和地区的投资者，因此税制设计在内容和形式上都具有很强的市场化特征，确立了中国税收改革的市场化高起点。而就国内改革而言，1983年和1984年的两步“利改税”，在“摸着石头过河”的经济发展时期，也呈现出市场化改革的倾向：通过以税代利的改革，试图规范政府与国有企业之间的分配关系。1991年两部涉外企业所得税法合并，对外资企业统一适用《外商投资企业和外国企业所得税法》；1992年党的十四大提出建立社会主义市场经济体制的改革目标，与此相适应，中国实施1994年综合性税制改革，统一了内资企业所得税；2008年“两法合并”，进一步统一了内外资企业所得税。这一改革过程充分体现了企业所得税发展的市场化特征。

就增值税而言，几十年来着力构建现代型增值税制的改革逐步深化，1984年对部分产品试行增值税；1994年税改取消容易产生重复征税的产品税，同时对所有货物征收增值税；2009年实施增值税转型改革，实行消费型增值税制；2012年开始营改增局部试点，到2016年营改增试点全面推开，以及此后的简化税率，都使得中国增值税制更加规范，征收范围更加广泛、抵扣链条更加完整，消除重复征税更加彻底。增值税制的中性特征有利于社会分工，是一个符合市场经济发展要求的税种。

中国税收的市场化发展特征，不仅体现在税制改革的实践层面，还体现在税收理论层面。在理论上，中国学界对税收作用的认识经历了一个反复过程：从改革开放以前的“税收无用论”到改革开放初期扩大税收作用的“税收万能论”，再回归到1994年税制改革以后比较客观、辩证地认识税收作用的“相机调控论”，折射出对政府与市场关系的不同认识。

回顾历史，中国40年来的税制改革市场化的特征十分明显，适应社会主义市场经济发展要求的税制越来越完善。从中值得反思的是：第一，对于税收作用的认识在理论上比较清晰，但在实践中依然不时地存在扩大税收作用的现象。第二，增值税的改革脉络十分清晰，增值税制度越来越规范，征收面越来越宽，但2018年出台的统一小规模纳税人标准的政策，将工业、商业的标准从50万元、80万元分别提高到500万元，从增值税的发展趋势看，这一政策的合理性值得商榷。

三、税收的国际化发展

经济全球化是市场经济发展的必然趋势。经济全球化意味着生产要素跨境流动的日益便捷，意味着税源国际化。生产要素的跨境流动促使国际税收竞争，即为争夺生产要素而竞相降低流动性税源的税负，表现为所得税税率的世界性下降趋势；税源国际化则需要税收征管的国际合作。中国的税制改革正是在国际税收竞争与征管合作快速发展的国际大背景下进行的，因此深受世界税收发展的影响，呈现明显的国际化特征。这首先体现在符合国际发展趋势的企业所得税制和增值税制的完善。

就企业所得税而言，伴随全球企业所得税税率下降趋势，中国的企业所得税税率也逐步下降，从两步“利改税”的55%，下降到1994年税改的33%，再下降到2008年“两法合并”的25%，与国际趋势相吻合。

就增值税而言，其出口退税、进口征税的消费地原则等能够有效避免国际重复征税，不阻碍产品、服务的跨境自由贸易，是一个符合国际化发展趋势的税种。这也是增值税迅速在全世界普及并日益规范的一个重要原因。因此，中国引入增值税制并通过不断改革日益规范，不但较好地解决国内重复征税问题，更重要的是有利于促进国际贸易的发展。

中国税收的国际化发展还体现为国际税收管理水平的不断提升。自1978年实行改革开放以来，中国国际税收管理经历了涉外税收管理、传统国际税收管理到现代国际税收治理的发展过程，中国也从国际税收规则和管理的学习者逐步向重要参与者和一定程度上的引领者转变。特别是2013年9月G20圣彼得堡峰会批准BEPS行动计划，由G20和OECD成员发起，发达国家与发展中国家自主共同参与的国际税收改革启动以来，中国借助于G20、金砖国家合作机制等国际合作平台和“一带一路”建设，积极参与国际税收改革，促进改革成果的实施与推广，成为国际税收规则制定修改和管理合作的重要推动力量。

四、税收的法治化发展

党的十八届三中全会明确提出要落实税收法定原则。实际上，改革开放之初涉外税制的建立，是以《个人所得税法》《中外合资经营企业所得税法》和《外国企业所得税法》三部税法的制定与实施起步的，可以说中国税收法治化的起点很高。而从国内税收的发展看，中国税收法治化进展脉络清晰：1982年制定新《宪法》，第五十六条明确规定“中华人民共和国公民有依照法律纳税的义务”；1984年、1985年全国人民代表大会两次对国务院制定税收条例的授权，即1984年《全国人民代表大会关于授权国务院改革工商税制发布有关税收条例草案试行的决定》、1985年《全国人民代表大会关于授权国务院在经济体制改革和对外开放方面可以制定暂行的规定或者条例的决定》确立了国务院制定税收条例的权力，至少在形式上体现了税收法定的逻辑和精神；1992年通过《税收征收管理法》并多次修订完善，体现了程序法定；2013年党的十八届三中全会通过的《中共中央关于全面深化改革若干重大问题的决定》首次明确提出“落实税收法定原则”；2015年新修订的《立法法》明确规定：“税种的设立、税率的确定和税收征收管理等税收基本制度”只能制定法律并对授权立法作出限制，规定：“授权决定应当明确授权的目的、事项、范围、期限以及被授权机关实施授权决定应当遵循的原则等”；2015年中央审议通过《贯彻落实税收法定原则的实施意见》，明确开征新税的，应当通过全国人民代表大会及其常务委员会制定相应的税收法律，提出力争在2020年前完成税收法定原则的改革任务，将税收暂行条例上升为法律或者废止，并对2020年前完成相关立法工作作出安排。此后税收立法步伐明显加快：2016年通过《环境保护税法》并于2018年实施；2017年将烟叶税、船舶吨税由条例上升为法；等等。

总体来看，中国的税收法治化，在实体法方面所得税进程较快，流转税则相对滞后；程序法方面征管法的发展体现了税收法治化的进步。但税收法定应当落实到何种程度，譬如税收优惠政策是否应当纳入税收法定范畴等，仍值得进一步探讨。

五、税收的现代化发展

2013年全国税务工作会议上，国家税务总局提出了税收现代化的总目标，即逐步建立“完备规范的税法体系、成熟定型的税制体系、优质便捷的服务体系、科学严密的征管体系、稳固强大的信息体系、高效清廉的组织体系，到2020年基本实现税收现代化。”将税收现代化归纳为税法、税制、服务、征管、信息、组织六大体系的现代化具有现实意义。

“现代化”并不是一个新词汇。中华人民共和国成立初期就开始提出要实现工业、农业、国防、科技“四个现代化”，当前又在提倡“国家治理体系和治理能力现代化”。但什么是现代化，每个人都可能有不同的理解。《现代汉语词典》对现代化的定义是“使具有现代先进科学技术水平”。这定义显然偏窄。因为现代化不只是科技现代化，还应包括经济现代化、生活现代化等更丰富的内容，但该定义也反映了现代化的实质：达到现代先进水平。用通俗的话说，现代化就是达到历史最好水平，它以“以今胜古”为假定前提。显然，现代化是一个相对的、动态的概念，所强调的是先进性，顺应时代发展潮流的先进性。因此，税收现代化可以理解为“顺应时代发展潮流的最优税收”，实现税收现代化就是在现有认知水平和技术水平的基础上建立最优的税法体系、税制体系和（大）征管体系（包括服务、征管、信息和组织体系）。在课题的十二个专题中，“便民办税春风行动”“金税工程”和“国税地税征管体制改革”反映了税收征管服务、信息和组织体系的现代化；而上述的税收市场化、国际化发展和法治化发展，可以说是税制现代化、税法现代化的体现。换言之，中国税收40年的发展过程，从总体看，实际就是税收现代化的发展过程。

执笔：龚辉文

第一篇

“利改税”：中国城市经济体制改革的突破口

1978 年 12 月 22 日通过的《中国共产党第十一届中央委员会第三次全体会议公报》指出：“全党工作的着重点应该从 1979 年转移到社会主义现代化建设上来。”[①] 由此，中国开始实行对内改革、对外开放的政策。改革开放是促进中国形成市场经济的重要动因，改革开放的发展打破了原有国营企业收入分配格局，其中两步“利改税”就是在这样的背景下应运而生的。所谓“利改税”，即将原有国营企业向国家上缴利润的收入分配格局，改为向国家上缴税收的新的国家与企业收入分配格局。

显然，市场经济体制需要容纳更多的市场主体，国营企业上缴利润的方式不具有广泛的可操作性，也不具有规范的法律依据。而以税收作为国家参与国民收入分配的方式，是成熟市场经济国家的通用做法。因此，两步“利改税”在中国形成市场经济的发展阶段发挥了积极作用。

从另一个角度看，正因为改革开放使市场经济得以确立，原有的利润上缴方式也无法与市场经济相适应，因此，才会以推进“利改税”的方式，去顺应市场经济及改革开放的发展需要。

“利改税”分两步实行，第一步“利改税”，主要是指 1983 年中国开始主要对有盈利的国营企业征收所得税，通过税收来规范国家与国营企业的利润分配关系，

---

① 中国共产党第十一届中央委员会第三次全体会议公报（https：//baike. baidu. com/item/）。

即国营企业由上缴利润改为缴纳所得税；第二步“利改税”，是指以税代利，即国家对于国营大中型企业实现的利润继续按55%的税率征收所得税后，对剩余利润较多的企业再征收国营企业调节税，其余的利润全部留给企业。

一、改革背景与原因分析

（一）“利改税”的背景

改革开放前，中国实行高度集中的计划经济，财政上实行统收统支体制，国营企业利润统统上缴国家，利润多了多缴，利润少了少缴，亏损了国家弥补。这种办法严重束缚了国营企业和职工的积极性，产生了企业吃国家“大锅饭”、职工吃企业“大锅饭”的现象。

改革开放后，要搞活经济，进行国营企业改革，首先要解决国家同企业的分配关系问题。打破“大锅饭”，这是整个经济体制改革的首要的、核心的环节。这一改革既要保证国家财政收入的稳定增长，又要留给企业一定的自主财力，让企业发展有后劲。

为了实现上述目标，经过长时期的调查研究和试点，国务院提出实行“利改税”，把改革统一引导到“利改税”的路子上去。通过国营企业上缴所得税，把国家同企业的分配关系用法律的形式固定下来，使国营企业逐步做到自主经营、自负盈亏，真正成为独立的经济实体。在此基础上，把职工利益与企业的生产经营结合起来，打破平均主义，使先进的得到鼓励，落后的受到鞭策，实现多劳多得。

在“利改税”过程当中，为适应改革开放、经济发展的新形势，除开征国营企业所得税外，还有其他税种配合，并全面改革工商税制。

回顾中国税制的发展历程可以看出，在“利改税”之前，中国税收制度经历了多次简并，特别是“文化大革命”中那次税制简并，把中国税制改得过于简单化，对国营企业只征收工商税，对集体企业除征收工商税外，还征收集体企业所得税，还有一些地方小税种，其作用微乎其微，税收调节生产、调节分配的经济杠杆作用很难发挥。

改革开放后，经济成分多元化，经营方式多样化，经济活动多种多样，单一税制已不能适应改革开放后多种经济发展的需要，需要进行全面改革，这也是“利改税”的重要背景。改革之后，税收才能发挥应有的调节作用。

（二）“利改税”的原因分析

1. 中国各种经济形式的改变与发展

为适应改革开放、经济搞活的需要，在当时以全民所有制经济和集体所有制经济为主的基础上，中国恢复和适度发展了个体经济，并作为公有制经济的必要补充。与此同时，为了吸引利用外资，又建立了中外合资经营企业、中外合作经营和合作生产企业的联合模式。在流通领域，除了国营商业、供销合作社依然承担物质流通的主要任务外，工业企业可以自产自销、产销直接见面；允许个体经营、行商贩运、农民自销和联合经销；同时出现了农工商联合经营，开放了农副产品和小商品的集市贸易。在经营方式上，又实行了部分企业的承包经营和租赁经营等形式。

上述多种经济组织形式、多种流通渠道，已经打破了以前的单一的计划经济格局，对税收制度改革提出了迫切要求。

2. 国家经济管理方式的转变

国家经济管理的方式由过去单纯的计划经济，转变为市场经济。中国经济体制改革要求国家的经济管理方式，必须由过去单纯的计划指导，转变为综合运用计划手段和经济杠杆两种方式调控和管理经济，只有这样才能促进国民经济在微观上搞活，在宏观上加强控制。理论上提出了指令性计划与指导性计划相结合，确立了有计划商品经济的经济体制改革方向。

因此，要求国家除了运用计划手段，还必须运用法律手段、经济手段管理经济。税收作为经济手段在国外普遍运用，在国家管理经济方面发挥着重要作用。

但是，由于原有的税制结构简单、税种较少并且税收体系不健全，很难适应当时国家运用税收杠杆调控经济的实际需要，于是税制改革势在必行。

3. 经济管理体制的改革

改革开放以来，中国对城市经济管理体制进行了全面改革，特别是对国营企业及其职工实行了扩大企业经营自主权、强化物质刺激的改革。在国营企业中，先后进行了企业基金、利润留成、利润（亏损）包干等多种形式的改革尝试。

这些改革较之以前长期实行的统收统支制度，无疑前进了很大一步，初步调动了企业生产经营的积极性，但是，同时也带来了一些问题。其中最核心的问题，就是国家与企业的分配关系仍然处在一种很不规范、很不稳定的状态中。

由于多方面原因，国营企业利润差异很大，国家只能对这些企业分别采用不同的利润分配办法。这种做法不仅操作执行十分烦琐，而且往往在利润基数问题上争论不休，迫使国家不得不对国营企业让步，从而不能保证对国营企业应有的压力。同时，这些花样繁多、五花八门的利润分配办法，也难以形成一个统一的科学制度，更无法用法律形式固定下来，不利于国家对国营企业生产经营活动进行宏观控制和微观调节，也难以使国营企业与其他各类企业在平等的条件下开展公平竞争。

因此，改革国营企业的利润上缴制度，开征国营企业所得税，是规范国家与国营企业分配关系的形势所需。

综上所述，改革开放后全面实行工商税制改革，具有客观必然性。

二、改革的决策过程与实施内容

财政部于1978年底召开了部分省、市税务局长会议，提出必须抓好税收工作的“理论建设、制度建设和组织建设”。1979年，在全国税务工作会议上，又提出了税制改革的轮廓，并组织力量进行了税制改革的调查研究和试点工作。

（一）“利改税”的准备及试点

1978年，党的十一届三中全会以后，国务院在进行经济调整工作的同时，开始着手研究经济管理体制改革问题。税制作为经济体制改革的主要内容之一，税制改革成为国务院关注的重点，经研究确定对国营企业实行由上缴利润改为缴纳税款，缴纳税款后的剩余利润由国营企业自行支配。

早在1979年1月，湖北省老河口市的15户地方国营企业率先进行“利改税”第一步改革试点。随后，全国部分地区和行业的数百户国营企业相继被列为试点单位。

从1980年开始，中国在部分国有企业进行了将上缴利润改为征税的试点，接着根据试点情况，权衡了各种收入分配办法的利弊，肯定了“利改税”改革的方向。

1981年，财政部在调查研究和试点的基础上，提出了一个全面改革税制的设想，即《关于改革工商税制的设想》（以下简称《设想》）。经过多次讨论，国务院批准了财政部的《设想》。同时，财政部先后在湖北、广西、上海、重庆等地进行了国营企业“利改税”的扩大试点工作。

1982 年 11 月，第五届全国人民代表大会第五次会议通过的《关于第六个五年计划的报告》中提出并要求：“在今后三年内，对价格不作大的调整的情况下，应该改革税制，加快以税代利的步伐”。“这项改革需要分别不同情况，有步骤地进行。对国营大中型企业，要分两步走”。

根据会议精神，国务院在总结试点经验，并进行多方案比较和多方面利弊权衡的基础上，决定于 1983 年 7 月在国营企业中普遍推行“利改税”。

（二）第一步“利改税”的情况及主要做法

“利改税”的第一步改革，主要是对有盈利的国营企业征收企业所得税，即把国营企业过去上缴的利润大部分改为用所得税的形式上缴国家。

第一步“利改税”从 1983 年 1 月起实施，主要内容如下：

（1）凡有盈利的国营大中型企业，其利润按 55% 的比例税率缴纳所得税，所得税后利润，一部分上缴国家，一部分按国家核定的留利水平留给企业自行支配。

（2）上缴国家的部分，根据企业的不同情况，分别采取递增包干上缴、固定比例上缴、用调节税形式上缴和定额包干上缴等四种形式。

（3）有盈利的国营小型企业，其利润则按八级超额累进税率缴纳所得税，最低一档的税率为 7%，最高一档的税率为 55%，所得税后利润一般留给企业运用，国家只对少数所得税后利润较多的企业收取一定的承包费。

（4）国营企业归还固定资产投资借款时，经财政部门审查同意后，可用缴纳所得税之前该借款项目新增的利润归还。

（5）对微利和亏损企业实行盈亏包干。

由于各级政府重视，有关部门密切配合和财税部门积极努力，改革实行一年多，这项工作进展比较顺利，取得了较好效果。实践证明，“利改税”的第一步改革，比利润留成、利润包干等办法，具有更大的优越性。其优越性主要表现在：

（1）企业的大部分利润用征收所得税的办法上缴，把国家与企业的分配关系基本上固定下来，对促进企业加强经营管理和稳定国家财政收入，发挥了良好的作用。

（2）较好地处理了国家、企业和职工三者的利益关系。1983年国营工业企业比上年增加利润42亿元，按“利改税”第一步改革执行的结果，国家所得占61.8%，企业所得占38.2%（用于生产发展基金、职工集体福利基金和奖金），这就体现了国家得大头、企业得中头、个人得小头的原则。

（3）扩大了企业财权，调动了企业和职工的积极性。当年实行“利改税”的工业、交通、商业企业共留存利润121亿元，比1982年增加27亿元，同比增长28.2%。

但是，在“利改税”的第一步改革中，有些问题还没有彻底解决。主要是尚未做到完全的以税收代替利润；税种比较单一，难以充分发挥税收的经济杠杆作用；等等。这些问题的存在，需要在“利改税”的第二步改革中得到解决。

（三）第二步“利改税”的情况及主要做法

1984年5月，第六届全国人民代表大会第二次会议通过的《政府工作报告》明确提出，从1984年第四季度开始，进行“利改税”的第二步改革，从税利并存逐步过渡到完全的以税代利。

关于“利改税”的第二步改革，国务院责成财政部着手进行调查测算和制定方案等项准备工作。财政部曾在全国范围内进行普查和测算，先后提出若干个供选择的改革方案，反复进行分析比较，研究论证，并听取了各地区、各部门、众多企业，以及专家、学者的意见。第六届全国人民代表大会第二次会议以后，进一步加快了这项改革的准备工作。

6月下旬，召开了全国第二步“利改税”工作会议，对改革方案再一次进行了讨论、修改，并制订了《国营企业第二步“利改税”试行办法》和产品税、增值税、盐税、营业税、资源税、国营企业所得税等六个税收条例（草案）、国营企业调节税征收办法，以及城市维护建设税、房产税、土地使用税、车船使用税等四个地方税条例（草案）。

国营企业“利改税”第二步改革的基本模式是：将国营企业原来上缴国家的财政收入，改为分别按11个税种向国家缴税，也就是由税利并存逐步过渡到完全的以税代利。在这一改革中，对企业采取适当的鼓励政策，越是改善经营管理，努力增加收入，税后留归企业安排使用的财力越大。

第二步“利改税”从 1984 年 10 月起实施，主要包括两部分改革：

（1）改革工商税制。主要是取消原工商税税种，将原工商税分解为产品税、增值税、营业税、盐税，对工业产品除列出 12 个税目的产品实行增值税外，其他工业产品和规定的农产品实行产品税，商业经营和服务业实行营业税，并设立了资源税、城市维护建设税、房产税、城镇土地使用税、车船使用税等新税种。

（2）改革利润分配办法。主要是对有盈利的国营大中型企业仍按 55% 的比例税率征收所得税，所得税后利润应上缴国家的部分，全部改为国营企业调节税形式上缴，国营企业调节税率按企业的不同情况分别核定，一户企业一个税率，企业在执行中增长的利润减征 70% 的国营企业调节税，税后利润全部留在企业运用；国营小型企业的所得税，改按新的八级超额累进税率征收，最低一档税率为 10%，最高一档税率仍为 55%，对少数所得税后利润较多的企业仍收取一定的承包费，但不征收国营企业调节税；经财政部门批准，企业的固定资产投资借款可在缴纳所得税前，用借款项目投产后的新增利润归还，并根据规定的比例按还款利润提取职工福利基金和职工奖励基金；对微利和亏损企业继续实行盈亏包干办法。

在全面实行“利改税”的同时，对极少数企业仍准许保留利润包干的分配形式，而没有实行征收国营企业所得税和国营企业调节税的办法。

第二步“利改税”方案的具体内容，可以概括为以下几点：

（1）把现行的工商税分解为产品税、增值税、盐税和营业税等 4 个税种，分别适用于不同的企业。同时，为了更好地发挥税收调节生产、消费和缓解价格矛盾的作用，在产品税、增值税中，对一些产品的税率适当进行了调整。调整的原则是，对一部分由于价格等原因利润率较高的产品，适当调高税率；对那些同人民生活有直接关系的轻纺工业产品，一般不调高税率；对微利产品以及煤炭等少数亏损产品，则适当调低税率。调整后，提高税率的有 70 个项目，降低税率的有 60 个项目。

（2）对采掘企业，凡矿体质量好，开采条件优越，利润率较高的，开征资源税，以调节由于自然资源和开发条件不同而形成的级差收入，促进企业合理利用国家资源。根据当时的情况，先对原油、天然气、煤炭等矿产品开征，其他矿产品暂缓开征。

（3）开征和恢复城市维护建设税、房产税、土地使用税、车船使用税等 4 个地方税，以利于合理、节约地使用房产、土地，适当解决城市维护建设的资金来源。

考虑到当时开征这几个税种，工作量较大，拟保留税种，在“利改税”第二步改革进行一段以后，再进一步做好工作，逐步开征。

（4）对有盈利的国营企业征收所得税。国营企业在缴纳上述几种税以后所得的利润，按照规定征收一定数额的所得税。其中，大中型国营企业按55%的比例税率征收，小型国营企业按新的八级超额累进税率征收。新八级超额累进税率的平均税负，同原来八级超额累进税率的平均税负相比，降低了3%～5%。

（5）对国营大中型企业征收调节税。大中型企业缴纳所得税以后的剩余利润，超过改革前企业合理留利的，再征收一定比例的调节税。调节税的税率，拟本着保持企业原来合理留利的精神，以1983年为基数，按企业的不同情况核定。为了鼓励企业增产节约，给企业留有后劲，对其利润增长部分，实行减征调节税的办法。减征的比例为70%，按定比计算，7年不变。这样，企业多增收即可多得好处。鉴于征收调节税是一种过渡性的办法，随着价格的调整和城市经济体制改革的进展，调节税将会起很大变化，不宜作为一个正式的税收条例，所以，当时只制定了一个征收办法。

（6）对小型国营企业的利润，在按新的八级超额累进税率征收所得税以后，一般可以留给企业支配使用，只对留利过多的企业收取一定数额的承包费。小型国营企业可以承包或租赁给集体和个人经营。为了使更多的小型企业能够逐步实行国家所有、集体经营、依法纳税、自负盈亏的管理体制，在“利改税”第二步改革中，适当放宽了小型国营企业的划分标准。

（7）对于微利企业和亏损企业，继续实行盈亏包干、减亏分成的办法。对少数经国务院批准继续实行上缴利润递增包干办法的企业，执行到规定的期限为止，到期后即实行统一的“利改税”办法。

（8）工商税制改革，除国营企业所得税和调节税以外，也适用于集体企业和个体经营者。

（9）外资企业和中外合资企业仍照原来的税收法规执行。

从上述内容可以看出，“利改税”第二步改革无论在广度和深度上都比第一步改革前进了一大步。同时，从税收制度建设来说，也是中国工商税制的一次全面改革。

在拟订的11个税种中，营业税、盐税都是20世纪50年代行之有效的老税种，过去简化税制时被先后并入工商税，现在分解出来，恢复原来的税种，这是必要的。产品税和增值税也是从原来的工商税中分解出来的。将一部分产品改为征收增值税，是为了避免重复征税，促进专业化协作生产。资源税是为了调节级差收入，合理利用国家资源而新设置的税种。国营企业所得税和调节税，是根据“利改税”的要求而新设置的税种。城市维护建设税、房产税、土地使用税和车船使用税，除城市维护建设税外，都属于恢复开征的税种。

通过改革，上述各个税种可以在经济活动的各个领域里发挥各自不同的作用，体现有关的经济政策，有利于经济建设事业的发展。

三、改革成效

“利改税”改变了过去税种过于简单划一的格局，初步建立起一套以流转税和所得税为主体，与其他各税种相配合的复合税制。改革的成效主要表现在以下五个方面：

（一）初步建立适应社会主义商品经济发展的税制构架

两步“利改税”重新建立了多税种、多环节征收的复合税制体系，初步适应了中国改革开放以后多种经济成分、多种经营方式、多种流通渠道、多种分配方式并存的经济状况，税收已经深入到社会再生产的绝大部分环节，可以对社会生产和生活进行较为广泛的、有效调节。

（二）以法律形式规范国家与国营企业的分配关系

通过实行“利改税”，建立了国有企业所得税制度，突破了30多年来国有企业只能向国家上缴利润而不能缴纳所得税的禁区，促使国有企业向着独立的商品生产者和经营者的方向迈出了重要的一步，也配合了国有企业的改革。

（三）改革和完善流转税制度

流转税在“利改税”之前只有工商税一种，其重复征税的弊端显而易见。因此，在第二步“利改税”时，首先将工商税划分为产品税、增值税、营业税和盐税，形成新的流转税体系。新开征增值税，有利于避免商品流通环节中的重复征税，促进专业化协作生产。调整产品税税目、税率，有利于适当地调节企业的利润水平，在一定程度上缓解某些由于价格不合理而引起的矛盾。

（四）恢复和加强地方税制建设

恢复和开征房产税、土地使用税、车船使用税和城市维护建设税等四个地方税，不仅有利于促进地方财政建设，也有利于国家财政管理体制的完善和加强中央财政建设。

（五）税收的职能作用得到加强

"利改税"后，中国税收收入逐年持续快速增长，税收宏观调控能力明显增强，对于贯彻国家的经济政策，调节生产、分配和消费起到了积极的促进作用。同时税收也成为国家监督和引导微观经济活动的有力手段。

四、改革评价

"利改税"最重要的意义在于确定了国家通过税收参与国民收入分配的模式，顺应了改革开放建立市场经济体制的需要。从中也可见，改革开放后，中国选择用财税体制改革作为城市经济改革的突破口，率先打破了计划经济体制下的统收统支模式，大大激发了国营企业的积极性和创造力，拉开了城市经济体制改革的序幕。这一阶段改革的核心是政企分开、放权让利、承认企业独立经济主体地位，扩大企业的经营自主权，在国营企业管理和利润分配上，突破了过去将国营企业作为行政机构附属物进行直接管理的模式，对国营企业先后实行了企业基金利润留成、盈亏包干、"利改税"等制度，促进了当时有计划的商品经济的建立和完善。

（一）"利改税"的理论和实践

国营企业"利改税"，无论在理论上还是在实践上，都对税收在社会主义经济中的地位和作用进行了探索，为今后进一步科学认识税收在国营企业利润分配中的地位，以及"税利分流"，打下了理论和实践基础。

1. 从理论上讲，“利改税”是对“非税论”的彻底否定和突破，同时探索了税收在社会主义经济中的地位

从20世纪50年代后期到改革开放前的相当长一段时间内，“非税论”在中国广为传播和发展。这种论点认为，既然是社会主义国家，国营企业产权为全民所有、经营方式为国家经营，国营企业向国家缴纳的税金和利润只是形式不同，并无本质上的差别，所以“税亦非税”，后来又发展为“税收消亡论”。出现这种状况的原因：一方面是由于苏联的某些理论和实践被作为社会主义建设的普遍经验传入中国，并被机械地照搬照抄照用；另一方面是由于对发展社会主义市场经济和发挥经济杠杆调节作用的认识有限，我们自身缺乏经验。

“利改税”突破了传统的“非税论”框框，使人们认识到公有制企业作为独立的商品生产者和经营者的自身利益必须得到承认，国家利益与权益利益之间的矛盾也是客观存在的，而且长期存在。因此，国家需要运用行政的、经济的、法律的手段，这其中也包括税收手段有效地调节和控制经济运行。“利改税”首次将国有企业作为独立的商品生产者和经营者列入了所得税纳税人的行列，这是改革的一项重要成果，丰富了社会主义的税收理论，也标志着中国的税制建设进入了一个新的历史发展时期。当然，同时也应看到，“利改税”的负面影响是对税收在理论认识上的矫枉过正，片面夸大了税收的地位和调节作用，在经济领域中对税收运用过度、过滥、过多。

2. 从实践上看，“利改税”是中国处理国家与国营企业分配关系的一种新型方式

“利改税”由于过分强调税收的作用，因此只是一种过渡方式。如前所述，要适应当时发展有计划的商品经济的要求，就必须妥善地处理国家与国营企业的分配关系，兼顾国家、企业和劳动者个人三方面的利益。征收企业所得税正是达到上述目标的一种有效手段。

“利改税”第一次运用征收企业所得税这一法律形式，解决国家与国营企业的利润分配关系，为下一步完善和发展这种分配关系开创了一个良好的开端。同时也应看到，在认识到对国营企业也要征收所得税问题之后，我们又走向了另一个极端，夸大税收的作用，简单地以税收代替利润，没有认识到社会主义国家国营企业税利并存的必要性。因而在国营企业“利改税”后，为了调节企业税后留利水平，又对

国营企业实行了一户一率的调节税，使国营企业所得税名存实亡。不仅如此，税收杠杆作用被夸大，似乎税收是万能的，经济生活中的所有矛盾都可以通过税收杠杆来调节。以至于随后频繁推出新税种，导致税种过多，重复设置问题突出，税收几乎失去了自身应有的规律性，其结果必然是税收杠杆弱化。在实践中，“利改税”最终要朝着“税利分流”“税利分开”的方向迈进。

（二）“利改税”的作用

实践证明，“利改税”这一重大决策是英明的，方向是正确的，取得的效果也是显著的，展现了强大的生命力。“利改税”的作用主要有以下三点：

（1）确保了国家能够从企业及时取得稳定的财政收入。

（2）促进了企业经济效益的提高。“利改税”的实施，对于国有企业来说，既增加了经济压力，又添增了经济动力。企业所得多少，取决于企业经营的好坏，经营得好，盈利就多，就多得；经营得不好，盈利就少，就少得。企业的剩余利润可以用来发展生产，也可以用来提高职工福利、增加职工工资，这样就把企业和职工的生产积极性充分调动起来了。

（3）防止了国营企业年终甩包袱、留亏空的问题。过去搞利润包干，有的企业为了当年多得，多报利润，少报亏损；有的企业完不成计划时，就把包袱甩在当年，为下年增利打下基础。实行“利改税”后，缴留比例一定几年不变，从而有效地避免了弄虚作假、打埋伏和留后手的现象。

（三）“利改税”的意义

“利改税”不仅是财政税收制度的重大改革，也是整个城市经济体制改革的重要组成部分，同时也是搞活国民经济的关键一步，“利改税”标志着中国税制开始向市场化迈进。这项改革搞好了，国家和企业的分配关系基本上解决了，因此，“利改税”是中国城市改革的突破口，它的成功为城市其他经济体制改革创造了条件，开拓了道路。

具体地讲，实行“利改税”主要有以下意义：

1. 通过税收把国家与企业的分配关系固定下来

这次改革之后，企业只需依法向国家纳税，税后的利润留给企业安排使用。这样做，一方面可以保证国家财政收入的稳定增长，有利于国家进行重点建设和对国民经济的计划管理；另一方面也有利于维护企业的合法权益，使企业能够更加充分地行使自主权。

2. 更好地发挥了税收的经济杠杆作用

这次改革中，设置了几个新的税种，调整了若干产品的税率，征税办法也有所改进。因此，可以在一定程度上缓解由于目前价格不合理所造成的矛盾，有利于企业在大体相同的条件下开展竞争。同时，还可以通过税收，对某些产品的生产进行鼓励与限制。

3. 给企业增加了活力和压力

这次改革，在国家财政还有困难的情况下，采取了若干扩大企业财权的措施。例如，放宽了对大中型企业减征调节税的政策，给企业增加了后劲；放宽了小型国营企业的划分标准，使享受优惠待遇的小型企业数目增加；实行新的八级超额累进所得税，降低了税负；等等。根据当时的估计，由于采取以上扩大企业财权的措施，在“利改税”实施后7年内，企业得到的好处，平均每年约可增加30多亿元。这对调动企业和职工的积极性，进一步搞活经济，具有重要意义。同时，加强了企业的盈亏责任，也给企业增加了压力。改革以后，企业经营得好的，就能发展；经营得不好的，就会在竞争中失败。这就能通过经济的方法奖勤罚懒，对企业进行鼓励和鞭策。

4. 为改革财政管理体制创造了条件

在“利改税”的第二步改革完成以后，就可以完全按税收划分中央和地方的财政收入范围，改革财政管理体制，使国家与企业、中央与地方的分配关系得到比较合理的解决。这将有利于打破“条条”和“块块”的干预，实行政企分开和简政放权。

由此可见，在解决国家与企业的分配关系上，“利改税”是改革的方向。这项改革搞好了，可以使企业向独立经营、自负盈亏的方向大大迈进一步，有利于打破企业吃国家“大锅饭”的弊端，促进国民经济的发展。当然，由于“利改税”的第二步改革，在当时是一个新事物，需要在全面试行的过程中，特别是要随着计划、价格、工资等项改革的进行，逐步加以完善。

当时，鉴于城市经济体制改革正在进行，经济情况变化很快，各个税收条例（草案）尚需在执行中不断充实和完善，财政部门提出，拟请全国人民代表大会常务委员会授权国务院以草案形式颁发试行。待执行一段时间，总结经验，加以修改后，再提请全国人民代表大会或全国人民代表大会常务委员会审议批准制定税法。

改革开放是促进中国形成市场经济的重要动因，市场经济的确立打破了原有的收入分配格局，其中两步“利改税”就是在这样的背景下应运而生的。显然，市场经济体制需要容纳更多的市场主体，用上缴利润的方式不具有广泛的可操作性，也不具有充分的法律依据。而以税收作为国家参与国民收入分配的方式是成熟市场经济国家的通用做法，因此，两步“利改税”在中国形成市场经济的阶段发挥了积极作用。从另一个角度看，正因为改革开放使市场经济得以确立，原有的利润上缴方式也无法与市场经济相适应，因此，才会以推进“利改税”的方式去顺应市场经济及改革开放的发展。

“利改税”最重要的意义在于确定了国家通过税收参与国民收入分配的模式，顺应了改革开放经济体制的需要。从中也可见，改革开放后，中国选择用财税体制改革作为经济改革的突破口，率先打破了计划经济体制下的统收统支模式，大大激发了企业的积极性和创造力，拉开了经济体制改革的序幕。这一阶段改革的核心是政企分开、放权让利、扩大企业的经营自主权，在国营企业管理和利润分配上，突破了过去将国营企业作为行政机构附属物进行直接管理的模式，对国营企业先后实行了企业基金利润留成、盈亏包干、“利改税”等制度，促进了市场经济的建立和完善。“利改税”对经济发展的促进作用见表1－1、图1－1、图1－2。

表1－1　“利改税”前后税收、财政收入及主要经济指标　　单位：亿元、%

项目／年度	工商税收		财政收入		国内生产总值		税收收入占GDP比重	财政收入占GDP比重
	收入数	增长率	收入数	增长率	绝对数	增长率		
1980	629.9	10.2	1159.9	1.2	4545.62	7.8	13.9	25.5
1981	700.0	11.1	1175.8	1.4	4891.56	5.2	14.3	24.0
1982	775.6	10.8	1212.3	3.1	5323.35	9.1	14.6	22.8
1983	947.4	22.1	1367.0	12.7	5962.65	10.9	15.9	22.9
1984	2040.8	115.4	1642.9	20.2	7208.05	15.2	28.3	22.8
1985	2090.7	2.4	2004.8	22.0	9016.04	13.5	23.2	22.2
1986	2140.4	2.4	2122.0	5.8	10275.18	8.8	20.8	20.7
1987	2390.5	11.7	2199.4	3.6	12058.62	11.6	19.8	18.2

注：税收收入为工商税收入，税收收入增长率、财政收入增长率为当年价增长率；经济增长率为可比价增长率。

资料来源：历年《中国税务年鉴》《中国统计年鉴》。

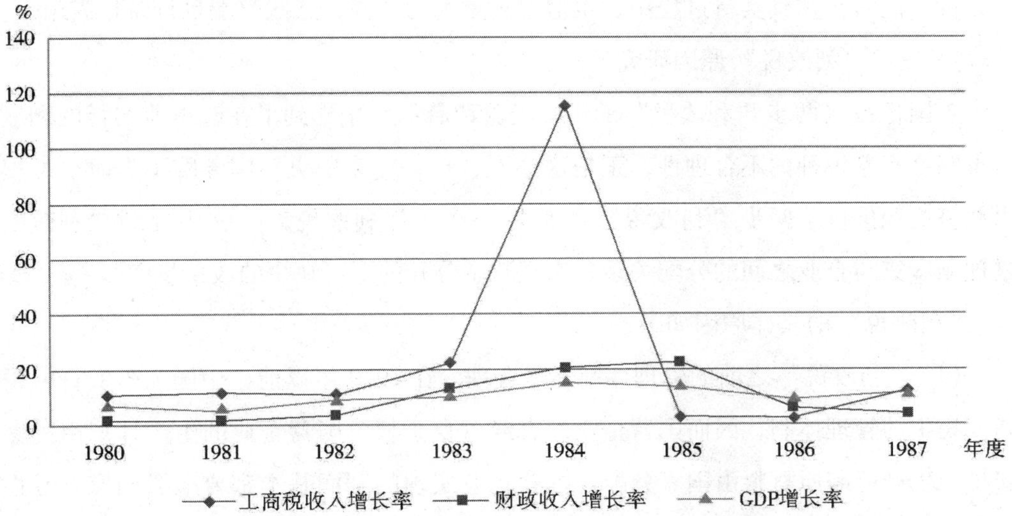

图 1－1 工商税收入、财政收入及 GDP 增长率比较

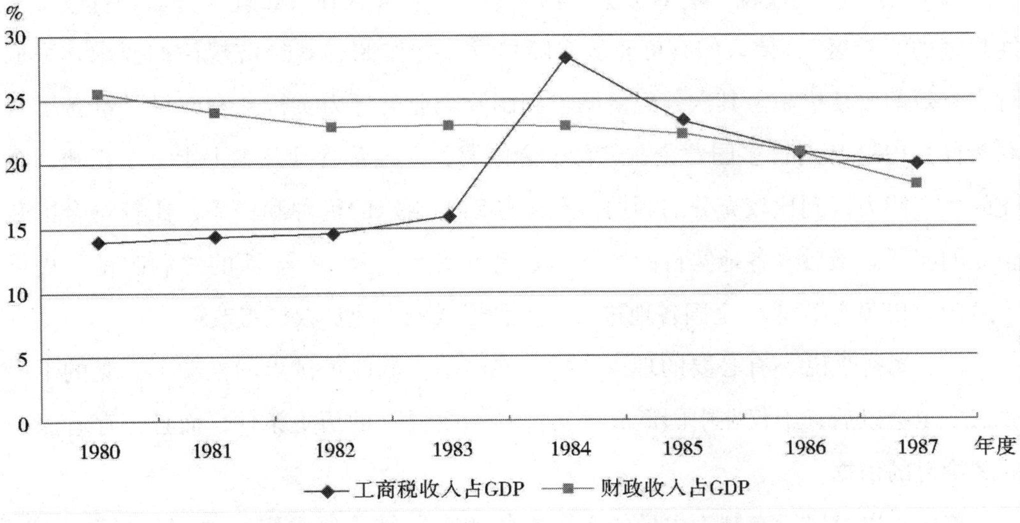

图 1－2 工商税收入、财政收入占 GDP 比重比较

（四）学界对“利改税”的评价

有关“利改税”的研究，特别是在 20 世纪 80 年代的税制改革时期，大多数学者对“利改税”表示了肯定的态度，并且分析了“利改税”在当时实行的必要性及有效性。同时，在其实行过程中，也遭遇了重大的考验，某些弊端也日益显露出来。

1. 关于“利改税”原因研究

曾国祥在《两步“利改税”的历史经验和启示》中提到了在改革前实行的利润包干制度有着种种的不合理性，正是这些不合理，使党中央、国务院不失时机地提出并坚决地推进了两步“利改税”。① 何振一在《评利改税》一文中提到“利改税是理顺国家与企业之间的分配关系、实现政企分开的不可缺少的改革步骤”。②

“利改税”的具体原因如下：

（1）“利改税”之前的管理体制不尽合理。在1979年以前，中国大多实行的是高度集中的管理体制，因而国营企业没有经营自主权。国营企业的生产计划由国家安排，生产所需原材料由国家分配。国营企业实现的利润基本都要上缴国家，亏损也会由国家承担。国营企业发展生产所需资金，基本上都要通过各级主管部门上报各级计划、财政部门，经批准纳入计划后再层层下拨。

（2）实行“利改税”有着充分的历史条件。首先，在思想理论方面，打破了长期封锁的“禁区”，使人们有可能从实际出发，并按照客观经济规律的要求，采取行之有效的改革措施。其次，经济调整和国营企业整顿为实行“利改税”准备了有利条件。1982年对许多国营企业进行了全面调整，经营管理基本上走上了正轨，企业的生产能力得到比较充分的利用，在此基础上制定的税种和税率，比较符合国营企业的实际。最后，各地实行的经济体制改革试点，为实行全面的“利改税”提供了经验。1979年以来，全国各地进行了各种形式的企业扩权试点改革。

（3）“利改税”有必要的理论依据。在经济体制改革试点的推动下，党的十一届三中全会以后，不仅在中国形成了实行“利改税”的历史条件，而且还存有深刻的理论上的依据。

首先，以全民所有制为主导的多层次的所有制结构要求实行“利改税”。中国进行拨乱反正以后，出现了多种经济类型，集体经济、个体经济和各种联营形式的经济同时发展。税收作为财政分配的重要手段，适合于各种所有制形式，无论全民，还是集体或者个体经济，国家都可以通过税收取得财政收入。

---

① 曾国祥．两步利改税的历史经验和启示［N］．中国税务报，2011－03－23（8）．

② 何振一．评利改税［J］．改革，1988（2）：87－91．

其次，社会主义国家的职能要求实行“利改税”。国家只要存在，税收就是一种客观必然。社会主义国家虽然具有经济职能，但是，它仍然不能作为经济组织直接占有生产资料，进行生产经营活动。在国家的组织收入形式中，税收是社会主义国家取得财政收入的最直接、最有效、最可靠的形式。社会主义时期，税收的财政作用绝不会减弱，因此，要充分发挥社会主义国家的职能，也要求实行“利改税”。

再次，税收是最能保证国家财政收入的社会扣除方式，国家要取得稳定增长的财政收入就必须实行“利改税”。一些国有企业往往为了自身利益，不顾法律的存在，转移国家财产，乱报成本，滥发奖金，挤占上缴利润。所以，为了保证国家整体利益不受侵犯，保证国家取得稳定增长的财政收入，必须采用比上缴利润更强有力的社会扣除手段。这个手段不是别的，就是以税法为保障的税收。

2. 关于“利改税”的不足

谢春民在《国营企业利改税制度的反思》一文中认为，“利改税只解决了国家与国营企业的利润分配形式，但未触及企业改革的实质，致使‘利改税’没有实质性突破”。①

章迪诚在《两步“利改税”》中指出：“两步‘利改税’并没有达到设计者和决策者的预定效果”。②

郭春丽在《改革开放三十年国企改革的实践进程》中也认为：从本质看，两步“利改税”并不能从根本上改变企业之间苦乐不均和鞭打快牛的问题，企业不能从本质上成为自负盈亏的经济主体。所得税税率过高，企业利润大多上缴国家，严重影响国有企业的生产积极性。③

何振一在《评利改税》一文中指出：“利改税在实施上的主要欠缺就在于把一项正确的改革改过了头”。④

刘佐在《关于利改税的反思和今后改革的设想》一文中也分析了“利改税”存在的一些不足：国有企业所得税的税率过高；调节税一户一率，似税非税；税前还贷的口子开得过大；对所有权和经营权两权分离的认识还有局限性等。⑤

① 谢春民．国营企业利改税制度的反思［J］．陕西财经学院学报，1987（6）：45－47.
② 章迪诚．两步“利改税”［N］．中国工业报，2008－09－24（4）.
③ 郭春丽．改革开放三十年国企改革的实践进程［J］．今日中国论坛，2008（10）：29－33.
④ 何振一．评利改税［J］．改革，1988（2）：87－91.
⑤ 刘佐．关于利改税的反思和今后改革的设想［J］．中央财政金融学院学报，1988（6）：43－46.

曾国祥在《两步利改税的历史经验和启示》中也指出了关于“利改税”的不足：一是对企业利益不挤不让，国有企业所得税税率过高，并且对一部分企业征收调节税，导致国营大中型企业的税负偏重；二是允许企业税前还贷，加重了国家的财政负担，造成企业之间税负失衡，全国固定资产投资规模开始膨胀。①

参考文献：

[1] 李昂.20世纪80年代利改税问题研究综述［J］. 河北能源职业技术学院学报，2017（5）.

[2] 曾国祥. 两步利改税的历史经验和启示［N］. 中国税务报，2011-03-23.

[3] 郭春丽. 改革开放三十年国企改革的实践进程［J］. 今日中国论坛，2008（10）.

[4] 章迪诚. 两步“利改税”［N］. 中国工业报，2008-09-24.

[5] 刘佐. 国营企业“利改税”及其历史意义［J］. 税务研究，2004（10）.

[6] 刘佐. 关于利改税的反思和今后改革的设想［J］. 中央财政金融学院学报，1988（6）.

[7] 何振一. 评利改税［J］. 改革，1988（2）.

[8] 谢春民. 国营企业利改税制度的反思［J］. 陕西财经学院学报，1987（6）.

[9] 曾牧野，罗福群. 试论利改税［J］. 南方经济，1986（4）.

[10] 郑伦一. 试论利改税与国民收入分配顺序［J］. 财政研究，1984（6）.

[11] 魏礼群. 利改税和企业扩权与计划体制改革［J］. 计划经济研究，1984（4）.

[12] 袁振宇. 试论利改税的必要性［J］. 经济理论与经济管理，1984（3）.

[13] 刘明远. 国有企业利改税理论依据的探讨［J］. 财经问题研究，1983（4）.

课题负责人：付广军　李为人

① 曾国祥. 两步利改税的历史经验和启示［N］. 中国税务报，2011-03-23（8）.

第二篇

1994 年税改：初步建立社会主义市场经济税制体系

1994 年税改涉及相对独立又相互关联的税制改革和分税制改革两个部分：第一部分“1994 年税制改革”对税改前的 36 个税种进行合并简化和完善；第二部分“1994 年分税制改革”在税种改革与完善的基础上，划分中央税、地方税和共享税，并分设中央、地方两套税务机构加强征管。

上篇：1994 年税制改革

20 世纪 90 年代，随着社会主义市场经济体制目标的确立，我国政府于 1994 年实施了自中华人民共和国成立以后规模最大、范围最广泛、内容最深刻的一次税制改革，推进税收制度从适应“有计划商品经济”向“社会主义市场经济”的转换，实现了历史性的重大突破，具有里程碑意义。经过 1994 年税制改革，我国初步建立起适应社会主义市场经济体制为目标的税收体系和税收制度框架，在保证财政收入增长、增强国家宏观调控能力、调节各利益主体分配关系、规范社会主义市场经济秩序等方面发挥了重要作用，有效促进我国经济体制转型，扩大对外开放，确保经济社会的快速协调发展。

一、改革背景

（一）政治背景：社会主义市场经济体制目标的确立为税制改革指明方向

经济体制改革是制度性的变革，而制度的变革首先需要观念的转变来领航。改革开放的总设计师邓小平同志为市场经济体制改革指明了航向，他在1992年春视察南方时明确指出：计划经济不等于社会主义，市场经济不等于资本主义，社会主义要赢得与资本主义相比较的优势，就必须大胆吸收和借鉴人类社会创造的一切文明成果。这些明确、透彻、精辟的论断，从根本上解除了将市场经济和资本主义画等号的束缚，为深化经济体制改革奠定了思想基础。1992年10月，党的十四大确定了经济体制改革的目标是建立社会主义市场经济体制；1993年3月，第八届全国人民代表大会第一次会议通过宪法修正案，确定中国实行社会主义市场经济，为经济体制改革确立了法律依据；1993年11月，党的十四届三中全会通过了《中共中央关于建立社会主义市场经济体制若干问题的决定》，进一步勾画了建立社会主义市场经济体制的蓝图和基本框架。社会主义市场经济体制战略目标的确立，给中国的经济发展和经济体制改革指明了方向，也为建立与社会主义市场经济体制相适应的税制改革指明了方向。

（二）经济背景：经济体制的全面转型要求全方位的税制改革与之相配套

1984年，第二步“利改税”和工商税制改革建立的税制共有36个税种，是一个多税种、多环节、多层次课征的复杂税制，在一定程度上仍然保留着计划经济体制下国家用行政手段管理经济的痕迹，难以适应发展社会主义市场经济的要求，在处理国家、企业、个人的分配关系和中央与地方的分配关系方面，难以发挥应有的调节作用，主要表现在：一是税负不公平，不利于企业平等竞争。企业所得税按不同所有制分别设置税种，税率不一，优惠各异，地区之间政策也有差别，造成企业所得税税负不公平。流转税税率是在计划价格为主的条件下，为缓解价格不合理的矛盾设计的，税率档次过多，高低差距很大，在产品价格已大部分放开的情况下，如不简并、调整税率，将不利于企业公平竞争。而且，产品税按售价多环节全额征税，重复征税严重；经逐步试点后推广的增值税制很不规范，扣额法、扣税法等计税方法并存，税目多、税率复杂，进项扣除很不彻底。二是国家和企业的分配关系犬牙交错，很不规范。一些过高的税率使企业难以承受，名目繁多的优惠政策又导致财政难以承受。地方政府和主管部门也用多种名义从企业征收管理费、各种基金和提留等。企业总体负担偏重。三是中央与地方在税收收入与税收管理权限划分上，不能适应彻底实行分税制的需要。四是税收调控的范围和程度，不能适应生产要素全面进入市场的要求。税收对土地市场和资金市场等领域的调节，远远没有到位。五是内外资企业分别实行两套税制，矛盾日益突出。六是税收征管制度不严，征管手段落后，税收流失比较严重。七是税收法制体系不健全，没有形成税收立法、司法和执法相互独立、相互制约的机制。

社会主义市场经济体制改革目标确定后，税制改革面临着由计划经济向社会主义市场经济全面转型的宏观经济环境。在这种背景下，经济体制的全面转型必然要求有一套全新的税收制度来与之相适应，必然要求税收制度摒弃计划经济的色彩，体现市场经济的本质要求。旧的税制不改革，就会阻碍建立社会主义市场经济体制的进程。这就决定了当时的税制改革必须是全方位的革故鼎新，必须采取一揽子推出的方式，而不能在原有基础上修修补补。同时分析当时的外部环境，改革的时机非常充分、良好。第一，社会主义市场经济体制目标模式的确立，为全面、规范、合理地进行税制改革，奠定了坚实、科学的基础。第二，市场价格已成为资源配置的主要信号，为依据市场经济对流转税的要求设计税制结构和税负水平提供了必须条件；原流转税制度实行十年左右的时间，亦为建立新的流转税制度积累了丰富和宝贵的实践经验。第三，随着经济体制改革的深入和认识上的深化，为企业创造公平竞争的环境已成为当时社会的共识，统一内资企业所得税已是水到渠成之事。第四，《企业财务通则》与《企业会计准则》的颁布，对规范适应市场经济要求的企业财务会计制度具有重要意义，从而为统一企业税前列支项目、规范所得税基、公平企业税负创造了前提条件。国务院正是抓住了这一有利的改革时机，及时作出了全面进行税制改革的重大决策。

1994年的税制改革除了需要建立一个适应社会主义市场经济体制要求的税制框

架外，还面临着一个治理通货膨胀，促使宏观经济尽快“软着陆”的迫切任务。从1992年起，我国在扭转1989年、1990年经济低速增长态势的同时，经济运行中出现了经济过热的情况。表现在固定资产投资过速增长，1992年、1993年增速分别为42.6%和58.6%，大大超过以往的增长速度，投资需求带动了消费需求，加剧了商品供给的短缺，造成1993年、1994年全国商品零售价格指数分别上升了13.2%和21.7%，产生了较为严重的通货膨胀，成为社会经济稳定的巨大隐患。面对经济过热现象，需要中央政府果断采取“适度从紧”的财税政策，以达到对投资膨胀和经济过热的抑制作用，促使国民经济实现“软着陆”。这必然要求加大对税收政策的调整力度，以适应当时宏观经济调控的需要。

（三）国际背景：对外开放、参与国际竞争要求我国税制与国际接轨

20世纪80年代以来，在技术进步的推动下，经济全球化进程加快，成为世界经济发展的主流。社会主义市场经济是一种开放型经济，随着中国对外开放的进一步发展，国际经贸活动的扩大，商品、资金、技术、劳动力等生产要素的跨国流动日益增加，客观上需要中国与世界各国之间的税收制度和税收政策相互协调，以减少税收对生产要素的流通产生的阻碍作用。基于世界经济全球化发展和国内对外开放背景下外资大量涌入的新形势，中国的税制改革必须借鉴市场经济发达国家税制，与国际惯例接轨，同时充分考虑中国的国情，建立与中国特色社会主义市场经济发展要求相适应的税收制度。

1994年税制改革是在各国普遍推行税制改革的国际背景下进行的。自20世纪80年代以来，各国税制的发展出现了两大共同趋势：一是以1986年美国税制改革为代表，普遍进行了以“降低税率、拓宽税基”为特点的所得税改革；二是以税收中性特点著称的增值税在世界范围内迅速推广。中国要建立和发展社会主义市场经济，必然要借鉴国外成功的税改经验，而对外开放、参与国际竞争本身也要求我国税制与国际惯例接轨。

（四）财政背景：“两个比重”① 偏低的现状亟待改变

改革开放以来，国家财力逐渐分散，“两个比重”偏低，尤其是中央财政难以

① 财政收入占国内总产值的比重和中央财政占全部财政收入的比重，简称“两个比重”。

为继，处于“悬崖边上的财政”，中央政府面临前所未有的“弱中央”状态，需要国家财政投入的国防、基础研究和各方面必需的建设资金严重匮乏。统计数据显示，中央财政收入在国内生产总值中的比重从 1984 年的 22.9% 下降到 1993 年的 12.6%，中央财政收入在全国财政收入的比重从 1984 年的 40.5% 下降到 1993 年的 22.0%。“两个比重”过低，已经严重影响到国家宏观调控作用的发挥。

上述情况表明，1994 年税制改革是发展我国社会主义市场经济体制的客观要求，也是顺应社会主义市场经济发展的必然结果。

二、改革的决策过程与实施内容

我国自 1984 年实行国营企业“利改税”第二步改革和工商税制的全面改革以后，就开始酝酿进一步改革和完善税制。这项工作随着中国经济体制改革的深入而逐步开展，并日益显示出其重要性。

（一）税制改革的酝酿

1984 年 10 月 20 日，党的十二届三中全会通过《中共中央关于经济体制改革的决定》（以下简称《决定》）。《决定》提出，要进一步完善税收制度。越是搞活经济，越要重视宏观调节，越要善于在及时掌握经济动态的基础上综合运用价格、税收、信贷等经济杠杆，以利于调节社会供应总量和需求量、积累和消费等重大比例关系，调节财力、物力、人力的流向，调节产业结构和生产力的布局，调节市场供求，调节对外经济往来，等等。

1986 年 4 月 12 日，第六届全国人民代表大会第四次会议通过《中华人民共和国国民经济和社会发展第七个五年计划（1986—1990 年）》。其中提出，要进一步完善税制，合理设置税种和调整税率，逐步过渡到按照税种划分中央税、地方税和中央地方共享税的体制。税种的设置和税率的调整，要为合理地调整产业结构服务，为企业平等竞争创造条件。

自 1988 年秋中国进入治理经济环境、整顿经济秩序时期以后，税制改革的准备工作陆续开展。1989 年 8 月 30 日，国家税务局局长金鑫在全国税务工作会议上的讲话中提出，各级税务机关在治理整顿中要用心研究和适时推进税制改革。下一步税制改革的基本思路是：通过税制改革，逐步提高财政收入比重；充分发挥税收调节社会分配不公的作用；为实行分税制财政管理体制创造条件；国营企业实行“税利分流”改革；与其他改革配套，增强税收的宏观调控功能。

（二）税制改革方案的确定

1992 年党的十四大召开，标志着中国改革开放进入一个新的历史发展阶段，中国的税制建设迎来了一个黄金期。

1992 年 6 月，国家税务局成立税制改革领导小组，着手起草《国家税务局关于近期税制改革的基本思路》，提出用三年时间分步实施税制改革。党的十四大以后税制改革的新思路、目标、框架日益清晰，在税制改革方案的起草过程中，中共中央、国务院、全国人大给予高度重视，多次召开专门会议听取国家税务局税制改革领导小组的汇报，并作出重要部署。中央领导反复强调，要加快税制改革，充分发挥税收职能作用，通过税制改革解决国民经济中存在的突出问题。1994 年税制改革正是在特定的历史背景下，由分步实施的改革设想改为一步到位。

1993 年 7 月 2 日，国务院总理办公会议决定，新税制要在 1994 年 1 月实施。次日，国务院副总理朱镕基在全国财政、税务工作会议上指出，一定要全面进行改革，财税体制改革在一个省里搞试点是搞不下去的，要改革就要全国推行。要充分认识加快财税改革的必要性和紧迫性，加快改革的进程。

（三）税制改革方案的出台

1993 年 10 月 31 日，第八届全国人民代表大会常务委员会第四次会议通过了《关于修改〈中华人民共和国个人所得税法〉的决定》，同日以中华人民共和国主席令公布，自 2014 年 1 月 1 日起施行，同时废止国务院 1986 年发布的《城乡个体工商业户所得税暂行条例》《个人收入调节税暂行条例》。1994 年 1 月 28 日，国务院发布了《中华人民共和国个人所得税法实施条例》，至此，统一的个人所得税改革推出。

1993 年 12 月 13 日，国务院发布了《中华人民共和国增值税暂行条例》《中华人民共和国消费税暂行条例》《中华人民共和国营业税暂行条例》《中华人民共和国企业所得税暂行条例》《中华人民共和国土地增值税暂行条例》；12 月 25 日，国务院又发布了《中华人民共和国资源税暂行条例》。以上 6 个税收条例均自 1994 年 1 月 1 日起实施。

1993 年 12 月 25 日，国务院批准了国家税务总局报送的《工商税制改革实施方案》，要求在全国贯彻执行。

1993 年 12 月 29 日，第八届全国人民代表大会常务委员会第五次会议审议并通过《全国人民代表大会常务委员会关于外商投资企业和外国企业适用增值税、消费税、营业税等税收暂行条例的决定》。

1994 年 1 月 23 日，国务院发布《关于取消集市交易税、牲畜交易税、烧油特别税、奖金税、工资调节税和将屠宰税、筵席税下放给地方管理的通知》，决定自 1994 年 1 月 1 日起取消集市交易税、牲畜交易税、烧油特别税、奖金税和工资调节税，废止在此之前发布的《集市交易税试行规定》《牲畜交易税暂行条例》《关于征收烧油特别税的试行规定》《国营企业奖金税暂行规定》《国营企业工资调节税暂行规定》《集体企业奖金税暂行规定》《事业单位奖金税暂行规定》，并将屠宰税和筵席税下放到地方管理。

至此，中国 1994 年税制改革的主体工程基本完成，基本适应社会主义市场经济体制的新税制框架初步建立。

（四）税制改革的指导思想和基本原则

1994 年，中国推出的是“一揽子”、全方位、根本性的税制改革。

税制改革的指导思想是：统一税法、公平税负、简化税制、合理分权，理顺分配关系，保障财政收入，建立符合社会主义市场经济要求的税制体系。

深化税制改革必须遵循以下几个基本原则：一是税制改革要有利于调动中央、地方两个积极性和加强中央的宏观调控能力。要调整税制结构，合理划分税种和确定税率，为实行分税制、理顺中央与地方的分配关系奠定基础；通过税制改革，逐步提高税收收入占国民生产总值的比重，合理确定中央财政收入和地方财政收入的分配比例。二是税制改革要有利于发挥税收调节个人收入和地区间经济发展的作用，促进经济和社会的协调发展，实现共同富裕。三是税制改革要有利于实现公平税负，促进平等竞争。公平税负是市场经济对税收制度的一个基本要求，要逐步解决当时按不同所有制、不同地区设置税种税率的问题，通过统一企业所得税和完善流转税，使各类企业之间税负大致公平，为企业在市场中进行平等竞争创造条件。四是税制改革要有利于体现国家产业政策，促进经济结构的调整，促进国民经济持续、快速、健康的发展和整体效益的提高。五是税制改革要有利于税种的简化、规范。要取消与经济发展不相适应的税种，合并那些重复设置的税种，开征一些确有必要开征的税种，实现税制的简化和高效；在处理分配关系的问题上，要重视参照国际惯例，尽量采用较为规范的税收方式，保护税制的完整，以利于维护税法的统一性和严肃性。

（五）税制改革的主要内容

全面改革流转税，对内资企业实行统一的企业所得税，统一个人所得税，调整、撤并和开征其他一些税种，同时改革税收征收管理制度。

1. 建立以增值税、营业税和消费税为主体的流转税制度

按照充分体现公平、中性、透明、普遍的原则，在保持总体税负不变情况下，参照国际上流转税制改革的一般做法，改变了原流转税按产品分设税目，按税目制定差别税率的传统做法，确定了在工业生产领域和批发、零售商业普遍征收增值税。对少量消费品征收消费税，对不实行增值税的劳务、转让无形资产和销售不动产征收营业税。改革后的流转税制统一适用于内资企业和外资企业，取消对内资企业征收的产品税和对外国企业征收的工商统一税。原征收产品税的农林牧水产品，改为征收农业特产税和屠宰税。改革后的流转税由增值税、消费税和营业税组成。

增值税：对货物的生产、批发、零售和进口全面实行增值税。采用价外计征的办法，即按照不含增值税税金的商品价格和规定的税率计算征收增值税。税率分为三档：基本税率为17%；低税率为13%，适用于基本食品和农业生产资料等；出口商品一般适用零税率。实行根据发票注明税金抵扣税款的制度。零售以前各环节销售商品时，必须在发票上分别注明不含增值税的价格和增值税税金，但在商品零售环节实行价内税，发票不单独注明税金。对于年销售额较小，会计核算不健全的小规模纳税人，实行按销售收入金额和规定的征收率计征增值税的简易办法。改革后的增值税征税制度，对纳税人进行专门登记，使用增值税专用发票，对纳税人购销双方建立交叉审计的稽查体系，形成防止偷税和减免税的内在制约机制。

消费税：税制改革后新设立的税种。为了保证财政收入，体现基本保持原税负的原则，以及实现特定的调节目的，在对原征收产品税的产品全部改征增值税后，在税负大幅度下降的一些产品中，选择少数消费品再征收一道消费税。消费税税目设有11个，包括烟、酒及酒精、化妆品、护肤护发品、贵重首饰及珠宝玉石、鞭炮焰火、摩托车、小汽车、汽车轮胎、汽油、柴油等。消费税采用从价定率征收和从量定额征收两种。

营业税：其征收范围包括提供劳务、转让无形资产和销售不动产。交通运输业、建筑业、邮电通信业、文化体育业等，税率为3%；金融保险业、服务业、转让无形资产、销售不动产等，税率为5%；娱乐业，税率为5%～20%。

2. 完善所得税制度

所得税制的改革包括企业所得税和个人所得税的改革。企业所得税改革的目的是：调整、规范国家与企业的分配关系，促进企业转换经营机制，为各种不同经济性质的企业创造一个平等的竞争环境。改革的主要内容：取消按企业所有制形式设置所得税的做法，将国营企业所得税、集体企业所得税、私营企业所得税统一合并为企业所得税，实行统一的企业所得税制。改革分两步实施：从1994年1月1日起统一内资企业所得税，下一步再统一内外资企业所得税。个人所得税改革的宗旨是对较高收入者征税，对中低收入者不征或少征，体现不使纳税人税负过多增加和总体税负有所降低的原则，改革的内容是将个人收入调节税、适用于外籍人员的个人所得税、城乡个体工商业户所得税合并，建立统一的个人所得税制。

企业所得税：内资企业所得税实行33%的比例税率，对部分盈利水平低的企业可以采取某些过渡性的照顾措施，适用27%或者18%的税率。除金融业、保险业的所得税征收仍按55%税率执行外，全面降低原各类企业所得税的最高税率，适当减轻了企业负担。统一规范税前列支项目和标准，改变应税所得额的确定从属于企业财务制度的做法，稳定和拓宽税基，硬化企业所得税。取消国营企业调节税和向国有企业征收的国家能源交通重点建设基金和国家预算调节基金。建立规范化的企业还贷制度。统一企业所得税后，企业不再执行承包上缴所得税的办法。

个人所得税：纳税人为中国公民和从中国境内取得收入的外籍人员。应税所得在原6项的基础上增加5项，共有11项，即工资、薪金所得；个体工商业户的生产、经营所得；对企事业单位的承包经营、承租经营所得；劳务报酬所得；稿酬所得；特许权使用费所得；利息、股息、红利所得；财产租赁所得；财产转让所得；偶然所得；经国务院财政部门确定征税的其他所得。个人所得税实行超额累进税率和固定比例税率。工资、薪金所得适用税率分9级，从5%～45%；个体工商业户的生产、经营所得和企事业单位的承包经营、承租经营所得适用税率分5级，从5%～35%。其他应税所得适用20%的比例税率。对工资、薪金所得在计税前允许按月收入额减除800元，作为税前扣除，但对外籍人员（华侨和港、澳、台同胞参照执行）每月在减除800元费用的基础上，再减除3200元后的余额为应税所得额。

3. 改革和完善其他税种

资源税：针对资源税征税范围窄，税负偏低的问题，扩大资源税征收范围。改革以后的资源税的征税范围包括所有矿产资源，征税品目有煤炭、石油、天然气、铁矿石和其他黑色金属矿原矿、铝土矿和其他有色金属矿原矿、非金属矿原矿和盐。为配合增值税的改革，还适当调整了资源税的税负。资源税分产品类别实行从量定额计算征税的办法，设置上下限的幅度税额。同类资源产品开采条件不同，税额也不同。

土地增值税：土地增值税是新设立的税种。通过开征此税，适当调节房地产交易中的过高利润。此税在房地产的交易环节对交易收入的增值部分征收。房地产增值额为纳税人转让房地产所取得的收入减去规定的扣除项目以后的余额。按照房地产增值税额超过扣除项目金额的比例实行四档超率累进税率，税率从30%～60%不等。

土地使用税：适当提高税额标准，扩大征收范围，适当下放管理权限。

其他税种的设置与调整：自1994年1月1日起取消集市交易税、牲畜交易税、烧油特别税、奖金税和工资调节税；将特别消费税并入消费税；将盐税并入资源税；将屠宰税、筵席税征收或停征权下放给地方管理。

1994年税制改革之后，我国税种设置由原来的36个（见表2－1）减少为22个（见表2－2），初步实现了税制的简化、规范和高效统一。

表 2－1　　1994 年税制改革前我国税种构成

类别	税种
流转税类	产品税、增值税、营业税、关税
所得税类	国营企业所得税、国营企业调节税、集体企业所得税、私营企业所得税、城乡个体工商户所得税、个人收入调节税
财产和行为税类	房产税、车船使用税、契税、印花税、屠宰税、集市交易税、牲畜交易税
资源税类	资源税、城镇土地使用税、盐税
特定目的税类	国营企业奖金税、集体企业奖金税、事业单位奖金税、国营企业工资调节税、固定资产投资方向调节税、烧油特别税、筵席税、城市维护建设税、特别消费税
涉外税类	外商投资企业和外国企业所得税、个人所得税、工商统一税、城市房地产税、车辆使用牌照税
农业税类	农业税（含牧业税）、耕地占用税

表 2－2　　1994 年税制改革后我国税种构成

类别	税种
流转税类	增值税、营业税、消费税、关税
所得税类	企业所得税、外商投资企业和外国企业所得税、个人所得税
财产和行为税类	房产税、车船使用税、车船使用牌照税、城市房地产税、印花税、屠宰税、筵席税
资源税类	资源税、城镇土地使用税
特定目的税类	固定资产投资方向调节税、城市维护建设税、土地增值税、契税
农业税类	农业税（含牧业税）、耕地占用税

4. 税收征收管理制度的改革

上述改革实施后，适应社会主义市场经济体制要求的税制体系初步形成。与此同时，必须推进税收征管制度的改革，彻底改变征管制度不严密、征管手段落后的局面，从根本上提高税收征管水平，建立科学、严密的税收征管体系，以保证税法的贯彻实施，建立正常的税收秩序。一是普遍建立纳税申报制度；二是积极推行税务代理制度；三是加速推进税收征管计算机化的进程；四是建立严格的税务稽查制度；五是适应实行分税制的需要，组建中央和地方两套税务机构；六是确立适应社会主义市场经济需要的税收基本规范；七是中央税和全国统一实行的地方税立法权集中在中央；八是加强税收法制建设。上述措施实施后，我国税务行政管理将形成法规、征收、稽查和复议诉讼四条线并重，相互协调制约的新格局。

三、改革成效

1994年税制改革在我国税制建设的历史进程中是一个具有重要意义的里程碑。这次税制改革是我国规模最大、范围最广泛、内容最深刻的一次税制改革，如此之大的举动在世界上也属罕见，国内外普遍评价较高。这次改革总体上保持了原税负水平，没有增加企业的负担，没有引起物价大的波动，没有影响对外开放，没有给经济带来不利影响，对社会主义市场经济体制的建立和发展发挥了重要的作用。

（一）统一规范，初步建立符合社会主义市场经济发展要求的税制体系

经过1994年改革后的中国税收制度，税种由原来的36种减少到22种，税制要素的设计更为科学、合理、规范，适应了经济发展和税制建设的需要。通过简化税制取消与形势发展不相适应的税种，合并重复设置的税种，开征一些确有必要的税种。例如，对容易导致企业重复征收、重复建设的不合理的产品税、工商统一税实行重大改革，建立了以增值税为核心，辅之以消费税、营业税的新流转税体系；随着我国个人收入不断增加，及时将个人收入调节税、适用于外籍人员的个人所得税和城乡个体工商业户所得税合并，建立统一的个人所得税制。这些改革都使税制结构进一步科学、合理，更富有效能。

（二）合理导向，建立财政收入稳步增长的机制

1994年税制改革从税制结构、税收负担、税收征管三个方面初步建立了财政收入稳定增长的机制。一是税制更加公平合理有效，适应了经济发展对组织税源的需要；二是规范了税收分配关系，在总体上没有增加纳税人负担的情况下，促进了税收收入的持续大幅度增长；三是在税制改革的同时，加快了税收征管改革步伐，通过加强税收征管打击各类偷逃骗税，保证了税收收入大幅度增长，逐步扭转了税收占国内生产总值比重逐年下降的局面。统计数据显示，1994年、1995年全国实现税收收入5127元和6038亿元，分别比上年增长20.5%和17.8%，此后一直保持较快增长；相应地，税收收入占国内生产总值比重也从1994年的11%逐步提高至2004

年的 17.7%[①]。

（三）理顺关系，推动企业的改革和发展

1994 年税制改革初步理顺了国家和企业的分配关系，促进了企业的改革和发展。一是通过税制改革，统一了内外资企业的流转税制，扩大了增值税的征收范围，消除了原产品税的重复征税弊端；改变了过去按所有制性质设置企业所得税的做法，严格了政策性减免税，取消了不少困难性和临时性减免税。改革后的税制使产品间、行业性、企业间、地区间的负担更加合理，进一步改善了企业纳税环境，为国有企业改制、调整产品结构，并为各类企业公平竞争创造了良好的外部环境。二是税制改革以法制为基础，规范了国家和企业的税收分配关系，促进了国有企业经营机制的转换。税制改革之前在国有企业盛行“包税制”，通过政府和企业一对一的谈判，使分配关系极不稳固，效益好的单位，其上缴的利润是固定的，国家财政收入不能随企业效益提高而增加，效益差的企业则“包盈不包亏”，严重扭曲了税制，特别是一些地方和企业实行投入产出承包制，还承包了流转税，动摇了财政的根基。

（四）公平税负，促进统一大市场的形成

1994 年税制改革通过统一税法和公平税负，促进了统一大市场的形成。统一的税法是市场经济正常秩序必不可少的法律规范。建立统一的税法是规范政府经济行为的一个重要方面。税法不统一，就无法体现其权威性。统一税法不仅有利于打破地区之间人为的市场分割，促进统一市场的形成，而且有利于国家对市场经济发展的引导、调节，体现发挥市场经济体制作用与加强宏观调控的一致性。同时，公平税负是市场经济对税收制度的一个基本要求。税制改革必须体现公平税负，促进平等竞争，解决按不同所有制、不同地区设置税种和税率的问题，通过统一企业所得税和商品税，使各类企业之间的税负大致公平，为企业在市场中实现平等竞争创造条件。

（五）合理分权，增强中央政府的宏观调控能力

新税制也强化了税收的宏观调控功能。通过税制改革和分税制改革的联动推进，

---

① 数据来源：历年《中国统计年鉴》。

进一步理顺了中央和地方的分配关系，通过适当集中税权和税收收入，调整税收政策，大幅度提高了中央财政收入占全国财政收入的比重，加强了中央政府的宏观调控能力，税收的宏观调控作用得到了较好的发挥。同时，税制改革的核心就是要适用社会主义市场经济的发展和国民收入分配格局的变化，规范税收分配方式，形成合理的税收分配机制。税制趋于规范、简化、公平，税收的分配职能作用得以加强。1978 年，财政收入占 GDP 的比重为 31.2%，1993 年下降到 12.6%。税制改革后，1994 年下降幅度减缓，1995 年开始回升，而后则持续上升。中央财政收入占全部财政收入的比重 1993 年为 22%，1994 年上升为 55.7%，之后基本上维持在 50% 左右。① 国家运用税收手段调控经济能力的增强，特别是中央税收收入比重的提高，使中央在处理政府间财政分配关系方面逐步掌握了主动权，有利于中央政府对地方政府行为的调控，改变了财政包干体制下中央财政支出依靠地方上解的局面，并保证了 1994 年分税制财政体制实施后中央对地方的转移支付制度的实行，为实施各项改革提供了必要的财力支持。1996 年，国民经济成功实现了“软着陆”，当年国内生产总值增长 9.6%，物价指数比上年增长 6.1%，② 形成了“高增长，低通胀”的良好局面。

（六）借鉴融合，缩小与国际税制的差距

新税制的设计积极地借鉴了外国税制建设的有益经验，与国际通行做法更加接近，从而使中国税制进一步适应经济全球化、税收国际化的发展趋势，有利于扩大对外开放和促进中外经济、技术交流与合作的发展。实行价外税，使中国出口企业产品的退税更加彻底，增强了企业在国际市场上的竞争力。在统一内外资企业流转税的同时，仍然保留了对外商投资企业和外国企业的税收优惠，保持了税收政策的相对稳定性、连续性，促进了对外开放。

（七）简化便利，税收征管更加有序

根据简化税制的原则，税种由原来的 36 个减少到 22 个，税率尤其是流转税的

① 数据来源：历年《中国财政年鉴》。

② 杨光. 分税制改革 20 年来的重要事件（1994 年—2014 年）[N]. 中国财经报，2014 - 04 - 12.

税率档次大幅度削减，便于征管，受到了征纳双方的欢迎。

（八）优化环境，依法治税理念渐入人心

通过学习、宣传和贯彻新税制，依法治税的观念更加深入人心，依法治税原则得到明显强化，税法的权威性明显提高，为市场经济发展创造了良好的税收法治环境。税收工作日益受到各级领导的重视，得到各地区、各部门和广大纳税人的理解与支持，越权减免税和偷税、抗税、欠税等现象受到了一定的遏制。

四、历史评价

1994 年税制改革方案是在中国改革开放 15 年来税制改革的基础上，经过多年的理论研究和实践探索，积极借鉴外国税制建设的成功经验，结合中国的国情制定的，推行以后从总体上看取得了很大的成功，各方面普遍评价很高。

（一）决策者的肯定

1994 年 11 月 28 日，国务院总理李鹏在中央经济工作会议上的讲话中表示，1994 年的财税改革取得了比较大的进展和比较好的效果，对于今后的改革和发展具有深远的意义。

12 月 17 日，国务院副总理朱镕基在全国财政工作会议和全国税务局长会议上的讲话中表示："新近召开的中央经济工作会议特别肯定了 1994 年实施的财政、税收等项改革取得的突出成绩。在不太宽松的条件下推出了这样广泛而深刻的改革，做了我们多年想做而没有做到的事情，这是很不容易的。当时，我们确实感到风险比较大，但是实际上没有想象得那么严重。因此，1994 年实施财税改革，并没有影响税收的正常增长。虽然新税制还需要继续完善，但是总的来说，新税制的基本结构确定了，分税制的推行也比较顺利。"

1995 年 3 月 5 日，国务院总理李鹏在第八届全国人民代表大会第三次会议上所作的《政府工作报告》中回顾 1994 年的国内工作时指出：经济体制改革迈出决定性步伐。根据建立社会主义市场经济体制的要求，实施了财税、金融、外汇、外贸、投资、价格和流通体制等方面的重大改革。由于全国上下齐心协力，改革取

得预期效果。以分税制为核心的新财政体制已经基本建立，以增值税为主体的流转税体系开始正常运行，内资企业所得税和个人所得税都实现了初步统一，税种减少，税制简化，税负趋于公平。这些重大改革对于今后的改革和发展将会产生深远的影响。

1996年3月5日，国务院总理李鹏在第八届全国人民代表大会第四次会议上所作的《关于国民经济和社会发展“九五”计划和2010年远景目标纲要的报告》中回顾“八五”时期国民经济和社会发展的成就时指出，经济体制改革取得突破性发展。按照建立社会主义市场经济体制的目标加快了改革步伐。以分税制为核心的新财政体制，以增值税为主体的新税制，已经基本建立并正常运行。

国家税务总局原局长谢旭仁在1994年税改十周年之际撰文称：“这次改革是为了适应建立社会主义市场经济体制的需要，是新中国成立以来规模最大、范围最广泛、内容最深刻的一次结构性税制改革，初步建立了一套适合我国国情的、以流转税和所得税为主体、其他税种辅助配合的复合税收体系。”①

（二）学界的评价

学术界对1994年税制改革也给予了很高的评价。中国人民大学安体富、王海勇认为，1994年税制改革是在社会主义市场经济体制框架下的一次全新的、根本性的和全面系统的税制改革，本身即是社会主义市场经济体制的有机组成部分。通过改革，初步建立起适应我国社会主义市场经济体制要求的税制体系框架，有力地促进了改革开放和经济发展。② 中国人民大学郭庆旺、吕冰洋认为，1994年的税制改革，是改革开放以来规模最大、内涵最深、范围最广的一次结构性改革，建立了与社会主义市场经济体制相适应的税制体系。从总体上说，1994年的税制改革基本上实现了改革目标，起到了振兴财政和促进社会主义市场经济体制建设的作用。③ 中国财政科学研究院刘尚希、梁季认为，1994年启动的税制改革无疑具有里程碑意义，不只是适应了市场化改革的要求，也为国家的长治久安提供了坚实的财力支撑，为改革、发展和稳定三者的耦合平衡提供了基础性的保障，也为现代税收制度的构建提

① 谢旭人．贯彻十六届三中全会精神　稳步推进税收制度改革［J］．税务研究，2004（1）．
② 安体富，王海勇．新一轮税制改革：性质、理论与政策［J］．税务研究，2004（5）．
③ 郭庆旺，吕冰洋．十年来税制运行的基本特征分析［J］．税务研究，2004（11）．

供了历史性前提。①

（三）成功的经验与历史的局限性

如今，将 1994 年税制改革放在历史的坐标里衡量，既有成功的经验，也有历史的局限。

1. 从总体看，1994 年税制改革取得了历史性成功

（1）新税制超越了有计划的商品经济体制下的税制框架，代之以社会主义市场经济体制为目标的税收框架。

（2）新税制向“统一、规范、公平、高效”的税收环境迈出了一大步，推进了我国市场化改革的进程。

（3）新税制与分税制财政管理体制相配套，并对价格、金融、企业、社会保障制度等相关改革起到了积极的促进作用。

（4）新税制避免了因税制大规模变动而可能导致的社会经济震荡，实现了高强度改革的“软着陆”。

（5）新税制迈出了向税收国际惯例和国际规范靠拢的步伐，促进了我国对外经济技术合作的进一步发展。

（6）新税制强化了税收的聚财功能，进一步调动了中央与地方组织收入的积极性，促进了工商税收的大幅度全面增长。

（7）新税制加大了税收的宏观调控力度，有利于产业结构的合理化。

总之，通过这次税制改革，在我国税制的历史上，初步建立起了符合社会主义市场经济发展要求的工商税制体系，为企业经营创造了一个较为公平、合理的税收环境。它对我国今后的税制建设以至国家经济、社会的发展都将产生深远的影响。因此说，这次税制改革是中国税制发展史上的一个重要里程碑。

2. 从历史的角度看，1994 年税制改革呈现了过渡性、局限性和阶段性的特征

（1）税制改革的过渡性，不仅表现在税制大多以暂行条例的形式出台，更主要的是表现在大量过渡性措施的存在。虽然这些过渡性措施对新税制的顺利实施起到了一定的促进作用，但也在不同程度上妨碍了税改目标的实现。

① 刘尚希，梁季．税制改革 20 年：回顾与前瞻［J］．税务研究，2014（10）．

（2）税制改革的局限性在税改目标的确定、税改内容的设计及税改措施的出台程序方面都有不同程度的反映。

在税制改革目标的确定上，虽然考虑了增加税收收入和加强税收调控两大目标，但实际上这次税制改革主要侧重于机制目标，即尽快建立一个规范的、公平的税收分配机制。在总体税负不变的改革原则下，新税制主要着眼于结构性调整。

在税制改革内容的设计中没有更多地考虑开辟新税源，直接增加税收收入，提高宏观税负方面的措施，而仍热衷于减税让利，这主要是由于传统观念的影响和人们认识上的局限性。例如，对国有企业征收的所得税仍以“利润”的管理方式由财政部门管理，“让利”型的税收减免仍大量存在，这些做法实质上还是计划经济体制下税利不分、减税让利观念的延续。增值税征收管理方面出现的一些问题，反映了在设计改革内容时对增值税的较高征管水平要求估计相对不足。

在改革程序方面，虽然税制改革方案酝酿已久，但是，党中央、国务院正式作出从1994年开始全面推行税制改革的决定的时间已是1993年7月下旬。从1993年7月下旬开始起草税制改革的具体实施方案到1994年1月新税制出台，只有5个月的时间。时间紧，任务重，难度大。尽管税务部门和有关部门做了极大的努力，保证了新税制的顺利出台，但也确实有一些具体的改革配套工作没有及时推进，因而有些工作显得比较仓促。有些问题调查研究不够深入，征求意见不够广泛，有些文件比较粗糙。例如，土地增值税与企业所得税、个人所得税重叠，总体税负偏重；企业所得税实行三级全额累进税率，临界点税负畸轻畸重；有些文件上下条款不一致，存在错漏。

（3）这次税制改革的阶段性表现在流转税制和所得税制的改革并没有一步到位，对于一些辅助税种的改革也没有付诸实施。考虑到固定资产投资膨胀和财政赤字比较大，增值税改革采用了“生产型”的模式，而不是各国通行的“消费型”模式。为了保证主要改革措施的顺利出台，适当减少震动面，有些计划中的改革项目没有能够出台，后续工作也没有跟上。例如，改革城市维护建设税，调整城镇土地使用税，简并房产税和车船使用税，开征证券交易税和遗产税，等等。由于有关方面存在不同意见，屠宰税、筵席税没有取消。

税制改革与分税制财政管理体制改革、税务机构管理体制改革（省以下税务机构分设为国家税务局和地方税务局两个系统）同步实施，后两项改革对税制改革制约很大。例如，增值税、营业税由国家税务局、地方税务局交叉征收，收入由中央与地方共享，引起增值税与营业税分割、交叉的矛盾；个人所得税由地方税务局征收，构成了实行综合税制的体制障碍。

1994 年税制改革突破性的成功，为进一步完善我国税制奠定了坚实的基础。但新税制的建立仅仅是一个好的开端，在迈出这历史性的一步以后，即遇到了许多新的矛盾和问题有待逐步解决。税制改革是一个渐进过程，伴随着我国社会主义市场经济体制的逐步确立，要真正建立起一个健全、完善的社会主义市场经济税制体系，后面的改革任重而道远。

下篇：1994 年分税制改革

1994 年分税制改革，是我国财政体制的重大制度革新。

从 1980 年进行“划分收支，分级包干”的体制改革，到 1985 年实行“划分税种，核定收支，分级包干”，再到 1988 年起实行“多种形式包干”制，结合工商税收改革以及两步“利改税”，我国的财政收入逐步从按行政隶属关系划分向按税种划分转变，有力地推动了经济体制改革向纵深发展。

20 世纪 80 年代，我国经济出现持续性的高速增长，然而，高速增长并没有带动和促进国家财力的同步提升，税收收入的增幅明显落后于税源的增长速度，财政承包体制和脱胎于计划经济的税制开始显现弊端。中央财政陷入了严重危机，中央政府面临举步维艰的困境。

在这一历史背景下，1993 年 11 月，党的十四届三中全会通过了《中共中央关于建立社会主义市场经济体制若干问题的决定》，对 1994 年的分税制作了具体部署，建立了中央税收和地方税收体系，分设中央与地方两套税务机构，建立中央对地方的税收返还和转移支付制度，并于 1994 年正式全面实施。

这次分税制改革确立了之后二十余年政府间财政关系的基本框架，这一历史时期，中央财政财力不断增强，中央与地方的财力对比关系也发生了改变，中央财政的调控能力大幅增强，可以说，正是这样的一套体制，为中国经济社会持续发展奠定了基础。

一、历史背景

财税制度改革关乎国民经济发展的长治久安，关乎国家兴衰的大事。合理的税制对生产、交换、分配和消费发挥调节作用，通过对物质利益诱导的方法达到宏观调节的目的。通过对商品流转各个环节的征税，保证了国家及时、稳定、均衡的收入，实行多方面的税收监督，对发展生产力有着重要意义。反之则会阻碍经济发展。1994 年的税制改革就是在一个特殊的历史环境下孕育而出。

（一）“两个比重”不断下降

1980 年以后，中国出现持续性的高速经济增长。1980—1990 年，国内生产总值平均增率为 9.5%。但是，经济的高速增长并没有带动和促进国家财力的同步增长。税收收入的增长速度明显落后于税源的增长速度，我国的财政收入占 GDP 的比重逐年下降。统计数据显示，财政收入占 GDP 的比重从 1983 年的 23% 降至 1993 年的 12.6%，大体上每年下降一个百分点还要多。而另一方面，中央财政收入占全国财政收入的比重也不断下降，由 1983 年的 36% 降至 1993 年的 22%（见表 2-3、图 2-1）。中央财政收入因此面临困境，在 20 世纪 80 年代末 90 年代初，中央财政甚至两次向地方财政借钱，中央的宏观调控能力被严重削弱。

表 2-3　　财政收入分析（1983—1993 年）

年度	财政收入占国内生产总值的比重（%）	中央财政收入占全部财政收入的比重（%）
1983	22.03	35.85
1984	22.91	40.51
1985	22.36	38.39
1986	20.80	36.68
1987	18.39	33.48
1988	15.79	32.87
1989	15.76	30.86
1990	15.84	33.79
1991	14.57	29.79
1992	13.08	28.12
1993	12.56	22.02

数据来源：历年《中国统计年鉴》。

图 2-1　财政收入分析（1983—1993 年）

（二）财政体制烦琐复杂

20 世纪 80 年代以来实施的“划分税种、核定收支、分级包干”的财政包干体制，其主要精神就是固定上解基数、超收多留。同时，由于各省情况差别很大，中央政府对全国 37 个下辖财政单位（包括各省、直辖市、自治区和一些计划单列市）共实行了六类不同的包干办法，同时由于每一类的包干基数、分成比例、上解基数和递增指标都不相同，因此可以说中央对不同的下辖财政单位都有不同的包干办法，而且由于年度间的情况变动，中央与地方单位需要不停地就这些基数和指标进行谈判，导致财政体制烦琐且复杂。财政包干制的另外一个特点是沿用了 1949 年以来传统的税收划分办法，按照企业的隶属关系划分企业所得税，按照属地征收的原则划分流转税，把工商企业税收与地方政府的财政收入紧密地结合在一起。这在很大程度上刺激了地方政府发展地方企业尤其是乡镇企业的积极性，同时由于乡镇企业隶属于地方政府管辖，所以乡镇企业的税收不但几乎全部归属于地方政府，而且乡镇企业更加倾向于将税收“缩水”、向地方政府缴纳“企业上缴利润”作为后者可以更加自由支配、不受预算约束的预算外收入。这必然导致税收在 GDP 中的比重下降，而且中央预算收入并不能随着地方政府财政收入的增加而增加，也导致“第二个比重”逐年下降。这种财政体制俗称“分灶吃饭”，自1980年正式实施以来，其间经历了1985年和1988年两次变革，总的趋势是越来越分权。

（三）中央政府国家治理能力受限

经济学家王绍光和胡鞍钢在《中国国家能力报告》（1993）中提出，国家汲取财政能力是最重要的国家能力，是其他能力实现的基础。[①] 他们认为：20世纪90年代国家汲取财政能力迅速下降，财政收入增长弹性下降，且处于低弹性范围；财政收入占国民生产总值（GNP）的比重在不断下降。中央财政能力降至历史最低点，属于“弱中央”。这种情况在世界各国是极其罕见的，在很大程度上促成了中央政府调控能力的弱化和中央财政的被动局面，宏观政策意图的贯彻难以得到充分的财力保证。

正是在中央财政面临十分困难的背景下，1994年1月1日分税制财政管理体制改革付诸实施。

二、过程及内容

我国的改革开放是从1978年开始的，在计划经济向市场经济过渡中，分税制的改革是整体配套改革中的重要内容。如何改？怎样改？在政界、学界及社会各界观点不一。党中央力排众议、果断决策，使1994分税制改革在艰难中得以推行。

（一）实施分税制的学界讨论

分税制是世界大多数国家普遍实行的分级管理的财税体制。它的基本内容是按照各税收本身的特征，包括税种、税源分布状况、税收影响范围、税收的复杂程度和税收管理效应等划分中央政府与地方政府收入和税收管理权限，以此建立中央政府与地方政府各自相对独立的税收体系，正确处理中央与地方之间税收分配关系。换言之，分税制实质上要解决两个问题，即划分中央政府与地方政府之间的收入范

---

① 王绍光，胡鞍钢. 中国国家能力报告［M］. 沈阳：辽宁人民出版社，1993.

围和划分中央政府与地方政府之间的税收管理权限（税收立法权、税法解释权与税收优惠减免权等）。当时国际上有以美国为首的管理权限分散的联邦制国家的分税制和以法国为代表的管理权限集中的单一制国家的分税制以及介于两者之间的日本模式的分税制。

我国幅员辽阔，人口众多，各个地区经济发展很不平衡，实行以公有制为主体的市场经济，政府的经济管理职能比一般实行市场经济的国家宽得多。因此，我国实行分税制应以我国的实际出发，既借鉴国外有益的经验，又不能照搬国外的模式。

基于当时中国的财政经济状况，特别是考虑到各地经济发展不均衡的现实，我国理论界并不赞成实行彻底的分税制，反而推荐分地区分类逐步实施分税制。

厦门大学教授邓子基认为分税包干制是向分税制过渡的一种财政管理体制。① 在他看来，向分税制过渡必须选择地区进行周密的试点、测算，在做大量工作后逐步推广。他认为，分税包干制能够克服现有矛盾，实现分税制与包干制在现有条件下的两优结合。分税包干制通过划分税种、重新调整财政收入，能够逐步理顺中央和地方之间的分配关系，调动中央和地方的两个积极性，缓解财政，特别是中央财政的困难，促进改革的顺利进行和国民经济持续、稳定与协调发展。

上海市财政科学研究所徐日清认为，财政包干制是一种过渡形式，但由于国民经济发展的不平衡性，分税制财政管理体制很难全面推行，建议积极准备分税制采取分别不同区域推进方式。② 经济专家宋新中认为，应根据不同地区经济发展水平，实现不同的财政管理体制，或分地区逐步推行分税制。③

理论界在分税制问题上各持己见，观点不一。

（二）分税制决策的正式出台

1992年春邓小平同志视察中国南方发表重要谈话，中共中央政治局为此召开全体会议以后，中共中央、国务院作出了关于加快改革开放和经济发展的一系列重要决定，国民经济持续、稳定、快速发展，经济体制改革逐步深入，税制改革的重要性也日益受到各方面特别是中共中央、国务院和全国人民代表大会的重视。

---

① 邓子基．财政管理体制改革的战略选择［J］．财经论丛，1991（3）．

②③ 杨志勇．分税制是怎么开始的［J］．地方财政研究，2013（10）．

1992年3月20日，国务院总理李鹏在第七届全国人民代表大会第五次会议上所作的《政府工作报告》中提出，要加快分税制和“税利分流”改革的步伐，探索理顺中央和地方、国家和企业分配关系的途径。国务委员兼财政部部长王丙乾在这次会议上所作的关于财政预算问题的报告中也提出要加快财税改革。上述两个报告都得到了会议的批准。同年5月16日，中共中央政治局会议通过了《中共中央关于加快改革，扩大开放，力争经济更快更好地上一个新台阶的意见》，其中提出，实行“税利分流”是改革国家与企业分配关系的方向，在第八个五年计划期间要搞好试点并部分推行。要进一步改革和完善税制。要根据国家产业政策和消费政策适时调整流转税的税率，积极创造条件制定统一的所得税税法。同年6月5日，财政部发布《关于实行“分税制”财政体制试点办法》（财地〔1992〕63号），选择天津、辽宁、沈阳、大连、浙江、武汉、青岛、重庆、新疆等9个省、市、区进行分税制试点。同年3—7月，国家税务局多次召开会议，学习邓小平谈话和中共中央政治局会议精神，研究深化税制改革等问题，以便更好地服从于、服务于深化改革、扩大开放，并提出税制改革的总体思路是“简化税制，扩大税基，调整税率，强化征管”，还就税制改革的原则和目标、企业所得税改革、流转税改革、个人所得税改革、奖金税改革以及税收征收管理改革等问题提出了框架性的设想。

1992年中国共产党第十四届全国代表大会的召开，标志着中国的改革开放进入了一个新的历史发展阶段，中国的税制建设又迎来了一个黄金时代。1992年10月12日，中共中央总书记江泽民在党的十四大上所作的报告中明确提出：“中国经济体制改革的目标是建立社会主义市场经济体制，以利于进一步解放和发展生产力。”他还提出，要围绕社会主义市场经济体制的建立，加快经济改革的步伐。要深化分配制度的改革，统筹兼顾国家、集体、个人三者利益，理顺国家与企业、中央与地方的分配关系，逐步实行“税利分流”和分税制。建立社会主义市场经济体制战略目标的确定，给中国的经济发展和经济体制改革指明了方向，也给税制改革提出了新的任务，并带来了新的机遇。

1993年1月，中共中央政治局提出，要以加快价格改革为契机，大力发展和培育各类市场，配套改革计划、税收、财政、金融、外贸体制。同年3月7日，党的十四届二中全会通过了《中共中央关于调整“八五”计划若干指标的建议》，其中提出，在第八个五年计划实施的后三年，要加快财政改革和发展的步伐，逐步扭转国家财政困难的局面；要加快“税利分流”和分税制的试点，逐步理顺国家与企业、中央与地方的分配关系；要采取有力措施，进一步完善税制，加强税收征管，严肃财经法纪，使财政收入的增长随着经济的增长而相应增加。同年3月16日，国务院总理李鹏在第八届全国人民代表大会第一次会议上所作的《政府工作报告》中提出：要积极改革和健全税制，改革财税体制，理顺中央与地方、国家与企业的分配关系；改革的方向是实行中央与地方的分税制和国有企业“税利分流”。

1993年，党的十四届三中全会，分税制改革被正式写进《中共中央关于建立社会主义市场经济若干问题的决定》，税制改革是这十个问题里的第四部分第18条。《决定》指出，积极推进财税体制改革，近期改革的重点之一是把现行地方财政包干制改为在合理划分中央与地方事权基础上的分税制，建立中央税收和地方税收体系。在分税制改革的历程上，党的十四届三中全会“一锤定音”。

江泽民、李鹏、朱镕基等党和国家领导人还多次在其他许多重要会议上反复强调，要加快税制改革，充分发挥税收职能作用，通过税制改革和其他改革解决当前经济中存在的突出问题。为了在新的形势下进一步提高税收的地位，更好地发挥税收的职能作用，加强对税收工作的领导，1993年4月19日，国务院在机构改革中将国家税务局改名为国家税务总局，并升格为国务院直属机构，原国家税务局局长金鑫继续担任局长。中共中央、国务院、全国人民代表大会关于税收工作的一系列重要指示和采取的各项有力措施，指明了税制改革的方向，对于税制改革起到了巨大的推动作用。根据形势发展的要求，国家税务总局在经过几年深入调查研究、反复论证以后提出的税制改革的基本思路的基础上，重新对于税制改革问题作了认真的研究，并广泛地听取了各方面的意见，逐步形成了关于全面深化税制改革的新的指导思想和基本方案。1993年4月下旬，中共中央总书记江泽民先后三次主持召开中央财经领导小组会议，听取国家税务总局局长金鑫等人关于税制改革等问题的汇报，研究税制改革工作。会议的决议中提出：为了适应社会主义市场经济发展的需要，必须加快税制改革和有关配套改革。税制改革涉及面广，影响大，既要积极，又要稳妥；要同投资体制、企业体制、财政体制等方面的改革协调配套进行。为了加强对财税体制改革的领导，同意由中共中央政治局常委、国务院副总理朱镕基负责，研究制定改革的具体方案和步骤。在改革中，要注意把握以下原则：一是要有利于加强中央的宏观调控能力；二是要有利于发挥税收在调节个人收入和地区经济发展差距方面的作用；三是要体现公平税负，促进平等竞争；四是要体现国家产业政策，促进经济结构的有效调整。会议以后，国家税务总局和有关部门根据中共中央、国务院的指示，抓紧了全面税制改革的研究、准备工作。1993 年上半年，中国经济在快速发展的同时，也出现了某些宏观调节失控，经济秩序混乱的问题，危及改革开放和经济发展。为此，中共中央政治局于同年6 月24 日发出了《中共中央 国务院关于当前经济情况和加强宏观调控的意见》，提出了关于加强宏观调控的一系列重要措施，其中包括加快财税体制改革。根据国务院副总理朱镕基的部署，从同年7 月下旬到8 月中旬，国家税务总局起草了《关于税制改革的实施方案（要点）》并上报国务院。从8 月下旬到9 月上旬，国务院总理办公会议、国务院常务会议和中共中央政治局常委会议先后听取了国家税务总局关于税制改革问题的汇报，审议并通过了上述方案（要点）。10 月中旬，国家税务总局召开了全国税制改革工作会议，进一步研究改革方案和即将出台的一系列新的税收法规草案或者讨论稿。

（三）分税制内容的制定

国务院于1993 年12 月15 日发布《国务院关于实行分税制财政管理体制的决定》，推行分税制改革。我国分税制改革的原则和主要内容是：按照中央与地方政府的事权划分，合理确定各级财政的支出范围；根据事权与财权相结合的原则，将税种统一划分为中央税、地方税和中央地方共享税，并建立中央税收和地方税收体系，分设中央与地方两套税务机构分别征管；科学核定地方收支数额，逐步实行比较规范的中央财政对地方的税收返还和转移支付制度；建立和健全分级预算制度，硬化各级预算约束。

1. 中央财政与地方财政税收划分

根据事权和财权相结合的原则，将维护国家利益、实施宏观调控所必需的税种划分为中央税；把同经济发展直接相关的税种划分为中央与地方共享税；将适合地方征管的税种划分为地方税，并充实地方税种，增加地方收入。

中央财政固定税收及收入包括：关税，海关代征消费税和增值税，消费税，中央企业所得税，地方银行和外资银行及非银行金融企业所得税，铁道部门、各银行总行、各保险总公司等集中缴纳的收入（包括营业税、所得税、利润和城市维护建设税），中央企业上缴利润，外贸企业出口退税。

地方财政固定税收及收入包括：营业税（不含铁道部门，各银行总行，各保险总公司集中缴纳的营业税）、地方企业所得税（不含上述地方银行和外资银行及非银行金融企业的所得税）、地方企业上缴利润、个人所得税、城镇土地使用税、固定资产投资方向调节税、城市维护建设税（不含铁道部门、各银行总行、各保险总公司集中缴纳的部分）、房产税、车船使用税、印花税、屠宰税、农牧业税、农业特产收入征收的农业税（以下简称农业特产税）、耕地占用税、契税、遗产和赠与税、土地增值税、国有土地有偿使用收入等。

中央与地方共享税收包括：增值税（中央分享75%，地方分享25%）、资源税（海洋石油资源归中央，此外资源税归地方）、证券交易税（当时规定中央和地方各分享50%）。

2. 中央财政与地方财政支出划分

根据财权与事权相统一的原则，在支出范围上作了如下规定。中央财政负担的支出包括：国防费，武警经费，外交和援外支出，中央级行政管理费，中央统管的基本建设投资，中央直属企业技术改造和新产品试制费，地质勘探费，由中央财政安排的支农支出，由中央负担的国内外债务的还本付息支出，以及中央本级负担的公检法支出和文化、教育、卫生、科技等各项事业支出。

地方财政负责的支出包括：地方行政管理费，公检法支出，部分武警经费，民兵事业费，地方统筹的基本建设投资，地方企业技术改造和新产品试制费，支农支出，城市维护建设费，地方文化、教育、卫生等各项事业费，价格补贴支出以及其他支出。

3. 中央财政对地方税收返还额的确定

实行分税制财政体制时，为了保持地方的既得利益而逐步达到改革目标，一方面按照《国务院关于实行分税制财政管理体制的决定》，实行中央和地方的税种划分、支出划分，使分税制如期实施；另一方面对原包干体制下的分配格局暂时不作变动，原体制下中央对地方的补助继续按规定补助。原体制下地方上解收入仍按不同体制类型执行：实行递增上解的地区，继续递增上解；实行总额分成的地区和原分税制试点的地区，暂按递增上解办法，即按1993年实际上解数和核定递增率，每年递增上解。通过这种办法过渡一段时间再逐步规范化（后来取消了地方上解的

“递增”）。

（四）中央与地方的博弈

1993年7月23日，国务院副总理朱镕基在全国财政会议上首次正式提出分税制的想法，一个多月后，分税制改革的第一个方案出台。为了说服各省，朱镕基在随后的两个多月里，奔波于全国，一一说服，其间颇多拉锯、妥协，但是，实行全国统一分税制改革的大原则，始终没有动摇。这个过程，后来被称为南“征”北“战”17省的“地方谈判”。

在朱镕基开始他的这次南“征”北“战”之前，一些地方便已对方案发出了强烈的“反对”信号。一些发达省份不同意搞分税制，担心会严重削弱其自身的经济实力。而欠发达地区也提出异议，因为这些省份均为“烟酒财政”，长期靠“小烟”“小酒”支撑，当时已经决定对小烟、小酒征收消费税，按照分税制的设计，消费税增量100%归中央。显而易见，这些地区是“吃亏”的。新疆则提出，作为贫困地区，他们希望增加增值税、消费税的分成比例。

对于地方的反对，中央采取了积极与地方互动协商的方式，从1993年9月9日到11月21日两个多月的时间，朱镕基带领大队人马，包括体改办、财政部、国家税务总局及银行等部门的60多人，从南向北，跑遍17个省、市、自治区，第一站是海口，最后一站是河北，进行了大规模的调研、解释、征求意见和谈判工作。

以广东为例，作为发达省份代表，朱镕基明确表示“要保广东既得利益”，广东也同意了分税制，但却提出了令中央非常意外的要求，即中央必须答应以1993年广东的财政收入为基数，中央要保证广东以后每年的收入不能少于这个数，否则中央要给予补贴。

此后，朱镕基又陆续赴西北、东部及西南各省进行“巡回谈判”。最终，中央在方案上作出以下调整：一是将返还地方收入的基数以1993年为标准。以1993年的财政收入为基数，此举可保证地方在分税制之后的财政处境不会比1993年更差。二是对那些有利于地方经济发展的优惠政策，主要是中央与省明确规定的税收优惠行业，如高科技产业、社会福利事业、投办工业产品等的照顾性减免税行业，仍继续实行两年。三是对中西部作出承诺，即当中央财政收入占全国收入60%以上时，中央将以1/3的收入，以转移支付的方式拨给地方，作为缩小地区差距之用。

中央在作出以上调整后，又逐一与各地达成共识。1993年11月召开的十四届三中全会最终作出决议，出台了《中共中央关于建立社会主义市场经济体制若干问题的决定》，正式提出了分税制方案。然而，地方的讨价还价仍在继续。在当年12月召开的全国财政工作会议上，时任财政部部长刘仲黎要求地方政府执行中央的分税制改革，不要再同中央讨价还价。

（五）在困难中迈出“改革的第一步”

改革的决定是中央作出的，但方案是财政、税务部门提出的，并由财税部门负责组织实施。账要由财政部门算，各种税收要靠基层税务人员收。据时任财政部部长兼国家税务总局局长刘仲藜讲，从1993年末国务院正式决定进行财税体制改革，到1994年初实施改革那一段时间，他的心情用一个词形容最贴切——如履薄冰。

改革的成功还离不开广大财税干部和职工的辛勤努力。他们事前作了大量基础数据的收集、整理、分析；对新制度作了多个方案模拟、测算、比较；与有关部门进行了大量沟通、协调；开展了大量培训。改革推出后，财税部门又积极组织收入，深入调研，发现问题及时予以解决。仅1994年第一季度，财政部下发或与国家税务总局联合下发的有关调整补充文件就有84个。

1994年的宏观环境并不宽松，信贷过猛、投资失控、通货膨胀。面临出现三种不利局面的可能：第一，通货膨胀持续发展，有可能有人指责是分税制推动了通货膨胀；第二，税负不合理影响企业经营，会造成生产下滑；第三，征收人员和纳税人尚未熟练掌握新税制，一旦税款收不上来，财政支出就会成问题。

为防止出现万一，刘仲藜向朱镕基汇报，并请他特批中央财政向中央银行临时借款120亿元，以备不时之需。朱镕基非常理解，特批借款，期限3个月。1994年1月，据税务部门统计，税收收入比上年同期增长61%，险情解除。

新税制的推行很快得到了广大纳税人的普遍支持。一些企业表示，税法面前人人平等，愿意照章纳税。一大批专家、学者找根据，说道理，介绍国外财税制度、改革经验，为财税改革创造了良好的社会舆论环境，并为改革出谋划策。

改革的第一年在曲曲折折中度过了。这一年，在战胜了期初库存退税、取消

“两金”而带来的减收等困难之后，财政收入增加了850亿元。如果考虑前两项的减收因素，实际增收在1300亿~1400亿元。

三、成效与问题

1994年分税制财政管理体制改革确立了各级政府间财政关系的基本框架。基本保持稳定的体制能够连续运行二十多年，应属首次。这一历史时期，国家财政能力不断增强，财政收入占GDP的比重从10%左右逐步回升到20%左右，保证了市场经济条件下政府必要调控所需的基本财力。这二十余年，也是中央财政财力不断增强的过程，改变了中央与地方的财力对比关系，增强了中央财政的调控能力。可以说，正是这样的一套体制，奠定了二十余年来中国经济社会发展的基础。但是，由于条件的变化，分税制财政体制表现出了一些问题。我们要认识到，1994年改革之后出现各种问题，例如，县乡财政困难、土地财政等，都是因为分税制没有随时代发展而贯彻到位所导致的问题。

（一）分税制改革的成效

1994年分税制改革取得了显著的正面效应，税收收入恢复性增长，占GDP比重从1995年最低点的10.3%逐步上升到2004年的17.7%，财政体制与财政政策为全局服务的能动性显著提高，政企关系、中央和地方关系的处理，以及促进生产要素流动、市场化配套改革等都可圈可点。

1. 保证了国家财政税收的稳定增长

在实行分税制之前，由于当时的财政收入分配模式的影响，所造成的国家财政收入与总体经济增长无关，国家财政收入每年基本都是固定的数；在实行分税制之后，很大程度上调动了各级政府征税的积极性，也导致各地逐步加强对税务征收的管理，促进国家财政税收的稳定增长。特别是中央财政税收明显提高。分税制实施之后，中央加强了对财政税收的控制，使中央财政税收大大提高，占国家财政税收的比例提升，国务院的宏观调控能力增强，国家抵御经济危机的能力也得到加强（见表2-4、图2-2）。

表 2-4　改革成效对比分析（1984—2004 年）

年度	财政收入占国内生产总值的比重（%）	中央财政收入占全部财政收入比重（%）	税收收入占国内生产总值的比重（%）
1984	22. 91	40. 51	13. 21
1985	22. 36	38. 39	22. 77
1986	20. 80	36. 68	20. 49
1987	18. 39	33. 48	17. 89
1988	15. 79	32. 87	16. 01
1989	15. 76	30. 86	16. 13
1990	15. 84	33. 79	15. 21
1991	14. 57	29. 79	13. 83
1992	13. 08	28. 12	12. 38
1993	12. 56	22. 02	12. 29
1994	11. 16	55. 70	10. 96
1995	10. 67	52. 17	10. 33
1996	10. 91	49. 42	10. 18
1997	11. 62	48. 86	11. 06
1998	12. 61	49. 53	11. 82
1999	13. 94	51. 11	13. 02
2000	14. 97	52. 18	14. 06
2001	16. 84	52. 38	15. 72
2002	17. 97	54. 96	16. 77
2003	18. 50	54. 64	17. 05
2004	19. 28	54. 94	17. 66

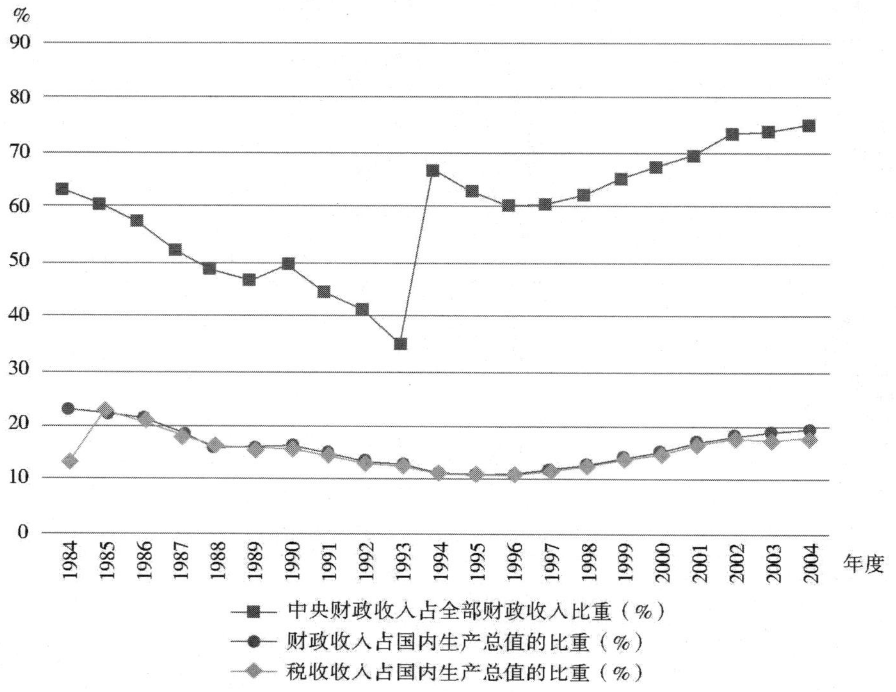

图2－2　改革成效对比分析（1984—2004年）

由表2－4、图2－2可以看出，1994年分税制改革以来，改变了中央财政收入急剧下降的局面，基本实现了改革目标，中央财政收入占比小幅稳步增长并趋于稳定。中央财政收入及税收收入占国内生产总值比重也同步得到改善。

2. 财政职能有效运行，社会经济持续发展

1994年财政体制改革，为我国建立社会主义公共财政体系奠定了初步的制度框架，全面支持了社会主义事业建设。自1993年以来我国政府针对经济运行中出现的四次较大波动相机进行了调控，通过税收、补贴、转移支付、国债等多种政策手段，纠正市场失灵，减少经济波动和防范社会震荡，推动了经济又好又快发展和增进了社会和谐。1994年改革以来，财政越来越倾向于公平均衡、统筹兼顾职能的发挥，通过调整财政支出结构，兼顾了中西部、东部的区域协调发展和城乡居民之间的公平，扩展了公共产品和公共服务的覆盖范围。分税制以来，财政公共性特征日趋明显，对农村农业、公共教育、医疗卫生、社会保障等公共产品和公共服务领域的投入成倍增长。在公共财政的有力推动下，我国免除了农业税、牧业税、特产税、屠

宰税，对种粮、良种、农机、农资进行补贴，建立健全了社会保障制度，建立并不断完善城镇最低生活保障制度，建立农村低保制度、新型农村合作医疗制度，建立健全了农村义务教育经费保障机制。财政职能充分有效运行，推动社会经济的可持续发展。

3. 财政体制改革的突破，建立了分级财政体制框架

1994 年分税制改革以市场化为导向，尊重市场机制在资源配置中的基础性作用，深入研究了市场经济中政府、企业各自的职能作用和活动范围，清晰地界定了政府出资者和管理者两种身份，税利分流，划分了财产和政治两种权利、利润和税收两种收入，规范了国家和企业间的分配关系，为市场经济体制奠定了中央地方财政关系框架基础，成为经济体制改革的突破口。

1994 年以分税制为基础的分级财政框架的财政体制改革注重机制转换和制度建设，借鉴了国外分税制的先进经验和设计方法，大大提高了财政分配的透明度和规范性，正确合理地处理了中央和地方的分配关系。这种符合社会主义市场经济要求的分税分级财政体制既提高了财政收入的两个比重，又促进了国有企业的发展进步、推动了不同经济成分的共同繁荣，是一种更为科学规范的制度，是我国财政体制改革的突破。

（二）改革过程中出现的一些问题

分税制之后的运行中也出现了一系列新矛盾。从数据上看，中央、地方的收入都在强劲增长，但是地方特别是县乡基层却出现了明显的财政困难。我们应该认识到，这并不是分税制这一基本制度出了问题，而是改革并未完成，分税制的目标没有推进到位。如何深化改革、进一步改善体制框架，应该是我们要考虑的重点。

1. 地方（或省以下）的财政体制问题

分税制改革实施之初和之后的过程中，涉及各级政府间的博弈，都不可避免会存在一些问题。尤其是，省以下分税制改革并不彻底，分税制财政体制的深化进展缓慢，省地（市）县之间、地方政府之间事权划分仍不明晰，出现本属于省、地（市）政府的基本事权转移给了县乡政府承担的情况。省以下政府之间的财权划分模式存在问题，中央政府集中财力的做法被省、市级政府效仿。

财经专家刘尚希认为，分税制改革定位在“中央”与“地方”两者之间，而不

是针对各个层级政府之间的财政关系。[①] 从大国治理来看，“地方”具有法律上的实体意义，相对于中央政府而言，“地方”其实就是浓缩的一级政府。事实上，我国的国家治理长期来遵循的是两级政府——中央政府、地方政府——的治理框架，即下管一级，而不是直接针对五级政府。其实任何国家的财政分权都是中央政府与省（州）之间，而不会具体到省以下。省以下实行什么体制，应当交给省一级政府去考虑，中央政府不应过多干预。我国地区差距大，要求各个省级政府对下层层分税是不现实的。特别是考虑到实施主体功能区规划，有的地方生态脆弱，或者是水源保护地，要限制开发、禁止开发，如果分税给它，将进一步加重其财政负担。因此，省以下体制应因地制宜，不可借规范化的名义搞“一刀切”。但问题恰恰就出在这里，社会上一些观点起了误导的作用，认为省以下也要层层实行分税制，要“财权与事权相匹配”，直到乡镇一级。这产生了严重后果。县乡财政困难以及生态环境的恶化，就与此有紧密联系。给县乡分税，以为把税分好了，就建立了规范的体制，一切万事大吉了。可实际的结果是，要么难以发展，分给它的税只能是画饼充饥，财政陷入困境；要么强制开发，财力是增加了，但生态环境也破坏了。

2. 转移支付的问题

随着财政规模的扩大，转移支付的规模也越来越大，这些年来一直在说要减少专项，扩大一般转移支付规模，但实际结果是相反的。这与政府各个部门的权力有关。专项转移支付现有193类，具体项目达到几万个，越来越多，项目也越来越小，10万元以下的小项目也达到近万个。地方各级政府的驻京办之所以越来越多，甚至各个“条条”的驻京办也越来越多，如直管高校的驻京办如雨后春笋般，其原因就在于此。对于这个问题，在分税制改革之时，时任国务院副总理朱镕基早就预见了这一点：“这次实行分税制还有一个小小的‘尾巴’没有改掉。这就是中央各个部都有财政部给的一笔钱，由各个部再拨给各个地方……从地方收上来，由中央各个部再分下去，把事权搞得很复杂，打酱油的钱不能用来买醋。这种分钱方法，就是统收统支，应该改掉。”[②] 本来是要解决的问题，没想到如今却是愈演愈烈。

从制度设计上讲，分税制财政体制的核心是分级，强调的是，一级政府一级财

① 刘尚希．分税制的是与非［J］．经济研究参考，2012（7）．

② 朱镕基．朱镕基讲话实录（第一卷）［M］．北京：人民出版社，2011：365．

权，财权和事权要相统一，但由于现行的财政体制不尽合理，事权划分不清，财权划分得不合理，造成了转移支付的目标模糊，使转移支付制度实际成为了一种应急机制、一种主导机制，承载了一些它无法承载的功能。

虽然近年来转移支付制度在运行中有了显著改进，转移支付作为一个良好的补充制度，虽然对地方社会经济发展起到了重要的扶持作用，但却不能彻底解决地方社会经济全面发展的财力不平衡问题。因此要完善转移支付制度，就必须从完善分税制入手，合理地划分事权，合理地划分财权，明确转移支付的目标，在此基础上，建立公开、透明、科学、合理的转移支付制度。

3. 举债与土地出让的问题

在财政窘迫的情况下，地方政府开始想方设法增加收入，除大规模发放地方债外，征地卖地也成了主要途径之一。分税制改革划分了中央与地方的财政收入，但对两者的支出责任未作相应调整，地方财政显得窘迫，于是地方政府开始想方设法增加收入，例如，普遍大规模发放地方债。中国 1995 年开始实施《预算法》，禁止地方政府举借债务。但根据中国审计署 2011 年 6 月披露的审计报告，截至 2010 年底，除 54 个县级政府没有政府性债务外，全国省、市、县三级地方政府性债务余额共 10. 72 万亿元，其中政府开设的融资平台公司政府性债务余额为 4. 97 万亿元，占全国地方政府性债务余额的 46. 4% 。

多数政府融资平台公司本身不具有自偿能力，依赖财政拨款偿还贷款或用政府信用给予隐性担保。另外还有最受争议的卖地问题，长期有批评将居高不下的房价与分税制造成的地方财源减少相挂钩。这种分析认为现行土地制度赋予了中国地方政府征用、变更及转让土地的独占权与强制权，因此在中央拿走大部分税收之后，以“征地 - 强拆 - 土地出让”出名的“土地财政”便兴起了。

当前我国比较突出的县乡财政困难、土地财政、地方债务沉重等问题，恰恰表明分税制必须进一步改革完善，改革要在实践中不断完善。

四、评价

分税制改革启动于 1994 年 1 月 1 日，至此，中国财税治理体系开始了一个新格局。经过二十余年的不断完善与改进，聚财绩效与新问题开始相伴而出。分税制本在完善之中，自有须改进之处。诸如与之配套的转移支付尚待完善；地方财力与事责尚不匹配；地方政府专注横向竞争，或盲目招商引资，或拓展税源取向，或唯GDP导向，或疏忽社会民生，等等，有鉴于此，如何评价和判断分税制的历史地位，如何从宏观视野解读分税制，显得十分必要。

（一）分税制改革影响深远

历史经验证明，任何一项重大制度变革，都是对现有利益格局进行调整，会遇到不同程度的阻力。然而，只有改革才有发展，否则就会停滞，甚至倒退。

改革的成效和问题都要靠时间检验。党中央在1993年选择有利的时机，及时推出分税制，在一个人口众多的发展中大国，进行这场极其深刻的制度变革，其历史功绩和深远影响自不待言。今天我们重新审视此次税制改革，可以得出结论，分税制改革的推行符合社会主义市场经济要求的国家与企业、国家与个人的新型利益分配关系；初步建立了适应社会主义市场经济要求的分税制框架，稳定了中央和地方的财政分配关系，调动了中央和地方的积极性；形成了财政收入稳定增长的机制，中央和地方财政收入都实现了较大幅度增长；增强了中央宏观调控能力，促进了地区协调发展和公共服务的均等化。可以说，分税制改革的基本逻辑和改革方向是正确的，是经得起历史评价的。

（二）改革亲历者的评价

朱镕基：这（分税制改革）是一个长治久安的基础，是建立社会主义市场经济体制的基础。[①]

刘仲藜：实践证明分税制改革是成功的，这一点已毋庸置疑。但是，我们也要看到，这次改革仍有许多需要完善之处。这一方面是由于当时存在种种客观原因，有些改革内容没有提出，有的改革没有一步到位，有的改革作了调整；另一方面是形势不断发展，情况有了很大变化，需要对制度作出进一步的修正。[②]

项怀诚：实行分税制以后，中央财政连年增长，比重不断提高，应该说完满达

① 朱镕基．朱镕基讲话实录［M］．北京：人民出版社，2011.

② 高培勇，等．中国财税改革30年：回顾与展望［M］．北京：中国财经出版社，2009.

到了改革的预期目标。但是分税制的改革始终没有停止，一直是在完善和深化的过程中。①

楼继伟：分税制的实施取得了良好的运行效果，其突出表现，一是初步建立了适应社会主义市场经济体制要求的财政体制框架，为新体制下政府实施宏观调控奠定了制度基础；二是建立了财政增收机制，基本实现了财政收入的规范化和制度化，“两个比重”逐年提高，中央的宏观调控能力得到了增强。新体制还推动了统一市场的形成，地区封锁和割据问题得到了缓解，同时促进了经济结构的调整与优化。②

许善达：1994 年的税制改革，虽然在税制设计上有些方面没有达到最理想的状态，但也确实解决了当时面临的财政困难，为我们继续深化改革提供了财力资源。所以我认为现在是一个很重要的时机，应当总结新税制运行以来的利弊，有针对性的在现在的格局下进行改进。③

（三）学界的评价

刘尚希认为，1994 年分税制改革是中国式的分权改革，汲取了市场经济国家的一些制度元素，更是从我国实际出发的一种创新，是我国改革历程中的一个经典之作。它奠定了我国长治久安的基础，也构筑了我国市场经济体制的基础，其影响之深远是不言而喻的。④

高培勇认为，分税制或以分税制为灵魂、为基础来构建中央和地方之间的财政关系格局，即便在今天，这个初心是没有变化的。如果有变化，那可能是具体层面和操作层面的东西。⑤

2015 年 3 月，中国人民大学财政金融学院举办“分税制改革二十周年与现代财政制度建设”学术研讨会，并发布《中国分税制：问题与改革》一书。国家税务总局税收科学研究所所长李万甫在会议发言中阐述，中国的财税改革不能照搬美国，美国的联邦制不适合中国国情。中国财税改革要借鉴法国、日本，探索符合我国国

① 项怀诚．分税制改革尚未完成［J］．财经，2012（3）．

② 楼继伟．破旧立新分税制［J］．财经，2008（10）．

③ 许善达．1994 年税制改革的问题和未来的展望［C］//2008 年夏季 CCER 中国经济观察．北京大学国家发展研究院．

④ 刘尚希．分税制的是与非［J］．经济研究参考，2012（7）．

⑤ 高培勇．财政体制改革要不忘“初心”［J］．财政科学，2018（1）．

情的财税改革制度。

与会专家对1994年分税制改革的成果表示肯定，认为这是一次具有里程碑意义的财税体制改革。要在1994年分税制改革的基础上，在构建现代财政制度的大背景下，进一步研究、推动分税制改革。

习近平总书记指出："历史、现实、未来是相通的。历史是过去的现实，现实是未来的历史。……要认真回顾和深入总结改革开放的历程，更加深刻地认识改革开放的历史必然性，更加自觉地把握改革开放的规律性，更加坚定地肩负起深化改革开放的重大责任。"①

2018年3月，第十三届全国人民代表大会第一次会议公布的《关于国务院机构改革方案》中指出："改革国税地税征管体制。将省级和省级以下国税地税机构合并……"这开启了中国税收改革新的征程。然而，这只是宣布国地税机构的合并，不同税种归属于中央财政还是地方财政或其分成比例并未改变，合并后的税务部门还将"具体承担所辖区域内各项税收、非税收入征管等职责。"时至今日，在新时代的改革实践中，分税制仍然在路上。

参考文献：

[1] 朱镕基．朱镕基讲话实录［M］．北京：人民出版社，2011.

[2] 吴敬琏．中国经济50人看三十年［M］．北京：中国经济出版，2008.

[3] 刘克崮，贾康．中国财税改革三十年：亲历与回顾［M］．北京：经济科学出版社，2008.

[4] 刘佐．新中国税制60年［M］．北京：中国财政经济出版社，2009.

[5] 刘仲藜．分税制改革抓住了历史机遇［N］．中国税务报，2008-12-17.

[6] 陈共．1994年税制改革及分税制改革回眸与随感［J］．地方财政研究，2005（1）.

[7] 许善达．1994年税制改革的问题和未来的展望［C］//2012年夏季CMRC中国经济观察（总第30期）．"CMRC中国经济观察"第30次报告会会议集．北京大学国家发展研究院，2012-07.

① 摘自习近平同志在中央党校2010年春季学期第二批入学学员开学典礼上的讲话。

[8] 贾康. 归咎于分税制改革，是把板子打错了地方 [N]. 中国税务报，2010-11-17.

[9] 刘佐. 1978年以来历次三中全会与税制改革的简要回顾和展望 [J]. 经济研究参考，2014 (4).

[10] 刘尚希. 分税制的是与非 [J]. 经济研究参考，2012 (7).

[11]《工商税制改革评析》课题组. 1994年中国工商税制改革评析 [J]. 经济研究参考，1997 (22).

[12] 杨志勇. 分税制改革是怎么开始的 [J]. 地方财政研究，2013 (10).

[13] 孙雷. 十年回首"分税制" [N]. 21世纪经济报道，2004-11-14.

[14] 王洪. 建立分税同分成相结合的双重预算管理体制 [J]. 改革，1988 (3).

[15] 王振宇. 分税制国内研究现况、困境及其展望 [J]. 财政研究，2017 (12).

[16] 翁礼华. 分税制财政体制改革的前前后后 [N]. 中国税务报，2008-11-19.

[17] 边曦. 1994年中国税制改革的八大特点 [J]. 云南经贸学院学报，1999 (12).

课题负责人：龚辉文　沈承纲

课 题 成 员：王鸿君　杜秀玲　盖士光

吴　涛　齐　鑫

第三篇

"两法合并"：中国内外资企业所得税制的统一

2007 年 3 月 16 日，第十届全国人民代表大会第五次会议通过了《企业所得税法》。2007 年 11 月 28 日，国务院第 197 次常务会议通过了《企业所得税法实施条例》。该企业所得税法及其实施条例，自 2008 年 1 月 1 日起施行。这标志着长期以来中国内外资企业所得税制度"并行"的终结，内外资企业所得税实现"两法合并"。

改革开放以来，我国按内资、外资企业性质建立了两套所得税制度。其中，外商投资企业和外国企业适用《外商投资企业和外国企业所得税法》；内资企业适用《企业所得税暂行条例》。内资、外资企业所得税制度，在税率、税前扣除、税收优惠等方面存在较大差异，这种情况已不适应当时我国完善社会主义市场经济体制和加入世界贸易组织后经济发展的需要。"两法合并"，就是改革内资、外资企业分设的所得税制度，将内资、外资企业的税法和条例的有关内容进行合并，制订一部统一适用于内资、外资企业的所得税法。新税法执行统一的税率、税前扣除和税收优惠政策等，为各类企业创造一个公平竞争的税收法制环境。

企业所得税法"两法合并"，实现了"四个统一"：一是税法统一，即内资、外资企业适用统一的企业所得税法；二是税率统一，统一并适当降低企业所得税税率，新税率确定为 25%；三是扣除统一，统一和规范税前扣除办法和标准；四是优惠统一，统一税收优惠政策，实行“产业优惠为主、区域优惠为辅”的新税收优惠体系。

企业所得税“两法合并”，是适应社会主义市场经济发展新阶段的一项制度创新，是中国经济制度走向成熟、规范的标志性工作之一。借鉴国际经验，制定统一规范的企业所得税法，对于完善社会主义市场经济体制、促进各类企业公平竞争、促进经济结构调整、优化和产业升级、协调区域发展，具有重大的意义和深远的影响。

一、企业所得税制的沿革

（一）所得税的诞生

中国的所得税制度，是受欧美国家和日本建立所得税制度的影响而建立的。中国长期处于封建和半殖民地半封建社会，资本主义发展缓慢，缺乏实行所得税制度的社会经济条件。直到清朝末年才有实行所得税的倡议，但也是屡议屡辍。20世纪初期，在清朝宣统年间的1910年曾经起草过一部《所得税章程》，其中包括了对企业所得征税的内容，也包括对个人所得征税的内容，但因种种原因未能公布实施。1914年，北洋政府颁布了中国历史上第一部所得税法规，即《所得税条例》，并成立了隶属财政部的所得税筹备处，但由于各省和商会的一致反对，《所得税条例》并没有在全国范围内真正实施。后来，中华民国国民政府也曾经讨论制定过一个《所得税条例草案》，但因国民党财政部聘请的美国顾问团以当时的中国不可能实施所得税法为由而遭到否决。

1936年7月，国民政府的立法院重新讨论通过了《所得税暂行条例》，规定从1936年10月起陆续开征，先对薪给报酬所得和公债利息所得征税，其余各类所得自1937年1月起课征。1943年，国民政府正式颁布了《所得税法》，这成为中国历史上第一部所得税法。至此，在我国历史上第一次正式对企业开征了企业所得税。尽管企业所得税已创立，但受当时政治、经济等现实因素的制约，在实施中困难重重，企业所得税收收入在全部国税收入中所占比重很小。

（二）企业所得税体系的初步建立

从中华人民共和国成立到实行改革开放政策以前的30年间，中国的企业所得税经历了一段曲折发展的过程。在1949年11月召开的首届全国税务工作会议上，讨论制定了税收的纲领性文件《全国税政实施要则》，明确提出了对企业所得（包括经营所得和利息所得等）征税的方案。1950年1月中央人民政府颁布了《全国税政实施要则》。其中规定了全国共设置14个税种。在这些税种中，涉及对企业所得征税的有工商业税（所得税部分）和存款利息所得税。实施过程中，对私营企业、集体企业和个体工商户生产经营所得征收的工商所得税的办法几经修改，虽然一直没有停止征收，但始终没有形成一套独立、完整、统一的企业所得税制度。当时设立的工商所得税名义上是针对各类企业，但是，其时特定的背景是：国营企业是实行利润上缴制度，不缴工商业税；当时的外资企业几乎不存在，因为西方国家对我国实行了经济封锁，不可能来中国投资。苏联和东欧的一些社会主义国家在我国有一些投资，属于援助项目，而不是合资经营，也不缴工商业税；虽然有一些私营企业要缴纳工商业税，但是随着国家对私有制社会主义改造的完成，大多数私营企业又被改造成为国营企业或集体企业，要缴纳工商业税的户数进一步减少。

由于长期以来受“左”的错误思想的影响和干扰，普遍认为在国营经济日益强大和非社会主义经济不断缩小的情况下，所得税法除了在为社会主义积累建设资金方面仍能发挥重要作用外，在调节经济方面的作用已逐渐减弱。1958年，我国开始进行简化税制的改革工作。同年9月，经全国人民代表大会常务委员会审议通过，国务院公布了《工商统一税条例（草案）》，在全国试行。该条例把原来实行的货物税、商品流通税、工商业税中的营业税和印花税等4个税种，合并成工商统一税；将工商业税中的所得税改为一个独立的税种，称为工商所得税。此后，对工商所得税进行了几项较大的改革：（1）对国营企业施行税利合一制度。即对国营企业原来的工商业统一税及附加以及地方税一律停止征收，把这些收入合并到企业利润中，统一上缴国库。这样实际上是取消了国营企业的税收，废除了税法。（2）从1959年起停征利息所得税。（3）1963年4月，按照“贯彻合理负担政策，限制个体经济，巩固集体经济”的政策精神，国务院发布了《关于调整工商所得税负担和改进征收办法的试行规定》，对工商所得税制度进行了重大调整，按不同类型的纳税人，分别规定了4种税率。

（三）外资企业所得税法的建立和统一

1978年12月，党的十一届三中全会的召开，标志着中国的社会主义建设进入了一个崭新的历史时期，中国的企业所得税制度伴随着中国经济从计划经济到有计划商品经济发展过程，在理论、政策、实践等各方面都发生了巨大的变化。

改革开放初期，中国采取了许多措施吸引外资和外国技术，积极开展对外经济合作和技术交流，开始引进外资，但外资企业引进以后不可能像国营企业一样向中国政府上缴利润，只能是采取上缴税收的形式。当时临时采取的对策是，在流转税方面，暂时沿用1958年全国人民代表大会常务委员会原则通过的《工商统一税条例（草案）》，对涉外企业的销售（营业）收入征税。在所得税方面，暂时沿用1950年政务院制定的《工商业税暂行条例》中的所得税部分的规定。在地方税方面，则沿用1951年政务院发布的《城市房地产税暂行条例》和《车船使用牌照税暂行条例》。对外资企业征收的企业所得税沿用1950年实施的工商所得税，时隔30年，很多内容很不适用，必须加快制定新的涉外税收法。而当时国营企业利润分配制度的改革刚刚开始，我国社会的主体认识仍然坚持认为国营企业应该上缴利润而不能征收所得税。虽然有一部分集体企业也纳税，但是当时集体企业的定位仍是社会主义公有制企业，与外资企业性质不同，并不能把集体企业所得税用到外资企业上。在这种情况下，对外资企业征收所得税的工作显然只能先行一步。标志性的举措是1980年9月第五届全国人民代表大会第三次会议通过了《中外合资经营企业所得税法》。同年12月14日，经国务院批准，财政部发布了《中外合资经营企业所得税法施行细则》。可以讲，《中外合资经营企业所得税法》是中华人民共和国成立以后制定的第一部正规的企业所得税法。中外合资企业所得税的纳税人为设在中国境内的中外合资经营企业，课税对象为纳税人取得的生产、经营所得和其他所得。

1981年，第五届全国人民代表大会第四次会议通过了《外国企业所得税法》。1982年2月，经国务院批准，财政部发布了《外国企业所得税法施行细则》。外国企业所得税以在中国境内取得生产、经营所得和其他所得的外国企业为纳税人，以纳税人每一纳税年度的收入总额减除成本、费用、损失以后的余额为应纳税所得额。

这两部税法的颁布实施，构成了改革开放初期一整套比较完整的涉外企业所得税制度。这是我国适应对外开放采取的一项重大税收政策措施。外资企业所得税先行一步立法，首先解决对外征税的问题，也是当时的历史条件决定的，而内资企业所得税制度，只能是在后来的改革中陆续出台。

（四）内资企业所得税体系的构建

在对外资企业开征所得税的同时，为了能够调动国内企业的生产积极性，把国有企业的上缴利润改为上缴税金的改革工作也在酝酿之中。财税部门从1978年底、1979年初就开始研究“利改税”的问题，提出了包括开征国营企业所得税等内容的初步设想与实施步骤。在1982年以前，全民所有制企业向国家上缴利润，不缴所得税。从1982年起，国务院决定加快国营企业“利改税”的步伐。1983年开始，正式实行了“利改税”的第一步改革。第一步改革，主要是制定了对国营企业征收所得税的办法。1983年4月，由财政部发布了《关于对国有企业征收所得税的暂行规定》；1984年又进行了“利改税”第二步改革，第二步改革是在第一步“利改税”的基础上，进一步改进了对国营企业征收所得税的制度，并由原来财政部的暂行规定改为国务院的税收条例，提高了法律级次。同时，决定对一部分利润较多的大中型国营企业加征国营企业调节税。1984年9月，国务院发布了《国营企业所得税条例（草案）》和《国营企业调节税征收办法》。经过以上两步“利改税”，我国内资企业所得税制度的基本框架已经建立。

对企业所得征税主要包括：

一是国营企业要缴纳企业所得税和调节税。对国营企业的上缴利润改为按国营企业所得税征收，国营企业所得税成为国家直接参与企业利润分配的新税种。而国营企业调节税是指对国营大中型企业在缴纳所得税后，留利超过核定合理留利标准而征收的一种税。

二是集体企业应缴纳集体企业所得税。1985年4月，国务院发布了《集体企业所得税暂行条例》，将原来的工商所得税更名为集体企业所得税。集体企业所得税以实行独立经济核算的集体企业为纳税义务人，从而结束了长期以来各类集体企业所得税征税办法各异的局面。

三是城乡个体工商业户要缴纳个体工商业户所得税。1986年1月，国务院发布了《城乡个体工商业户所得税暂行条例》，开征城乡个体工商业户所得税。

四是私营企业要缴纳私营企业所得税。1988年6月，国务院发布了《私营企业所得税暂行条例》，决定开征私营企业所得税。

经过两步“利改税”和工商税制的改革，中国的企业所得税体系由以下7个税种构成：国营企业所得税、集体企业所得税、私营企业所得税、城乡个体工商业户所得税、中外合资经营企业所得税和外国企业所得税，还有对部分国营大中型企业按户定率征收的国营企业调节税。企业所得税体系的建立突破了长期以来计划经济体制下统收统支的分配格局，基本适应当时中国经济发展与经济体制改革的需要。

（五）内外资企业所得税法的统一

1. 外资企业所得税法的统一

为了适应中国扩大对外开放的需要，1991年4月，第七届全国人民代表大会第四次会议上将原有的《中外合资经营企业所得税法》和《外国企业所得税法》合并，通过了《外商投资企业和外国企业所得税法》，实现了涉外企业所得税制度的统一。

2. 内资企业所得税法的统一

1992年10月，党的十四大明确提出了建立社会主义市场经济体制的战略目标，社会主义市场经济体制的建立为企业所得税的进一步改革提供了重要的契机。为了适应社会主义市场经济的需要，财税部门提出企业所得税制度改革的步骤分为两步走：第一步，先将对国营企业、集体企业、私营企业等内资企业分别征收的所得税统一起来；第二步，再将对内资企业和外资企业分别征收的所得税统一起来。这一建议得到了党中央、国务院的批准。

1993年12月13日，国务院将国营企业所得税、国营企业调节税、集体企业所得税、私营企业所得税合并，制定了《企业所得税暂行条例》，统一了内资企业所得税，使企业所得税的公平、公正的法律精神在内资企业中进一步得到有效的体现。

3. 内资、外资企业所得税法的统一

随着我国社会主义市场经济体制的逐步建立，特别是我国加入世界贸易组织后，客观上要求建立公平、统一、透明的企业所得税制度。我国当时的两套所得税制度已经不能适应新形势发展的需要。2007年3月16日，第十届全国人民代表大会第五次会议通过并颁布《企业所得税法》；2007年12月6日，国务院批准并颁布《企业所得税法实施条例》。至此，中国第一部统一的企业所得税法诞生了。

二、“两法合并”的背景及相关理论研究

（一）“两法合并”的背景和必要性

为了适应改革开放的需要，我国按照循序渐进的原则，按不同的资金来源和所有制性质分别立法，对于维护国家权益、吸引外资，促进企业制度改革和经济发展，都起到积极作用。但是，随着我国社会主义市场经济体制的建立与完善，特别是加入世界贸易组织（WTO）以后，内外两套企业所得税制并存的税制模式，无法适应市场经济发展的要求，统一内外资企业所得税制势在必行。

1. 建立统一规范的企业所得税新体系，是我国完善市场经济体制的新要求

经过20多年的改革开放，我国国有经济、民营经济和外资经济三足鼎立、共同发展。特别是随着国有企业改制改组和投融资体制改革的深入，企业资本融合速度加快，不同所有制性质企业之间相互参股、控股情况普遍，企业经济呈现多元化和混合化发展，致使原来按照企业性质分别设置的企业所得税制度已经不能适应经济发展的客观需要。因此，建立统一开放竞争有序的现代市场经济体系，迫切需要为各类企业共同发展提供一个统一、规范、透明的税收政策平台。

2. 遵循WTO公平竞争原则，为各类企业创造公平竞争的税收政策环境

国民待遇原则也称无差别待遇原则，是世界贸易组织基本原则之一，它要求外商的税收待遇不高于也不低于本国居民。从我国当时情况来看，外商的税收非国民待遇和超国民待遇并存。一方面外资企业享受了许多国内企业不能享受的待遇；另一方面也享受不到一些内资企业的税收优惠政策。各国通常以区分居民和非居民来确定不同的纳税义务，而不是以资金来源不同适用不同的税收待遇。再者，根据测

算，外资企业享受大量税收优惠政策，实际税负约为15%，而内资企业不能享受同等的税收优惠，实际税负大约为25%。这也使内资企业处于极为不利的竞争地位，不利于各类企业的公平竞争，也影响内资企业和民族企业的生存和发展。

3. 提高利用外资水平、堵塞税收漏洞

根据统计，我国2006年接受的外商直接投资（FDI）位居全球首位。其中，我国的涉外税收优惠政策体系是招商引资政策非常重要的组成部分，对国民经济的持续稳定增长和各项社会经济事业健康发展发挥了巨大作用。但是客观上，在招商引资方面，也存在虚假外资、引资质量不高等问题，导致税收每年损失约600亿元以上。为了提高利用外资的水平，必须建立规范公平的企业所得税制度和产业税收优惠体系，将税收优惠重点放在鼓励高科技产业发展、提高产品技术含量等高层次引资上来，更好地发挥外资的作用，更多地引进先进技术和管理经验，促进国民经济健康有序发展。

4. 调整税收优惠政策、统筹区域发展

我国吸收的外商直接投资主要集中在东部地区，中部地区次之，西部地区最少，由此而导致东部、中部、西部经济发展差距越拉越大，不利于国民经济的可持续发展。合理调整原税收优惠政策，是统筹区域发展、促进社会全面进步的必要举措。

5. 原两套企业所得税制度的弊端比较明显，已经不能适应我国经济社会发展要求

首先，内外资税制分设，税率不同、优惠政策不同、费用扣除标准不同，不利于企业公平竞争，不符合统一、公平的原则；其次，税制不规范，不利于加强征管、堵塞漏洞；再次，税制不规范，给企业制度改革带来不利影响；最后，两套税制法律效力级次不同，税法条款过于原则，削弱了税法的严肃性和刚性。

（二）“两法合并”的立法原则

企业所得税改革的指导思想是：根据科学发展观和完善社会主义市场经济体制的总体要求，按照“简税制、宽税基、低税率、严征管”的税制改革原则，借鉴国际经验，建立各类企业统一适用的科学、规范的企业所得税制度，为各类企业创造公平的市场竞争环境。按照上述指导思想，企业所得税改革遵循了以下立法原则：

一是公平税负原则。公平税负是市场经济对税收制度的一个基本要求，解决内资、外资企业税收待遇不同，税负差异较大的问题，使各类企业在税负公平条件下进行平等竞争。

二是科学发展原则。兼顾社会进步和区域经济的协调发展，促进社会公益事业、环境保护、西部地区的发展和社会全面进步，实现国民经济的可持续发展。

三是调控经济原则。按照国家产业政策要求，推动产业升级和技术进步，优化国民经济结构。

四是国际惯例原则。借鉴世界各国税制改革最新经验，进一步充实和完善企业所得税制度，尽可能体现税法的科学性、完备性和前瞻性。

五是理顺分配原则。兼顾财政承受能力和纳税人负担水平，尽量减轻纳税人负担和对财政收入的影响，有效地组织财政收入。

六是便于征管原则。规范征管行为，方便纳税人，降低税收征纳成本。

（三）“两法合并”的历史意义

改革现行企业所得税制，统一内外资企业所得税，有以下几个方面的现实意义。

1. 有利于各类企业公平竞争税收环境的形成

为企业创造公平竞争的条件是完善我国社会主义市场经济体制的客观要求。随着我国社会主义市场经济体制不断完善，特别是加入世界贸易组织后，国内市场对外资进一步开放，内资企业也逐渐融入世界经济体系之中，“内外有别”的税收制度限制了内资企业的健康发展。在实行“两法合并”之前，我国的内资企业税负远远高于外资企业，外资企业享受着“超国民”待遇。由此导致内外资企业在所得税负担方面的差异非常大。毫无疑问，不平等的税收待遇既违背了市场公平竞争的基本原则，也严重削弱了国内企业的竞争力，从而影响了我国整体经济竞争能力的提高。而“两法合并”政策的执行能够从制度上给内外资企业在同一个市场创造平等的竞争环境。从而激发企业和自然人投资者的创业激情，有效保证国内社会的和谐；与此同时，“两法合并”也可以平衡国际收支，在一定程度上减少中国的外贸顺差。新企业所得税法统一了内外资企业所得税制度，使各类企业的所得税待遇一致，形成了公平竞争的税收环境，进一步完善了我国社会主义市场经济体制。

2. 有利于经济发展方式的转变和产业结构升级

实现国民经济又好又快发展，必须大力推进产业结构优化升级，更加注重提高自主创新能力，着力加强能源资源节约和生态环境保护。新企业所得税法的税收优惠重点由区域优惠为主，转向“产业优惠为主、区域优惠为辅”的新税收优惠体系，实现了投资方向的转变，逐渐倾向于对高新技术开发与利用及环保、节能减排以及循环经济等领域实行税收优惠，这对我国经济的健康可持续发展有着非常重大的现实意义；并且，以税收优惠支持农林牧渔业发展和基础设施建设，鼓励节约能源资源、环境保护以及高新技术产业的发展，同时适当保留西部地区重点扶持产业的优惠政策，进一步发挥了企业所得税对经济的调控职能，有助于促进经济发展方式向集约型、节约型转变，有利于推动区域间的协调发展；再者，“两法合并”后，新的“特惠制”代替了原来的“普惠制”，意思也就是税收优惠政策不再泛泛给予各类企业，而是针对性地给予那些国家战略发展以及产业政策明显倾斜的产业。这样的税收优惠政策更能吸引新兴产业和高新技术的外资企业进入我国，从而有效避免外资引进的盲目性，切实提高外资的质量，最终提高内资企业和民族产业的竞争力，保证我国国民经济的又好又快发展。

3. 有利于促进以改善民生为重点的和谐社会建设

着力保障和改善民生是和谐社会建设的重要内容。进入新世纪新阶段，我国经济社会发展呈现一系列阶段性特征，社会活力显著增强，社会结构、社会组织形式、社会利益格局也发生了深刻变化，社会建设和管理面临诸多新课题。针对新形势和新问题，要在经济发展的基础上，更加注重社会建设，着力保障和改善民生，扩大公共服务，完善社会管理，促进社会公平正义。按照这一要求，新企业所得税法提高了公益性捐赠税前扣除标准，改进了社会保障支出和职工教育支出的扣除政策，实施安置残疾人和国家鼓励安置人员的优惠政策，形成了改善民生的政策体系，有利于促进社会和谐。

4. 有利于提高我国对外开放的水平

坚持对外开放是我国基本国策的重要组成部分，也是我国经济社会快速发展的重要原因之一。过去一个时期，对外资企业实行税收优惠，有效地促进了招商引资，显著缓解了国内经济发展资金不足问题，也引进了先进技术和管理经验。但是，也要看到，随着时间的推移，外资企业所得税制度存在着优惠政策过于宽泛、目标不明确、重点不突出等问题。为进一步适应经济社会发展的需要，新企业所得税法统一了内外资企业所得税优惠政策，税收优惠重点放到高新技术企业、基础产业等方面，有利于提高利用外资的质量和水平，不断深化改革开放，完善社会主义市场经济体制。

5. 有利于推动我国税制的现代化建设

统一内外资企业所得税，有利于推动我国税制的现代化建设。20 世纪 80 年代以来，国际上展开了以“降低税率、扩大税基、税收中性、严格征管”为主要特征的税制改革。进入 21 世纪，随着经济全球化的深入发展，各国纷纷推出了新的减税计划，从而形成了新一轮的世界性税制改革。在此背景下，我国对内资、外资企业适用统一的企业所得税法，降低法定税率，调整税收优惠政策，不仅符合“宽税基、低税率”的国际税制改革潮流，而且使我国企业所得税制更为现代化，这对于促进我国企业提高自主创新能力，增强企业发展的后劲具有重要作用。

6. “两法合并”能够巩固税基，保证财政收入的稳定增长

取消外企的税收优惠，可以有效地避免外企税收的大量流失，并且有助于减少内资企业边缘化的倾向，减少“假外资”造成的财政收入的隐性减收。此外，实行内外资企业平等的税负政策，大大增强了内资企业的发展后劲，也为中央和地方财政提供了更为充足的税收收入。

（四）学术界关于“两法合并”的研究

我国学者长期关注企业所得税制度的改革和完善。主要研究分为两类：一类是从社会稳定、经济发展、公平与效率等方面，对企业所得税的宏观经济效应进行考察；另一类是结合企业所得税法与企业会计、税务筹划等问题的研究，例如，对税前扣除项目的认定、应纳所得税额的计算与确认、企业所得税法与会计准则相互关系的处理等。较早关注内外资企业所得税法“两法合并”的学者有：李万甫的《“两税合一”的若干政策选择》、赵迎春的《两税合并后税率设计和优惠政策问题的研究》等。

2001 年我国加入 WTO 后，基于企业所得税法对外资企业、内资企业的不平等待遇，学者们对如何进行“两法合并”改革，为国内企业创造公平公正的税收制度，分析“两法合并”对利用外资的影响，以及税率及税制的设计等问题，展开了

激烈探讨，对税制改革和税收优惠制度的完善，提出很多建议。具有代表性的有：韩霖的《“两税合并”之际涉外税收优惠应何去何从》，张学诞的《两税合并对外资企业税负及利用外资的影响》，安体富的《论内外两套企业所得税制的合并》。

三、“两法合并”的主要内容及运行效果

（一）“两法合并”的主要内容

《企业所得税法》在税制基本要素的设计、优惠政策的安排、征管措施的制定等方面，更加科学、规范、合理。

1. 实行法人所得税

新税法严格以法人主体作为标准来进行纳税，以是否具有法人资格作为企业所得税纳税人的认定标准，改变了以往内资企业所得税以独立核算为条件判定纳税人的规定，使内外资企业的纳税人认定标准完全统一。总分机构由法人汇总纳税，法律责任更为明确，判定标准更为清晰。

2. 引入居民企业和非居民企业概念

新税法首次引进了“居民企业”以及“非居民企业”的相关概念。根据国际上通用的做法，新的企业所得税法采用了规范的“居民企业”和“非居民企业”概念来对纳税人的身份加以界定，对纳税人全面纳税义务和有限纳税义务进行区分，可以有效行使税收管辖权。

3. 降低了企业所得税税率

税率是税收制度的核心，也是税收课征的力度和纳税人税收负担程度的直观体现。“两法合并”之前，内资企业和外资企业所得税税率均为33%，同时，对一些特殊区域的外资企业实行24%、15%的优惠税率，对内资微利企业实行27%、18%两档照顾税率等。税率档次多，使不同类型企业名义税率和实际税负差距较大。考虑到内资企业要减轻税负，对外资企业也尽可能少增加税负，同时要将财政减收控制在可以承受范围内。并且，当时全世界159个实行企业所得税的国家（地区）平均税率为28.6%，我国周边18个国家（地区）的平均税率为26.7%。在综合考虑我国财政承受能力、企业负担水平和税率结构优化，参考世界上其他国家和地区特

别是我国周边国家和地区实际税率水平等因素的情况下，新企业所得税法将企业所得税税率统一降低至25%，取消地区性优惠税率，只对高新技术企业、小型微利企业规定照顾性税率，简化了税率结构，使税制更加透明和规范。《企业所得税法》确定的税率在国际上属于适中偏低的水平，有利于我国继续贯彻改革开放的方针，保持我国税制的国际竞争力，进一步吸引外商投资。

4. 统一和规范了收入总额的口径

在新的企业所得税法中，采用了宽口径的收入总额概念。也就是将企业以货币形式与非货币形式从各种来源取得的收入都计入收入总额，然后减去如财政拨款、依法收取并纳入财政管理的行政事业性收费、政府性基金等。

5. 统一并规范了税前扣除范围和标准

企业的成本费用如何扣除，直接关系所得税税基的宽窄，影响企业实际税负的高低。过去税法对内外资企业在成本费用扣除方面存在一定差异，总体上是内资企业偏紧、外资企业偏松，造成内外资企业实际税负相差较大。《企业所得税法》对企业实际发生的各项成本费用作出统一的扣除规定，内外资企业执行统一的扣除标准和办法，使企业实际发生的合理支出在税前扣除，使所得税税基与企业的实际盈利水平接近，更好地体现了企业所得税的立法精神。

6. 统一并建立了新的税收优惠政策体系

税收优惠是税法的重要组成部分，也是政府加强宏观调控、促进经济社会发展的重要手段。为有效地解决内外资企业所得税优惠政策目标不明确、优惠方式单一、区域优惠过多等问题，《企业所得税法》对原企业所得税优惠政策进行适当调整，综合运用优惠税率、免税、减税、加计扣除、加速折旧、减计收入、抵扣抵免等方法，统一规范税收优惠的标准和管理办法，将现行以区域优惠为主的所得税优惠格局，调整为以产业优惠为主、区域优惠为辅的所得税优惠新格局。通过实施统一规范的税收优惠政策，进一步推进产业结构调整，促进资源节约型、环境友好型社会建设，推动国民经济又好又快发展和社会全面进步。

《企业所得税法》对原享受企业所得税优惠政策的老企业和特定地区实行了过渡政策。为了缓解因《企业所得税法》规范税收优惠后对部分老企业的影响，以及支持特定地区的发展，按照积极改革、平稳过渡的要求，《企业所得税法》有针对性地规定了两类过渡优惠政策。一是对新税法公布前已经批准设立、享受企业所得税低税率和定期减免税优惠的老企业，给予过渡性照顾。二是对法律设置的发展对外经济合作和技术交流的特定地区内，以及国务院已规定执行上述地区特殊政策的地区内新设立的国家需要重点扶持的高新技术企业，给予过渡性税收优惠。同时，国家已确定的其他鼓励类企业，可以按照国务院规定享受减免税优惠政策。

7. 完善反避税制度

新税法将反避税界定为特别纳税调整，对企业的关联交易、成本分摊协议、预约定价、核定程序和反避税地避税、资本弱化条款、一般反避税规则及法律责任等作出了规定，强化了反避税手段。

8. 统一并规范了税收征管要求

《企业所得税法》在实现内外资企业所得税税制要素和税收政策统一的同时，在征管要求上也实现了统一。统一了适用于内外资企业的全面反避税措施，统一了总分机构企业实行汇总纳税的办法，统一了内外资企业的纳税申报表，同时对内外资企业所得税的预缴申报、年度申报和汇算清缴等征管工作也作出了统一规定，有利于落实各项企业所得税政策，全面加强企业所得税管理。

（二）新企业所得税法的运行效果

“两法合并”后，统一的新的企业所得税法为内外资企业营造了公平的税负环境，促进了社会经济的发展。2008 年以后中国学者对企业所得税问题的研究，主要聚焦在“两法合并”的财政效应、社会福利效应、对产业发展的影响等，不断完善的企业所得税制度也促进了企业所得税收入的增长。企业所得税收入占国内生产总值的比重也不断增长。

1. 企业所得税收入

企业所得税在我国税收收入中的地位举足轻重。自 1994 年中国大规模税制改革，内外资企业所得税收入逐年稳步增长。但 1998 年受亚洲金融危机的影响，企业所得税收入大幅减少。2007 年，我国企业所得税收入首次突破万亿元大关，占当年全部税收收入的比重超过 20%，成为仅次于增值税的第二大税种。从 2007 年至今，企业所得税收入占全部税收收入的比重一直维持在约 20% 左右。2017 年，企业所得税收入占全部税收收入的 22.24%。

2. 企业所得税收入占国内生产总值（GDP）的比重

从1994—2016年，企业所得税收入占GDP的比重在1.23%～4.11%。最低年份为2008年，最高年份为2014年，2017年为3.88%。大致分为三个阶段：一是1994—1998年，受亚洲金融危机的影响，该比重从1.43%下降到1.23%；二是1999—2005年，亚洲金融危机后该比重有所回升，从1.37%上升到3%；三是2006—2017年，该比重一直在3%～4%。这说明，企业所得税对中国经济的影响不断增强。近两年，受中国经济进入“新常态”发展阶段的影响，企业所得税收入占GDP的比重有所下降。2016年、2017年为3.88%。

四、企业所得税制的进一步改革与完善

（一）当前发达国家企业所得税改革的趋势

2008年全球金融危机爆发后至今，发达国家税制改革的目标，已经发生转变。2008年金融危机爆发后，OECD成员中多国深受财政赤字高企、债务规模攀升的困扰，纷纷出台“财政整顿”一揽子方案，以削减财政赤字、缩小债务规模。在此期间推出的税制改革举措，通常服务于“财政整顿”目标，各国把税收占GDP比重的增长，作为积极“财政整顿”措施的目标之一，侧重于提高增值税标准税率、增加劳动所得税负。

但由于OECD成员经济复苏缓慢，促使人们重新思考税收政策对于经济增长的作用。近些年，发达国家税制改革的主要目标是“促进经济增长”。各国税制改革的重心，主要表现为以下几个方面：一是促进增长方面。为了提振经济，通过降低企业和个人税收负担来改善投资环境，以吸引投资和增进就业。二是促进公平。各国采取有效措施削减中低收入人群和家庭的税收负担，缩小贫富差距。三是提高收入分配的公平性。通过国际合作加大打击税基侵蚀和利润转移力度。四是促进国民健康、绿色环保，力求在消费税和环保税方面有所建树。

发达国家在企业所得税改革方面，呈现以下特点：

1. 企业所得税法定税率呈现持续下降的趋势

1986年以来，受时任美国总统里根大规模减税的影响，发达国家企业所得税法

定税率呈不断下降趋势：1986 年，23 个 OECD 成员企业所得税法定税率平均为 42. 04%；2000 年，35 个 OECD 成员企业所得税法定税率降到平均为 30. 42%；到 2008 年下降到 23. 82%；2017 年又进一步下降到 22. 34%。2017 年，美国总统特朗普推行的税制改革，将美国联邦公司所得税税率，从最高边际税率 35%，降低到统一税率 21%，再次加剧了发达国家之间企业所得税税率的逐底竞争，许多国家纷纷跟进提出进一步降低税率的举措。

2. 企业所得税改革税基拓宽与缩小共存，许多国家采取措施防止税基侵蚀和利润转移

许多发达国家，以及一些发展中国家，其企业所得税税基改革是以拓宽税基为主要趋势，主要措施如扩大所得税征税范围、压缩扣除、限制经营亏损结转扣除等。也有一些国家通过加强折旧和加速折旧等，来缩小公司所得税税基，以减少企业的所得税负担。还有一些国家，针对 BEPS 行动计划出台了消除混合错配安排影响、限制利息费用扣除等措施，防止企业所得税税基侵蚀和利润转移。

3. 各国加大鼓励研发创新税收优惠政策力度，同时注意规范不合理的优惠，堵塞政策漏洞

一是各国逐渐采用基于支出总量和增量相结合的混合税收抵免制度。总量，对于企业有简单直接和可预测的优势；但是，对政府来说，由于不设定支出上限，政策成本相对较高。增量，可最大限度降低对那些没有资金扶持也能从事研发活动企业的资助，但其政策设计和应用复杂。因此，逐渐地，各国开始采用总量和增量相结合的混合税收抵免制度。二是鼓励中小企业研发的财税政策更加宽松务实。目前，各国对企业研发的直接财政补贴政策中，逐渐从基于企业规模的划分标准，向企业年龄或增长率等差异化标准转变。三是各国采取措施规范不合理优惠，有效打击有害税收竞争。由于知识产权资产具有流动性高的特点，其资产收入所在地可能与创造资产和收入的活动所在地相分离。跨国公司可以通过避税安排，降低公司税负担。这必然会侵蚀实际开展研发投资所在国的税收收入，因此，产出型税收政策引发了有害税收竞争的质疑。OECD 先后提出“区域联接法”和“修正联接法”对成员国的相关政策进行调整，并规定时间表，2021 年 6 月 30 日之后，未达到“修正联接法”要求的原有政策，将不再准予享受。

4. 各国对合伙企业实施“穿透”征税原则

即合伙企业从事的经营行为，相当于合伙人集体从事的经营行为，其经济后果可直接归属于合伙人。合伙企业是被“穿透”的实体，合伙企业从事的活动相当于合伙人自己直接从事的活动，所有的税收事项都直接归属于合伙人而非合伙企业。合伙企业的收入视同为合伙人收入，保持性质不变，从而避免重复征税。绝大多数发达国家都采用此征税模式。具体又分为两种形式：一种是合伙企业应依据一定的会计处理方法与原则，通过对收入与开支的确认，计算出合伙企业的应税所得，最后按协议约定的或其他认可的标准将其分配到合伙人手中，合伙人就其分配到的所得纳税，如美国；另一种是不要求合伙企业单独计算利润与亏损，而是由合伙企业将各项性质不同的收入来源与支出按一定标准逐项分配给合伙人，在合伙人环节计算所得税，如法国。

合伙企业所得税制的国际发展趋势：一是简化税制、降低税率。近些年，简化税制、降低税率、拓宽税基已经成为世界各国税制改革的主要内容。各国合伙企业所得税制的规范与完善，也遵循这一发展趋势。二是注重税收公平原则。从税收公平原则出发，公平合伙制与公司制企业的税收负担，公平有限合伙基金高管人员与普通工薪阶层的税收负担，维护国家税收制度的统一性和公平性。三是坚持实质重于形式原则。以2007年美国黑石合伙税案风波为例，从经济活动的实质来看，公开上市合伙企业既然取得了上市公司相等的法律地位与经济效果，在纳税主体上，满足公司的课税条件，理应征收公司所得税。四是税制完善与反避税规制并行。纳税人利用复杂的合伙企业组织形式进行避税，是对各国税收制度的共同挑战。随着经济社会的发展，不断调整税收制度和反避税规制，是各国税务当局的必然选择。

5. 对于居民企业的境外所得实行“属地征税”改革

各国对于居民企业的境外所得实施的征税原则一般有两种：一种是属人征税原则，即居住国对本国居民的全球所得征税，对其境外所得已缴纳的外国税收给予抵免，或者作为成本费用扣除，也即采用抵免法或扣除法消除双重征税；二是适用属地原则，即居住国仅对来源于其境内的所得征税，对其居民来源于外国的所得，居住国免予征税，也即采用免税法消除双重征税。

目前，发达国家境外所得税制的发展趋势，呈现以下特点：

一是各国的境外所得税制普遍采用混合税制形式。目前，各国的境外所得征税制度普遍采用混合税制的形式，既有属人税制的特点，又有属地税制的特点。没有哪个国家实行纯粹的属人或属地税制。一方面，实行属人税制为主的国家往往带有属地税制的成分，例如，对某些外国来源所得延缓到其汇回居住国时才征税（如果外国来源收入一直不汇回居住国，也就避免了在居住国纳税，在本质上也就类似于属地税制）；另一方面，实行属地税制的国家往往对免税设置限制条件，例如，只对于在外国公司中实际大量控股的居民公司给予免税，而且不是对外国收入100%免税。目前，绝大多数发达国家实行的是以属地税制为主的混合税制。

二是以属地税制为主的国家呈不断扩大的趋势。属地税制所具有的资本输入中性、简洁等特点，使其受到越来越多国家的青睐。日本、英国在2009年从属人税制改为属地税制。美国于2018年从属人税制改为属地税制。35个OECD成员中目前有30个国家实行属地税制。由于许多国家事实上将美国作为税制设计的领导者，美国向属地税制的任何变化都会鼓励其他国家的跟从。因此，可以预期，实行属地税制的国家有进一步扩大的趋势。

三是按境外所得的类型实行不同的税务处理已成为境外所得税制的发展趋势。目前，越来越多的国家都倾向于将境外所得分成积极经营所得和消极所得，对积极经营所得实行属地税制，对消极所得实行属人税制。这是因为：第一，积极所得中，对来自子公司利润的税务处理是税制中最复杂的部分，对其实行免税将大大简化税制，并能实现资本输入中性的目标，有利于提高国外子公司的全球竞争力；第二，对于消极所得，收入来源国一般是按照限制税率征收预提税，居住国对来源于国外的消极所得采用抵免法，可以取得一部分收入，从而实现与收入来源国在税收上的分享；第三，居住国对消极所得的征税一般不涉及间接税收抵免，因而税制设计相对简单，税收成本较低。

四是许多国家规定纳税人可以在抵免法和扣除法之间选择。一般来讲，扣除外国所得税，比申请税收抵免获取的税收利益更小。然而，外国税收抵免限制导致了超抵免限额的部分。如果在允许结转期间，超抵免限额的部分不能被吸收，则已缴纳外国所得税的税收利益有失去的可能，所以，允许扣除外国所得税规则对跨国公司很重要，许多国家允许纳税人可以在扣除法和抵免法之间选择。

6. 各国加强国际税收征管合作

目前全世界针对跨国利润、避税安排，都采取“从紧”的做法，堵塞税收漏洞，维护主权税收利益。一是完善跨境信息披露。德国和荷兰于2015年7月14日宣布签订自发交换跨境税收裁定谅解备忘录，其中包括交换创新或专利盒子相关措施的裁定。二是打击跨境利润转移。英国自2014年引入“转移利润税”，其高于一般的企业所得税税率，以打击跨国企业利用税收筹划从英国转移利润的行为。

（二）完善我国企业所得税制的改革设想

“十三五”以来，我国经济发展进入新常态。我国企业所得税改革，应坚持立足我国的基本国情，借鉴国际税改经验，既服务本国经济发展，又要有效应对全球减税浪潮的冲击。从完善所得税税制、提升税源质效等方面着手，综合考虑各项税收效应，多管齐下，以更好地推动我国企业所得税改革进程，促进经济结构的转型升级。

1. 关于企业所得税税率改革的分析

2017年美国税制改革在世界范围内掀起新一轮规模宏大的“减税潮”，世界主要经济体纷纷抛出以降低企业所得税税率为核心的减税改革。这一方面表明大国之间制造业成本、国际贸易竞争的激烈程度在加剧；另一方面也说明，为扭转经济衰退，各国普遍采取财税改革的手段，希望藉此促进本国经济增长。目前，我国也热议企业所得税降低税率以及减税等问题。有的观点认为，要积极应对美国的税制改革，针对我国企业税负过重的情况，跟随美国的脚步降低企业所得税税率。应该说，减税在应对国际金融危机，刺激本国经济发展方面有着十分积极的作用，但是采取何种形式的减税政策，还是要结合本国经济发展特点、现行税制情况和经济战略目标进行，不能一概而论。降率并不一定等于降负，实际上，由于各种税收优惠措施的存在，企业的实际税率往往低于名义税率。我们是否需要采取降率方式，抑或降率多大幅度，才能应对国际税收竞争，则需要具体分析。

根据我们对2008—2015年全国汇算清缴企业相关数据的测算，全国盈利企业占所有汇算清缴企业的比例，大约在39.70%～55.14%，平均为39.04%。所有盈利企业（包括查账和核定征收企业）的实际税率，平均为20.10%。从全国分行业企业所得税收入贡献来看，第三产业对企业所得税收入的贡献最大，平均占到企业所得税收入的六七成。分行业来看，企业所得税收入贡献大的行业，第一是金融业，平均占到25.59%；第二是制造业22.69%；第三是批发零售业11.89%；第四是房地产业 11.17%；以下依次是建筑业 4.88%，商务服务业 4.12%，等等。

基于以上分析，我们认为，一方面在世界税制改革浪潮的冲击下，尤其是发达国家纷纷降低企业所得税率，顺应改革潮流，应该是全社会人心所向。但另一方面，考虑到我国今后一段时期尚处于经济发展的新常态，盈利企业不足企业总数的一半，而且大多是金融业、房地产业等。降低法定税率，对我国鼓励发展行业的企业，受惠面并不大。并且我国有多项税收优惠，尤其是税率优惠，企业的实际有效税率并不高。再加上，一般情况下，实行减税、降低税率，通常也意味着财政收入的减少。因此，我国企业所得税法定税率的降低，象征意义比实际意义更大，建议适当降低我国法定税率一两个百分点。既顺应国际潮流，维护我国的国际形象，又兼顾我国经济发展的目标，也符合我国经济发展的现状。

2. 关于企业所得税税基改革

从国际经验来看，各国主要通过扩大所得税征税范围、压缩费用扣除实现拓宽税基的目的。在我国当前的经济环境下，限制费用扣除会增加企业负担，因此通过扩大市场主体培养税源的改革更为适宜。一是坚持“引进来”和“走出去”战略，从横向拓宽税基。相对特朗普的经济全球化向美国化的战略转换，我国既要鼓励引进外资，同时也要鼓励企业“走出去”，真正参与经济的全球化。从税收角度，引导外资通过多渠道、多方位深度参与我国的经济建设，同时鼓励我国企业加大对“一带一路”沿线国家的投资，带动国内基建、服务、劳务等行业的发展。二是鼓励企业加大投资力度，从纵向拓宽税基。加速企业短期内投资的费用化，减轻投资新设期间的负担，通过短期的“减法”换取长期的“加法”。

3. 关于鼓励创新政策的改革与完善

目前，我国鼓励创新优惠政策存在一定的问题。一是现行税收政策以产出型优惠为主，对初创企业以及对技术创新关键阶段激励不足。建议进一步加大投入型研发税收优惠政策比重。二是特定优惠政策限定条件较多，受惠面较窄。建议降低产出型优惠政策的门槛，取消区域限制等，扩大产出型优惠政策的适用范围。三是优惠政策的计算方法和适用程序复杂。建议简便税收优惠政策的计算方法和税收管理，减轻企业税收遵从成本。

4. 关于合伙企业所得税制的改革与完善

长期以来，我国只允许自然人作为合伙企业的合伙人。2006 年修订《合伙企业法》，允许公司作为合伙企业的合伙人。而我国合伙企业所得税制，一直是建立在自然人作为合伙人的基础上的，主要涉及《个人所得税法》的相关规定。2008年实施的《企业所得税法》，明确不适用合伙企业。这就使得2006年以后公司作为合伙企业的合伙人，处于无法可依的尴尬局面。虽然税务部门对合伙企业所得税制进行了修补、完善，但鉴于没有从源头上理顺，我国现行合伙企业所得税制，在法律适用、纳税主体、征税原则、费用扣除、亏损弥补以及税收征管等方面，存在系统性的制度问题。

建议：一是尽快制定统一规范的合伙企业税收法规体系。并使其与《企业所得税法》和《个人所得税法》等法律法规能够相互衔接，避免重复征税，促进合伙企业的发展。二是尊重国际惯例，实行“穿透”征税原则。目前大多数发达国家合伙企业所得税制，都适用“穿透”原则，把合伙企业视为税收透明体，不对合伙企业征税，仅对合伙企业的合伙人（包括自然人、法人等）征税，实行非实体课税模式，从而避免了经济上的双重征税。三是完善合伙企业国内和国际税制体系。研究明确合伙企业和合伙人的国际税收原则和立场，完善相关国内立法和双边税收协定的谈签，以适应合伙企业发展的现实需要。

5. 关于境外所得税制的改革与完善

美国总统特朗普税制改革提出对境外所得从属人税制改为属地税制。随着中国企业越来越多地向外投资，尤其是对“一带一路”沿线国家的投资，我国境外所得征税制度的完善和改革研究也迫在眉睫。

我国现行境外所得税制的缺陷：一是背离了境外所得征税制度的国际发展趋势，降低了我国企业的全球竞争力。在现行的境外所得税收抵免制度之下，我国企业对境外直接投资，当境外投资产生的利润汇回国内时，应向国内税务机关申报缴纳国内税率和国外税率的差额部分，因而其从事境外投资活动的税收成本将明显高于实行属地税制国家（地区）企业到相同国家（地区）投资的税收成本。二是抵免税制设计过于复杂，增大了税收成本，降低了我国税制的国际竞争力。我国目前实行的境外所得税收抵免制度，税制设计十分复杂，超越了我国目前的税收征管水平，税务机关的征税成本和纳税人的遵从成本都比较高，既“难倒了税务机关，也难倒了纳税人”。一些纳税人因为申请境外所得税收抵免过于复杂，选择放弃申请税收抵免。三是有可能扭曲资本的所有权形态，导致效率损失，降低生产力和总收入水平。

在我国现行的境外所得税收抵免制度之下，由于采用限额抵免，抵免计算复杂、适用烦琐等原因，都可能造成消除重复征税不彻底。我国企业到境外投资时，出于避税等需要，可能会改变境外投资类型，以降低企业集团的整体税负水平，企业投资类型的改变会扭曲资本的所有权形态，从而导致效率损失；现行的境外所得征税制度可能导致企业将利润滞留在境外子公司，以推迟在我国的纳税，从而减少国内投资和消费水平，最终影响经济增长水平。

我国现行境外所得税收抵免政策改进的基本思路：现阶段应以属人征税的“政策规范，征管完善”为努力方向。同时，为了提高我国企业的国际竞争力，顺应国际税制改革趋势，积极研究探索属地税制改革。具体建议如下：一是改进境外所得纳税调整规定。对境外应纳税所得额的计算，应遵循管理从简的原则。建议按投资对象国的税法规定计算成本费用和损失，确定企业所得税的应税所得，以经当地会计师事务所审计的会计报表为准。二是积极研究探索属地税制改革。为了提高我国税制的竞争力，借鉴国际经验，积极研究探索属地征税原则的税制架构，推动全球（属人）税制向属地税制的转变：将境外所得分为积极经营所得和消极所得，对积极经营所得实行属地税制，对消极所得实行全球（属人）税制。

6. 关于加强管理打击国际避税

一是完善国内税收新规则。对于G20税改在国内法中的落地转化、税收协定及多边公约的签署方面，我国全部支持并且基本落实到位，但在实际操作中，部分规定仍然需要细化和补充。二是破解跨境避税新模式。追踪离岸架构实质，突破信息披露的局限性，从经济的角度辨析跨国公司运作实质；追踪跨境融资安排，高度重视在境内有众多子公司的跨境融资安排；追踪商标收益归属，建议对商标使用费进行受益性测试，判断其支付的必要性和合理性。三是实践国际税制改革新成果。关注集团劳务转让定价，加强打击集团劳务转移利润的行为，并为跨国公司向境内收取服务费的税务管理提出更多合理性建议；关注隐性资本弱化避税，以免跨国公司利用政策边界形成隐性资本弱化。四是攻克转让定价新难题。力争尽快突破研发形式与费用承担错配问题、技术使用费率频繁变动问题以及集团现金池利息节约等问题。

参考文献：

[1] 中华民国工商税收史料选编：第四辑［M］. 南京：南京大学出版社，1996.

[2] 俞光远. 中华人民共和国企业所得税制度改革与立法实用指南［M］. 北京：中国财政经济出版社，2006.

[3] 朱少平. 中华人民共和国企业所得税法释义［M］. 北京：中国法制出版社，2007.

[4] 国家税务总局. 新企业所得税法解读［M］. 北京：中国税务出版社，2008.

[5] 孙瑞标，缪慧频，刘丽坚.《中华人民共和国企业所得税法》讲解［M］. 北京：人民出版社，2007.

[6] 魏志梅. 企业所得税改革国际趋势研究［M］. 北京：中国税务出版社，2010.

[7] 李万甫. "两税合一"的若干政策选择［J］. 税务与经济，1996（5）.

[8] 赵迎春. 两税合并后税率设计和优惠政策问题的研究［J］. 税务研究，1996（11）.

[9] 安体富. 论内外两套企业所得税制的合并［J］. 税务研究，2005（3）.

[10] 韩霖. 两税合并之际涉外税收优惠何去何从［J］. 税务研究，2005（11）.

[11] 张学诞. 两税合并对外资企业税负及利用外资的影响［J］. 中国发展观察，2006（10）.

[12] 历年《中国税务年鉴》。

课题负责人：魏志梅

第四篇

营改增：牵一发而动全身

营业税改征增值税（简称营改增）是一项牵一发而动全身的重大改革，本篇立足于改革开放40年的时间节点，对营改增试点改革的前行脉络、价值取向、存在问题、效应评价及发展趋势等做一个全方位的分析和总结，为今后我国增值税未来的改革和发展提供借鉴。

一、营改增的历史演进

从改革部署来看，营改增试点基本分为三个阶段：第一阶段，选择部分行业实行营改增试点。自2012年1月1日起，在上海市交通运输业和部分现代服务业开展营业税改征增值税试点。经过一段时间的改革推行，国务院决定扩大试点地区范围。自2012年8月1日起，将交通运输业和部分现代服务业的试点范围扩大到北京、天津、江苏、安徽、浙江（含宁波）、福建（含厦门）、湖北、广东（含深圳）等8个省（市）。自2013年8月1日起，在全国范围内开展交通运输业和部分现代服务业营业税改征增值税试点。第二阶段，逐步扩大营改增试点行业范围。自2014年1月1日起，对铁路运输和邮政业在全国范围内实施营改增试点。自2014年6月1日起，对电信业在全国范围内施行营改增试点改革。至此，营改增试点覆盖到全国“3+7”行业。第三阶段，全面完成营改增试点改革。自2016年5月1日起，将营改增试点范围扩大到全国四大行业，即建筑业、房地产业、金融业、生活服务业，并将新增不动产所含增值税全部纳入抵扣范围。全面推行营改增试点完成之后，营业税全部被增值税所替代。

二、全面营改增试点改革背景及价值取向

营改增作为深化财税体制改革的重头戏和供给侧结构性改革的重要举措，2012年1月1日之后的试点取得了积极成效，2016年5月1日开始的全面推开营改增试点，覆盖所有行业，意义更大，影响更加深远。

（一）营改增试点改革的背景

1. 营业税和增值税并存弊端明显

营改增之前的税制整体框架是1994年税制改革时建立的，营业税是当时改革留下的一个“尾巴”，形成了货物的生产销售或进口、修理修配劳务征收增值税，而服务行业征收营业税的并存格局。这种按不同产业设不同税种的做法，与针对不同所有制经济设立不同税种的做法类似，其产生的扭曲性和效率损失十分明显。顾名思义，营业税是以营业额总额为征税对象的，即对毛收入征税，没有任何扣除。而且，每经过一道环节，都对其营业额全额征税。营改增试点，减少营业税的适用领域，营业税的这种负面作用就可以逐步减少。一旦增值税彻底取代营业税，也就意味着针对货物生产销售的增值税覆盖到了包括服务的各个产业，增值税环环相扣的抵扣链条就会很完整，能更有效发挥增值税的中性作用，大大降低税制的扭曲性，并减少税收流失。

2. 营改增是助力供给侧结构性改革的迫切要求

全面实施营改增，顺应供给侧结构性改革的减税需求。减税已成为推进供给侧结构性改革凝聚的共识。而营改增所释放的“减税红利”，契合了供给侧结构性改革的紧迫要求，为供给者提供了较大的发展空间，也为刺激消费、促进消费升级产生积极影响。减税需求与减税取向、减税安排与减税策略的一致性，彰显出供给侧结构性改革战略与营改增改革举措的协同特征；全面实施营改增，助力发挥市场在资源配置中的决定性作用。全面实施营改增，进一步降低企业边际成本、提高要素

供给效率、增强企业供给能力，同时大幅度减税必然会减少政府对资源的直接占用和使用，有利于减轻对市场资源配置干预的程度。由于增值税具有“中性”特征，相对于营业税而言，对市场主体的行为扭曲较低、效率损失小，对价格信号的扭曲效应不甚明显。同时，增值税具有“税价分离”的形式特征，从而可使价格真正反映市场供求状况，引导资源配置方向。因而，价、税有效联动机制的形成，是营改增在供给侧改革中精准施策的重要着力点；全面实施营改增，促进经济结构进一步优化。一般来说，经济结构性问题与税制结构具有较强的相关性，全面实施营改增，通过优化税制结构进一步促进产业结构转型升级，加快形成以科技创新引领的新经济增长极。同时，营改增本身也属于结构性调整政策，有利于破解由于营业税与增值税并存所带来的经济结构失衡问题，有效解决营业税重复征收以及增值税抵扣机制不完整导致的税负偏重问题。

（二）准确理解营改增的价值取向

1. 全面营改增试点改革既属于增值税的扩围改革，又属于增值税的转型改革，开启了构建现代型增值税的新纪元

1994 年建立增值税制时留下的“增值税和营业税并存”和“生产型增值税”这“两个尾巴”通过营改增已经全部割掉，困扰增值税内在功能作用发挥的阻碍基本消除。此次“试点方案”的核心是扩大试点行业范围，并将不动产纳入抵扣范围。“试点方案”的推行，实现了增值税对货物和服务的全覆盖，所有外购项目进项税准予抵扣，意味着税制转换全部到位。“试点方案”实行之日，就是营业税终结之时，标志着中国增值税制真正与国际上通行的增值税制接轨，为构建走向规范化的增值税制奠定了基础，也为全面深化税制改革，建立现代税收制度，推动税收治理现代化开篇谋局。

2. 全面营改增试点改革既涉及试点行业，又涉及非试点行业，体现了全面普惠性减税的政策诉求

“试点方案”不仅仅涉及建筑业、房地产业、金融业、生活服务业四大行业，又将不动产纳入抵扣范围，无论是制造业、商业等原增值税纳税人，还是本次营改增试点纳税人，都可抵扣新增不动产所含增值税，而且新的试点行业还会带来税制转换所带来的“减税红利”，总体上会实现所有行业全面减税。

3. 全面营改增试点改革既保持了原有的优惠政策，又制定出可行的过渡措施，体现出“试点方案”所有行业税负只减不增顶层设计的良苦用心

现行的“试点方案”承袭了原有税制要素中优惠政策项目的规定，没有触及原有的企业税收利益，维持了既有的税负分布格局，使每个试点企业都不会因“试点方案”的推行，而使税负有所变化，并可享受净减税负的“试点红利”，同时也规定了确保试点改革平稳运行的几十项过渡性办法，有效实现了两种税制的转换和对接。做足了“减法”，将换取企业效益的“加法”，带动市场活力的“乘法”，确保试点改革平稳运行，确保所有行业税负只减不增的决策理念和务实、可靠的实施路径。

4. 全面营改增试点改革既体现宏观层面的减税诉求，又为微观主体释放“改革红利”，助力推进供给侧结构性改革

减轻企业的税费负担，已成为推进供给侧结构性改革的共识，“试点方案”所释放的“减税红利”，将会降低企业边际成本，提高要素供给效率，增强企业有效供给能力，契合了供给侧结构性改革的迫切要求。减税需求与减税取向、减税策略与减税安排的一致性，彰显出供给侧结构性改革战略与营改增改革举措的协同特征。营改增本身也属于结构性调整政策，与当前注重解决经济结构性失衡问题具有显著的关联度，营业税与增值税最大的差别体现在经济结构优化配置层面，增值税将会在促进市场导向的资源配置方面发挥更加积极有效的作用，助力消化存量、引导增量，有助于培育经济增长新动能。

（三）营改增助力供给侧结构性改革

1. 营改增有效促进了中国产业结构的优化升级

营改增以解决重复征税问题和打通增值税抵扣链条为核心，营改增后第二、三产业之间以及第三产业内部增值税抵扣链条得以完善，减少了税收对资源配置的扭曲，使资源在行业、产业之间的配置更趋合理，有利于第三产业的要素整合，提高其资源配置效率，对于加快服务业发展起到了重要作用。一是通过避免重复征税减轻成本，促进服务业规模扩大；二是降低制造业等原增值税企业购买生产性服务的成本，拉动对服务业需求；三是打破产业边界，促进服务业和制造业融合发展，带动整个产业的优化升级。

2. 营改增促进了中国经济增长新旧动能的有效转换

营改增后，统一的增值税制度和税收中性的增值税特点，降低了新生产要素向传统行业流动的成本，减少了因税制结构造成的资源流动障碍和配置扭曲。对原征收营业税的行业来说，增值税进项抵扣政策降低了购置先进设备、技术的成本，加速了这些行业由劳动力投入驱动向资本和技术投入驱动的转换；对于原征收增值税的工商企业来说，增值税抵扣范围扩大到信息技术服务、研发服务、管理服务等现代服务业项目，加速了这些行业由劳动力、机器设备等资本性投入向技术投入驱动的转换。无论是哪个行业，越是与现代服务业的产业关联度高的行业，受惠于营改增政策红利的效果越明显，从而有利于中国加快形成以科技创新引领的新经济增长极。营改增后，通过增值税进项税额抵扣机制，无论是研发设备购进还是外包的研发技术服务购进都被纳入进项抵扣范围，直接降低了这类企业和科研机构的税收负担，提高了企业重视研发投入的积极性。企业创新能力的提升，促进了产业分工优化，产业链条延伸，成为经济转型升级的强大“助推器”。

三、全面营改增试点改革中的若干问题分析

作为推进财税体制改革的“重头戏”，营改增自试点以来一直受到社会各界的关注和热议。对于营改增的一些重要问题，如物价波动问题、企业税负问题等，社会上普遍存在误解。有观点认为，营改增应当做到每个试点企业都减税，改革才算成功。还有观点认为，增值税免税和简易计税可以让企业少缴税，是试点企业的最佳选择。针对这些问题，本篇挑选出营改增试点过程中的若干代表性问题进行分析如下：

（一）物价波动问题

全面实施营改增试点改革，是国家推出的助力供给侧结构性改革的重大战略举措。然而，就在2016年5月1日营改增全面实施前后，社会上相继出现了一波涨价风，特别是以生活服务业为代表的部分商家，助推了涨价风潮，引发了社会各界对营改增的一些疑问，仿佛涨价都是改革造成的。这是对营改增改革的重大误解，需要予以澄清。其实，我国零售商品的价格属于“价内税”模式，其中已经内含了增

值税金。因此，部分商家的“加税”，是一种变相的涨价行为，并不是商家标榜的“为国家代收税费”，只是为自身经营牟取不当利益，营改增无形背了“黑锅”。

营改增是一项为企业降税减负的重大减税举措，基本遵循是“确保所有行业税负只减不增”，最大限度释放“减税红利”。与当时的一些认识误区恰恰相反，营改增试点改革的最大赢家，惠及面最广、减税幅度最大的行业，正是生活服务业。按照营改增“试点方案”的规定，生活服务业一般纳税人（年营业收入500万元以上）适用6%税率，小规模纳税人适用3%的税率；而原有的营业税制下，按收入全额的5%计征营业税。适用6%税率的增值税一般纳税人，按营业税口径返测，相当于5.66%的营业税税率，名义税率仅增加0.66个百分点。再考虑到外购项目所含税金的抵扣问题，一般而言，对于具有一定规模、构成增值税一般纳税人的企业，往往进货渠道比较规范、正规，取得外购项目可抵扣的专用发票的概率会比较高，实际税负水平肯定是下降的。而对于小规模纳税人而言，由原来的全额计征5%的营业税到全额征收3%（按营业税下含税价格还原后为增值税下的2.91%）的增值税，净减税幅度在42%左右，是空前的“利好”。

就市场上的一些涨价行为而言，如果价格在合理区间内波动，也属正常现象，因为按照经济学的一般原理，商品的价格是由市场上的供求关系决定的，商家理性定价的策略安排纯属企业自身的经营行为。然而，如果把涨价行为与全面减税的营改增试点改革联系起来，把涨价的理由归咎到营改增头上，则是本末倒置。本来营改增是给企业减负，根本上是向消费者让利，个别“精明”的商家，打着营改增的幌子，耍一些小花招，其行为是借机变相涨价，从中牟取不当利益。特别是一些不法商家，借营改增之名，集体串通涨价，或刻意曲解营改增而价外加税，已经突破了相关法律法规的底线，属于价格欺诈，是一种干扰市场秩序和损害改革稳定大局的行为，应当为其不当的发展策略付出代价。

（二）企业减税效应问题

1. 企业减税效应问题

一是原一般纳税人企业税负基本是下降的。在营改增之前，原一般纳税人购进的征收营业税纳税人的服务支出，购进或租赁的不动产支出，都不能抵扣进项税。营改增之后，这些支出，或多或少，是可以抵扣进项税的，由此，原一般纳税人的税负总体是下降的，即使这些支出不能抵扣进项税，其税负与营改增之前相比，也不至于增加。二是原小规模纳税人企业税负保持不变。原小规模纳税人的征收率还是3%，不能抵扣进项税。因此，税负不变。但是，为小规模纳税人提供服务的原营业税纳税人，在营改增后税负下降的情况下，有可能降低其服务价格，从而让原小规模纳税人有可能间接享受到营改增的减税效应。三是新一般纳税人企业的税负可能会有降有升。一般情况下，选择简易计税方法的新一般纳税人，其税负是下降的。因为，营改增后选择简易计税方法的新一般纳税人，其征收率为3%或5%，虽然与营业税一样，但是由于增值税是价税分离，纳税基数按不含税销售额计算，实际税率为1/(1+5%)×5%=4.76%，或者是1/(1+3%)×5%=2.91%，税率比营业税时降低了约0.24%或0.09%，计税依据小了，实际税负只减不增。新一般纳税人选择一般计税方法的，适用税率从5%提高到11%，税率虽然提高了但可抵扣项目增加，再加上两种纳税基数不一致，在增值税发票取得和管理等方面控制良好的情况下，实际税负也将会有所下降。但是，如果不能抵扣进项税，税负可能是增加的。四是新小规模纳税人企业税负是下降的。新小规模纳税人，如果以前营业税税率是5%，营改增后适用3%的征收率，其实际税率为2.91%，其税负肯定是下降的。如果营改增之前是3%的税率，营改增后，尽管征收率还是3%，但实际税率为2.91%，税负也应该是下降的。

2. 对所有行业税负“只减不增”的理解

一是整体减税，而不是所有个体都减税。营改增的减税，首先是整体减税，其次是行业减税。税收总量是下降的，纳税人在营改增之后缴纳的增值税，要比营改增之前缴纳的营业税和增值税的总量之和要少。如果就行业分析，原增值税纳税人为主体的行业税负，原营业税纳税人主导的行业税负，应该都是下降的。但是，对应到某个具体的纳税人，是难以保证其税负一定是下降的，因为税负的升降不完全是税制的原因，还有许多非税制因素，如企业的生命周期等。二是逐步减税，而不是立刻就减税。营改增的减税效应，有个逐步显现的过程，因为纳税人可以抵扣进项税的设备、不动产等，是逐步购进的。因此，当时减税效果不明显的纳税人，之后有望随着营改增的逐步实施，减税效果将会逐步显现。三是营改增的减税效应体现在制度减税和遵从减税两个层面。营改增试点改革首先是税制改革，通过制度设计，消除重复征税，实现减税的效果。营改增还伴随着税收征管改革，通过不断地简政放权，尤其是涉税审批事项的减少，金税三期优化版的运行等，简化了办税手续，降低了纳税人的遵从成本。

（三）金融业营改增的问题

1. 金融业营改增存在的问题

一是金融业与实体经济的增值税抵扣链条并未完全打通。根据相关政策，如果金融企业是一般纳税人，其提供贷款服务所取得的全部利息及利息性质的收入都要计算销项税额，但是贷款利息支出也就是接受贷款方向贷款方支付的利息费，以及与该笔贷款直接相关的投融资顾问费、手续费、咨询费等费用，其进项税额不得从销项税额中抵扣。这就意味着金融业尤其是银行业与实体经济之间的增值税抵扣链条并未完全打通，银行提供贷款服务发生的相关业务成本相当一部分需要银行自我消化，而不能通过增值税扣税链条转嫁给被服务对象。对于相对弱势的中小企业与个人来说，如果银行通过提高利率的方式转嫁部分增值税成本，中小企业与个人可能不得不接受，相应的融资成本将会上升。而对于大型企业来说，银行很难通过提高利率的方式转嫁增值税成本，只能自我消化、减少自身的收入与利润。显然，贷款利息支出不允许抵扣进项税额的规定，造成了增值税抵扣链条的中断，既增加了金融业下游企业的负担，也影响银行等金融机构的收益。

二是金融服务的复杂性与增值税的确定性较难兼容。当前，从金融业营改增的试点情况来看，金融业务种类繁多、核算复杂，如何准确界定增值税税基及计算应纳税额成了较大的难题。从业务类型来看，金融业营改增涵盖银行业、证券业、保险业等众多金融行业，不同金融行业的业务差别比较大，加之金融产品不断创新、新型金融衍生工具不断涌现，这就要求税务部门应针对不同性质的业务制定不同的征税规则。而税法具有相对稳定性，现行的对多数金融业务实施“购进扣税法”、对少数金融业务实行“简易征收法”与“免税法”的金融业增值税征管制度，很难满足复杂、多变的金融业务管理需求。在这种情况下，税制的完善要赶上金融业的创新速度几乎是很难的。那么在整个金融业范围内，在一定时间段内，可能会存在一些税收空白点。

三是交易量巨大，对发票管理提出挑战。金融行业日均交易数量巨大，交易频繁且处理机制复杂，现有发票管理系统将降低金融服务业的处理效率，很可能造成开票量跟不上业务量的情况，且发票管理流程和安全保存难以保证。如何将其纳入金税系统开具增值税发票是对增值税发票管理的一大挑战。另外，红字发票的开具流程较为复杂，需要纳税人向税务机关提出申请，而金融服务业涉及范围广，开具红字发票所涉及的行业参与者数量庞大，这一管理模式将给该行业带来巨大的业务量及所需时间，严重影响运营效率。

四是金融机构的增值税发票开具问题。在原营业税体系下，金融机构所开发票非常有限，许多时候是以银行票据、单证等代替发票，税务机关亦能接受。但是，增值税专用发票的开具、使用与管理都有严格要求，营改增后，金融机构需要将自己的开票系统与税务部门的“金税三期系统”对接，收集和提供更加完备的交易、银行账号、纳税识别号与客户地址等信息，尤其是要面对海量的开票义务，这势必会产生很高的开票成本。

2. 完善金融业增值税制度的相关建议

一是建议统一规范视同销售判定标准。《增值税暂行条例》（以下简称“暂行条例”）及其实施细则和《财政部　国家税务总局关于全面推开营业税改征增值税试点的通知》（财税〔2016〕36 号）规定企业向其他单位和个人无偿赠送货物、无偿提供服务和无偿转让无形资产、不动产的行为需视同销售缴纳增值税。但纳税人在实务操作中较难把握，带来政策执行差异。如对银行积分兑换礼品的行为。建议进一步明确无偿赠送视同销售的判定标准。对视同销售等易出现不同理解的税收政策，建议以案例法形式予以明确，减少各地在实际执行中掌握政策口径不一致的情况，减少视同销售政策的不确定性。

二是尽快明确资管产品增值税执行细则。《财政部　国家税务总局关于明确金融、房地产开发、教育辅助服务等增值税政策的通知》（财税〔2016〕140 号）及《财政部　国家税务总局关于资管产品增值税有关问题的通知》（财税〔2017〕56 号）出台后对整个资管行业产生重大影响，一些操作细节还有待进一步明确。建议给予银行理财产品与证券投资基金同等的金融商品转让收入免税政策。明确赎回基金行为是属于金融商品转让还是持有至到期。明确资管产品运营过程中发生的增值税应税行为，可否适用管理人金融机构身份享受有关优惠政策。对在交易所市场进行的买断式买入返售行为，建议明确如果无法确认交易对手是金融机构，则不能按照免税处理。明确“证券投资基金管理人运用基金买卖股票、债券”免征增值税的规定，是否适用于私募基金、公募基金专户。明确合同之外约定回购、抵押、差额补足、优先级投资者取得固定回报等，是否按照实质重于形式的原则，将其判定为保本收益。明确资产证券化业务资管产品增值税的缴纳环节和缴纳方式。

三是明确增值税应税项目和免税项目。根据我国以前营业税制下金融业务的分类方法，以及显性收费业务课税而隐性收费业务免税的国际通行做法，建议将金融中介服务业务（包括贷款、贸易融资、存款、同业拆借、票据贴现等）、间接盈利金融业务（包括衍生金融商品、外汇买卖、债券自营交易、理财产品等）列为免税项目；将直接性收费业务（包括池融资及保理、财务担保合同、结算业务、代理业务、信用卡业务等）以及其他金融业务列为应税项目。对于免税项目，由于不用缴纳税款，从而税负将显著降低。建议全面梳理营改增前营业税的征、免税项目和营改增前后的增值税的征、免税项目，逐条对照分析，最大限度平移有关税收政策，保证营改增后的政策连贯性和一致性。

四是完善金融企业进项税额认证和发票管理。增值税普通发票的管理纳入金税三期系统管理后，建议税收征管部门在税企申报接口对接方面提供便利，即提供增值税发票电子底账查询系统，开放数据接口，取消金融企业进项发票扫描认证，增强企业增值税发票真伪的自动化校验和账务处理过程，进一步提高进项端涉税处理和管理的自动化程度，打通“互联网+税务”在纳税人申报数据填写环节的“最后一公里”、实现整个申报表数据一键提交和接收，大幅减轻办税人员在网上申报工作中逐格填写和复制粘贴申报表数据的负担，提高信息化服务水平，提升办税人员对“互联网+税务”便利性的直接切身感受。

五是采取有效措施积极推进电子发票的应用。电子发票的使用既有利于降低纳税人经营成本，节约社会资源，又有利于税务部门规范管理和数据应用，更好地服务宏观决策和经济社会发展。应结合我国实际情况，借鉴国外成功经验，金融业营改增后应加大电子发票的推行力度。在普通发票电子化基础上，选择部分信息化水平高、风险管控能力强的金融企业，在金融行业开展试点电子专用发票的开具、认证抵扣应用，进一步简化金融企业发票开具流程，降低空白发票流转、纸质发票打印寄送等管理成本。

四、营改增效应评价

正确看待营改增对经济带来的各种效应，结合营改增实施情况和社会各界的关注点，对营改增的效应评价如下：

（一）社会各界对实施营改增的评价

1. 国内对营改增试点的评价

李克强总理指出，营改增不仅给企业减税、推动税制调整，也助力国家经济发展，将会为中国经济转型升级写下浓墨重彩的一笔。①

国家税务总局局长王军表示，全面推开营改增试点既是适应当前中国经济发展的需要、大力推进供给侧结构性改革的战略举措，又是立足长远打造增长友好型税收体系的重大实践，彰显了中国推进国家治理体系和治理能力现代化的决心和成效。②

国家税务总局税收科学研究所所长李万甫认为，目前社会上对营改增的评价应该说总体上是非常良好的，可以说通过近一年来营改增改革实践的推出，应该说是取得了预期的目的，达到了预期的效果。营改增试点改革方案的这种顶层设计也是充分遵循了税负只减不增的改革原则。③

中国社会科学院学部委员、财经战略研究院院长高培勇认为，中国现代税制改革要在稳定税负的大前提下，通过调整税制结构，也就是降低间接税比重，增加直接税比重来实现。在以“稳定税负”为约束条件的大环境下，全面营改增作为减少间接税比重的一大举措，其腾挪出的税收空间在理想状态中应靠增加直接税比重达到平衡。④

中国财政科学研究院院长刘尚希认为，营改增看似仅仅涉及两个税种，即增值

---

① 杨芳．李克强力推哪项改革获得国际社会齐声赞誉？[EB/OL]．(2017－04－25) [2018－08－05]．http：//politics. people. com. cn/n1/2017/0425/c1001－29235345. html? form＝rect.

② 曾金华．我国基本建成有先导意义的增值税制度 [N]．经济日报，2017－04－16.

③ 黄陈．营改增的发展推进了供给侧结构性改革的发展．[EB/OL]．(2017－04－25) http：//www. china. com. cn.

④ 高培勇，杨倩．营改增之后要推进直接税改革 [J]．中国企业家，2016 (12)：16－17.

税扩大范围和营业税退出，实际上牵动了整个财税体制。从改革的角度观察，营改增是拉开整个财税改革大幕的抓手，将带动整个财税体制改革。①

上海财经大学教授胡怡建认为，全面实施营改增是我国1994年分税制改革以来最为重要的税制改革，是构建中国现代税制体系、全面提升国家治理能力，具有里程碑意义的重大制度变革，一年来营改增取得了统一税法体系、合理税制结构、理顺税收体制成效、助力供给侧结构性改革、激发市场活力、增强治税能力和提升国际形象等多项成效。②

政协委员张连起认为，营改增作为财税改革的重要举措，显然不能单兵出击，而应当依据财政改革的总体要求，与其他方面的改革协调运行，与其他方面的改革配套实施，避免体制的单方改革影响效率。③

中国人民大学教授朱青认为，营改增这么大规模的税制转换，实现了所有行业税负只减不增，是“很了不起”的税制改革。④

中国社会科学院研究员杨志勇认为，营改增全面试点的进行，将会让财税改革进行得更快。营改增全面试点，是税制改革的一件大事。增值税本来就是中国第一大税种。吸纳地方第一大税种营业税之后，增值税的重要性更是进一步提高。对涉及如此重要的一个税种进行制度改革，本身就说明税制改革在大踏步前进。⑤

毕马威合伙人王磊认为，评价增值税改革有很多标准，如中性原则、有效性、公平性、灵活性和确定性等，中国营改增不仅简化了税制，完善了发票系统，在金融机构、房地产等行业实行宽税基管理，做法和成效十分明显，同时中国在营改增过程中税务机关对纳税人的协助非常有力度。⑥

华夏幸福基业股份有限公司执行总裁吴中兵认为，过去内部研发、设计、营销、生产和各种共享服务，每个环节都要缴税，导致重复纳税，营改增之后相互开票，相互流转，有利于整个产业创新。⑦

---

① 刘尚希．“营改增”对财税体制的影响及其对策建议［N］．中国财经报，2013－06－18.

② 曾金华．中国营改增政策和管理非常成功［N］．经济日报，2017－06－16（07）.

③ 张连起．把营改增从“减法”做成“加法”［N］．人民政协报，2016－02－05.

④ 章斐然．营改增成效到底怎样？听听他们怎么说！［EB/OL］．（2017－09－29）［2018－08－05］．http：//politics. people. com. cn/n1/2017/0929/c1001－29568569. html.

⑤ 杨志勇．理解“营改增”全面试点：加快财税体制改革的杠杆［N］．世纪经济报道，2016－04－28.

⑥ 曾金华．中国营改增政策和管理非常成功［N］．经济日报，2017－06－16（07）.

⑦ 蔡岩红．营改增改革不仅仅只是减负　还倒逼企业管理模式创新［N］．法制日报，2016－12－27.

2. 国外对营改增试点的评价

维也纳经济大学全球税收政策研究中心主任杰弗里·欧文斯认为，现阶段中国的增值税改革不仅适应中国经济发展的阶段性要求，还通过彻底打通增值税抵扣链条，减轻企业负担，建成在世界范围内具有先导意义的现代增值税制度。中国能够在如此短的时间内推行这项重大改革，应归功于中国政府的战略决策能力，以及中国财税系统的高效执行力。①

国际货币基金组织（IMF）财政事务部主任维托尔·加斯帕尔认为，增值税是现代税收体系的关键要素，全面推开营改增试点将推动中国财税体制改革和国家治理能力现代化取得重大进展。②

欧盟增值税专家让·克劳德·卜夏尔指出，中国以娴熟的技术设计将老旧的增值税制度转化成非常现代的增值税制度，堪称国际税制改革的成功典范。中国将金融行业纳入增值税征税范围并按较低税率征税，无疑是朝着正确的方向迈出了非常勇敢的一步。③

挪威财政部高级官员奥拉海克通高度评价营改增，认为中国增值税改革的难度和工作量巨大，无疑是国际增值税领域最大的事件。中国政府的改革勇气和智慧、中国财税部门的责任担当令人钦佩，中国税务机关高效的执行力令人印象深刻。④

经济合作与发展组织税收政策与管理中心副主任佩雷斯·纳瓦罗指出，对金融保险行业、二手房交易等征收增值税，是国际增值税领域公认的难题，而中国已成功地解决了这一难题。中国在这些领域的增值税制度设计方面，具有一定的开创性，已走在世界前沿。⑤

彭博社评论指出，营改增是中国二十多年来最大规模的税制改革，将致力于减少服务业的税收负担并鼓励制造业创新升级。因此，营改增不仅在短期内对经济增长有促进作用，从长期来看将有助于中国经济结构进一步优化。⑥

---

① 韩冰，应强．财经观察：中国营改增为世界税改提供“中国样本”［EB/OL］．（2017－04－14）［2018－08－05］．http：//www. xinhuanet. com/fortune/2017－04/14/c_129536798. htm.

② 高攀．财经观察：中国增值税改革为全球税改提供范例［EB/OL］．（2017－05－05）［2018－08－05］．http：//www. sohu. com/a/138446486_371533.

③④⑤ 《香港商报》网站．外国专家点赞中国营改增：开创性解决世界公认难题［N］参考消息，2017－05－12.

⑥ 高攀．财经观察：中国增值税改革为全球税改提供范例［EB/OL］．（2017－05－05）［2018－08－05］．http：//www. sohu. com/a/138446486_371533.

美国《华尔街日报》认为，中国营改增对于全球增值税改革也具有开创意义。该报指出，目前全球多数国家对金融服务业征收的增值税仅限于简单的收费服务，而中国金融业营改增的范围更加广泛，包括银行向客户发放贷款收取的利息，买卖股票、债券或外汇交易取得的收入等。如果中国对金融业广泛征收增值税被证明是切实可行的，这将对其他国家的增值税改革起到示范效应。①

（二）评价营改增成效的维度

1. 税制结构转换顺利完成

一是建立了符合国际规范的现代增值税制度。自1994年以来，增值税税制改革的路径一直围绕着“转型”与“扩围”展开。营改增之前的增值税税制改革，虽然在这两方面取得了一定的进展，但仍没有彻底完成。2012年1月1日，酝酿已久的营改增试点正式实施，从“3+7”行业到2016年5月1日开始的四大行业，全面营改增试点实现了对货物和服务的全覆盖，并在棘手的房地产和金融领域全面铺开。特别是我国从2016年5月1日开始对金融业全面实施营改增，并设计出对金融业普遍征收增值税的系列方案，标志着我国从制度上突破世界增值税禁区，解决了国际上对金融业征收增值税的难题。这得到了国际社会的广泛关注和积极评价。我国已在全国建立了统一规范的增值税管理和运行体系，增值税在覆盖范围和运行机制上将更好地与国际惯例接轨。

二是抵扣机制贯穿所有行业。抵扣机制是增值税的灵魂。2016年5月1日，营改增的全面施行，将应税服务和新增不动产纳入抵扣范围，使得增值税的抵扣链条在三次产业间打通，并将抵扣机制贯穿全行业，营业税重复征税的弊端也从制度上得以消除。制造业企业外购服务的进项可以抵扣，激发了制造业购买服务的热情，实现制造业和服务业的融合发展、互促提高，有力推动了现代服务业与制造业等实体经济的对接，使增值税的中性作用得以充分发挥，为培育经济发展新动能提供了税制保障。

三是营改增税制转换平稳有序。在全面营改增试点过程中，增值税发票管理、

① 高攀．财经观察：中国增值税改革为全球税改提供范例［EB/OL］．（2017－05－05）［2018－08－05］．http://www.sohu.com/a/138446486_371533.

纳税申报和纳税服务等工作进展平稳有序。试点之初，四大行业企业均进行了财务系统改造和内部相关流程梳理，以适应增值税“以票管税”运行机制。为了顺利推进全面营改增试点工作，各地税务机关还围绕“开好票”“报好税”“分析好”和“改进好”四个阶段的工作，有针对性地制定了80条征管服务措施。

四是营改增助推财税体制重构。全面营改增动摇了以税种划分收入的分税制财政体制。地方税已无主体税种，必将引发新的财税体制调整。如何重构地方税体系，培育新的地方税主体税种，应成为当前最紧迫之事。作为短期内的应对之道，与全面实施营改增同步推出的中央、地方收入划分过渡方案，将增值税作为共享税的75∶25分成，调整为50∶50分成，并将中央从地方上划收入通过税收返还方式给地方，以确保地方既有财力不变。这种具有过渡性的制度安排，不仅解决了营改增试点下增值税的分成比例问题，也使困扰地方政府的财力保障问题终于有了暂时性的解决方案，为确保营改增的顺利推行奠定了制度基础。

2. “只减不增”的税制改革目标得以实现

一是精准研判“只减不增”。在实践中如果过分关注“扩围”改革所带来的行业税负变化，而忽略了增值税“转型”改革所具有的全面减税价值追求，必然导致在营改增效应评价的考量上出现部分偏颇。为此，我们应辩证地审视和拓展“只减不增”的思维空间。从某种意义上讲，任何改革都不足以保证每个企业均能够实现减税，况且减税机制不是直接性地减除，而是通过税制转换所带来的。全面营改增试点改革所释放出来的“减税红利”，并非我们传统意义上所描述的税收直接减免，而是通过流转税税种的替代以及课税机制的转换等重大改革举措来逐步实现。试点改革既实现了营业税向增值税课税机制的有效转换，又达到了“只减不增”的政策目标，使几近所有企业均受惠。

二是全面营改增阶段性减税效果显著。为了达到税负“只减不增”的改革目标，试点方案从顶层设计上，既承袭了原营业税税制要素中较好的优惠政策和措施，又制定出切实可行的过渡措施，税负存量格局没有被打破，基本上维持了税负在各个环节既有的分配格局。所有行业特别是营改增试点行业的税负，均不会因试点改革的施行而有所增加，并可以享受改革所带来净减税负的红利。全面营改增试点阶段性减税效果明显。

三是应正确对待个别企业税负上升。全面营改增之后，税负总体下降，所有行业税负“只减不增”，但并不意味着每个企业都必然减税，这样既不现实，也不科学。其实改革本身就是利益的调整，就有可能存在个体利益受损的情况。虽然在顶层设计上一直遵循“只减不增”的原则，但是在实际操作过程中，由于个体情况的差异性，出现暂时性的税负上升也在所难免，不能因此就否定营改增试点的成效。对于个别企业出现的税负上升问题，尽管范围不大，税负上升幅度不高，但也要认真进行分析和研究。从前期试点的经验看，个别企业在营改增试点初期，往往是难以适应税制转换所带来的诸多变化，加之对增值税抵扣政策的了解和把握不够到位，以及多档税率差所带来的征抵不一致等因素，引起企业税负的短期上升，应属于正常现象。随着营改增试点的深入推进，企业对增值税的认知程度不断增加，并逐步适应税制转换所带来的新变化，个别企业的税负波动现象必将回归常态。

3. 助力供给侧结构性改革基本到位

一是全面实施营改增，有利于促进经济结构进一步优化。经济结构性问题与税制结构性问题通常具有较强的关联性。推进“三去一降一补”五大任务具体体现在税制改革上，就是2016年5月1日开始施行的全面营改增试点，就是通过税制结构优化促进产业结构转型升级，培育以科技创新为引领的新经济增长极。同时，营改增试点改革本身也属于结构性调整范畴，有利于破解营业税和增值税并行征收所带来的经济结构失衡问题，并有效解决营业税重复征税以及增值税抵扣链条断裂所导致的税负加重问题。

二是全面实施营改增，有利于降成本、优化结构、增强动能。当前，减税已成为推进供给侧结构性改革所凝聚的共识。全面营改增试点的实施，顺应了供给侧结构性改革的减税需求。而营改增试点改革所释放出的“减税红利”，正好契合了当前推动供给侧结构性改革的氛围和需求，为供给者提供了广阔的发展空间，也为刺激消费和促进投资升级产生积极的影响。营改增消除了制约服务业发展的税收制度障碍，为服务业的加速发展创造了良性的税收环境，对于形成以服务经济为主体的产业结构新模式起到了重要推动作用。在信息服务、物流辅助服务和文化创意服务等领域，企业将一些辅助性、非核心业务外包已经成为潮流。一些研发、设计、营销和鉴证等内部服务环节从企业主体业务分离出来后，成为独立的专注于提供某类型服务的创新主体。通过促进专业化分工与协作，不断拉长产业链，实现主业更聚集、辅业更专业。营改增试点改革催生了新技术、新产业、新业态和新商业模式等，为实施创新驱动发展战略以及推动“大众创业、万众创新”拓展了广阔的空间，也为民营经济和小微企业的发展营造了更加宽松的外部环境。

三是全面实施营改增，有利于形成公平竞争的市场环境。全面营改增试点的实施，有利于市场在资源配置中发挥主导作用，将进一步降低企业边际成本，提高要素供给效率，并增强企业供给能力。与此同时，通过大幅度地减税也势必减少政府对市场和资源的支配和使用，有利于减轻其对市场资源配置的干预程度。由于增值税是价外税，其价税分离的本质特征，可使价格能够真正地反映市场供求现状，正确引导资源配置。从增值税的作用机理上讲，价、税有效联动机制的形成，恰恰是营改增试点在供给侧结构性改革中精准施策的重要着力点。全面营改增试点的推行，改变了生产和流通领域适用两套不同的税制所带来的税负不公现状，有效促进了市场主体进行规范化管理，有利于形成公平竞争的市场环境。

（三）基于不同视角的营改增运行效应评估分析

1. 国外评估分析

（1）“关于中国营改增改革主要方面的中期评估”课题组：营改增极大提高中国增值税的中性程度。

2016 年经济合作与发展组织（OECD）的皮特·巴提奥、澳大利亚新南威尔士大学迈克尔·沃波尔等负责的“关于中国营改增改革主要方面的中期评估”课题，对我国营改增的评价如下：

第一，营改增将服务业全部纳入了增值税范畴，极大提高了中国增值税的中性程度。一是通过调整抵扣和退税政策提高中性原则；二是逐步减少税率的档次提高中性原则；三是通过逐步降低小规模纳税人的划定标准提高中性原则；四是通过完善增值税在金融服务方面的政策可提高中性原则。

第二，征管能力和纳税服务取得重大的进步。一是征管能力的提高和纳税服务质量的进步令人瞩目；二是进一步简化流程、加强宣传，以增强全国范围内一致性；三是完善的金税系统实现了严密的发票认证。

第三，营改增进一步提高了中国增值税制度的国际中性原则。一是通过不断完善零税率和退税政策可提高国际中性原则；二是通过对入境 B2C 服务加强征税可完善国际中性原则。

（2）经济合作与发展组织（OECD）：中国增值税改革取得积极进展。

2018年6月28日，经济合作与发展组织（OECD）官网刊发文章，指出中国政府近年来遵循国际通行增值税基本原则，与世界和中国的经济发展相适应，以推进国家治理体系和治理能力现代化为目标，实施了一系列增值税制度改革。

第一，优化税率结构，体现了效率原则。2017年7月1日，中国将增值税税率由17%、13%、11%、6%四档，简化为17%、11%、6%三档；2018年5月1日，将17%、11%、6%三档税率优化调整为16%、10%、6%，缩小税率级差，都是在遵循效率原则下对税制的优化和完善，符合OECD《国际增值税/货物服务税指南》所倡导的增值税税制设计的基本原则和精神，向实现更加科学、规范的税率结构目标迈出了重要一步。

第二，统一小规模纳税人标准，体现了公平、简便原则。中国将增值税小规模纳税人标准由原工业企业年销售额50万元、商业企业80万元、服务业企业500万元，统一调整至年销售额500万元。解决了行业间纳税人政策不统一的问题，体现了税收公平原则；小规模纳税人标准不再按行业进行划分，税制更加简洁；更多的小微企业不再需要按照销项减进项的方法计算应纳税额，税收规则更加清晰确定、简单易懂，财务核算更加简单，办税流程更加便捷，有效降低了小微企业税收遵从成本。

第三，扩大留抵退税范围，体现了中性原则。在前期部分行业、企业实施留抵退税的基础上，2018年深化增值税改革，中国进一步扩大留抵退税范围，涉及行业广泛，退税总规模达千亿元人民币以上，这是中国以积极审慎的态度，不断改进留抵税额处理方法的有益探索，也是以中性原则为指导，不断完善增值税制度的生动实践，表明中国的增值税制度正沿循科学化、现代化、国际化的方向，坚定不移地向前迈进。

第四，市场主体减税预期良好。经测算，上述三项改革措施，全年12个月预计将减轻市场主体税收负担4000亿元，其中制造业年减税规模超过所有行业总减税规模的1/3，企业税负有效降低，资金占压明显减轻，固定资产投资和扩大再生产空间进一步拓展，发展信心持续提振，从而撬动整个实体经济内在发展动能，推动中国制造业转型升级，也为世界经济持续稳定发展贡献中国力量。

第五，终端消费共享改革红利。增值税税率调整，不仅直接减少了供给端企业应缴纳的增值税，节约了企业现金流，而且通过增值税链条传导机制，最终也在一定程度上反映到产品价格上，使消费者直接受益。反过来，消费的增加也会进一步刺激市场需求，促进企业市场规模扩大，形成良性循环，实现供需两端双赢。

第六，小微企业发展再添活力。小微企业增值税政策的简化和统一，让更多的小微企业可根据自身经营情况，在一般计税方法和简易计税方法之间进行选择，实现了“一减两简”：即减少了应缴增值税，简化了财务核算，简捷了办税流程。改革红利，成为小微企业税收负担的减压器、营商环境的优化器，增强了小微企业发展的信心，在稳定增加就业、促进市场繁荣等方面必将发挥积极的促进作用。

2. 国内评估分析

（1）上海财经大学“上海营改增5年试点成效分析”课题组：激发新活力、涵养新税源，营改增助力上海经济转型升级。

2017年3月3日，上海财经大学“营改增效应分析”课题组分析评估了上海营改增5年实施情况及成效。

第一，营改增先行先试。上海发挥示范引领作用。从2012年营改增在上海先行试点，到2016年营改增试点全面实施，上海对我国营改增起到了先行先试、示范引领和积极推动作用。

第二，减负效应明显，上海营改增5年减税近2000亿元。自2012年实施营改增试点以来，上海营改增5年累计减税总额达1967.3亿元，并呈现逐年递增的态势。说明随着营改增向纵深发展，减税效果逐步得以体现，总体减负成效显著。

第三，宏观视角审视营改增，当好经济发展促进派。由于避免了重复征税，减轻了行业税收负担，消除了服务业发展的税收制度性障碍，对于上海加快服务业发展，形成以服务经济为主体的产业结构，起到了重要促进作用。上海2012年实施营改增试点后，经济结构持续优化，2011—2016年，第一产业占比由0.7%降为0.4%；第二产业占比由41.3%降为29.1%；第三产业占比由58%提高至70.5%，并逐年上升。

第四，激发微观主体活力。促进企业转型升级。营改增后企业外购设备和不动产增值税允许抵扣，对企业加快设备更新和商业不动产购置产生较大激励效应。营改增不仅降低了税负，更拉长了产业链，推动主辅分离发展，促进企业做大做强，并对企业创新驱动、转型发展具有积极推进作用。特别是对小规模纳税人适用3%

征收率简易征税，有利于减轻小规模企业税负。

（2）“营改增政策效应分析”课题组：行业越发达地区营改增试点效应越显著。

2017 年 11 月，国家税务总局收入规划核算司和中国人民大学财政金融学院合作完成了国家税务总局税收科研课题“营改增政策效应分析”。课题从产业关联效应视角分析营改增对经济的作用机制，从微观、宏观角度分析全面营改增的经济效应。

首先，营改增对经济的影响。营改增的改革对象是服务业，但是由于营改增打通了行业间税收抵扣链条，消除了重复征税问题。因此，营改增不仅对试点行业（服务业）发展会产生正面作用，还会通过投入产出关系对上下游行业产生关联效应。

其次，营改增微观视角分析。第一，从整体上看，营改增行业发展程度越高的地市，营改增越能从整体上显著降低营改增行业企业税负水平，而对销售收入并无显著影响；第二，分企业规模来看，营改增主要利于大型企业，其销售收入显著增加、税负显著降低，而小微企业短期内减税效果并不显著、销售收入甚至出现了下降情况；第三，对非 2016 年全面营改增行业企业而言，营改增主要有利于小微企业和中型企业，其固定资产投资比重显著增加，而大型企业固定资产投资比重增加并不显著；第四，营改增的影响主要集中在金融业，从整体上看，金融业发展程度越大的地市，金融业营改增越能从整体上显著增加金融业企业的销售收入并显著降低税负水平；第五，分企业规模看，金融业营改增使得大型金融企业受益程度最大；第六，对非 2016 年全面营改增行业企业而言，金融业营改增使小微企业收益最大。

最后，营改增宏观视角分析。全面营改增使企业纳税的税率发生变动，而企业实际税率是有差异的，因此营改增这一减税政策最终体现在企业增值税实际税率的变动上，进而我们认为企业增值税实际税率变动对地区经济增长和投资的影响是观察营改增宏观经济影响的一个绝佳视角。然后，基于我国县级地区数据，我们发现增值税权重税率数值较大、分布较为分散，这意味着在核算企业所在县级地区的总体税率时个体企业产值影响较小，还可以发现两种税率的均值均小于法定税率，且实际税率在地区之间具有较大的差异，因此，报告主要分析地区的税率差异导致的地区经济增长的差异。为研究增值税实际税率变动对经济增长的影响，我们利用相邻地区的税收竞争构建工具变量消除因互为因果或者遗漏变量导致的内生性，实证结果表明降低县级地区增值税税率1%，该地区的经济增长率将提高0.45%，其他稳健性检验也得到降低县级地区增值税税率将显著（或接近显著）提高该地区的经济增长率这一结论。为研究企业增值税实际税率变动对投资的影响，我们依然利用相邻地区的税收竞争构建工具变量消除因互为因果或者遗漏变量导致的内生性，实证结果表明降低县级地区增值税税率1%，该地区的实际投资率将提高1.04%，其他稳健性分析也得到降低县级地区增值税税率将显著（或接近显著）提高该地区的实际投资率这一结论。

总之，全面营改增之后，增值税征收范围进一步扩大，其税率大小对宏观经济的影响不断增强，降低增值税税率一方面将直接显著促进经济增长，另一方面也能通过提高实际投资率，进而促进经济增长，两个方面均印证了在我国经济发展新常态下，营改增有利于促进各地区经济增长和发展这一结论，契合了李克强总理“减税降费”的施政理念，并为供给侧结构性改革提供了强有力的支撑。

（3）“营改增试点改革效应分析”课题组：营改增有利于减税降成本、优化结构、增强动能。

为跟踪研究营改增效应，分析营改增试点对于经济运行、产业结构、区域发展等方面的影响，2016年10月至2017年10月，国家税务总局税收科学研究所成立“营改增试点改革效应分析”课题组，从区域、行业、企业三个层次，对营改增试点效应开展专题研究。

第一，营改增对区域经济税收的影响。一是创新投资驱动，经济增速进一步提升。营改增从制度上解决了劳务和货物重复征税的问题，为东部地区高成长、高研发、高投入的高级制造业创造便利的资本投入环境。2016年广东省先进制造业和高技术制造业增速分别为9.5%和11.7%，高于规模以上工业增速2.8个百分点和5.0个百分点。二是整合业务资源，提升传统产业发展空间。营改增打破了产业融合及结构转型的壁垒，延伸了货物与劳务增值税抵扣链条，推动传统产业的转型升级，促进资源密集型企业加速发展。在营改增政策带动下，我国中部地区省份不断挖掘传统产业的增长潜力，推动传统产业不断向高端化、智能化水平发展。三是消除重复征税，促进二、三产业协同发展。营改增打通了二、三产业税收抵扣链条，消除重复征税，促进了二、三产业的协同发展，有利于西部地区集中发展具有竞争优势的核心领域，推动二、三产业朝个性化、专业化方向发展。四是释放改革红利，带动新动能迅速崛起。全面实施营改增进一步释放了改革红利，助力新技术、新产能、新业态加速成长，为供给侧改革培育新动能、新活力。全面实施营改增后，东北地区注重从深层次提升经济发展质量，积极培育吸引战略性新兴产业和现代服务业，做大做强龙头企业。如打造新能源汽车、先进轨道装备、航空航天装备机器人和智能装备等支柱性产业项目，实现由“中国制造”向“中国智造”的转型。五是激发市场活力，调整产业发展布局。通过对东部、西部、中部、东北地区的代表省份地方财政收入的四大区域面版数据分析认为①，短期内地方财政收入表现为净减少。但从长期来看，营改增有助于地方政府调整产业结构布局，定位主导产业发展方向，挖掘新产业、新动能。营改增后，四大区域地方政府更加注重建设现代产业体系，升级改造优势制造业，做大做强龙头企业，着力完成一批战略性新兴产业与高端项目的培育工程。

第二，营改增对行业和企业发展的影响。一是营改增的实施使行业税负全面降低，减税规模逐步扩大，为企业的发展壮大提供了更为充足的资金支持，对产业结构调整与升级、市场规模扩大及扩大再生产起到了极为重要的作用。二是营改增税制结构的变化，使重复征税问题得到消除，促进了企业主辅分离，推动了企业经营的专业化，改变了企业过去“大而全、小而全”的经营模式。通过促进专业化分工协作，一些研发、设计、营销等内部服务环节从企业主业剥离出来后，更加专注于提供某类型服务，成为效率更高、专业更强的创新主体，催生了新技术、新产业、新业态和新商业模式，为实施创新驱动发展战略提供了更为广阔的发展空间，也为民营经济和小微企业营造了更为宽松的发展环境。三是营改增通过优化税制结构进一步促进了产业结构转型升级，加快形成以科技创新引领的新经济增长极，有利于企业降成本、强结构、强动能，促进了行业上下游产业链的细分、完善和调整，供给者提供了较大的发展空间，也为刺激消费、促进消费升级产生积极影响。四是全面推开营改增打通了二、三产业增值税抵扣链条，企业将围绕着进一步降低税负，改变在以往营业税税制下的经营理念、会计管理、税收管理和合同管理等方式，使企业管理方式不断调整、更加精细，同时，企业将跟随市场优化调整行业产品，以适应市场发展的需要。五是不动产进项税额分期抵扣政策的实施，激发了企业新购

① 国家税务总局税收科学研究所. 营改增试点改革效应分析 [M]. 北京：中国财政经济出版社，2018.

置不动产与扩大再投资的热情，加快了新旧动能接续转换，进一步提振了大众创业、万众创新的信心。

（4）中国人民大学《中国财税研究报告》第2期：营改增减税效应显著，但对小微企业是“双刃剑”。

2017年3月7日，中国人民大学财税研究所、中国人民大学重阳金融研究院以及中国人民大学财政金融学院发布了《建立现代增值税制——营改增改革效果评价报告》，通过对服务业税制改革后在消除重复征税、鼓励产业分工、减少偷漏税等方面的效果进行了评估。

第一，营改增的产业关联效应。通过投入产出表的测算，对营改增的产业关联效应和减税效应进行了评估分析。营改增对试点行业（服务业）的作用主要来源于以下三种效应：一是税率变动效应。营改增对试点行业税负的影响，取决于不同行业在营改增之前适用的营业税税率、营改增后适用的增值税税率以及原材料购进比例（原材料投入占产值的比重）。测算表明，绝大多数试点行业在营改增后的税负将下降。但是个别行业因原材料购进比例较小，可能会存在税负上升。二是试点行业从上游购买物品的进项可抵扣效应。营改增后，试点行业购进投入要素可以抵扣增值税，因此将鼓励试点行业扩大要素投入。尤其是，我国已经实施了消费型增值税，营改增后，企业购入的固定资产设备可以实现进项抵扣，因此营改增鼓励了试点行业的企业更新设备和技术升级，从而有利于服务业的长远发展。三是下游行业从营改增行业购买物品的进项可抵扣效应，反过来惠及营改增行业。营改增之后，下游制造业企业购买试点行业的服务，在缴纳增值税时可以进项抵扣，因此这鼓励了下游行业购买营改增行业的服务，增加了营改增行业的市场需求。四是分工深化效应，在原先征收营业税时，一些制造业企业为了避免重复征税，选择将部分服务业进行内部化生产（如物流、售后服务等）。营改增促使这些制造业企业将这些服务业兼业分离出来，服务业专业化程度提升，利用规模经济优势实现生产率提升，进而实现服务业的更快发展。

营改增不仅对试点行业产生上述正面影响，还会通过增值税的可抵扣性对下游行业产生关联效应，因而有利于下游行业的发展。首先是可抵扣带来的减税效应，对于营改增试点行业的下游制造业企业来说，营改增之后，购买试点行业的服务可以增值税进项抵扣，从而带来下游制造业的减税。减税效果的大小取决于下游行业与营改增行业之间的产业关联度大小。其次是分工深化效应，营改增促使制造业企业将服务业兼业（如物流、售后服务等）分离出来，从而更加专注于本行业的生产经营，因而生产率提升，行业获得更快发展。

营改增也会通过增值税的可抵扣性对上游制造业企业产生正面影响。一是可抵扣带来的需求拉动效应。营改增后，试点行业购进投入要素可以抵扣增值税，因此将鼓励试点行业扩大要素投入，拉动了上游行业的市场需求。二是分工深化效应，营改增前，部分服务业企业兼业上游制造业。营改增后，兼业的制造业分离出来，分工深化促进了这些行业的发展。

第二，营改增的减税效应。营改增的减税效应体现为两个方面：一是对营改增试点行业的减税；二是对于营改增带动下游制造业的减税。减税效果的大小取决于下游行业与营改增行业之间的产业关联度大小。为此，研究人员用2012年投入产出表数据，比较营改增前的各行业的流转税税负，测度营改增对各行业税负产生的影响。首先，计算营改增前各行业的流转税实际税负。根据2012年投入产出表测算的营改增之前可比税收负担最高的和最低的10个行业，由于本身营业税税率较高且不可抵扣的项目重复课税情况的存在，建筑和餐饮服务等第三产业的税负较重，而保险、农林牧业渔等第一产业的税收负担较轻。因此结果显示，由于各行业适用的税率和税种的差异及行业间的资本有机构成不同，各行业的可比税收负担存在差别。其次，测算营改增后不同行业的增值税实际税负。研究人员将投入产出直接消耗系数表按各行业不同的法定税率：增值税6%，增值税11%，增值税13%，增值税17%的排列顺序重新排序，并制作成新的投入产出直接消耗系数表，可以测算出营改增后不同行业的增值税实际税负。最后，将各行业营改增前后的流转税负比较，可以测算出营改增对各行业税收负担的影响幅度。测算显示，各行业的税负均有所下降。减税效果较强的前十个行业税负下降幅度明显，多为营改增之前本来税负较高的第三产业。营改增减税效果较弱的行业多是农业、采掘业和批发零售业，这些行业采购的原材料主要是制造业产品，在营改增之前就可以大幅度抵扣，因此受营改增影响较小大多数制造业也受益于营改增的，原因是制造业作为营改增行业的下游行业，其购买的服务现在可以抵扣，减少了重复征税，因而税负下降。对小微企业而言，营改增是一把“双刃剑”。营改增降低了小微企业的税负，但是小规模纳税人无法开具专用发票降低了其市场竞争力。报告建议，应进一步加大对小微企业的税收扶持力度。

3. 调查问卷分析

（1）“‘营改增试点改革’第三方评估”课题组：营改增制度设计合理，配套措施完善，纳税人满意度高。

2016 年 8 月至 2017 年 7 月，中国财政科学研究院组织开展了“营改增试点改革”调查问卷第三方评估分析工作，采用系统收集信息、统计分析与专家评议相结合的办法，对营改增试点改革进行第三方评估如下：

第一，营改增制度设计总体合理，部分内容有待完善。一是调查结果显示，营改增的减免税政策基本合理。二是营改增政策实施总体公平，存在部分政策执行不一致的现象。营改增政策的实施总体上公平，但由于各地在营改增政策的具体理解和解释上的差异等原因，地区间还存在着部分政策执行不一致的现象。三是营改增政策总体上便于执行。

第二，营改增试点改革配套措施完备，落实及时。调查结果认为，一是营改增配套政策较为完备；二是营改增配套政策出台较为及时；三是纳税人充分了解试点政策安排；四是纳税服务进一步优化，纳税人满意程度较高。

第三，营改增试点改革成效显著。总体来看，营改增试点改革是一项成功的改革，其预期改革目标都基本上得以实现。调查结果也表明，上述结论也得到了包括试点纳税人、行业协会和财税专家等社会各界的认同。

第四，营改增试点改革制度建设质量较高，实施有力。营改增试点改革的制度设计总体合理，政策规定总体公平，与其他制度的协调性较好，政策便于执行。同时，营改增的配套制度出台及时和完备，征管基础建设和部门配合良好，营改增的培训和咨询等纳税服务进一步优化，纳税申报简便，对税务部门的纳税服务满意度高。营改增试点改革的制度建设和政策实施，对于保证营改增政策目标实现和取得较好的实施绩效起到了积极作用。但调查对象对营改增后增值税制度、政策和征管方面的意见和建议也表明，由于营改增全面试点改革的实施时间相对较短，纳税人数量剧增，在新制度下面临众多新的问题，有待在增值税的深化改革中加以解决。

（2）“营改增对四大行业影响的企业调查问卷分析”课题组：营改增实施效果渐入佳境，对企业经营产生重大影响。

2016 年 12 月至 2017 年 2 月，国家税务总局税收科学研究所和北京国家会计学院联合进行了一次全国范围内的营改增问卷调查，着力于从纳税人的直观角度了解金融业、建筑业、房地产业、生活服务业营改增政策的执行情况和实施效果。此次调查采取分省市随机抽样的方式，共回收有效问卷17279份，其中金融业、建筑及房地产业、生活服务业分别占比24%、35%和41%。基于本次调查结果，从总体情况来看，营改增成效显著，企业高度认可。

第一，营改增试点实施效果明显。随着营改增试点的渐入佳境，改革红利持续释放，正面效应逐渐显现，企业获得感越来越强。一是企业降负，消除重复征税。营改增消除重复征税、降低企业负担。营改增在一定程度上缓解了企业的资金压力，显著地降低了企业的成本，提高企业的经济效益，为企业发展创造更好的环境。二是税制优化，企业认可度高。调查结果显示，企业对营改增实施以来的情况下面评价居多，营改增普遍获得企业的认可和赞同。三是受训面大，培训效果良好。税务部门开展营改增全面试点相关政策培训，受训面大，培训效果良好，对企业顺利实施课税机制转换发挥了重要作用，得到了企业的高度认可。

第二，营改增影响企业经营。营改增降低企业的经营成本、规范企业内部管理、促进专业化分工，并提高企业财务人员的账务处理、发票治理、现金流控制、资产清算的能力。企业在经营方式、财务管理、投资决策、计税方法选择等方面做出了调整和优化。一是拉动固定资产投资效应显著；二是推动企业完善战略规划和财务管理模式。调查发现，大多数企业认为营改增助推了企业战略规划；三是促进产业分工细化；四是选择合适的计税方法实现利益最大化。营改增在制度设计中考虑到过渡期及部分企业抵扣项目较少的情况，允许选择简易计税方法，企业问卷调查的结果反映出该项政策已顺利落地。

第三，增值税发票影响企业对供应商的选择。一是合同主体成为增值税发票使用管理的重要对象，将助力企业的规范管理；二是金融业增值税发票和电子发票使用尚待加强。营改增后，金融业企业发票问题开始凸显，部分企业认为“相关费用无法取得进项税发票”“开具发票时客户甄别困难，需更多考虑客户纳税人身份”；三是能否提供进项抵扣成为选择供应商的重要指标。调查显示，大部分企业认为营改增对供应商的选择产生影响，表明企业尽可能地选择可以提供增值税专用发票的供应商；四是绝大部分房地产企业实现了土地成本的抵扣。调查结果表明营改增达到了营业税税负平移的目的。

五、后营改增时代增值税的发展趋势与改革方向

2014 年 5 月，李克强总理在《求是》杂志刊发文章认为营改增还有五步：第一步，2014 年继续实行营改增扩大范围；第二步，2015 年基本实现营改增全覆盖；第三步，进一步完善增值税税制；第四步，完善增值税中央和地方分配体制；第五步，实行增值税立法。李克强总理的五步走为后营改增时代增值税改革指明了前进方向。后营改增时代增值税发展趋势与改革方向如下：

（一）增值税改革应加强顶层设计

1. 增值税改革应强调框架制度的稳定性

纵观我国增值税改革的历史，大部分改革都是为了解决现行增值税制度存在的一些问题，如增值税转型改革主要是解决抵扣不公平问题，营改增试点改革主要是解决重复征税和税负不公问题，二者均是先局部试点后进行全面推广。通常作为中性税种的增值税，其改革与试点不应给纳税人带来税收负担或利益损失。但受我国的国情影响，增值税的中性原理并未充分体现于制度建设中，增值税的改革与试点会打破多方的利益平衡，甚至可能带来新的不公平。今后，随着税收法治水平的提高，增值税改革应尽量减少试点模式，应强调构建稳定的制度框架，从顶层上进行设计或总体上加以考虑。不能将试点常态化，尽量减少试点模式。除非增值税某项改革的特别需要进行试点，应尽可能解决当时存在的不公平问题，并避免带来新的不公平。

2. 增值税改革应与其他税种改革配套推进

国家的税收体系由不同的税种构成，各个税种在其中各司其职、互相配合，以实现国家税收的职能作用。任何一个税种的改革，都不应当脱离税收体系的顶层设计而单兵推进。新常态下，增值税改革须有配套改革措施同步施行，单兵突进恐难操作，应与其他税种改革相配套推进的。税种的职能定位，关系到该税种各项税制要素的设计，包括课税范围的大小、税率的高低、优惠的多少等。如果事先没有顶层设计，各税种自行其是，税制要素的设计就不可能科学，税种之间就容易出现属性模糊雷同、课税边界重叠等问题。因此，在下一步增值税改革的推进，应与其他税种改革配套进行。增值税基于其中性特点，应将其定位为主要发挥筹集财政收入

职能的税种，尽量少采用或者不采用增值税进行经济调节。

（二）增值税税率结构应进一步简并

2018年《政府工作报告》明确指出要进一步减轻企业税负，改革完善增值税，按照三档并两档方向调整税率水平，重点降低制造业、交通运输等行业税率。出于发挥我国增值税中性作用并兼顾弱化其累退性方面的考虑，当前，增值税改革应在降低标准税率的基础上，简并多档税率，科学合理地设定税率水平。建议方案如下：第一种是“拆中间并两头”方案。适当降低16%的标准税率，税率调整空间在16%～10%之间，保留6%的低档税率，取消10%的中间档税率。将适用10%税率的行业进行拆分，农业和民生领域等可并入到6%的低档税率，剩余的部分执行标准税率。此方案的优点是形成高低两档税率，税率结构比较简洁。缺点是部分10%的服务行业税率上调，税负可能会上升，标准税率波动的幅度比较大，减税对财政收入的影响较大。第二种是“中低档合并”方案。16%的标准税率小幅下降，降幅为1～2个百分点，10%中间档税率和6%低档税率合并，合并后的税率调整空间在10%～6%之间。此方案的优点是标准税率波动的幅度比较小，减税对财政冲击不大。缺点是金融和生活服务等行业税负可能会上升。为此，可考虑将购入与生产经营相关的餐饮服务、旅客交通服务以及银行贷款利息支出等纳入进项抵扣范围。

（三）增值税征管服务应进一步完善

1. 规范和减少优惠政策和过渡期政策

在营改增改革的过程中，为促进相关行业由营业税向增值税的平稳过渡，中央出台了一定的过渡性优惠措施。针对一些企业因营改增而出现税负提高的情况，一些地方政府也出台了对当地企业的财政补贴政策。从短期来看，这些措施有利于营业税到增值税的平稳过渡，但是这些措施也造成不同产品的实际税率出现较大差异，不利于税收中性原则的实现。地方政府出台的形式各异优惠性措施，导致不同地区间企业税负的差异，不利于资源的优化配置。过多的优惠措施，也增大了一些不法企业的偷漏税空间和寻租空间，进一步造成企业间税负的不公平。针对现行营改增后增值税优惠政策过多的状况，应结合增值税立法和整体制度的完善加以规范，根据国内服务业行业的实际情况，逐步清理规范增值税优惠政策，缩小优惠面。对于过渡期对特定行业实施的特殊政策，如差额征税和简易征收办法等，也应逐步清理规范。

2. 完善出口退税机制

凭发票抵扣机制优势的实现需要切实的退税渠道，但是骗税的风险又常常困扰税务机关。可以在借鉴其他国家和地区做法的基础上，在出口者的供应商提供给出口者货物或劳务时，适用税率为零。同时尝试建立完善“快速通道”的退税处理机制，专门提供给那些被证明是纳税遵从记录良好的出口商。同时，健全税务、海关、银行、外汇等部门合作机制，共同打击出口骗税。

3. 加强税收征管的国际协调

随着数字经济的快速发展及税收管辖权相关规则的缺失，可能导致同一项国际服务被重复征税。另外，跨境电子商务使税源监控难度加大。面对这些挑战，我国应积极参与国际税收规则的制定，在管辖权上坚持“消费地”课税的国际惯例；在征管上推进制定公平、合理、高效的国际税收协定，加强国际间税收情报交换，联合打击国际反避税，维护国家的税收权益。

4. 改革中央与地方增值税划分方式，改按各地区消费额分配地方增值税收入

营业税取消之后，地方政府失去了第一大财源。为此，中央出台过渡性安排，将增值税分成比例由营改增前的中央地方75∶25改为50∶50。但是，增值税的划分方式仍然存在一些问题。增值税的税基具有高度的跨地区流动性，因此地方政府为了能获得更多的增值税收入，会有激励去招商引资，采取各种措施扶持企业生产。一个地区的企业多了，该地区才能分享到更多的增值税，因此地方政府自然是围绕企业转的。地方保护也会加重，严重干扰了资源在地区间的有效配置，加剧了产能过剩和供需矛盾等结构性问题。另外，增值税税负归宿地和增值税分享地之间如果出现了较大的偏离，也会形成受益不公的现象。为此，本文的建议方案如下：

一是继续维持增值税中央与地方50∶50的分享比例，但地方部分不再按照生产地划分，而是改为按照各地消费额划分。德国、日本等国家的中央和地方划分增值税的方式就是根据各地消费额或人口数量来划分。该方案有利于转变政府职能、转变经济发展方式、发挥市场在资源配置中决定性作用、提升国家治理能力、推进供给侧结构性改革，也有利于实现纳税地与受益地的匹配。

二是合理降低增值税税率，增值税全部归中央，与此同时，可仿照美国开征零售税。零售税在零售环节征收，税收收入全部归地方政府。这一方案也许能激励地

方政府重视居民、重视消费的作用。但是，开征零售税这么一个全新的税种，纳税人有可能不买账，也会增加税收征管成本。另外，在全世界范围内增值税与零售税并行征收的个案极少，而零售税征收如何划分产制、批发环节销售与商品销售，又有较大的征管难度，需要进一步研究。

（四）后营改增时代应尽快进行增值税立法

我国现行《增值税暂行条例》是国务院1993年发布、2008年修订的。作为我国第一大税种，增值税多年来一直以暂行条例形式运行，法律层级低，与税收法定原则的要求不相符，缺乏应有的权威性和规范性。此外，多年来出台了大量的部门规章和规范性文件，更增加了政策的不稳定性，影响了企业对税收结果的可预见性。营改增后，《营业税暂行条例》事实上已经失效，营改增行业履行增值税纳税义务的依据是财政部和国家税务总局联合发布的税收规范性文件，法律层级更低。虽然改革方案经过国务院批准，财税部门出台文件也获得了国务院的授权，但法律程序上的瑕疵也客观存在。随着营改增试点全面推开，改革趋前、立法滞后的矛盾越显突出。因此，营改增试点与增值税立法如何做好衔接，已成为非常迫切的问题。

全面实施营改增试点实质上已取消了营业税，目前要尽快启动增值税立法工作，以巩固营改增试点成果，落实税收法定原则。现在来看，增值税难以在短期内成熟定型，确立具有稳定性法律制度的条件尚不完备。在增值税立法前，应全面梳理相关税收政策，加以归类、整合，并在此基础上根据形势变化和政策本身的施行效果加以取舍、修订，以有利于税收征收管理。增值税立法先要厘清改革思路，应立足长远发展，通盘考虑中国税收制度体系的选择和设计。同时，增值税立法不宜操之过急，应在增值税制度设计相对稳定后进行立法，增强税法的严肃性。目前应当结合实践中所总结出的经验和规律、为增值税立法创造积极的条件，在各方面条件趋于成熟稳定时，适时启动增值税的立法，以法律形式实现增值税的固定性和严肃性。

参考文献：

[1] 李万甫．落实税收法定原则　推动税制改革成果法制化［J］．国际税收．2014（5）．

[2] 才道．用财政收入“减”换持续发展“增”［N］．经济日报，2016－03－30．

［3］高培勇．全面充分认识营改增意义［N］．中国财经报，2013－02－05.

［4］李丽辉，吴秋余．国家税务总局局长王军：用工匠精神落实好营改增［N］．人民日报，2016－05－03（15）.

［5］李万甫．精准研判营改增效应的三个维度［J］．税务研究．2017（1）.

［6］刘尚希．结构性改革视角下的营改增［N］．中国财经报，2016－04－12.

［7］李万甫．营改增助力供给侧结构性改革［N］．经济日报．2016－03－25（05）.

［8］上海财经大学．上海财经大学发布《上海营改增5年试点成效分析报告》［EB/OL］．（2017－03－03）［2018－08－05］．http：//www.chinatax.gov.cn/n810219/n810724/c2496004/content.html.

［9］国家税务总局税收科学研究所．营改增试点改革效应分析［M］．北京：中国财政经济出版社，2018.

［10］李万甫．"营改增"：掀开税改新篇［N］．光明日报，2016－10－20.

［11］高培勇，杨倩．营改增之后要推进直接税改革［J］．中国企业家，2016（12）.

［12］刘尚希．营改增对财税体制的影响及其对策建议［N］．中国财经报，2013－06－18.

［13］胡怡建．增值税理论前沿与管理实践［M］．北京：中国税务出版社，2014.

［14］李万甫．"营改增"岂能成为涨价借口［N］．人民日报，2016－05－09.

［15］刘和祥．"三档并两档"：进一步优化增值税税率结构的探讨［N］．证券日报，2018－09－01.

［16］王冬生．全面认识营改增的减税效应［EB/OL］．（2017－01－16）［2018－08－05］．http：//www.shui5.cn/article/2b/109954.html.

［17］杨默如．营改增后应完善增值税立法［N］．人民日报，2016－07－12.

课题负责人：李万甫

执　　　笔：刘和祥

第五篇

个人所得税改革：分步推进、日渐完善

40 年来，随着改革开放的深入推进，个人所得税领域也经历了多次变革，逐步建立起适应社会主义市场经济体制的个人所得税制，在调节收入分配和组织财政收入上发挥了积极作用。但是，随着我国经济社会不断向前发展，现行个人所得税制度存在的问题日益显现，税制模式、税率水平、税基等方面尚存在进一步改革的空间。本篇通过回顾中国改革开放40 年来的个人所得税改革历程，总结改革经验，并对下一阶段的个人所得税改革提出建议。

一、个人所得税的初步建立（1978—1992 年）

（一）历史回顾

1. 个人所得税制度的建立

1978—1993 年是我国个人所得税制度建立的阶段。其中，1980 年 9 月，第五届全国人民代表大会第三次会议通过并公布了《个人所得税法》，费用扣除额确定为800 元，统一适用于中国公民和在我国取得收入的外籍人员。当时全国实行单一的计划经济体制，国内职工人均工资水平差别不大，工资水平普遍较低，800 元的费用扣除额是当时薪资水平的 20 倍，所以绝大部分中国人没有纳税义务。当时只有在

华工作的外国工作人员才有可能月薪超过800元人民币，外籍人员也因此成为实质上唯一的纳税群体。

2. 国内个人所得税制度的落实

1986年9月，针对我国国内个人收入明显提高的情况，国务院发布了《个人收入调节税暂行条例》，适用于中国公民个人收入。自1987年个人收入调节税实施以后，1980年开征的个人所得税实际上只适用于外籍人员、华侨和港、澳、台同胞。

同年，国务院发布了《城乡个体工商业户所得税暂行条例》，规定个体工商业户所得税征税范围包括在城乡从事工业、商业、服务业、建筑安装业、交通运输业以及其他行业，经工商行政管理部门批准开业的城乡个体工商业户。

（二）改革背景

党的十一届三中全会以后，财税部门实事求是，从我国客观国情出发总结了中华人民共和国成立以来税制发展的历史经验和教训，为税收制度建设恢复与全面改革提供了指导，从理论、思想、组织、实践等方面为个人所得税制度的后续发展打下基础。

1. 外籍个人来华

在我国改革开放的初级阶段，国内计划经济占主导地位，职工人均收入水平不高、收入差别不大。随着对外开放的扩大，引进外资和外国先进技术的需要，在华工作外国人（包括港澳台同胞）越来越多。在华外国人收入水平远远超过国内职工工资。为了配合国家的对外开放政策，规范人才引进并维护国家权益，解决来华外国人的所得征税的问题，财政部、税务总局从1978年底开始研究建立个人所得税制度。

2. 居民收入差距扩大

改革开放后，我国国民经济迅速发展，居民个人收入随之大幅提高，收入差距逐渐显现。收入差距扩大集中表现为不同行业、不同部门以及不同阶层人群收入差距的过分悬殊，社会公平被削弱，这在一定程度上挫伤了广大干部职工的积极性，由此引发了“社会收入分配不公”的问题。改革开放的总设计师邓小平曾于1985年3月7日特别指出：“对一部分先富裕起来的个人，也要有一些限制，例如，征收个人所得税。”在此前提下，个人收入调节税应运而生，其初始目的是“用经济和法律手段调节社会成员收入悬殊的矛盾，力争社会公平分配”。

3. 个体工商户收入上升

改革开放以来，我国社会主义经济理论建设进一步推进，提出有计划地发展社会主义商品经济、运用价值规律充分发挥税收的经济杠杆作用等内容，在客观上肯定了集体经济、个体经济和私营经济存在的合理性。随着我国经济体制改革不断深入，个体经济迅速恢复和发展，在国民经济体系中的地位和作用越来越突出。因此，对个体工商业发展进行引导、对个体工商业户收入进行适当调整的必要性逐渐显现。国务院发布的《中华人民共和国城乡个体工商业户所得税暂行条例》即以调节个体工商业户的所得为目的，从而缓解社会分配不公的矛盾。至此，我国对个人所得税制度形成了个人所得税、城乡个体工商业户所得税和个人收入调节税三税并存的格局。

（三）改革成效

1. 建立了个人征税制度

我国计划经济时期对个人基本不征税，“无税论”被作为社会主义制度的优越性广泛宣传，税收地位有限，作用难以发挥。改革开放是促进我国建立市场经济的重要动力。顺应计划经济向社会主义市场经济过渡阶段的趋势，初步建立对个人所得征税的个人所得税体系，有助于树立公众纳税意识，提高税收地位作用。我国在1950年政务院公布的《全国税政实施要则》中就设立了个人所得税税种，但由于种种原因一直没有开征。1980年的《个人所得税法》是新中国诞生以来第一部关于对个人所得课税的法律，它结束了我国计划经济时期对个人基本不征税的历史，具有重要意义。随着个人收入调节税和城乡个体工商业户所得税的陆续出台和实施，对个人收入征税的个人所得税体系初步建立。同时，随着纳税人数和纳税金额的不断提高，个人所得税对人们经济生活的影响也在不断扩大，成为国家组织财政收入和调节经济的重要工具，税收地位作用得以提高，公民纳税意识得到增强。

2. 税收管辖权意识得到强化

党的十一届三中全会以后，随着改革开放的贯彻落实，外籍人员到中国工作、提供劳务并取得各种收入的情况日益增多。《中华人民共和国个人所得税法》的公布实施，对于我国在国际经济交往中合理地行使税收管辖权、维护国家税收权益、维护税法尊严、按照平等互利原则处理国家间的税收权益和鼓励外籍人员来华从事业务等，都有着积极的意义。

3. 认识到了个人所得税的调节收入分配功能

随着经济体制改革的逐步推进，分配制度相应地发生了变化，原来平均主义的社会收入分配格局被打破，“按劳分配为主体，多种分配方式并存，按贡献参与分配”的制度逐步建立，高收入群体逐渐形成。此时开征个人所得税满足了国家通过税收调节收入分配的需要。

（四）改革评价

这一时期，在我国个人所得税征收工作中，被称为“三驾马车”的《个人所得税法》《个人收入调节税暂行条例》和《城乡个体工商业户所得税暂行条例》三项法律法规并行：外籍人员按《个人所得税法》纳税，适用5%～45%的六级超额累进税率；中国公民按《个人收入调节税暂行条例》纳税，适用20%～60%的五级超额累进税率；个体工商业户按《城乡个体工商业户所得税暂行条例》纳税，适用7%～60%的十级超额累进税率，另针对纳税人全年应纳税所得额超过5万元的，就其超过部分加征10%～40%的所得税款。

对于20世纪80年代中国首先对外籍人员的个人所得征税的做法，诸尚一(1980)① 认为，在改革开放初期，社会主义中国的国内公民和合资企业的外籍职工是两个不同的群体。在社会主义中国，公民的个人收入主要是根据按劳分配原则获得的，公民间收入差距较小，无须对本国公民课征个人所得税；外籍职工具有较高的科技知识水平，获得较高的工资是合理的，但有必要通过课征个人所得税的办法，对超出合理范围的收入差距进行调整，以保证相对公平。

随着经济的发展和收入差距的不断拉大，部分学者认为有必要改变只对外籍人员征税的状况，并就征收范围、费用扣除额等提出相关建议。许善达等（1986)② 认为，随着社会成员的个人收入差距逐渐拉大，应该对1980年制定的个人所得税法

① 诸尚一. 为什么要对外籍职工课征个人所得税？[J]. 会计通讯，1980（1）：18.
② 许善达，郑琦，刘佐. 税制改革的构想 [J]. 未来与发展，1986（6）：54－58.

作出适当调整。一方面，要降低“起征点”①，将工薪所得的“起征点”降低到300～400元；另一方面，要扩大征收项目，将承包收入、奖金收入、津贴收入、遗产和赠与收入等纳入征收范围。王佩苓等（1986）②认为，我国的个人所得税征税面较小，纳税人主要是外籍人员，且尚未进行统一的立法。随着经济的发展和个人收入的提升，应该逐步扩大个人所得税的征税范围，并对个人所得税进行统一立法。但是，出于促进工资制度改革、鼓励个人提供劳务服务等目的，全面开征个人所得税并降低个人所得税费用扣除额的工作应该缓步进行。朱国平（1986）③认为，各阶层人士的收入差距过于悬殊不利于社会安定，因此有必要借助税收政策对收入实行必要的再分配。对个人收入征税，一方面要注重起点问题，目前将月收入800元作为个人所得税费用扣除额明显过高，应该以平均月收入的2～3倍作为起点；另一方面要注重征收范围，应该将职工的一切货币、实物收入汇总后课征累进的所得税，限制企业以福利、浮动工资、发放实物等方式不合理地增加职工收入。

这一时期三大税种各自为政，应税范围、征税项目、税率级次、征免政策、征管方式等各不相同，部分学者认为这一制度缺陷已经影响税负的公平以及税收的调节功能，也不符合“降低税率、减少征税级距、扩大税基”的国际个人所得税改革总体趋势。张云贵（1987）④认为，三税并行的设置导致税制不必要的复杂，应该合并个人收入调节税和个人所得税，建立统一的个人所得税制，从而简化税制。郁嵩（1988）⑤认为，个人所得税仅仅针对少数人群，会严重扭曲按劳分配，不利于企业活力的增强。实行普遍的个人所得税制度，是社会主义条件下创税人和纳税人一体化的客观要求。劳动者的纳税行为可视为社会对其所尽职责和所做贡献的一种认可，这种认可可以带来声誉和激励，从而充分发挥个人的社会主义积极性、主动性和智慧力。王富（1989）⑥认为个人所得税应当发挥更强有力的个人收入“调节器”的作用，建议统一全国个人所得税税制，并按所得来源地纳税原则，统一在华

① 此处的起征点，在税收术语上称为“基本减除费用标准”，但由于术语过于专业，在日常生活中一般用“起征点”这一表述替代“基本减除费用标准”。

② 王佩苓，吴旭东．进一步完善税制的几个问题［J］．财经问题研究，1986（4）：34－38，47.

③ 朱国平．论我国收入分配政策的变革［J］．财经理论与实践，1986（4）：46－48.

④ 张云贵．完善我国所得税制的设想［J］．财经理论与实践，1987（4）：60－62.

⑤ 郁嵩．试论个人所得税的广谱化［J］．武汉大学学报（社会科学版），1988（5）：37－42.

⑥ 王富．关于扩大征收个人所得税的建议［J］．财政，1989（6）：55－56.

外国公民和我国公民的适用税法。

部分专家学者从其他方面对个人所得税制度的发展提出了建议。刘佐（1989）[①]认为，中国的个人所得税制还不够完善，下一步应该解决的主要问题在于：第一，简并和统一税制，创造条件将个人所得税和个人收入调节税合并；第二，完善分类征收，区别对待劳动所得和非劳动所得、区别劳动所得中的工薪收入和其他劳动收入，从而鼓励人们勤劳致富；第三，适当降低工薪收入和其他同性质收入的“起征点”，扩大征税面；第四，进一步落实费用扣除合理化，加强扣除的科学性与规范性。

二、内外个人所得税的逐步统一（1993—2004年）

（一）历史回顾

1. 三税合一的实施

1993年10月31日，第八届全国人民代表大会常务委员会第四次会议通过了《关于修改〈中华人民共和国个人所得税法〉的决定》，规定不分内外，所有中国居民和有来源于中国所得的非居民均应依法缴纳个人所得税，并于同日发布了新修订的《中华人民共和国个人所得税法》。而后1994年1月28日国务院配套发布了《中华人民共和国个人所得税法实施条例》。此次改革实现了个人所得税、个人收入调节税和个体工商业户所得税的三税并轨，初步建立起内外统一的个人所得税制度。

2. 开征个人储蓄存款利息所得税

1999年8月30日，第九届全国人民代表大会常务委员会第十一次会议通过了《关于修改〈中华人民共和国个人所得税法〉的决定》，把《个人所得税法》第四条第二款“储蓄存款利息免征个人所得税”项目删去，开始对个人储蓄存款利息征收个人所得税。

3. 独资企业及合伙企业所得税并轨

2000年9月，财政部、国家税务总局根据国务院有关通知精神，制定了《关于个人独资企业和合伙企业投资者征收个人所得税的规定》（财税〔2000〕91号），

① 刘佐．试论我国社会主义初级阶段的个人所得税［J］．中央财政金融学院学报，1989（5）：45－49.

明确从2000年1月1日起，对个人独资企业和合伙企业停征企业所得税，开始对其投资者的生产经营所得征收个人所得税，从而解决了个人独资企业和合伙企业投资者的双重征税问题。

4. 个人所得税收入实行央地分享

2002年1月1日，《所得税收入分享改革方案》（国发〔2001〕37号）开始实施。此方案对之前按企业隶属关系划分所得税收入的办法进行了改革，此后除少数特殊行业和企业外，个人所得税收入实行中央和地方按比例分享。该方案规定，个人所得税收入2002年中央分享50%，地方分享50%；2003年入中央分享60%，地方分享40%；2003年以后年份的分享比例根据实际收入情况再行考虑。

（二）改革背景

1. 迫切需要统一内外税制

随着改革开放的推进，“内外有别”的个人所得税制度抑制了私营经济的发展。因此，需要建立统一、公平、简化的税制，适应市场经济发展的需要。三税合一的改革不但符合个人所得税公平的内生要求，而且适应了改革开放的市场经济发展。1980年实行个人所得税制度以来，三个相关税种对纳税主体的区别对待、税率设定的水平差异、费用扣除制度的彼此不一等造成了税收公平性的严重缺失。在效率层面，三个相关税种相继开征的12年里，三税征收总额共计只有117.73亿元，其中个人所得税28.01亿元，个人调节税30.08亿元，个体户所得税59.64亿元，其既没有起到充实国家财政的作用，也没有达到刺激经济增长的目标。因此，无论基于公平还是效率，从促进改革开放的角度去看，均需要统一“内外有别”的个人所得税制度，它是在当时统一税制的大前提下提出的。

2. 实施分税制

1992年，党的十四大确立了在中国建立社会主义市场经济体制的改革决定，反映于税制建设方面就是1994年进行的分税制改革。

20世纪80年代末至90年代初，我国经济经历了高速发展，经济体制领域的“市场经济”改革目标逐渐明确，伴随市场经济制度本身的逻辑发展，税法统一、税负公平、税制简化的呼声也愈发强大。邓小平发表南方谈话以后，国家在进一步扩大改革开放的前提下加快了建立新型税收体系的步伐。1992年，党的十四大报告中明确提出“要逐步实行税利分流和分税制”。同年，国务院选择辽宁等9个省（自治区、直辖市）作为分税制改革的试点地区。1993年，在党的十四届三中全会上，分税制改革被正式写进《中共中央关于建立社会主义市场经济体制若干问题的决定》（以下简称《决定》）。《决定》指出，要积极推进财税体制改革。一是把现行地方财政包干制改为在合理划分中央与地方事权基础上的分税制，建立中央税收和地方税收体系。二是按照统一税法、公平税负、简化税制和合理分权的原则，改革和完善税收制度。包括统一企业所得税和个人所得税，规范税率，扩大税基。

因此，分税制是2002年《所得税收入分享改革方案》中提出个人所得税中央与地方分享的背景，目的在于协调好中央与地方间的财政关系，筹集足够的财政收入，推进改革开放的进一步深入。

（三）改革成效

1. 统一了个人所得税制度

1993年税制改革将个人所得税、个人收入调节税、城乡个体工商业户所得税合并成统一的个人所得税。根据各国扩大个人所得税税基的改革经验并结合我国国情，合并后的个人所得税征收范围拓宽到11类，即：工资、薪金所得；个体工商户的生产、经营所得；对企事业单位的承包经营、承租经营所得；劳务报酬所得；稿酬所得；特许权使用费所得；利息、股息、红利所得；财产租赁所得；财产转让所得；偶然所得；经国务院财政部门确定征税的其他所得。

改革后中国公民与外籍纳税人适用税率相同，工资、薪金所得适用5%～45%的超额累进税率，其余应税所得适用20%的比例税率。对中国公民来说，与改革前比较，最高适用税率大为降低，税负减轻。改革后的个体工商户的生产、经营所得和企事业单位的承包经营、承租经营所得，适用5%～35%的五级超额累进税率，与改革前比较，税率档次大为减少；最高税率降幅巨大，超过工资、薪金所得适用税率的下降幅度。

通过统一税法、降低税率、拓宽税基，个人所得税更加规范、简便、公平，实现了个人所得税由双轨制向内外统一税制的转变，初步建立起适应社会主义市场经济体制的个人所得税制，这标志着我国个人所得税制建设已进入规范化阶段，也适应了当时我国改革开放内外统一国民待遇的要求。

2. 个人所得税收入迅速增长

从1994年开始，伴随居民收入的提高，个人所得税收入也出现“井喷式”增长，个人所得税收入由1994年的72.7亿元增加到2007年的3185亿元，14年间增长43.81倍，远远超过税收收入总额（744.49%）、国内生产总值（411.68%）的增长率，成为增长最快的税种之一。

随着个人所得税收入的高速增长，个人所得税收入占税收总收入及国内生产总值的比重亦快速提高：占税收总收入比重由1994年的1.42%提高到2007年的7.36%，增长418.31%；占国内生产总值比重由1994年的0.15%提高到2007年的1.29%，增长760%。随着占比不断提高，个人所得税的地位作用日益凸显，超过消费税成为继增值税、企业所得税、营业税后的第四大税种。

3. 助力建设稳定的财政关系

个人所得税由地方税转变为中央与地方共享税，既是个人所得税制度的重要变革，也是分税制改革的重要内容。中央与地方共享个人所得税收入，有利于扭转改革开放以来中央在财政收入上的被动地位，基于税收契约确立了纵向有序、横向公平的和谐的政府间关系。个人所得税由地方税转变为中央与地方共享税，有利于中央、地方财政收入比例的稳定；中央向地方的个人所得税收入返还，又保证了地方财政支出的基本水平，从而增强了整体财政的可持续性。在分税制所确认的地方政府推动型发展模式下，个人所得税分享机制加强了财政收支与地方居民偏好之间的联系，进一步促进了资本形成与经济增长。

（四）改革评价

这一时期，建立社会主义市场经济体制的改革火热进行，个人所得税税制改革较好地利用了1994年分税制改革提供的改革大环境，将三大个人所得税整合成一，这既是对此前路径选择的承继，也是以后路径发展的良好开端。

专家学者们普遍认为“三税合并”使得个人所得税税制更加公平合理。朱明熙（1994）① 认为，此次个人所得税改革较为彻底，既顺应了国际税制改革的潮流，又

① 朱明熙．我国个人所得税的改革与完善［J］．财经科学，1994（3）：12－16.

契合了我国体制改革方向和共同富裕目标。胡怡建（1994）[①] 认为，此次个人所得税改革统一了税法，减轻了税负，使税制更加合理。刘欣（1994）[②] 认为，统一个人所得税税制借鉴了世界各国的有益做法，结合了我国的具体国情，有利于对外开放、吸引人才、公平税负、完善税制、促进社会主义市场经济的发展，标志着我国税制正朝着法制化、科学化、规范化、合理化方向发展，对促进社会主义市场经济的发展具有十分深远的意义。

分税制改革以后，个人所得税由地方税转变为中央地方六四分成的共享税，客观上有助于减少重复建设，打破地区封锁，有利于全国统一的公平竞争环境的形成，也有利于加强税收征管和监控。朱青（2002）[③] 认为，国际上个人所得税普遍为中央税或中央地方共享税，将个人所得税划分为中央地方共享税符合国际趋势，这是因为中央政府能更好地发挥个人所得税的收入再分配功能，同时可以加强对跨区税源的征管。

个人所得税税率复杂且设置不合理的问题得到学者们的关注。在当时个人所得税税制下，属于劳动所得的工资薪金所得、个体工商户的生产经营所得、劳务报酬，分别适用九级、五级、三级超额累进税率（劳务报酬所得名义上为20%的比例税率，实际上属于20%～40%的三级超额累进税率），这三项的最高税率分别为45%、35%和40%；而属于消极所得的利息、股息、红利所得、偶然所得，适用税率为20%。胡怡建（1994）[④] 认为，合并后个人所得税的税率结构较多，虽然有利于税负公平合理，但使得税制复杂，增加了征收管理的难度。朱明熙（1994）[⑤] 表示，勤劳所得的税率高于非勤劳所得，可能会影响我国按劳分配原则的落实。

同时，个人所得税征收管理方面的问题也在学术界引起讨论。三税合一后，不同所得的征税方式各异，费用扣除方式有定额扣除和定率扣除，纳税时间上有按年纳税、按月纳税、按次纳税，这无疑增加了纳税人的遵从成本和征管方的管理难度，

---

① 胡怡建．新个人所得税法特点分析［J］．外国经济与管理，1994（1）：6－9，49.
② 刘欣．试论我国新的个人所得税法［J］．经济与管理研究，1994（1）：46－50.
③ 朱青．我国分税制分税办法中值得探讨的几个问题［J］．财政研究，2002（3）：42－45.
④ 胡怡建．新个人所得税法特点分析［J］．外国经济与管理，1994（1）：6－9，49.
⑤ 朱明熙．我国个人所得税的改革与完善［J］．财经科学，1994（3）：12－16.

也为纳税人转移税负和逃避税行为创造了理论上的可能。胡怡建（1994）① 表示，由于不同所得的计税时间不同，收入的时间波动和种类差异可能导致收入总额相同的个人税收负担不同，不利于税收公平性的体现。朱明熙（1994）② 认为，新税法在基础费用扣除中没有考虑配偶扣除、养育未成年子女扣除、赡养老人扣除、残疾人扣除等项目，有悖于公平原则。此外，储敏伟（1994）③ 指出，新的个人所得税法通过推广代扣代缴、源泉扣缴的方式，提高了税收征管的效率，降低了管理成本。但是，新的个人所得税法依然存在课税范围不够全面；代扣代缴不够普遍；国家级税收法规与地方税收政策的统一性不够高；个人申报难以实行等缺陷，这些问题应当在下一阶段工作中有针对性地解决。

这一时期，三税合一的改革标志着中国的个人所得税制度朝着法制化、科学化和规范化的方向迈出了关键的一步，对于促进中国的改革开放、经济发展、平衡收入分配以及维护国家权益具有重大现实和历史意义，并为以后的个人所得税制度改革奠定了重要基础。

三、个人所得税的逐步完善（2005—2011 年）

（一）历史回顾

1.《个人所得税法》第三次修订

2005 年 9 月 27 日，全国人民代表大会常务委员会举行了个人所得税工薪所得减除额标准立法听证会。同年 10 月 27 日，第十届全国人民代表大会常务委员会第十八次会议通过《全国人民代表大会常务委员会关于修改〈中华人民共和国个人所得税法〉的决定》，这是《个人所得税法》的第三次修订。此次修订涉及两项内容：一是将工资薪金所得的费用扣除标准从 800 元翻倍提高至 1600 元，结束了 800 元扣除标准 12 年不变的历史，适应了社会经济发展状况；二是原则性地规定高收入者应办理纳税申报，为此后税务总局关于年收入 12 万元以上者纳税申报办法的出台提供

① 胡怡建．新个人所得税法特点分析［J］．外国经济与管理，1994（1）：6－9，49.
② 朱明熙．我国个人所得税的改革与完善［J］．财经科学，1994（3）：12－16.
③ 储敏伟．我国个人所得税改革评析［J］．财经研究，1994（12）：14－18.

了基础，推动了个人所得税征管制度的完善。

2.《个人所得税法》第四次、第五次修订

2007 年 6 月 29 日，第十届全国人民代表大会常务委员会第二十八次会议通过了《全国人民代表大会常务委员会关于修改〈中华人民共和国个人所得税法〉的决定》，对《个人所得税法》进行了第四次修正。第十二条修改为："对储蓄存款利息所得开征、减征、停征个人所得税及其具体办法，由国务院规定。"2007 年 12 月 29 日，第十届全国人民代表大会常务委员会第三十一次会议表决通过了关于修改《个人所得税法》的决定，完成了《个人所得税法》的第五次修订，将工资薪金所得的费用扣除额自 2008 年 3 月 1 日起由 1600 元提高到 2000 元。

3. 暂免征收个人储蓄存款利息所得税

经国务院批准，财政部、国家税务总局联合下发了《财政部　国家税务总局关于储蓄存款利息所得有关个人所得税政策的通知》（财税〔2008〕132 号），自 2008 年 10 月 9 日起暂免征收储蓄存款利息所得个人所得税。

4.《个人所得税法》第六次修订

2011 年 6 月 30 日，第十一届全国人民代表大会常务委员会第二十一次会议表决通过了全国人民代表大会常务委员会关于修改《个人所得税法》的决定。自 2011 年 9 月 1 日起，将工资薪金所得的费用扣除额从 2000 元提高到 3500 元。同时，将个人所得税第 1 级税率由 5% 修改为 3%；取消 15% 和 40% 两档税率，将九级超额累进税率修改为七级；扩大 3% 和 10% 两个低档税率和 45% 最高档税率的适用范围。

（二）改革背景

1. 人民生活水平大幅提高

这一阶段，中国经济经过十多年的高速发展，人民生活水平大幅提高，与此同时，人均消费支出也水涨船高、物价指数节节攀升。而个人所得税 800 元的扣除标准已经远低于人均消费支出，如果继续维持 12 年不变的扣除标准，将不符合设立个人所得税费用扣除制度的原初目的，不能达到调节收入差距的整体目标，更不能使中低收入群体享受免征额所给予的基本关照，最终无法彰显税收公平。21 世纪以来，一些地方考虑到物价和人民收入水平发生的巨大变化，纷纷自行提高工资薪金所得费用扣除额，使得各地个人所得税制度五花八门。例如，2003 年，上海工资薪金所得费用扣除额提到1100元；北京、南京和大连分别提到1200元；广州提到1260元；珠海提到1400元；深圳的工资薪金所得费用扣除额在全国独占鳌头，高达1700元。从税法的角度讲，这些地方已经“违法”了，因为税法规定提高工资薪金所得费用扣除额的权利属于全国人民代表大会常务委员会，地方政府是无权自行调整的。而后，全国人民代表大会常务委员会决定将各地执行的工资薪金所得费用扣除额调整为全国统一的1600元。

个人所得税工薪费用的扣除标准一直是《个人所得税法》修订的重要内容，这源于《个人所得税法》立法时的技术问题，即要在一种相对稳定的制度框架下规定一种变量因素，一旦变量因素发生更改时，法律就有必要随之作相应的改动。个人所得税费用扣除额正是这样一种随不断变化着的社会经济发展水平、物价指数、人均生活消费支出指数而变化的变量因素。2007年个人所得税将1600元的费用扣除标准提高至2000元以后，我国社会的经济发展又进入一个全新的阶段，尤其是人均消费支出和物价水平节节攀升，2011年城镇居民的人均消费支出已达到2384元，超过了2000元的扣除标准。另外，五年来总通货膨胀率已达到20%。如果继续按照2000元的标准进行费用扣除，将不符合个人所得税生计扣除的实际情况，也会偏离费用扣除制度的价值目标。

2. 公众参与立法的积极性提高

从公众立法参与角度，2000年《中华人民共和国立法法》规定了立法听证制度，但该法颁布五年来，没有任何一部全国性的法律采用立法听证制度。个人所得税事关每个人的切身利益，容易激起普通民众参与立法的热情，让民众参与费用扣除标准的探讨既符合立法程序的规定，又符合实体立法的要求。因此，全国人民代表大会常务委员会从试点的角度对个人所得税的听证立法作了有益尝试。个人所得税费用扣除关系到每个普通民众的基本利益，向社会公开征求修改意见符合民众的政治利益，是解决民生问题的合理有效路径。网络力量是这五年来迅速成长起来的一支不可忽视的力量，重视网络、重视网友的呼声也就成了权力部门科学执政必不可少的一种手段。2011年，全国人民代表大会常务委员会将个人所得税法修订草案向全社会公布，并鼓励民众通过中国人大网向人大提出修改意见，这正是利用网络力量的典型表现。此次尝试为个人所得税制改革的立法调整开辟了新的渠道，更好地尊重了群众对个人所得税制改革发展的意见建议。

（三）改革成效

1. 整体达到了减税的效果

这一时期个人所得税收入规模总体来说呈上升趋势，这基本与经济发展和居民收入增长的事实相符。2011 年改革提高了基本扣除额标准，减税的效果显著。2012 年个人所得税收入由 2011 年的 6054.11 亿元下降为 5820.28 亿元①，占税收总收入比重同比下降 0.97 个百分点，占 GDP 比重同比下降 0.07 个百分点。从个人所得税收入占税收总收入和 GDP 比重的变化中，可以基本表明 2011 年的个人所得税改革是一次成功的减税调整。

2. 中低收入者税负降低

个人所得税费用扣除额的调整考虑了个人所得税和居民收入水平之间的关系，费用扣除额提升有效降低了税收负担。费用扣除额提升对高收入人群的影响相对有限，但间接增加了中低收入工薪阶层的可支配收入，一方面提高了其消费能力，生活消费的增加有助于提高生活水平；另一方面这一政策倾斜实质上是一种有效的激励，能够调动中低收入者的积极性，鼓励人们创造更多财富。

3. 税率调整更加公平

2011 年针对工资薪金所得、个体工商户生产经营所得和承包承租经营所得的税率级次及差距的调整，将工薪所得九级超额累进税率修改为七级，加大了对高收入者的调节力度。个体工商户生产经营所得的纳税人和承包承租经营所得的纳税人依旧适用五级超额累进税率，但对税率表的级距作了调整。这一变化从纳税人的支付能力出发，从纵向公平角度降低了低收入者税负，提高了高收入者税负；从横向公平角度对工资薪金所得和个体工商户所得进行了税负平等化调整。

4. 个人所得税征管力度加强

2005 年个人所得税调整规定，年应纳税所得在 12 万元以上的以及取得境外收入的纳税人，应当按照规定到主管税务机关办理纳税申报，表明我国政府提高了对个人所得税征管质量的要求。2006 年度年所得 12 万元以上个人自行纳税申报补税数额为 19.05 亿元，占 2007 年一季度全国个人所得税收入总额的 2.10%，占 2007

① 数据来源：国家统计局（http：//data.stats.gov.cn/easyquery.htm？cn = C01）.

年一季度个人所得税增收额的10.52%。在自行纳税申报后续工作中，各地认真开展了约谈和专项检查工作，申报期结束至2007年9月底，纳税人共补缴税额1.97亿元，补缴罚款1047.63万元，补缴滞纳金256.43万元。此外，自行纳税申报产生的扩展效应促使代扣代缴义务人依法如实扣缴税款，纳税人依法如实申报纳税，带动了收入的增长。2007年度年所得12万元以上个人自行纳税申报补税数额为21亿元。可以看出，我国个人所得税的征管力度得到加强，征收率的提升进一步维护了个人所得税的公平性。

5. 听证立法开创先河，民主税政促进公平

2005年个人所得税修订立法是中国立法史上第一次听证立法，“民主税政”初露曙光，成为立法民主化的标志性事件。自2011年4月25日个人所得税改革公开征求意见启动后，共收到意见23万多条，这创造了中国人大立法史上单项立法意见数之最。立法听证制度可以使立法机构在充分听取各种利益代表的诉求后，客观而公正地将各方利益纳入立法评价的基础，从而使个人所得税立法质量得以根本性的提高，最终实现个人所得税立法的公平。除此之外，立法听证具有推动公众理解、支持、参与立法的多重功能，个人所得税改革作为关乎民生的紧要问题，通过立法听证的渠道对此予以阐释说明，能使民众更容易理解、接受、遵从改革内容。

2005年的听证立法、2011年的征求意见式立法都是税收协商式民主立法的体现，这两种立法方式符合税收立法的基本原理，也迎合了个人所得税广大民众参与立法互动的要求。这两次立法推动了广大纳税人参与个人所得税立法的进程，广泛听取了各阶层、不同收入群体的声音，在很大程度上培养了全体国民的纳税人意识，也在很大程度上使个人所得税的立法改革得到了民众的理解与支持。这一成就为今后个人所得税以及其他税种立法方式的发展提供了思路。

（四）改革评价

此阶段个人所得税制改革侧重在分类征收模式下对税制要素和征管方式的改革，如两次费用扣除标准的提高、储蓄存款利息所得个人所得税的调整、自行申报的尝试、加大对高收入者的税收征管等。这一时期的改革使个人所得税征收制度进一步向规范化方向发展。

对于设置基本费用扣除标准的思路，朱青（2004）[①] 认为，免征额过高或过低的判断是一个政策取向问题，从纳税人公平角度出发应该适当调高免征额，但从社会公平角度出发则不应当进行大的调整。这一问题的解决办法在于将个人申报改为家庭申报，但当前征管水平难以达到要求。短期内可以通过给特定群体设置个性化分项费用扣除或税收抵免的方法，更好地达到调节收入分配的政策目标。而对于2004 年和 2007 年调整的基本费用扣除标准，部分专家认为其设置并不合理，岳树民等（2009）[②] 认为，参照国际经验，个人所得税的免征额应该是维持基本生存的生计费用，即大致对应我国的贫困线标准。当前 2000 元的个人所得税免征额高出城镇月最低工资标准和城镇最低生活保障标准较多，因此从理论上讲我国的免征额水平不低。此外，个人所得税免征额应该随着通货膨胀进行指数化调整，单纯提高免征额并不利于发挥个人所得税调节收入公平的作用。

关于基本扣除额对调节收入差距的作用，专家学者持有各自的看法，徐进（2008）[③] 认为，基本扣除额的变动对不同收入水平的个人会产生不同程度的影响：提高个人所得税的费用扣除标准的主要影响是降低了中低收入者的负担，但对高收入者的影响较小。从这一角度讲，通过提高基本扣除额来达到调节收入差距的目的是不现实的。刘尚希（2004）[④] 认为，个人所得税的两个主要功能为收入功能和调节功能，这两个功能受到经济成长阶段、税务征管水平、公民纳税意识的约束。我国现行税制的主要缺陷在于：第一，分类计征模式下公民主动纳税申报状况不理想，综合与分类相结合的课税模式实践难度大；第二，扣除额标准过低，与经济发展实际不符；第三，征管水平不高，过高的边际税率和过繁的税率设计不利于公平和效率。提高免征额并不能进一步发挥个人所得税调节收入公平的作用。

2011 年个人所得税改革后，国内学者主要从其对收入分配的调节作用和对税收负担大小的影响方面进行了测算和评价。孙亦军和梁云凤（2013）[⑤] 认为，由于提高了工资薪金项目的扣除金额，个人所得税税负下降的效果显著。但是改革后直接

---

① 朱青．个人所得税免征额初探［J］．税务研究，2003（10）：46－49.

② 岳树民，卢艺．我国个人所得税免征额界定的比较分析［J］．税务与经济，2009（5）：1－5.

③ 徐进．论个人所得税的费用扣除标准变化的调节作用［J］．当代经济研究，2008（5）：58－61.

④ 刘尚希，应亚珍．个人所得税：功能定位与税制设计［J］．税务研究，2003（6）：24－30.

⑤ 孙亦军，梁云凤．我国个人所得税改革效果评析及对策建议［J］．中央财经大学学报，2013（1）：13－19.

税收入的比重没有提高，表现出了个人所得税政策定位不准的问题。岳希明等（2012）[①] 运用MT指数法探究了2011年改革对个人所得税收入再分配效应的影响，发现平均税率和累进性是影响收入再分配效应的主要因素，改革降低了平均税率，这弱化了本就十分有限的收入再分配效应；累进性对收入再分配效应的影响随基本扣除的提高呈倒U形变化，改革确定了3500元的免征额，恰好处于倒U形曲线的最大值，即再分配效应最大的点。综合来看，平均税率大于累进性对再分配效应的影响，2011年个人所得税改革使得收入再分配效应得到削弱。类似地，马海涛和任强（2016）[②] 使用平均税率这一指标对按收入水平划分的不同群组2011年改革前后的个人税收负担变化进行了分析，也证明此次改革的整体减税效果明显，但不同收入水平群体的减税程度存在差异，其中工资薪金收入8000元/月的平均税率和绝对税额降低幅度最大。可见，此次改革税率的调整与理想的累进效果还存有差距。

不少专家认为修订后的个人所得税法仍存在诸多问题，应当推进个人所得税由分类征收向综合征收转变。李汉文（2009）[③] 认为，我国现行个人所得税制度下的累进税率存在工资薪金所得边际税率过高、实际累进程度低、税率复杂导致征税纳税成本高的问题。可以考虑对综合所得实行超额累进税率，对分类所得实行差别比例税率的课税方法，逐步推行自行申报，最终完成个人所得税从分类所得课税到综合所得课税的转变。高培勇（2009）[④] 认为，这一轮个人所得税制度调整没有真正触及实质内容和中心环节，下一步应该采取实质性举措，加大推进综合计征的力度。可以在保留个人存款利息所得等特殊收入项目继续实行分类计征的基础上，将其余收入类型全部纳入综合计征范围，在整体上构建一个能够有效调节收入分配差距的现代个人所得税制度。崔志坤（2011）[⑤] 认为，中国个人所得税制度的改革集中于费用减除标准方面，对其他税制要素的关注不足，不利于个人所得税的成长与发展。他认为实施综合与分类相结合模式的个人所得税制度是未来中国个人所得税改革的

---

① 岳希明，徐静，刘谦，等.2011年个人所得税改革的收入再分配效应［J］. 经济研究，2012，47（9）：113-124.

② 马海涛，任强. 个人所得税改革对各收入群组税负的影响［J］. 税务研究，2016（4）：8-13.

③ 李汉文，秦芸. 我国个人所得税改革：税率调整的视角［J］. 涉外税务，2009（10）：28-30.

④ 高培勇. 个人所得税改革前瞻［J］. 中国财政，2009（11）：29-30.

⑤ 崔志坤. 中国个人所得税制度改革研究［D］. 财政部财政科学研究所，2011.

基本趋势和方向。吴旭东（2012）[①] 认为，当前分类征收制下的费用扣除存在重复扣除或扣除不足的问题，相同的所得额，如果来源不同则扣除额很可能不同，那么则会产生所得来源转移的激励，会扭曲社会生产关系，应当统一扣除标准，实行综合税制模式改革。李万甫（2014）认为，实行综合与分类相结合的税制，将个人除特殊收入项目外的其他所有收入加总一并计税，可以较好地兼顾纳税人的综合收入水平和家庭负担情况，但目前落实的难点在于配套措施不完善。[②]

四、现代个人所得税制改革的酝酿与进展（2012—2018 年）

（一）改革酝酿

1996 年 3 月第八届全国人民代表大会第四次会议通过的《国民经济和社会发展“九五”计划及 2010 年远景目标纲要》中提出建立覆盖全部个人收入的“分类与综合相结合”的个人所得税制；2001 年 3 月第九届全国人民代表大会第四次会议通过的《国民经济和社会发展第十个五年计划纲要》中提出建立“综合与分类相结合”的个人所得税制度；2003 年 10 月党的十六届三中全会通过的《关于完善社会主义市场经济体制的决定》中提出改进个人所得税，实行综合和分类相结合的个人所得税制；2006 年 3 月，第十届全国人民代表大会第四次会议通过的《国民经济和社会发展第十一个五年规划纲要》中提出实行综合和分类相结合的个人所得税制度；2011 年 3 月第十一届全国人民代表大会第四次会议通过的《国民经济和社会发展第十二个五年规划纲要》提出逐步建立健全综合与分类相结合的个人所得税制度，完善个人所得税征管机制；2015 年 10 月第十八届全国人民代表大会第五次会议通过的《国民经济和社会发展第十三个五年规划纲要》提出加快建立综合和分类相结合的个人所得税制度。

在政策层面，我国个人所得税改革的基本方向已明确，即要走综合与分类相结合的模式。学术界关于个人所得税由分类税制转向综合的呼吁声也从未停止，20 多年来，我国《个人所得税法》虽经几次较大修订，但大都停留在对费用扣除额的调

① 吴旭东，孙哲．我国个人所得税费用扣除的再思考［J］．财经问题研究，2012（1）：82－88.
② 崔文苑，曾金华．个税改革难点在配套措施跟不上［N］．经济日报，2014－03－14（10）.

整上，始终未取得突破性进展。学术界普遍期待2011年的《个人所得税法》修订能够推出综合税改方案。2011年6月，中国社会科学院财政与贸易经济研究所发布《中国财政政策报告2011/2012》（以下简称《报告》），推出了中国个人所得税“综合与分类相结合”改革的渐进式方案，建议以年所得超过12万元纳税人自行纳税申报制度为基础，对部分所得项目适用综合税率表进行年度汇算清缴，率先实施综合计征。2012年7月22日，中央政府有关部门启动全国地方税务系统个人信息联网工作，为“按家庭征收个人所得税”改革做好技术准备。

李克强总理在2018年《政府工作报告》中提出，改革个人所得税，提高个人所得税“起征点”，增加子女教育、大病医疗等专项费用扣除，合理减负，鼓励人民群众通过劳动增加收入、迈向富裕。对个人所得税进行整体的综合税制改革，将会是一项庞大烦琐的系统工程，需要从不同角度、不同时间阶段来思考该项整体改革会对经济发展、民众生活可能造成的影响。

（二）改革进展：2018年个人所得税法修正案

1. 新一轮个人所得税改革方案

2018年6月19日，个人所得税法修正案草案提请第十三届全国人民代表大会常务委员会第三次会议审议，这是个人所得税法自1980年出台以来的第七次大修。草案表明个人所得税将迎来一次根本性变革：工资薪金、劳务报酬、稿酬和特许权使用费四项劳动性所得首次实行综合征税；个人所得税免征额由每月3500元提高至每月5000元（每年6万元）；首次增加子女教育支出、继续教育支出、大病医疗支出、住房贷款利息或住房租金等专项附加扣除；优化调整税率结构，扩大较低档税率级距。

个人所得税法修正案草案6月29日开始在中国人大网开始为期一个月的公开征求意见。截至7月28日，个人所得税法修正案草案征集意见超过13万条，关注度远高于同期征求意见的其他三部法律草案，民众立法参与程度创历史新高，被视为我国个人所得税历史上的一次根本性变革。8月31日关于修改《个人所得税法》的决定经第十三届全国人民代表大会常务委员会第五次会议表决通过，“起征点”确定为每月5000元。居民个人的综合所得，以每一纳税年度的收入额减除费用6万元以及专项扣除、专项附加扣除和依法确定的其他扣除后的余额，为应纳税所得额。在此前专项附加扣除项目的基础上增加赡养老人支出。至此，七次大修后的新个人所得税法正式亮相，于2019年1月1日起施行，2018年10月1日起施行最新“起征点”和税率。

2. 社会反响

根据个人所得税法修正案草案提出的方案测算，总体来看纳税人的税收负担将有明显下降。财政部部长刘昆就个人所得税法修正案草案作说明时表示，按草案标准并结合税率结构调整测算，取得工资、薪金等综合所得的纳税人，总体上税负都有不同程度下降，特别是中等以下收入群体税负下降明显，有利于增加居民收入、增强消费能力；综合所得基本减除费用标准的提高，综合考虑了人民群众消费支出水平增长等各方面因素，并体现了一定前瞻性。刘尚希（2018）表示，此次改革的意义在于：一方面，有利于减轻个人尤其是中低收入者的税负，对扩内需、稳增长有积极作用；另一方面，实行综合征收、提高基本减除费用标准、增加专项扣除等措施，有利于促进社会公平正义。[①] 李万甫（2018）认为，中等以下收入人群是此次个人所得税改革的重点减税群体，收入越低的纳税人减税幅度越大，收入越高的纳税人减税幅度越小，意味着个体工商户、个人独资合伙企业等都将从税改中受益。[②] 张连起（2018）认为，此次个人所得税改革是三重减税联动，即“提高起征点 + 扩大低档税率范围 + 专项附加扣除”，总体上将使纳税人负担下降。他表示，相比“起征点”上调，更值得关注的是个人所得税改革将扩大中低档税率的级距，这对增强中等及以下收入群体的获得感至关重要，教育、医疗及住房等专项扣除的增加，也将大大减轻老百姓的税收负担。[③]

个人所得税法修正案草案拟建立综合与分类相结合的个人所得税税制，将工资、薪金所得，劳务报酬所得，稿酬所得，特许权使用费所得四项劳动性所得（以下简称综合所得）纳入综合征税范围，适用统一的超额累进税率，居民个人按年合并计算个人所得税，非居民个人按月或者按次分项计算个人所得税。实际上增加了高收入人群的税负，更有利于社会整体税负公平。李旭红（2018）认为，此前纳税人按照不同类别逐项独立纳税，会造成税收在不同收入项目之间的扭曲，存在很大不合理性。在分类税制下，劳务报酬和工资薪金同属劳动性收入，但适用税率不同，

① 曾金华，张雪．个税改革红利有哪些［N］．经济日报，2018-06-20（5）．

② 韩洁，陈菲，郁琼源，等．个税起征点拟调至每年6万元：我国个税迈出综合征税第一步［N］．黑龙江日报，2018-06-20（4）．

③ 吴秋余．个税改革，亮点不只是起征点［N］．人民日报，2018-07-09（17）．

8000元以下的劳动报酬适用的税率远高于同等金额的工资薪金，有人纳税过重，而有人纳税不足，显然是不公平的。此次改革在完善个人所得税制度的同时，更好照顾了社会公平，将有效发挥个人所得税调节社会收入差距的功能，对于完善我国的直接税体系，乃至于整体税制结构，均具有积极意义。张斌（2018）认为，分类税制的一个特点，就是“认钱不认人”，其最大的优点是征管成本较低，缺点是公平性较差，特别是对收入多元化的高收入者，只对其每项具体收入征税，无法衡量其总体收入有多高，也难以更好调节不同群体间的收入差距。白景明（2018）认为，综合征收是此次改革一大关键词，将工资薪金等性质相似的劳动性所得放在一起征收，有利于更好衡量个体的收入差距，发挥好个人所得税调节收入的重要作用。他表示，综合征收在完善税制的同时，也对税收征管提出了更高要求，未来的个人所得税将可能从过去依靠单位代扣代缴逐步走向个人纳税申报，从按月征收走向按年度征收，这需要财税与银行等部门通力合作，通过互联网等技术手段更好地掌握个人收入信息，从而保证个人所得税可以高效征收。①

个人所得税法草案将基本减除费用标准从每月3500元提升至5000元（6万元/年），距离2011年国家将从2008年开始实施的2000元免征额提升至3500元，时间间隔为3年，提高幅度为1500元，“起征点”的变化引起了社会广泛的讨论，在草案一审过程中，全国人民代表大会常务委员会部分委员建议，将“起征点”提高到6000～10000元不等，在一些民众甚至专家看来，“起征点”还可以进一步提高。全国人民代表大会财政经济委员会副主任委员尹中卿曾指出，现在经济发展要扩大内需，提高居民收入比重来扩大消费是我国经济和社会发展迫切需要解决的问题。从这个意义上来说，建议把“起征点”提高到6000元或者7000元。但对于一、二线城市的网友来说，他们普遍认为一、二线城市住房等生活成本较高，建议将“起征点”提高至7000～10000元。如是金融研究院院长、首席经济学家管清友（2018）认为，个人所得税法草案拟订的“起征点”还是偏低，不利于维护中低收入人群的利益。从国际经验上来说，个人所得税制度对收入调节主要体现在减少中低收入群体的税负，维持较高的高收入者税负。② 贾康（2018）认为，个人所得税“起征点”可以比

① 吴秋余．个税改革，亮点不只是起征点［N］．人民日报，2018-07-09（17）．

② 张钟尹，毕陆名．每经记者专访如是金融研究院院长、首席经济学家管清友：对个税起征点应建立动态调整机制［N］．每日经济新闻，2018-08-03（02）．

5000 元再提高一点，但不必直接提高到 10000 元，要避免个人所得税纳税人范围的进一步缩小。①

同时也有专家们认为“起征点”的调整综合考虑了城镇居民消费支出水平增长等各方面因素，并适应未来个人所得税进一步改革的前瞻性需要。杨瑞龙（2018）认为，个人所得税“起征点”提高到 5000 元是比较合理的，随着中国的人均收入水平明显提高，5000 元左右是中低收入阶层的普遍收入水平，此次改革使得相当一部分中低收入阶层可以不纳税或少纳税，有助于减少贫富收入差异，对提振消费需求，实现稳增长起到积极作用。② 孙钢（2018）认为，个人所得税的主要功能是调节收入，但是我国的个人所得税纳税人数只有 3000 万，占总人口的 2%，覆盖面小，调节作用微乎其微。此次个人所得税改革涉及的提高“起征点”、增加教育租房扣除等税收优惠只有这 2% 的个人所得税纳税人能够享受，基本扣除的项目越多，可能越不公平。这次“起征点”只调到 5000 元就是考虑了纳税人流失的因素，其实按照物价涨幅，调到 4000 元就够了。③ 李旭红（2018）在接受上证报记者采访时表示，虽然纳税人均有提高扣除以达到减税的意愿，但为防止个人所得税走向边缘化，还需要为综合个人所得税改革留有一定的改革空间。5000 元的费用扣除已充分覆盖相关生活费用，同时此次税改增加了子女教育支出、继续教育支出、大病医疗支出、住房贷款利息和住房租金等与人民群众生活密切相关的专项附加扣除，更减轻了家庭在教育医疗方面的负担。④ 宋清辉（2018）也表示民众之所以感觉“起征点”不到位，是因为还有不少民众的收入水平超过 5000 元，或预计未来的收入水平将超过 5000 元，期望自己不需要缴税。但个人所得税“起征点”提到 5000 元已经可以起到改革的效果。李炜光（2018）就认为，个人所得税是大众税种，而非精英税种。每个人享受了社会服务，应该为公共服务承担成本，提供税收。上海金融与法律研究院研究员聂日明（2018）认为“起征点”对应的生活基本费用应当一年一

---

① 搜狐国富智库．贾康：个税起征点不应提高到 10000 元，专家税负应该优惠［EB/OL］．（2018 - 06 - 28）［2018 - 09 - 11］．https：//www. sohu. com/a/238252081_100160903.

② 搜狐国富智库．人大教授杨瑞龙：个税起征点提高至 5000 元利好广大中低收入阶层，可以提振消费［EB/OL］．（2018 - 06 - 19）［2018 - 09 - 11］．https：//www. sohu. com/a/236536554_100160903.

③ 搜狐国富智库．孙钢：按照物价涨幅，个税起征点调到 4000 元就够了［EB/OL］．（2018 - 06 - 26）［2018 - 09 - 15］．https：//www. sohu. com/a/238298513_100160903.

④ 这件大事又要讨论了 个税起征点还能调高吗？http：//news. sina. com. cn/o/2018 - 08 - 20/doc - ihhxaafy9698066. shtml.

变，法律调整很难达到一年一调，因此在个人所得税法中应当建立“生活基本费用的动态调整机制”，由国务院根据物价水平、收入水平等，确定每一年的减除费用标准，提请全国人民代表大会或其常务委员会审查和批准，于每年定期发布。①

部分人认为免征额应当体现地区差异，尤其对于消费水平较高的一线城市来，全国人民代表大会常务委员会委员鲜铁可认为，应依据各地区的人均基本生活支出水平，区分不同区域的实际消费水平来设计免征额和扣除标准，不必全国统一标准。蔡毅委员建议，可以授权省级人大常委会根据当地的实际情况，在法定的幅度范围内具体确定适用标准，上报全国人大备案。例如广东、上海可以考虑提到8000元到9000元。② 而部分学者对此持反对意见，贾康（2018）表示，个人所得税的调节对象是劳动力或者是人力资本，按照市场经济和中国特色社会主义市场经济内在规律的要求，应该使人力资本在整个统一市场上自主择业流动，不应该设置个人所得税壁垒去影响要素跨行政区流动的市场调节机制。③

个人所得税法草案对税率结构进行了优化调整，一是综合所得税率。以现行工资、薪金所得税率（3%～45%的七级超额累进税率）为基础，将按月计算应纳税所得额调整为按年计算，并优化调整部分税率的级距。具体是：扩大3%、10%、20%三档低税率的级距，3%税率的级距扩大一倍，现行税率为10%的部分所得的税率降为3%；大幅扩大10%税率的级距，现行税率为20%的所得，以及现行税率为25%的部分所得的税率降为10%；现行税率为25%的部分所得的税率降为20%；相应缩小25%税率的级距，30%、35%、45%这三档较高税率的级距保持不变。二是经营所得税率。以现行个体工商户的生产、经营所得和对企事业单位的承包经营、承租经营所得税率为基础，保持5%～35%的五级税率不变，适当调整各档税率的级距，其中最高档税率级距下限从10万元提高至50万元。

对于此次的税率及税率级次的调整，专家学者普遍认可其在减负促进公平方面的作用。张斌（2018）分析，个人所得税法修正案草案拟扩大三档低税率级距，综合考虑了人们消费支出水平增长等各方面因素，使一般工薪阶层税负下降明显，减

① 刘朝晖．个税起征点到底多少才合适？[J]．新民周刊，2018（32）．

② 澎湃新闻．委员审议个税法草案：起征点不必搞一刀切，发达地区可再提高［EB/OL］（2018－06－23）［2018－09－15］．http：//baijiahao. baidu. com/s？ id＝1604016356356242191&wfr＝spider&for＝pc.

③ 人民网．个税起征点自动调节机制是趋向 分地区设置不合适［EB/OL］．（2018－06－29）［2018－09－15］．https：//www. yicai. com/news/5435523. html.

轻了适用较低税率人群的税负，减税措施更具针对性，使我国税负分布更为公平和均衡。杨志勇（2018）表示，扩大较低档税率级距，可以提高中低收入者的可支配收入，有利于促进民生改善。据粗略计算，月收入在0.5万~2万元的纳税人，税负降幅将在50%以上。其中，月收入在1万元左右的纳税人，税负降幅超70%。而月收入在5万元左右的纳税人，税负降幅约20%。[①]

草案在提高综合所得基本减除费用标准，明确现行的个人基本养老保险、基本医疗保险、失业保险、住房公积金等专项扣除项目以及依法确定的其他扣除项目继续执行的同时，增加规定子女教育支出、继续教育支出、大病医疗支出、住房贷款利息和住房租金、赡养支出等与人民群众生活密切相关的专项附加扣除。专项附加扣除考虑了个人负担的差异性，更符合个人所得税基本原理，有利于税制公平，众多学者专家对其合理性表示认同。冯俏彬（2018）表示，现阶段个人所得税尚未实现大综合，我国个人所得税扣除使用的是费用减除法，即减除生活基本开支，除了家庭运转所需支出，个人负担较为沉重的例如教育、医疗、房租等都是生活成本的支出，此次将这些作为专项扣除，实际上是承认教育、医疗等在现阶段个人费用成本开支中的合理性。[②]李旭红（2018）认为，专项扣除与标准扣除均有利于降低税负，从国际经验看，一些国家只允许扣除两者之一，有的国家只能从中选择较高金额的一项进行扣除，而我国此次是两项均允许扣除，充分体现出税改关注民生的导向。白彦锋（2018）认为，此次个人所得税修订增加了赡养老人支出的扣除，减轻了年轻人及中年人的税收负担，也在一定程度上减轻了社会养老支出的压力，有助于我国更好地应对老龄化的社会问题，但同时也要关注赡养老人专项扣除在实施中，如何判定亲属关系、如何判定赡养老人的支出归属以及扣除凭证等实际问题。[③]

同时，部分专家表示，专项附加扣除需要考虑扣除限额和地区等因素。白景明（2018）表示，专项扣除不等于无限制扣除，是根据经济社会发展水平，为减小收入差距而设立的，不会因此加剧收入分配不公和带来房价上涨等问题。李旭红（2018）表示，在个人所得税改革具体执行时，一定会对房贷利息扣除等增加一定限制，区分

①② 蒋梦惟，于新怡，杨忆霖．读懂个税改革四大关键点［EB/OL］．（2018－06－20）［208－09－17］．http：//www.bbtnews.com.cn/2018/0620/247902.shtml.

③ 李嘉亮．新个税法再添新亮点［N］．中国会计报，2018－08－31（10）.

投资型房产与居住型房产，不会给炒房投机者以可乘之机。[①] 蔡磊（2018）认为为了避免虚假提报房租费用规避个人所得税的行为，应对房租费用扣除规定扣除限额，考虑到不同地区房租费用差距悬殊，制定扣除限额时也应考虑经济发展水平，一线城市扣除标准应该更高；对于房贷利息，应将扣除范围限定在首套居住型房产，以发挥个人所得税促进社会公平的作用，同时又不对房地产市场产生太大影响。

此次个人所得税法修正案草案专门增加了反避税规定，针对个人不按独立交易原则转让财产、在境外避税地避税、实施不合理商业安排获取不当税收利益等避税行为，赋予税务机关按合理方法进行纳税调整的权力，针对个人的反避税加强，有利于提高税收收集能力。李万甫（2018）认为，此次修法增加反避税内容，旨在让纳税人进一步依法履行纳税义务，从而是社会更加公平。他建议，下一步在操作层面应加强社会各方面的联动配合，要通过各界为税务部门提供信息支持，各方携手堵住税收漏洞，让纳税更公开透明。[②] 李旭红（2018）认为，实现对税收的应收尽收，是税收公平的基础和前提，也是个人所得税改革效果充分发挥的保障，我国财税部门近年来已经做了大量准备，未来还应加强社会各方联动配合，有效堵住税收漏洞，为个人所得税改革顺利推进打下坚实基础。[③]

（三）我国个人所得税改革经验总结

我国个人所得税的征收始于改革开放后的1980年，主要出于维护我国税收权益的目的，仅针对外籍人员征收；1986年开始对国内居民及个体工商业户征收个人收入调节税和个体工商业户所得税，形成三税并行的局面；直到1994年全面税制改革，“三税合并”，个人所得税对国内外个人及个体工商户统一征收，形成目前个人所得税制基本框架。之后个人所得税收入稳步增长，运行平稳。然而进入21世纪以来，个人所得税法修订备受社会各界关注，政策的每次调整都引起轩然大波，尤其三次个人所得税“起征点”的调整引起社会广泛热议。

“起征点”意味着纳税人可享受到的费用扣除额，尤其对于低收入人群，“起征点”决定了是否需要纳税，最直观的联系着纳税人的利益，因此多年来成为个人所

①③ 吴秋余．个税改革，亮点不只是起征点［N］．人民日报，2018－07－09（17）．

② 韩洁，陈菲，郁琼源，等．个税起征点拟调至每年6万元：我国个税迈出综合征税第一步［N］．黑龙江日报，2018－06－20（4）．

得税改革的标尺。中国1980年出台个人所得税法时，制定了每月800元的基本减除费用标准，此后在2006年、2008年、2011年经历了三次上调，依次上调至每月1600元、每月2000元、每月3500元，新一轮个人所得税改革将标准上调至每月5000元（每年6万元），对此社会存在很多的争议，个人所得税法修正案草案征求意见期间不乏拔高个人所得税“起征点”的呼声，一些人大代表认为费用扣除标准应当提高到10000元甚至更高，这些呼声一定程度上反映了在无其他政策选择的情况下，民众予以“起征点”的强烈诉求。

根据物价水平和居民收入水平相应调整“起征点”，以确保居民的基本生计费用支出，具备客观的现实必要性，然而“起征点”并非个人所得税改革的全部或关键，个人所得税制度安排是由一系列相关制度要素构成的，包括税制模式选择、税率设计、税收优惠等。只考虑“起征点”的政策设计刚性过强，无法与居民消费支出保持充分灵活的关联关系，并且“起征点”的设计过高会带来不可忽视的问题，会使我国缴纳个人所得税的人口数量明显减少。上一轮个人所得税修法在实施之初，伴随起征点提高，我国个人所得税调节覆盖的社会成员数仅有2400余万人，仅略高于全国总人口数的2%。绝大部分公民不缴纳个人所得税并不符合个人所得税改革方向。我国2017年个人所得税11966亿元，占当年全部税收收入的比例为8.29%。而发达国家个人所得税收入占当年全部税收收入比例，要远超8.29%。为防止个人所得税走向边缘化，个人所得税起征点不宜提得过高，需要为综合个人所得税改革留有一定的改革空间。个人所得税改革不能只看“起征点”如何调整，需要综合考虑个人所得税制设计中的各个要素，从全盘角度对个人所得税进行全面优化。

个人所得税作为直接税，在发挥筹集政府财政收入的同时，需要更多地发挥定向调节居民收入差距的再分配功能。改革的关键问题应该是如何更好地发挥个人所得税的收入再分配调节功能。在经历了2005年、2007年及2011年对个人所得税的一系列改革调整后，对“免征额”的调整并不能使个人所得税从根本上适应经济发展情况，个人所得税税制的深层结构性问题依然凸显。我国现今缺乏如遗产赠与税、不动产税等调节财富存量的税种，再加上增值税、消费税等具有累退性质的间接税拉大了居民间收入差距，因此个人所得税就应当承担起缩小居民间收入分配差距、促进社会公平的责任。2012年以来我国居民间收入的基尼系数一直处于0.46~0.47的高水平，说明发挥调节收入作用的空间还很大。

一方面，个人所得税收入在数量上增长较快，但在总税收比重中却一直居于5%～7%的水平，且在GDP中的占比小于1.5%，小规模的个人所得税收入仅发挥了有限的收入分配调节功能，主要受我国个人所得税的征收范围及收集能力影响，个人所得税的税基并不充分。首先，“起征点”的设计划分了大部分不征税人群，此外，随着经济的变革发展，我国居民的收入来源逐渐呈现出多渠道趋势。分类计征和个人申报模式下存在大量的“未征税收入”，以“代扣代缴”的方式来对税收进行监管，辅以“自行申报”，使得对工资薪金所得的征税在个人所得税收入总额中占比较高，约为65%，而其他10项却没有为个人所得税收入做出自己应有的贡献。较低的收入来源透明度使得税务系统无法对隐性收入进行监管，税收流失现象较为严重。

另一方面，基本费用扣除标准及不同的税率也未能很好地发挥调节收入促进公平的功能。就费用扣除标准来说，首先，在过去7年间，居民收入年均增长率约为7.4%，然而个人所得税起征点一直保持每月3500元未变，并没有随近些年的物价变化和不断增长的居民收入进行相应调整；其次，不区分扣除标准，全国统一。但各地区在许多方面的差别却使得相似收入居民间的实际生活成本显现出较大不同。税率方面，对于11类应税项目，采取不同征收方法和多重税率累进，既造成了税负的横向不公平：同等收入、不同来源不同的群体税负不同；又导致了纵向不公平：多种收入来源的高收入群体可能通过变更税目、拆解收入等方式规避税收，来自单一收入来源的低收入群体的税收负担变得更高。同时，差异化扣除的缺失使纳税人之间具有同等收入，但可能由于不同个体的家庭整体收入、教育费支出、抚养费支出、购房开支等的不同，使得其纳税能力出现差别。因此专项扣除是使个人所得税负担合理化的必要、重要的设计。

新一轮个人所得税改革迈出了综合与分类相结合的步伐，然而在当前的条件制约下某些制度设计仍属于过渡性举措，综合与分类相结合的个人所得税制改革需要多借鉴国际经验，日后逐步进行完善。

（四）国际视野：个人所得税改革趋势

发达国家和地区的个人所得税制度和征收管理方式相对比较完善，例如美国、中国香港、英国等，都为完善个人所得税制度提供了借鉴。

1. 美国标准扣除和专项扣除制度

美国当前的个人所得税制度为标准扣除和专项扣除相结合的扣除制度。根据美国税法，标准扣除是在计算所得税前，可以从收入中扣除的金额，随纳税人的收入、年龄和申报方式的变化而变化。专项扣除制度是对标准扣除之外的特殊项目的扣除，例如抵押贷款利息损失、赌博损失、灾难损失和慈善捐款等。专项扣除项目繁多，而且较为复杂，增加了个人所得税的税收遵从成本，因此在美国最新的特朗普税改中，进一步简化了专项扣除，保留了利息损失和慈善捐款等的扣除。同时，翻倍提高了标准扣除金额，将夫妻联名申报纳税的扣除额增加到2.4万美元，单身纳税人独立申报扣除标准增加到1.2万美元。从这次改革来看，美国个人所得税扣除标准将逐渐以标准扣除为准，辅之以必要的专项扣除。两种扣除制度相结合，既有利于提高个人所得税的纳税遵从度，提高征税效率，同时能够促进社会公平，提高纳税人的积极性，保护税收收入。

2. 中国香港地区特殊的征收制

中国香港地区实行的个人所得税具体可以分为薪俸税、利得税（个人、独资企业和合伙企业）和物业税三种类型。一般而言，这三种税是分开税目及分开税单征收的。中国香港居民可通过申请个人入息税将这三种个人收取的收入合并一起用薪俸税的方式计税。个人入息税不是一个新的税项，而是一种降低税款的计税方法。中国香港地区实行分类综合的个人所得税制，一方面薪俸税、利得税和物业税采取的是分类的计征方式；另一方面居民可选择将薪酬、利得和租金三种类型收入合并计征的个人入息税，实际上是一种个人所得税综合计征方式。

3. 英国信息化的税收征管方式

英国在个人所得税征收管理方面充分运用了现代科学信息化技术。税务机关的计算机系统可以收集录入各纳税人相关的收入支出信息后自行稽核，进一步计算出欠缴税款额及因拖欠产生的罚金、滞纳金和利息等。最后系统将纳税人欠税款的统计情况通过内部网络发送给各地区税务机关，相关负责人员据此计算本期应扣缴税额并实行催缴程序。这样高度现代化、系统化的征收管理方式一方面统一了各地执行相同税收政策的口径，提高了税务征收工作的效率；另一方面通过将各方的信息来源进行对比稽核，进一步堵塞了税收征管漏洞，减少个人所得税的流失。

4. 个人所得税的发展趋势

根据OECD的统计数据，自经济危机的影响恢复稳定后，2013年后，劳动收入的税负一直呈现缓慢下降的趋势，到2017年维持在35.9%的水平。从总体上看，该阶段税负的下降主要受益于某些国家的个人所得税改革，通过减税来促进经济增长和就业。随着社会经济的发展，虽然个人所得税的筹集功能在下降，收入分配调节功能增强，但是，从世界税制的格局来看，许多发达国家的主体税种仍然以个人所得税为主，例如，美国的个人所得税的收入占比就超过税收总收入的60%。但是，世界经济开放，人口的跨国流动性也在增强，就业的方式及行为随着数字经济时代的到来而发生了质的改变，同时，各国政府面临着减税压力引致的财政可持续性的挑战。

多个国家（芬兰、德国、澳大利亚）提高了各档税率的适用标准，英国、德国提高了个人所得税的免征额，整体上个人所得税税率级次呈现减少趋势，适用标准提高，税率有小幅下降，例如美国将税改之前的七级累进税率下调1%~4%，芬兰将最低档税率降低了0.25个百分点。

但不同国家间最高税率的增减趋势有所不同，美国联邦个人所得税最高税率从39.6%降至37%，以色列最高税率从49%降至44%；而德国提高了现行最高税率适用的起征标准并新增一档45%最高税率，南非个人所得税的最高税率也由41%提高到45%。

根据OECD的资料，2017—2018年的个人所得税发展趋势是，中等收入人群的税收负担加重。这与世界各国财政收入的可持续性有一定关系，由于不少国家以直接税作为主要的税收来源，尤其是在所得税中以个人所得税为主要来源，因此由于低收入人群需要减税，高收入人群又降低最高的边际税率，那么筹集收入来源的主要群体则为中等收入人群了。

为照顾中低收入群体，部分国家还增加了基本津贴和劳动补贴等税收优惠政策。此次美国税改将标准扣除额增加了一倍，阿根廷将自我雇佣人员的津贴提高到了与普通雇员相同的水平。此外，个人资本收入的税率有所提高，但部分国家增加了对某些形式的财政补贴的税收减免。各国在对个人所得税进行减税的同时，对社会保障税的改革只有轻微变化，主要表现在一些国家的费率上涨和基数的缩小。

（五）下一步改革建议

党的十八届三中全会以来，我国致力于国家治理体系的现代化，并强调财政是国家治理体系的基础和支柱，财税改革成为“十三五”规划的重点之一。党的十八届五中全会公报提出“建立健全现代财政制度、税收制度”。在任何构建现代财政制度的方案中，现代税收制度都是不可或缺的一个重要板块。而在中国改革开放中，税收制度改革更是一直扮演着急先锋的角色，撬开阻碍改革的坚冰，融汇经济增长的洪流。同时，在这一阶段国际税收合作不断增多，各国纷纷增强税制竞争力的背景下，中国在推动个人所得税综合税制改革的过程中，需要注重凝聚我国现代个人所得税制度的国际竞争力。

1. 推进综合税制改革，扩大综合计征范围

我国现行个人所得税法采用分类征税方式，将应税所得分为 11 类，不同所得的扣除标准、适用税率和计税方法都不相同。在分类征税模式下，各分类项目纳税标准不同，使得收入总额相同但来源不同的纳税人可能面临不同的个人所得税负担，这削弱了累进税率的调节所用，不利于横向公平理念的落实。同时这也为纳税人带来了调整收入来源避税的激励，给社会经济活动带来扭曲。

2018 年修正的《个人所得税法》将工资和薪金所得、劳务报酬所得、稿酬所得、特许权使用费所得四项劳动性所得纳入综合征税范围，适用统一的超额累进税率，统一按每年 6 万元的费用扣除标准扣除。在综合征税模式下，纳税人的各项收入总额适用统一的扣除标准和累进税率，这能够充分反映纳税人的实际收入水平和纳税能力，促进税收公平。随着经济的发展人们的收入来源越来越广泛，数字经济和互联网经济创造了更多非正式雇佣的劳动机会，给个人所得税分类征收带来困难。采用综合征收的方式，能够将各项收入纳入统一的课税标准，促进税源的稳定，增强税收的公平性。考虑到短期内纳税人自主纳税意识不强、综合计税征管难度大的现实状况，可以在推行综合与分类相结合的征税模式的基础上，逐步减少纳税项目类别，将更多收入类型纳入综合征收范围，推动个人所得税制的完善。

2. 合理设计专项扣除，增进个人所得税税负公平

现行个人所得税制度下的扣除主要体现为对工资薪金所得的基础扣除，这种扣除方式仅考虑到了纳税人的基本支出，但没有考虑纳税人的实际生活负担，简单的统一扣除标准并不能较好地体现税收的公平性原则。此前历次个人所得税改革往往着力于费用扣除额的提高，对扣除机制的关注较少。2018 年个人所得税法修正案在明确现行扣除项目继续执行的同时，增加了赡养老人、子女教育支出、继续教育支

出、大病医疗支出、住房贷款利息和住房租金等专项附加扣除。专项扣除的增加是对纳税人个人负担差异性的尊重，有利于个人所得税的实质公平。

从国外情况看，部分国家提高标准扣除，而限制专项扣除，以达到普惠，并降低税收的遵从成本，更好地实现税收公平。因此，未来在完善我国个人所得税制的设计中，还应协调标准扣除与专项扣除之间的关系，以标准扣除为主，减轻个人所得税的征收阻力。此外，从公平税负的角度看，以家庭为单位计征个人所得税更为合理。因为，家庭是分解社会负担的主要力量，是社会保障体系的重要补充。以家庭为单位计征个人所得税可以平衡不同类型纳税人的负担，尤其是降低了家庭负担中主劳动力的税收负担，其所实现公平的路径与专项扣除中子女教育等予以扣除的原理是一致的。

3. 优化个人所得税税率结构，保证个人所得税调节功能

我国个人所得税税率级数相对较多，中低收入阶段级数集中，高收入阶段级距较大。低收入阶段较多的级数能够平滑各级纳税人的负担，但大大提高了税务机关的征管成本，降低了征税效率。通常高收入人群应该缴纳更多的个人所得税，但近年来全球范围内个人所得税高税率的累进性在减弱。这种趋势主要有两方面原因：一是开放经济的环境下资本、商品及人口自由流动，因此个人所得税税基的流动性增强，世界各国对于高收入人群的征税都较为谨慎。二是高税率会对于劳动、投资、企业家精神等多方面产生抑制作用，加剧避税行为的产生。2018年修正的《个人所得税法》仍然保留了七级超额累进税率，但降低了中低收入段的税率，并且对税率级距进行了调整，低收入段的级距明显增大；30%、35%、45%三档较高税率的级距和税率保持不变，并增加了反避税条款。与世界典型国家相比，我国的个人所得税累进级次较多，可以考虑减少级次、扩大级距，从而提高征管效率。

4. 强化个人所得税税收征管，严格税收征管稽查

全面了解纳税人在相应纳税年度的收入状况，是高效完成个人所得税征管工作的基础，也是充分发挥个人所得税调节收入促进公平作用的前提。当前我国纳税人纳税意识还不够高，全面落实自主申报存在困难，容易发生偷漏税等问题。建立健全信息化的税务征收管理系统，完善个人所得税征管配套条件是下一步工作的重点，打造基于纳税人识别号制度，依托纳税信用体系，利用多部门信息协同管理的自然人征管制，及时收集、管理、调控纳税人的纳税状况，形成科学有效的个人所得税征收管理体系。

目前我国已加入《金融账户涉税信息自动交换标准（AEOI标准）》，通过加强

国与国之间的征管互助，以及 CRS 金融账户信息调查，加强第三方的信息交换，从而实现加强对高收入人群的征收管理。2018 年修正的《个人所得税法》提出，针对个人不按独立交易原则转让财产、在境外避税地避税、实施不合理商业安排获取不当税收利益等避税行为，赋予税务机关按合理方法进行纳税调整的权力。个人所得税领域的征收管理工作，应该顺应改革趋势，完善涉税信息的收集、管理、协调、共享机制，从而形成有效的个人所得税监管体系。

总而言之，我国的个人所得税制度将随着社会经济的发展以及改革开放的不断深入，发挥更为重要的收入及调节作用。

参考文献：

[1] 王佩苓，吴旭东．进一步完善税制的几个问题 [J]．财经问题研究，1986 (4).

[2] 朱国平．论我国收入分配政策的变革 [J]．财经理论与实践，1986 (4).

[3] 张云贵．完善我国所得税制的设想 [J]．财经理论与实践，1987 (4).

[4] 郁嵩．试论个人所得税的广谱化 [J]．武汉大学学报（社会科学版），1988 (5).

[5] 王富．关于扩大征收个人所得税的建议 [J]．财政，1989 (6).

[6] 刘佐．试论我国社会主义初级阶段的个人所得税 [J]．中央财政金融学院学报，1989 (5).

[7] 朱明熙．我国个人所得税的改革与完善 [J]．财经科学，1994 (3).

[8] 储敏伟．我国个人所得税改革评析 [J]．财经研究，1994 (12).

[9] 胡怡建．新个人所得税法特点分析 [J]．外国经济与管理，1994 (1).

[10] 刘欣．试论我国新的个人所得税法 [J]．经济与管理研究，1994 (1).

[11] 朱青．我国分税制分税办法中值得探讨的几个问题 [J]．财政研究，2002 (3).

[12] 朱青．个人所得税免征额初探 [J]．税务研究，2003 (10).

[13] 岳树民，卢艺．我国个人所得税免征额界定的比较分析 [J]．税务与经济，2009 (5).

[14] 徐进．论个人所得税的费用扣除标准变化的调节作用 [J]．当代经济研

究，2008（5）.

［15］刘尚希，应亚珍．个人所得税：功能定位与税制设计［J］．税务研究，2003（6）.

［16］孙亦军，梁云凤．我国个人所得税改革效果评析及对策建议［J］．中央财经大学学报，2013（1）.

［17］岳希明，徐静，刘谦，等．2011年个人所得税改革的收入再分配效应［J］．经济研究，2012，47（9）.

［18］马海涛，任强．个人所得税改革对各收入群组税负的影响［J］．税务研究，2016（4）.

［19］李汉文，秦芸．我国个人所得税改革：税率调整的视角［J］．涉外税务，2009（10）.

［20］高培勇．个人所得税改革前瞻［J］．中国财政，2009（11）.

［21］吴旭东，孙哲．我国个人所得税费用扣除的再思考［J］．财经问题研究，2012（1）.

［22］崔志坤．中国个人所得税制度改革研究［D］．北京：财政部财政科学研究所，2011.

［23］李旭红．CRS背景下高净值人士的国际税收研究［M］．北京：中国财政经济出版社，2018.

课题负责人：李旭红

第六篇

《税收征收管理法》：中国税收征管发展的印证

1978年12月18日—22日召开的党的十一届三中全会揭开了我国改革开放的序幕，实现了新中国成立以来党的历史上具有深远意义的伟大转折点，使我国进入了以改革开放和社会主义现代化建设为主要任务的历史新时期。随着改革的推进以及由此带来的经济、社会、文化、科技等方面的巨大进步，推动了财税体制机制以及理财治税思路的变革，曾经片面简化的税收制度体系也顺应经济社会发展形势，进行了一系列重大改革并逐步完善，同时税收征管手段不断创新，税收征管改革也在积极稳妥地推进，以充分发挥税收职能作用，实现经济税收发展的良性互动。其中，在税收征管方面，无论是税务组织和征管模式，还是在征管规范以及征管方法等方面，全国税务系统不断探索、实践、改进和完善，主要成果通过一系列的税收征收管理法律制度集中体现出来。回首改革开放40年，税收征收管理法律制度也经历逐步完善的过程，从最初散落在单个实体税法或税收条例中的征管办法到国务院出台专门的税收征管条例，再到进一步统一规范全国税收征管办法并上升到由全国人大立法规范，并顺应形势发展不断修正、修订和完善，形成了以《税收征收管理法》为主，其他相关法律法规规章为辅的较为完备的税收征收管理制度体系。

《税收征收管理法》于1992年9月4日由第七届全国人民代表大会常务委员会第二十七次会议通过，自1993年1月1日起施行。这是中国第一部税收征管方面的法律，也是中国第一部统一的税收程序法。自此，税收征管工作全面进入法制化和规范化轨道。《税收征收管理法》的制定实施，对于保障税收收入，维护纳税人的合法权益，协调征纳关系，促进税收管理法制化、科学化、规范化等起到了十分积极的作用，为税收实体法的贯彻实施提供了有力保障。同时，随着税收征管改革的陆续推进，通过修订和修正《税收征收管理法》将税收征管实践成果法定化，以利于税收征纳双方共同遵循。可以说，《税收征收管理法》制定和修订的历程，就是中国税收征收管理发展的最好印证。

一、税收征管制度的初步建立——《税收征收管理暂行条例》的发布

改革开放初期，我国在建立涉外税收体系和大规模恢复、重建工商税制以后，相比较而言，税收征管制度已显得落后。为了配合税制改革，针对税收征管工作中出现的新情况，1985 年 5 月，全国第一次征管工作会议召开，拉开了我国税收征管立法的序幕。这次会议确定了建立科学严密征管体系的战略目标，并修改了工商税收征管条例。1986 年 4 月 21 日，国务院发布了《税收征收管理暂行条例》（国发〔1986〕48 号），自当年 7 月 1 日起施行。该条例的发布，使税收征管有了较为规范的标准和方法，为加强税收征收管理的法制建设奠定了基础。

（一）发布背景

党的十一届三中全会召开以后，中国进入了改革开放新时期，税制改革、征管实践不断推进和创新。

从税务组织上来说，各级税务机构迅速恢复和加强，税务干部队伍很快得到了大力充实。到 1982 年底，各地各级税务机构普遍成立，省级税务机构的地位得以提高，税务系统实行地方政府和上级税务机关双重领导的体制得以恢复，全国税务系统的人员从 1979 年的 17. 9 万人增加到 1982 年的 28. 6 万人。

从征管模式上来说，1980 年以前，全国沿用 1973 年税制改革后实施的 13 种税收制度，其中，国营企业只需要缴纳工商税、集体企业只需要缴纳工商税和工商所得税，农业生产单位一般只需要缴纳农业税。1980—1981 年，我国初步形成了包括《中外合资经营企业所得税法》《个人所得税法》等在内基本涉外税收制度。1984

年起陆续颁布实施《产品税条例（草案）》《增值税条例（草案）》《营业税条例（草案）》以及《国营企业所得税条例（草案）》等。由于经济成分单一，税制简单，在征管模式上采取了税务专管员管理模式，“一员进厂、各税统管，集征管查于一身”，当时对于促进经济发展、保证国家财政收入发挥了积极作用。

从征管规范上来说，1986 年以前，相应的税收征收管理程序和规范在各个实体税种作了规定，但没有单独立法。《产品税条例（草案）》《增值税条例（草案）》《营业税条例（草案）》等实体法中，均明确规定税务登记、变更注销登记、纳税申报、税务检查等程序。例如，《产品税条例（草案）》第八条：“纳税人应于经营开始之日起三十日内，向当地税务机关办理税务登记。”第九条：“经有关部门批准合并、转业、迁移、停业的纳税人，应自批准之日起三十日内，向当地税务机关办理变更或注销登记的手续，并清缴应纳的税款。”第十一条：“纳税人应当按照核定的纳税期限，向当地税务机关办理纳税申报。”第十三条：“税务机关有权对纳税人的财务、会计和纳税情况进行检查。纳税人必须据实报告和提供有关资料，不得拒绝或者隐瞒。”第十四条第一款：“纳税人必须依照税务机关核定的期限缴纳税款。逾期不缴的，除限期追缴外，并从滞纳之日起，按日加收滞纳税款5‰的滞纳金。”第十四条第二款：“税务机关向纳税人催缴税款无效时，可以通知其开户银行扣缴入库。”第十五条：“纳税人违反本条例第八条、第九条、第十一条、第十三条规定的，税务机关可酌情处以五千元以下的罚款；隐匿生产经营情况或申报不实的，除追缴应纳税款外，可酌情处以应纳税款五倍以下的罚款。偷税、抗税情节严重，触犯刑律的，由税务机关提请司法机关依法追究刑事责任。”等等。1984 年国务院颁布了《国营企业调节税征收办法》，规定国营大中型企业的生产经营所得和其他所得，除另有规定者外，都应依照该办法缴纳调节税。同时，对纳税人范围、计税依据、调节税税率的核定、企业基期利润的核定、减免税、征收管理、检举揭发、争议处理等事项作了规定。

1980—1986 年，对外初步形成了一套大体适用的涉外税收制度，对内实施国营企业两步“利改税”和税收制度的全面改革，我国的税制逐步由简单趋向复杂，与之相适应，税收征管改革也在积极稳妥地推进。从 1985 年开始，国家税务局陆续进行征管改革试点，主要是改“统管”为“分离”，将税收征管全过程划分为征收、管理、检查“三分离”或征收管理与检查“两分离”。为适应这一征管改革需要，同时也为改变税收征管制度分散、不规范的状况，1986年4月21日，国务院制定发布了我国第一部独立的税收征管行政法规——《税收征收管理暂行条例》，自当年7月1日起施行。该条例把分散在各税种法律法规中有关税收征管程序性的内容进行了梳理、整合和补充完善，规范了税务登记、纳税鉴定、纳税申报、税款征收、账务和票证管理、税务检查、违章处理等程序。同时规定，对于国务院制定的税收法规中规定由税务机关负责征收的各个税种，其征收管理，除国家法律另有规定者外，都应当按照该条例规定执行。这一法规的颁布实施，为税收征管提供了比较系统、规范的标准和方法，初步建立了税收征管制度，对于进一步加强税收征收管理、防止涉税违法行为和保障国家税收收入增长具有重要意义。

（二）主要内容

《税收征收管理暂行条例》共9章44条，分为总则、税务登记、纳税鉴定、纳税申报、税款征收、账务和票证管理、税务检查、违章处理、附则。主要明确和规范了以下几个方面内容：

一是统一各税种的征管办法。凡由税务机关主管的各种税收的征收管理，除国家法律另有规定者外，都应当按照该条例规定执行（在附则中，明确中外合资经营企业所得税、外国企业所得税、个人所得税、关税、农业税的征收管理，不适用该条例）。同时明确任何地区、部门、单位和个人，都不得以任何形式作出同现行税收法规和税收管理体制的规定相抵触的决定。

二是统一了税务登记办法。凡从事生产、经营，实行独立经济核算，并经工商行政管理部门批准开业的纳税人，应当自领取营业执照之日起30日内，向当地税务机关申报办理税务登记。

三是统一了纳税鉴定办法。办理税务登记的纳税人，应当向主管税务机关申报办理纳税鉴定。根据具体情况，分别就所有制形式、经营方式、经营范围、生产产品的名称、性能、用途，以及收入、所得和其他应税项目，如实填写纳税鉴定申报表。

四是统一了税款征收方式、税收管理形式及协税护税要求。其中税款征收方式主要有：查账征收、查定征收、查验征收、定期定额征收以及代征、代扣、代缴。税收征收的管理形式，可以采取驻厂管理、行业管理、分片管理、巡回管理等，并明确纳税人的主管部门、行业组织、居民组织都应当配合、协助税务机关做好税收管理工作。

五是统一了税务检查站的设置和部门配合要求。税务机关根据需要，报经省级人民政府批准，可以在车站、码头、机场以及交通要道等处会同有关部门设置联合检查站（组）；在未设联合检查站（组）的地方，如果确有必要，也可以单独设置税务检查站（组），执行税收稽查任务。工商行政管理、公安、交通、铁道、民航、邮电、金融等部门应当配合、协助。

六是统一了违章处理规定。对有漏税、欠税行为的，要按照规定补税、交滞纳金。对有偷税、抗税行为的，要按照规定补税和罚款。

七是统一了纳税争议的处理。纳税人、代征人或其他当事人同税务机关在纳税或者违章处理问题上发生争议时，必须首先按照税务机关的决定缴纳税款、滞纳金、罚款，然后在10日内向上级税务机关申请复议。申诉人对答复不服的，可以在接到答复之日起30日内向人民法院起诉。

（三）社会评价

该条例的发布，社会给予了较高的评价。1986年5月3日，《人民日报》全文刊发了《税收征收管理暂行条例》，并专门发表评论员文章《维护税法的严肃性》，指出，“近几年来，尽管税收管理工作有所加强，但一些单位和个人偷税漏税现象仍比较普遍。……现行的税法明确规定了纳税单位和个人应当缴纳哪些税和适用的税率。国务院最近发布的《税收征管（暂行）条例》又进一步规定纳税人应按什么程序、制度和方法交税。纳税人严格遵照税法和《税收征管（暂行）条例》办事，既可以避免多缴税，维护纳税单位和个人和正当权益，又可以防止偷税、漏税，从而维护国家的经济利益。”

毕竟该条例只是一部行政法规，而且是该领域初次立法，本身存在一些不完善的地方，再加上社会经济的不断发展变化，其弱点逐渐显现出来，社会各界也指出了存在的一些问题。例如，该条例仅适用于国内税收的征收管理，内外政策不统一，不利于实际执行；对纳税人出现的新经营方式，缺乏必要的控管措施；行政执法权缺位，对抗拒不缴税者，没有直接的强制执行措施；法律效力不高，不能适应对外开放的要求等。

二、税收征管制度的规范统一——《税收征收管理法》的实施

（一）立法背景

随着经济的发展和改革的进一步深入，中国税制改革也取得了重大进展，初步建成了一套内外有别、城乡不同的，以货物和劳务税、所得税为主体，财产税和其他税收相配合的新税制体系，大体适应了中国经济体制改革起步阶段的经济状况。进入20世纪90年代，每年由税务机关组织的收入占国家财政总收入的90%以上；税收直接参与国民收入分配和再分配，已广泛地介入经济、社会的各个领域，偷税与反偷税、避税与反避税的矛盾更加复杂。这种形势对税收征管提出了更高的要求，1986年发布的《税收征收管理暂行条例》已不完全适应这种形势的要求，突出体现在以下四方面：

一是税收征管的法律、法规适用范围不统一、不规范。由于法规的层级限制，1986年施行的《税收征收管理暂行条例》只规范了国内部分税收的征收管理，其第四十二条明确规定“中外合资经营企业所得税、外国企业所得税、个人所得税、关税、农业税的征收管理，都不适用该条例”，使得国内税收和各种涉外税收在违章处罚的标准和一些征收管理的要求等方面不尽一致（如：滞纳金的加收率，国内税收为5‰、工商统一税为1‰、涉外企业所得税为2‰）。这样不仅内外税收政策不统一、规定不合理，不利于执行，而且也造成对内对外解释上的困难。这种“内外有别、税税有别”的做法，在改革开放初期作为过渡是必要的。但是，随着改革开放的深入和完善法制建设的客观要求，制定统一的税收征管法律愈显重要。通过几年的改革实践，国内税收的征管制度已基本形成体系，涉外税收的征管制度也逐步规范和统一，内外税收征管制度规定合二为一的条件业已成熟。从国际上看，发达国家和相当一部分发展中国家和地区都有对内对外统一适用的税收征收管理法律可以借鉴。因此，制定统一的、适用于内外税收的征管法律也是顺应国际趋势的。

二是税收征管手段不完善，不利于依法治税和保证财政收入。强制性是税收制度的共同特征。而根据1986年以来制定施行的税收征管法规中，赋予税务机关必要

的行政强制执行权不够。与一些经济发达国家相比，中国税务机关征税的强制性较弱。例如，税务机关对纳税人利用账户转移资金、偷逃税款的行为只有要求相关纳税人补税并加收滞纳金和罚款，没有控制手段和措施；对拖欠税款、滞纳金、罚款的纳税人没有直接行使的强制执行手段。这导致税务机关不能及时征收税款，难以严格执法，不利于有效地制止偷、漏、欠、抗税行为的发生。为此，需要通过立法完善税收征管手段。

三是不适应当时经济形势发展需要。为了繁荣经济，促进改革开放，国家允许在坚持以公有制为主的前提下多种经营方式的存在，经济领域中各种形式的承包经营、租赁经营、股份经营和转让、兼并、联营以及异地经营、跨行业、跨国经营乃至各种经济联合体发展较快。为适应实际需要，对它们进行有效税收管理，迫切需要制定相应的法律加以规范。

四是税收征管的制度规范法律效力有待提高。为强化税收征管，继《税收征收管理暂行条例》颁布施行之后，国务院多次作出加强税收工作的决定，并赋予税务机关一些必要的权限，国务院有关部门也单独或联合制定了贯彻的具体办法。这些规定在一定程度上增强了税务行政执法的力度，实践证明是有效的。但其法律效力仍显不够，实施的范围较为狭窄，难以充分发挥其应有的作用。因此，无论对内对外都需将现行税收征管法规的内容通过立法上升为国家法律，以提高法律效力。

因此，从 1989 年开始，国家税务局着手研究通过立法解决税收征管中存在的问题。经过几年的准备，特别是邓小平同志南方谈话以后，我国的改革开放和经济建设进入了一个崭新阶段，税收工作面临着许多新情况、新问题和新矛盾，坚持以法治税，加强税收管理，是当时的一项重要课题。在不可能一下子将主要税种都立法的情况下，先行出台税收征管法是一个积极的举措，它使税收征收全过程从此有法可依。1992 年 9 月 4 日，第七届全国人民代表大会常务委员会第二十七次会议通过了《税收征收管理法》《全国人民代表大会常务委员会关于惩治偷税、抗税犯罪的补充规定》，当日国家主席令第 60 号、第 61 号分别公布，自 1993 年 1 月 1 日起施行，1986 年 4 月 21 日国务院发布的《税收征收管理暂行条例》同时废止。

《税收征收管理法》是中国第一部税收征管方面的法律，也是中国第一部统一的税收程序法，对税收的征收管理法律、法规、制度等进行了归纳与完善，形成了较系统和规范的税收征收管理法。为了保证《税收征收管理法》的有效实施，自

1993年开始，国务院及财政部、国家税务总局陆续颁布实施了《税收征收管理法实施细则》《税务登记管理办法》《发票管理办法》《税收征管业务规程》等十多项行政法规和部门规章。各地人大、政府和财税部门根据《税收征收管理法》的有关规定，结合当地实际情况和存在的问题，有针对性地制定了多项涉及税收方面的地方性法规和行政规章。例如，陕西省制定了《关于深化税收征管改革的实施办法》等20多件；湖南省制定了《农业特产税征收办法》《增值税管理规程》等19件；浙江省人大常委会颁布实施了《个体工商户税收征收管理条例》，省政府制定了有关税务行政执法监督检查、税务稽查和地方税收纳税人分类管理办法等规章制度；云南省制定了关于禁止税务人员接受纳税人宴请和参加用公款支付的娱乐场所活动等13项规定。这些法规和规章，细化了《税收征收管理法》的有关规定，提高了法律的可操作性，促进了税务机关的廉政建设，使各地税收征管工作基本上纳入了法制轨道。

（二）立法原则和主要内容

《税收征收管理法》按照“统一税政，集中税权，公平税负的原则，逐步理顺税制结构，强化税收管理，严格以法治税，充分发挥税收在增加财政收入和对经济实施宏观调控的重要作用”的指导思想，在立法上遵循了四条原则：

一是以1986年开始施行的《税收征收管理暂行条例》和各个涉外税法以及国务院几年来为加强税收管理所制定的一些法规和有关规定为基础。

二是根据发展社会主义商品经济对税收工作的要求，总结、吸收几年来税收征管工作的经验。

三是从我国的实际出发，借鉴国外税收征管的有益做法，本着必要与可行的原则，对税收征管法规的内容进行调整、充实，使其进一步系统化、规范化。

四是通过立法，使纳税人依法履行纳税义务并保护自己的合法权益，使税务机关依法履行职责并接受社会监督和司法监督，同时力求使一切与税收有关的社会行为都纳入法制轨道。

《税收征收管理法》设置了总则、税务管理、税款征收、税务检查、法律责任、附则6章共62条，对税务机关的管、征、查、处等职权，征纳双方的基本权利和义务，办税程序、手续等行为规范及其应承担的法律责任，均作了明确的规定。其中，除一部分章节属于当时的行政法规和分散在各税种税法的条文之外，还包括以下八项内容：

一是强化了税务机关的行政执法权限。主要体现在：首先是明确了税务所作为行政执法主体的法律地位；其次是赋予税务机关采取税收保全措施和强制执行措施的权力；再次是明确税务检查的职权范围。

二是扩大离境清税制度的适用范围，包括不同的纳税人和各税种。“欠缴税款的纳税人需要出境的，应当在出境前向税务机关结清应纳税款或者提供担保。未结清税款，又不提供担保的，税务机关可以通知出境管理机关阻止其出境。”其中，纳税人不仅指中国公民，还包括在我国境内应纳税的中外合作的外方代理人、外资企业的业主和私营企业的业主以及各类企业承包经营者，还有在我国境内拥有应税财产的个人等；同时，他们出境需要清缴的税款，不仅限于个人所得税，还包括其他税种。

三是规定了对税务机关的执法制约制度。首先，强调了税务机关不得违反法律、法规擅自决定税收的开征、停征或者减税、免税、退税、补税。其次，强调了执法程序的完备，即无论是税收保全措施、税收强制执行措施权的实施还是查核银行账户等税务检查权的实施，除规定严格的使用条件外，均规定要经县以上税务局（分局）局长批准。再次，强调了执法手续的完备。如征收税款时，必须给纳税人开具完税凭证；扣押商品、货物时，必须开付收据；查封商品、货物时，必须开付清单。

四是规定了保护纳税人合法权益。首先是增加了税款延期缴纳的规定，解决纳税人遇到自然灾害等特殊困难，不能按时缴纳税款的问题。其次是设置了因采取保全措施不当而造成纳税人损失的赔偿制度。第三是延长了纳税人申请退税的法定期限，从 1 年延长到 3 年。第四是赋予了纳税人申请行政复议一定的选择权。即从原先的将行政复议作为提起行政诉讼的前置条件改为可以先复议再诉讼或直接提起行政诉讼。

五是对税收违法行为规定了明确的制裁措施。明确了纳税人、扣缴义务人因不履行或不完全履行税法规定的义务所应承担的法律后果类型，税收法律责任的形式主要有行政法律责任和刑事法律责任，同时还明确了税务人员的法律责任。

六是规定了追征税款的时效。如因税务机关的责任，致使纳税人、扣缴义务人未缴或者少缴税款的，税务机关在 3 年内可以要求纳税人、扣缴义务人补缴税款。

如因纳税人、扣缴义务人计算错误等失误，未缴或者少缴税款的，税务机关在3年内可以追征；有特殊情况的，追征期可以延长到10年。

七是将按日加收滞纳金的标准统一为2‰。此前的《税收征收管理暂行条例》规定的标准为5‰；而《个人所得税法》规定的滞纳金标准为5‰；工商统一税为1‰；而20世纪50年代初的车船使用牌照税、城市房地产税为1%；外商投资企业和外国企业所得税为2‰。

八是规定了与国际条约、其他法律法规的相互关系。即农业税、牧业税、耕地占用税、契税的征收管理，参照《税收征收管理法》有关规定执行。关税、船舶吨税及海关代征税收的征收管理，依照法律、行政法规的有关规定执行。同外国缔结的有关税收的条约、协定同《税收征收管理法》有不同规定的，依照条约、协定的规定办理。

（三）立法影响、社会效应和社会评价

《税收征收管理法》的出台是中华人民共和国成立以来以法治税的重大突破，它结束了长期以来我国缺少税收征管法律的历史，并在加强税收法制建设、适应改革开放新形势中逐渐显现其重要性。《税收征收管理法》的颁布实施是当时改革开放不断深入、国民经济发展的必然产物，标志着我国税收征管纳入了法制化的轨道，树立了以法治税的里程碑，并推动我国税收工作更上一个新的台阶。

《税收征收管理法》的出台，对于保障税收收入，维护纳税人的合法权益，协调征纳关系，促进税收管理法制化、科学化、规范化等起到了十分积极的作用。它不仅为税收实体法的贯彻实施提供了有力的保障，而且也反过来推动税收实体法的建设，对于更好地发挥税收的各项职能作用，促进改革开放和社会经济建设的发展，都具有重要的现实意义和深远的历史意义。

社会各界对《税收征收管理法》的颁布实施给予了高度评价。“人大常委会最近通过的《税收征收管理法》和补充规定，体现了国家的意志，揭示了搞好社会主义税收，必须要依法办事、执法必严、违法必究的实质。……《税收征收管理法》是国家法律的重要组成部分，是社会主义税收管理的法律依据，是规范征纳双方行

为的准则。”① “这部法律的颁布，具有重要的历史意义。它弥补了以往暂行条例强制力不足的缺陷，从法律上确立了税务主管机关的执法地位，建立了税务机关执法约束机制，更加偏重于对纳税主体合法权益的保护，在本质上体现了一种新的税收征管理念——对服务和管理的并重”。②

1992 年 9 月 6 日，人民日报评论员文章《推进依法治税的重大步骤》指出，《税收征收管理法》的颁布是我国税收法制建设的重大突破，标志着依法治税前进了一大步，这对于更好地发挥税收的作用，促进改革开放和经济建设具有很重要的意义；《税收征收管理法》的颁布实施，将进一步打击违法行为，维护纳税人合法权益，推进依法治税，有效地保障税收秩序，促进税收工作顺利开展；《税收征收管理法》充分体现的发展商品经济和改革开放新形势对税收工作的新要求，为税务机关依法征税和广大纳税人依法纳税提供了明确的法律规范；《税收征收管理法》的通过和实施，对于保障国家财政收入，推动改革开放和经济建设，必将产生重要影响。

三、税收征管制度的不断完善——对《税收征收管理法》的修正和修订

（一）1995 年修正：明确发票印制的管理机关

1. 修正背景

1994 年税制改革方案实施后，税收征管体制发生了很大变化，原有的税务机关在省以下已经分为国家税务局和地方税务局，由此在税收征管实践中面临的一个突出问题是对发票印制的管理。《税收征收管理法》第十四条第一款规定：“发票必须由省、自治区、直辖市人民政府税务主管部门指定的企业印制；未经省、自治区、直辖市人民政府税务主管部门指定，不得印制发票。”而按照新的征管体制，这一款的规定存在两个问题：一是省、自治区、直辖市人民政府税务主管部门仅为地方

① 刘立恩，刘波．以法治税的多维思考——兼析《税收征收管理法》的法治原则［J］．中央财政金融学院学报，1992（6）：83－86.

② 彭天乐．论我国税收征管制度的改革与完善［D］．长沙：湖南大学，2012.

税务局，国家税务局系统的发票印制管理权限得不到体现，不符合新的税收征管体制；二是对增值税专用发票未作专门规定，而对增值税专用发票恰恰需要从法律上作出明确规定，进行集中统一的严格管理。因此，根据情况的变化，对《税收征收管理法》第十四条第一款规定进行修改，是十分迫切的。

国家税务总局在总结经验和研究论证的基础上，为适应新税制的需要，草拟了《税收征收管理法修正案（草案）》，在经国务院常务会议讨论通过后提交第八届全国人民代表大会常务委员会审议。1995 年 2 月 28 日第八届全国人民代表大会常务委员会第十二次会议决定对《税收征收管理法》作第一次修正。

2. 修正内容

将第十四条第一款由："发票必须由省、自治区、直辖市人民政府税务主管部门指定的企业印制；未经省、自治市、直辖市人民政府税务主管部门指定，不得印制发票。"修改为：

"增值税专用发票由国务院税务主管部门指定的企业印制；其他发票，按照国务院税务主管部门的规定，分别由省、自治区、直辖市国家税务局、地方税务局指定企业印制。

未经前款规定的税务机关指定，不得印制发票。"

第十四条第二款改为第三款。

3. 依然存在的问题

一是针对部分纳税人到工商行政管理机关领取营业执照后，不到税务机关办理税务登记的问题，在法律中没有相应的制约规定。

二是税收执法强制措施的适用范围，当时的规定只适用于从事生产、经营的纳税人，没有考虑非生产、经营性纳税人。

三是对于有协税义务的单位不履行或不完全履行法律规定的协税义务的行为，未规定相应的法律责任。

四是与《行政处罚法》（1996）和《刑法》（1997）的有关规定未能协调一致。另外，在法律中一些规定不够细化，缺乏可操作性。①

---

① 郭振乾．全国人民代表大会常务委员会执法检查组关于检查《税收征收管理法》执行情况的报告（摘要）——1998 年 8 月 26 日在第九届全国人民代表大会常务委员会第四次会议上［J］．中国人大，1998（19）：6－9.

（二）2001年修订：加大对纳税人权利的保护

1. 修订背景

经过近8年的实践，《税收征收管理法》为税收的应收尽收、收入的稳定持续增长和增强中央的宏观调控能力、保证各项改革任务的顺利完成发挥了积极作用。1993年以来，国家政治经济形势、财政管理体制和税制都发生了巨大变化，尽管1995年对《税收征收管理法》作了一些修正，但是随着时间的推移，其本身存在的一些问题和不足，使其作用还没有充分发挥出来，迫切需要修改，以适应不断发展变化的经济社会形势、体制机制、管理理念和管理手段。

从《税收征收管理法》实施的宏观环境分析，修改完善《税收征收管理法》十分必要。一是国家的政治形势发生变化。1992年10月党的十四大召开，正式确立了社会主义市场经济体制的目标，我国各项法律法规都处在转轨过程中。二是新税制和分税制财政体制改革的实施。1994年分税制财政体制改革并实行新税制后，增值税成为主体税种，税务部门并分设国税、地税两套机构，划分了各自的征管范围，中央税和地方税按照国税、地税两个税务机构的分工分别征管，新的税收制度在顺利实施的过程中，也对征管的基本制度和基本方式方法提出了许多新的要求。三是我国国家经济形势的发展，特别是改革开放、经济的腾飞，以及经济成分的日趋复杂，经济秩序不断发生一些新情况和新问题，社会、政府、纳税人在这样一个经济形势变化的过程中，都对税收管理的实际水平提出了越来越高的要求。四是信息化、现代化的管理理念和手段在税收征管中的运用，使传统的税收管理的基本方式正处在变革中，而且有了一些新的发展设想。

从《税收征收管理法》具体实施情况分析，其相关内容主要存在以下几方面不足，需要完善。一是《税收征收管理法》的适用范围不全，如没有对电子申报和邮寄申报作出规定等。二是有些条款规定不明确，不利于操作。如税收保全和强制执行措施的操作性不强，力度不够，程序复杂；与有关部门特别是政府有关部门的配合，在条文上不够明确，不好协调；法律责任有些条款规定比较模糊。三是对税收征管的有些制度缺乏规范。如税务稽查机构的执法主体不够明确，对税务机关和税务干部的执法随意性如何制约缺乏规定，对于欠缴、缓缴、滞纳金等具体业务由于法规规定的缺乏难以操作。

从税收事业发展的角度来分析，对《税收征收管理法》的修订也提出了迫切要求。一是经历了1993年整顿经济秩序时国务院决定取消困难减免、1994年的税制改革、1996年以来税务系统大力推行税收征管改革以及行政执法责任制等一系列税收工作的重大变化，对于行政执法的水平和管理的要求越来越高。二是税务系统几年来持续推行的征管改革实践，由管户向管事的过渡以及纳税人主动自行申报纳税，使税务部门逐渐改变了重实体轻程序的传统管理理念，更加注重征收管理质量和效率，由此对税务工作程序提出了更好、更高、更严格的标准。三是在具体征管实践中，税务系统干部逐步意识到，"征管就是政策"，如果实体法定下来的政策没有有效的征管措施保证到位，实体法所规定的政策就等于没有实现。因此，必须研究如何在《税收征收管理法》中明确各项程序、要求以及权限，以促进更好地落实税收政策。四是税务部门自身要进一步规范执法行为，有效监督和制约执法权力。

基于以上考虑，国家税务总局自1996年下半年起，开始着手进行《税收征收管理法》修订的调研工作，1999年2月上报国务院，2000年7月国务院常务会议审议通过，提交全国人民代表大会常务委员会，经过全国人民代表大会常务委员会四次审议，2001年4月28日，第九届全国人民代表大会常务委员会第二十一次会议通过了修订后的《税收征收管理法》。由于修改的内容比较多，因此，全国人民代表大会法律委员会决定不再用修正案，而直接用修订案发布一部新法，并以中华人民共和国主席令第四十九号公布，自2001年5月1日起施行。此后，税收征管方面的法律法规逐步完善，初步形成了"税收法律—行政法规—行政规章—规范性文件"相互配套、互相补充、便于实际操作的税收征管法律体系，具体包括以下内容：

一是综合性税收征管方面。制定了《税收征收管理法实施细则》（国务院令第123号）、《国家税务总局关于贯彻实施〈税收征收管理法〉及其实施细则若干问题的规定》（国税发〔1993〕117号）、《国务院办公厅关于转发〈国家税务总局深化税收征管改革方案〉的通知》（国办发〔1997〕1号）、《税收征管业务规程》等文件。

二是税收征管体制方面。制定了《国务院关于实行分税制财政管理体制的决定》（国发〔1993〕85号）、《国务院办公厅转发国家税务总局关于组建各地的直属税务机构和地方税务局实施意见的通知》（国办发〔1993〕87号）、《国务院办公厅转发国家税务总局关于调整国家税务局、地方税务局税收征管范围意见的通知》（国办发〔1996〕4号）等文件。

三是税务管理方面。制定了《税务登记管理办法》（国税发〔1998〕81 号）、《中华人民共和国发票管理办法》（财政部令第 6 号）等文件。

四是税款征收方面。制定了《国务院关于批转国家税务总局加强个体私营经济税收征管强化查账征收工作意见的通知》（国发〔1997〕12 号）、《国务院关于加强依法治税严格税收管理权限的通知》（国发〔1998〕4 号）等文件。

五是税务稽查和税务行政处罚方面。除了国家制定的《中华人民共和国行政处罚法》，还制定了《税务稽查工作规程》（1995）、《税务稽查工作报告制度》（国税发〔1994〕227 号）、《税务案件调查取证与处罚决定分开制度实施办法（试行）》（国税发〔1996〕190 号）等办法。

六是税务争议的解决方面。除了国家制定的《中华人民共和国行政诉讼法》（1989）、《中华人民共和国国家赔偿法》（1994）、《中华人民共和国行政复议法》（1999），还专门制定了《税务行政复议规则（试行）》（国税发〔1999〕177 号）、《税务行政应诉工作规程（试行）》（国税发〔1995〕9 号）等规定。

七是税务代理方面。制定了《税务代理试行办法》（国税发〔1994〕211 号）等。

八是打击税收犯罪方面。1997 年通过的新《刑法》中专门涉及税收犯罪的就有 14 个条款，并在其第 3 章第 6 节中单独规定了"危害税收征管罪"一节。

2. 修订内容

同 1995 年修正的《税收征收管理法》相比较，2001 年的《税收征收管理法》不仅法律条文增加了 32 条，而且对原法的 64 条法条共进行了 90 多处修订，其中：保护纳税人合法权益的法条增加了 11 条，占新增法条总数的 34.4%；并对原法中关于保护纳税人合法权益的 11 条法条进行了 20 处修订，占修订总数的 22.2%。

一是强化了税源管理，健全了基础制度，堵塞了税收漏洞。规定了工商行政管理部门要定期向税务机关通报工商办证的情况，加强了工商行政管理机关与税务机关的配合，促进纳税人依法办理税务登记；加强了对纳税人银行账户的管理，有效监控纳税人的生产经营活动；规定了生产经营以外的纳税人和代扣代缴义务人的税务登记办法，明确了代扣代缴义务人的法定义务；明确了国家有计划地用现代信息技术装备税务机关，加强税务系统的信息化建设，建立与政府其他部门的信息化共享制度；规定国家根据税收管理的需要积极推广使用税控装置，加强税收监控；规定从严控制延期纳税，堵塞了欠税漏洞。

二是进一步明确了税务机关执法主体的地位，强化了执法手段和措施。明确了税务机关范围包括专业化的税务机构，即税务机关是指各级税务局、税务分局、税务所和按照国务院规定设立的并向社会公告的税务机构；明确了税务机关是唯一代表国家执行税收管理的权力机关，包括征税、也包括执行各种强制执行措施，同时明确了有关委托代征的单位和个人的规定；明确了审计机关、财政机关查出的税收违法行为需要入库的税款，由税务机关依法将应当缴纳的税款收缴入库；对于地方政府擅自决定的减免税，各级税务机关不得执行并要求报告上级税务机关；明确了税收违法行为的处理程序，应先由税务机关给予行政处罚，构成犯罪的再移送司法机关进行处理；解决了行政处罚与司法处罚之间的关系；增加了对零散税收核定税款的条件；明确对于偷税中抗税、骗税可以无限期追缴；明确行政处罚的追溯期为5年。除了以上八个方面的内容外，还规定税务机关可以实施停止销售发票、停止出口退税、提请工商机关吊销营业执照、对临时商贩可以进行现场扣押、变卖以及对以前年度进行检查可以实施税收保全、强制执行措施等。

三是增加了防范涉税违法行为的措施，加大了打击偷税骗税欠税的力度。对法律责任进行了必要的修改、调整和补充，明确税务机关在要求纳税人限期改正的同时可以进行处罚；规定了对偷税等税收违法行为罚款的下限，规范了税务部门在执法过程中的自由裁量权的幅度；明确了扣缴义务人的法律责任，即50%以上3倍以下的罚款；规定了对银行和其他金融机构拒绝执行查、冻、扣的责任；规定了税款优先原则，规定税款优先于无担保债权，优先于抵押权、质权、留置权，优先于其他罚款和罚没收入；明确阻止违反税法、拖欠税款单位的法定代表人出境的规定；明确逃避、拒绝和阻挠税务检查的纳税人的法律责任；明确税务所的处罚权，取消对零散税收和无照经营的纳税人的限制条件。

四是大量增加了保护纳税人合法权益和纳税人依法享有权利的内容和条款。规定税务机关和税务人员要尊重和保护纳税人、扣缴义务人的权利，依法接受监督；对从事生产、经营的自然人采取保全和强制，不得查封扣押纳税人个人及其所扶养家属维持生活必需的住房和用品；规定对多缴的税款，退还的同时还应包括当期存款利息；大幅降低了滞纳金的征收率，从每天2‰降到了每天5‱；放宽税收行政复议的前置条件，对于缴不起税款的纳税人，可以提供纳税担保，然后进行复议。

五是进一步规范税收机关的执法行为，明确了税务机关和税务人员违法行为的法律责任。明确了日常工作的一些规定，如宣传咨询、文明服务、队伍建设、廉政建设、文明礼貌、接受监督、建立内部制约机制等；明确了税务机关征收、管理、稽查、行政复议的专业分工及相互分离、相互制约的关系，为征管改革提供了法理依据；规定了行政人员的回避问题，只要有利害关系就应该回避；对于违反征管范围和随意改变税款入库级次的税务人员要给以降级或者撤职的行政处分；内外勾结犯罪的要给以行政处罚或者追究刑事责任；少征、提前征收、延缓征收，分别规定了行政处分和刑事处分。

3. 修订影响和重大意义

2001 年修订的《税收征收管理法》贯彻了加强征管、堵塞漏洞、惩治腐败、清缴欠税的精神，主要体现在以下几方面：一是税收征管领域落实依法治国、依法治税的思想；二是具有实践性和可操作性，解决了发展和征管工作中的主要问题；三是具有现实性和前瞻性，体现了经济体制改革、税制改革和税收征管改革的成果；四是完善了征管法制建设。经过此次修订，我国已基本形成以《税收征收管理法》为核心，以《税收征收管理法实施细则》为辅助，以国务院有关部委、直属机构制定的部门规章和规范性文件为补充的税收征管法律体系。

此次修订的《税收征收管理法》，明确规定了纳税人拥有受尊重和保护权、享受咨询和公共服务权、知情权、保密权、申请减免退税权、陈述权、申辩权、申请复议权、提起行政诉讼权、请求国家赔偿权、控告和检举权、受奖励权、个人及其所扶养家属维持生活必须的住房和用品不可侵犯权、超纳税额纳税款要求退还权、拒绝检查权、拒绝摊派权等 16 项权利。这些权利的法定化，不仅使纳税人的法律主体地位得以定位，而且使纳税人与税务机关两者的法律地位得以平衡。这对于加强税收征管，规范税收征收和缴纳行为，保障国家税收收入，保护纳税人的合法权益，促进经济和社会发展，进一步推进依法治税，具有十分重要的意义。

4. 社会评价

社会各界普遍对 2001 年修订的《税收征收管理法》给予了很高的评价，认为它是一部比较完整的征管法律，尤其在赋予纳税人法定权利方面进步很大。

时任全国人民代表大会常务委员会委员长李鹏对此次修法给予高度评价，认为这次修订“经常委会四次审议，增加了不少新的条款，对许多原有条款也作了修改，从而进一步完善了我国税收征管的法律制度。这是一部很重要的法律，对于保障国家税收，促进经济和社会的发展，调节收入分配的差距，都有重大的意义。”不少学者也从不同角度给予了充分肯定：

“新征管法明确规定了纳税人、扣缴义务人的权利，对涉及其切身利益问题规定得合情合理。……如此将纳税人、扣缴义务人的权利全面、明确地写在法律上还是第一次。这样规定，对税务机关依法治税也提出更高的要求。”“……这样，有利于依法治税。”①

“再次修订的《税收征收管理法》是一部较完整的税收征管程序法。”“新《税收征收管理法》明确规定了……等16项权利。这些权利的法定化，不仅使纳税人的法律主体地位得以定位，而且使纳税人与税务机关两者的法律地位达到平等。”②

“2001年5月1日实施的《中华人民共和国税收征收管理法》的主体是税务机关与纳税人之间的权利、义务关系，符合税收征收管理法的性质与要求，同时也包括一些税收立法权划分和税务机关内容管理的问题，超越了税收征收管理法的范围。”“……通过规定税务机关与纳税人作为与不作为的权利与义务及其对应的法律责任，体现了促使纳税人依法纳税的立法宗旨。但在对立法宗旨的表述上未能将税收征收管理的目的精确地概括为促使纳税人依法纳税，而是停留在规范税收征收和缴纳行为上面，不能不说留下了一个画龙没有点睛的遗憾。”③

“它是我国税收征收方面的行政程序基本法，其把规范税务机关的征税行为、保护纳税人合法权益和为纳税人服务提高到重要的地位，对促进依法治税、规范征纳双方行为方面发挥了积极的作用。”④

2001年5月2日，人民日报评论员文章《依法加强税收征管》指出，“新征管法的颁布标志着我国适应社会主义市场经济的税收法律制度得到进一步完善，依法治税又迈向一个新台阶。新征管法的实施，对于保障国家税收收入，保护纳税人的

---

① 王家林．完善财税法制规范财经秩序——从《会计法》《税收征收管理法》的修订看完善财税法制对规范财经秩序的重要作用［J］．中国财政，2001（9）：38－39．

② 孙贤和．纳税人的合法权益有了更可靠的法律保障——学习新《税收征收管理法》的思考［J］．中国工会财会，2002（10）：29－29．

③ 马国强．评《税收征收管理法》［J］．涉外税务，2001（12）：1．

④ 高军，杜学文．试论法治视野中《税收征收管理法》的缺陷［J］．云南行政学院学报，2009，11（3）：144－147．

合法权益，规范税收执法行为将起到重要的作用。”“新征管法的实施，对于整顿和规范社会主义市场经济秩序将起到重要的作用。”

（三）2013 年修正：简化纳税人办理税务登记流程

1. 修正背景

虽然 2001 年修订的《税收征收管理法》对于促进经济和社会发展发挥了积极作用，但是 10 多年来，经济全球化、信息化和我国社会主义市场经济快速发展，税收征管面临的形势发生了深刻变化：中国特色社会主义法律体系进一步完善，纳税人的法律意识和维权意识不断增强，企业经济活动、经营方式日趋复杂，信息技术和税收信息化日新月异，征纳双方信息不对称状况加剧，税源管理面临高度的复杂性和诸多不确定性，传统的人海战术、以票控税等税源管理方式已难以适应信息化社会迅猛发展。《税收征收管理法》与税收征管工作实际需要之间的矛盾日渐突出，如《税收征收管理法》与有关法律制度的衔接，纳税人权利权益进一步的保护，特别是适应党的十八大提出的形成有利于结构优化、社会公平的税收制度要求，税收征管制度安排要为税收制度改革提供征管保障等，因此，对《税收征收管理法》进行再次修订已势在必行。

2. 修正历程

自《税收征收管理法》修订列入第十一届全国人民代表大会常务委员会立法规划项目后，国家税务总局成立了由局领导牵头的《税收征收管理法》修订领导小组、工作小组和专家小组，启动了《税收征收管理法》修订工作。

2007 年，国家税务总局在全国税务系统开展了《税收征收管理法》及其实施细则执行情况调研工作，并在国家税务总局网站上公开征求社会各界对《税收征收管理法》修订的意见和建议。

针对《税收征收管理法》与征管实践中的矛盾难点，确定了“税收征管体制、税收征管模式”“关于行政行为的证据”“税收债权的追缴”“关于税收征收程序”“关于纳税人权利义务”“与第三方信息共享、行政配合问题”“电子政务问题”“电子商务税收征管问题”等课题开展专题研究，形成了共计 40 余万字的专题报告。

为了在《税收征收管理法》修订中能够有效借鉴国外税收立法工作的先进理念和经验，国家税务总局翻译了美国、澳大利亚、法国、德国、日本和韩国 6 个国家的税收征管法律，编辑出版了《外国税收征管法律译本》；考察了一些国家和地区的税收征管制度、税收征管体制和税收征管信息化建设的经验。在此基础上，逐一归纳提炼了外国税收征管法律制度中可借鉴的相关规定。

《税收征收管理法》修订工作小组将计划修改的内容分为28个专题，组织系统内的专家和业务骨干编写专题修改说明，从现行规定执行的现状、存在的问题、外国税法借鉴等方面全面阐述修改的缘由。

在前期工作的基础上，2009年，经全国税务系统内专家小组两轮研究和全国税收征管科技工作会议讨论，形成了《税收征收管理法（征求意见稿）》，在全国税务系统内征求意见。2010年，对反馈意见进行了分类归集，针对其中的突出问题再次进行了重点研究，截至2011年，对《税收征收管理法（征求意见稿）》进行了23次修改和完善。2012年，在继续征求、对外沟通协调的同时，《税收征收管理法》修订领导小组分别前往国务院法制办公室、全国人民代表大会常务委员会预算工作委员会、财政经济委员会和法律工作委员会汇报修订进展情况，2013年5月正式将《税收征收管理法》修订案草案报送国务院。国务院法制办公室于6月7日向社会公开征求意见。2013年6月29日第十二届全国人民代表大会常务委员会第三次会议通过了相关决定，对《税收征收管理法》作第二次修正。

按照最初思路，本轮修改并非法律施行十年后例行公事，而是税收改革的发展迫切需要对《税收征收管理法》作出大幅度的改动，进行一次全面“手术”。然而其后的这些年，《税收征收管理法》修订却一次次搁浅，只是对部分条款作了修正。之所以历经如此长的时间，有专家认为是由于三个层面力量的博弈，使得各方难以达成共识：其一是国家税收和纳税人之间的博弈。《税收征收管理法》是以保护国家税收的安全为主，还是以保护纳税人权益为主？其二是税务部门和其他部门之间的博弈。比如要求其他部门为税务部门提供涉税信息，其他部门可能会认为单方面提供信息有失公平。其三是税务系统内部不同职能部门之间的权力划分未定，比如征管部门与稽查部门、所得税部门的利益之争。①

3. 修正内容

将第十五条第一款由：“企业，企业在外地设立的分支机构和从事生产、经营

---

① 郑猛．税收征管修法偏废［J］．财经，2013（20）．

的场所，个体工商户和从事生产、经营的事业单位（以下统称从事生产、经营的纳税人）自领取营业执照之日起三十日内，持有关证件，向税务机关申报办理税务登记。税务机关应当自收到申报之日起三十日内审核并发给税务登记证件。”

修改为：“企业，企业在外地设立的分支机构和从事生产、经营的场所，个体工商户和从事生产、经营的事业单位（以下统称从事生产、经营的纳税人）自领取营业执照之日起三十日内，持有关证件，向税务机关申报办理税务登记。税务机关应当于收到申报的当日办理登记并发给税务登记证件。”

此次修正简化了纳税人办理税务登记流程，税务机关不再需要在三十日内对纳税人的税务登记申报进行审核，而应在当天办理登记并发放税务登记证件。

（四）2015 年修正：简化纳税人的减税、免税申请

2015 年 4 月 24 日，第十二届全国人民代表大会常务委员会第十四次会议通过相关决定，对《税收征收管理法》作第三次修正，将第三十三条由：“纳税人可以依照法律、行政法规的规定书面申请减税、免税。”“减税、免税的申请须经法律、行政法规规定的减税、免税审查批准机关审批。地方各级人民政府、各级人民政府主管部门、单位和个人违反法律、行政法规规定，擅自作出的减税、免税决定无效，税务机关不得执行，并向上级税务机关报告。”

修改为：“纳税人依照法律、行政法规的规定办理减税、免税。”“地方各级人民政府、各级人民政府主管部门、单位和个人违反法律、行政法规规定，擅自作出的减税、免税决定无效，税务机关不得执行，并向上级税务机关报告。”

此次修正后，纳税人可以直接依照法律、行政法规的规定办理减税、免税，不再需要向税务机关书面申请、经税务机关审批。

四、税收征管制度的新探索——《税收征收管理法修订草案（征求意见稿）》的公布

（一）出台背景

现行《税收征收管理法》自 2001 年 5 月 1 日施行以来，对于规范税收征收和缴

纳行为，保障国家税收收入，保护纳税人合法权益，促进经济和社会发展，发挥了积极作用。但随着我国改革开放的不断深化，社会经济生活已发生深刻变化，经济全球化、社会信息化趋势日益明显，纳税人的涉税活动更为复杂，纳税人权益意识不断增强，现行税收征管法虽然经过2013年、2015年两次修正，但仍存在不少有争议和需要解决的问题，总体上已经难以适应税收征纳环境的变化。而且，随着中国特色社会主义法律体系的形成和进一步完善，现行《税收征收管理法》与相关法律制度不衔接的问题也日益突出。

此外，在现行《税收征收管理法》中，对纳税人权利的法律保护有了更多的规定和强调，但与其中对纳税人义务的大量明确规定相比，还存在着很多的不平衡和不足。虽然《行政诉讼法》《国家赔偿法》《行政许可法》《行政处罚法》《税收征收管理法》等法律法规中可以发现一些对纳税人权利保障的法律规定，但都并不是针对纳税人应享有纳税的权利的专门规定，仍有很大的不确定性和不完整性，许多应有的纳税人权利保障规定没有成体系的在法律中进行规定。

基于以上背景，为了进一步增强立法的公开性、透明度，提高立法质量，国务院法制办公室2015年1月5日将税务总局、财政部起草的《中华人民共和国税收征收管理法修订草案（征求意见稿）》（以下简称《征求意见稿》）及其说明全文公布，征求社会各界意见。《征求意见稿》是在党的十八届三中、四中全会的两个《决定》和中央政治局通过的《深化财税体制改革总体方案》的宏观部署下展开的，是新一轮财税体制改革的重要组成部分。在这一框架下，财税制度改革的总体目标是建立起“与国家治理体系和治理能力现代化相适应”的制度基础，即“现代财政制度”，税收征收管理制度必须与财税改革的内容相适应。

（二）拟修订的内容

《征求意见稿》拟主要修订内容包括以下几个方面：

1. 修改立法宗旨

将原先的“加强税收征收管理，规范税收征收和缴纳行为”表述调换位次，相对淡化了加强征管的色彩。在章节设计上，从现行法律的6章、94条大幅扩充到11章、139条，增加46条，修改63条，删除2条（第11、29条），未修改的只有29条；原先的“税务管理”一章取消，拆分为税务登记、凭证管理、信息披露、申报纳税4章，体现了“去管理化”思路。另外还将之前实践中形成的《纳税评估管理办法（试行）》《税务稽查工作规程》等文件中的有益经验上升为法律。

2. 完善纳税人权益保护体系

引入预约裁定制度，如果纳税人预期将发生重要经济利益的交易事项，但难以明确相关的税务处理方式，可以向相关税务机关申请预约裁定，以更准确地估计税务成本，降低税务风险。健全税务争议解决机制，取消了纳税人在申请行政复议前应缴清税款的规定。

3. 进一步规范税收征管行为

增加对自然人纳税人的税收征管规定，增强了纳税人识别号制度的法律地位，并将这一制度覆盖到自然人纳税人，自然人纳税人今后签订合同、协议、缴纳社会保险、不动产登记以及办理其他涉税事项时，应当使用纳税人识别号。调整了“追溯时限”，纳税人因过失造成少报、少缴税款的最低追溯时限拟从3年延长至5年。同时，对于避税情形的追溯时限拟由无限期缩短至15年。此外，对欠税的最高追溯时限拟定为20年。建立、健全税收诚信体系，褒扬诚信，惩戒失信，促进税法遵从等条款；除法律、行政法规和国务院规定外，任何单位不得突破国家统一税收制度规定税收优惠政策。

4. 建设信息管税机制

新增“信息披露”章节。规定纳税人、银行、其他金融机构、网络交易平台、税务代理人以及政府有关部门和机构在一定情况下应向税务机关提交涉税信息。未按要求提供涉税信息，相关责任人可能会被处以罚款。税务机关获取的纳税人信息只能用于税收目的。对于纳税人、银行和其他金融机构向税务机关披露信息的规定，在起点、内容和时限方面都要求严格。从事生产、经营的纳税人在一个纳税年度内向其他单位和个人给付5000元以上的，应向税务机关提供涉税信息。银行和其他金融机构的单笔资金往来的披露起点要求是50000元以上。此外，《征求意见稿》规定的银行应提供给税务机关的信息要求非常详尽，包括：账户持有人的账户期末余额、投资收益等。

5. 实现与其他法律的衔接

为了和2011年颁布的《中华人民共和国行政强制法》的法律规定①保持一致性，对于纳税人如未按照规定期限缴纳税款，由原规定按日加收5‰滞纳金改为加收税收利息，利率改为由人民币贷款基准利率和市场借贷利率的合理水平综合确定，并新增了对某些情况下税收利息中止和减免的规定。例如，对非纳税人的过错不能及时足额申报缴纳税款的，或者纳税人主动纠正税收违法行为的，可以减免征收税收利息。对纳税人在某些情况下的最高罚款标准从税款的5倍降低至税款的3倍，并且新增了一条规定在某些情况下可以视情节减轻或免予处罚。如果纳税人逾期不履行税务机关的征税决定，将被课征滞纳金，且其比例将由现行《税收征收管理法》下的每日"万分之五"提高到每日"千分之五"。

（三）对《征求意见稿》的社会评价

《征求意见稿》真正体现了"全面修订""深化改革"的总体要求，在一些重要的关键领域实现了突破，例如引入预约裁定制度、完善争议解决机制、加强和其他相关法律的衔接等。同时，围绕自然人作为直接纳税人的要求，从法律框架设计、具体制度创新、配套措施衔接等多个层面对自然人税收征管作了全面规定，以破解自然人税收征管难题，适应直接税改革的需要。这些变化同时说明，我国的税收征管法律制度正在向功能更为多元、理念更为先进、细节更为明确、操作更为便捷的现代化目标迈进。

中国财税法研究会副会长、中国人民大学法学院教授朱大旗表示，"时至今日，税收征收管理法已经实施超过20年，从2001年至今也已运行十余载，由于经济情势、征管环境以及公民意识等方面的急剧变化，不管是从提高我国税收征管质量与效率的实践角度，还是从更新税收征管模式与理念的理论角度，税收征收管理法亟需再次修订。""以前瞻性和批判性的视角看待税收征收管理法修订草案，可以发现仍存在以下问题：草案修改忽视了税收征管理念的提升，保留了一些保守的成分；仅有的改动主要倾向于强化税收征管部门的权力，没有涉及纳税人权利保障的事项

① 《行政强制法》第四十五条规定"行政机关依法作出金钱给付义务的行政决定，当事人逾期不履行的，行政机关可以依法加处罚款或者滞纳金"。

等。”“《征求意见稿》确实是有着诸多可喜的进展，向着税收治理现代化迈进了坚实的一步。”

中国政法大学教授施正文表示，“目前税法中涉及税款的争议问题比较严重，特别是纳税人向上级税务部门复议时，需要先在当级的税务机构缴纳税款，然后才能诉讼，这损害了纳税人的利益。对此，草案中也明确指出，对于涉及税款的争议，当事人申请复议时，无须先缴纳税款或者提供足额担保。这与现行《税收征收管理法》第八十八条相比，是很大的进步。”

“客观地说，《征求意见稿》是一大进步，但还应再进一步。修法方向是正确的，但步子还应再大一点。目前的修订草案还保留着相当程度的‘管理法’思维，带有一定的部门立法色彩。在很多情况下，仍然将税收收入最大化的国库利益作为中心，没有跳出把征税机关和纳税人摆在利益对立面的‘非合作博弈’格局，尚未建立起税务机关与纳税人之间的合作与信任关系，征税权控制中的程序正义和利益平衡等原则体现得尚不充分，对纳税人的权利保护范围和力度也都还不够到位。”①

“2001 年修订通过的现行《税收征收管理法》及其实施细则也已运行十余载。在这过程中，国内外经济形势发生了很大变化，尤其是随着我国税制改革逐步深入，相应的税收征管实践也在不断推陈出新，同时国外先进的征管理念和措施也被日渐引进到我国税收征管实践中，这些都需要在法律上进一步明确。……鉴于当前税制改革的要求和税收征收管理实践的需要，此次《税收征收管理法》的修订不应该是简单的修修补补，而应是一些理念和制度的重塑。”②

近些年，国际、国内经济形势发生了很大变化，互联网、云计算、大数据、人工智能等新技术发展迅猛，这对税收征管既将带来机遇，也会带来挑战，同时也倒逼《税收征收管理法》的尽快修订。此次《征求意见稿》虽然在很多理念和征管措施上有很大进步，但在第三方涉税信息提供、信息技术在征管的应用、征纳双方的权利与义务的平衡等方面，还需要进一步完善等。

---

① 刘剑文，陈立诚．迈向税收治理现代化——《税收征收管理法修订草案（征求意见稿）》之评议[J]．中共中央党校学报，2015，19（2）：42－50.

② 李万甫，孙红梅．《税收征收管理法》修订若干制度研究[M]．北京：法律出版社，2017：3.

五、《税收征收管理法》的实施效应及未来发展方向

《税收征收管理法》的制定和修订，进一步完善和健全了我国税收法律制度，对于加强税收征收管理，保障国家税收法律、法规的贯彻实施，维护国家的税收权益，保护纳税人的合法权益，发挥了重要作用。

（一）《税收征收管理法》的实施效应

1. 《税收征收管理法》的多重属性

《税收征收管理法》是税收征管发展过程中不断探索、实践成果的集中体现，是税务机关据以进行税收征收管理的基本法律。如果说在涉税事务活动中，税种法和税种条例只是一个个局部法规的话，那么《税收征收管理法》则是统管各税的权益、程序、处罚、诉讼的法律总成，它具有以下五个属性：

一是具有综合法律性质。它不但规范了征纳双方的涉税行为，又包括相关主体的法律责任；既有实体的权利义务，又有程序的具体规定。

二是规定了纳税人和征税人的权利和义务，这使它具有了税收基本法的属性。

三是适用于所有税种的征收管理，是征税机关和人员在税收征管过程中严格遵循的执法依据，这使它具有了部门法的属性。

四是规定了从税务登记、纳税申报到税务稽查等的具体程序，这使它具有了程序法的意义。

五是明确了税务行政处罚和刑事处罚的标准以及不服处理的申诉程序，这又使它具有了行政复议法、行政诉讼法、行政处罚法的属性。

2. 《税收征收管理法》的运行效应

自《税收征收管理法》颁布实施以来，税收征管法律体系日趋完善，税收征管逐渐走上了法治化、规范化的道路，有效地提升了税收治理能力，助力税收现代化的实现，为国家发展提供财力保障。

一是初步形成了“税收法律—行政法规—行政规章—规范性文件”相互配套、互相补充、便于实际操作的税收征管法律体系。自《税收征收管理法》施行以来，国家和各地又相继制定了与之配套实施的法规、规章和规范性文件，从而大体形成

了以《税收征收管理法》为龙头和母法，以税收征收管理各专门法和单行法为重要组成部分的税收征管法律框架，初步形成了“税收法律—行政法规—行政规章—规范性文件”相互配套、互相补充、便于实际操作的税收征管法律体系。

二是《税收征收管理法》的实施有力地促进了税收征管体制改革，税收征管逐步实现规范化、法治化和信息化。20 世纪 80 年代中期以前，我国税收征管采取的是税收专管员专责管理模式，即“一员进厂、各税统管，集征管查于一身”的税收征管模式。《税收征收管理暂行条例》的实施，统一了税收征管制度，为税收征管提供了较系统、规范的标准和方法，推进了当时进行的“征管查分离”的税收征管改革。1993 年《税收征收管理法》实施以后，伴随着税制改革的落地和管理理念的转变，在国家税务总局的统一部署下，全国范围内逐步实现了从税收专管员上门收税到纳税从自行申报纳税的转变，初步实现了征收、管理、检查各项权力的分权制约，积极利用现代信息技术手段促进税收征管，征管工作科技含量明显提升。

顺应以金税工程为代表的信息化建设的突破性进展，现代信息技术在税收管理领域得到广泛利用，2001 年修订后的《税收征收管理法》第一次将税收信息化和现代化写进法律，国家税务总局明确提出要充分利用高科技，尤其是以计算机和网络为核心的现代信息技术，为税收管理提供现代化手段，在管理理念、管理体制、管理方法上创新，使之成为依法治税和从严治队的重要依托。2003 年，形成了“以申报纳税和优化服务为基础，以计算机网络为依托，集中征收、重点稽查、强化管理”的“34 字”征管模式。

伴随着《税收征收管理法》的修订完善，税收征管模式也在不断完善，税收征管的科学化、信息化、国际化进程不断加快，初步建成与税制改革相促进、与税源状况相适应、与科技创新相协同、与有关部门相配合，以税收风险管理为导向，以分类分级管理为基础的现代税收征管体制。

三是《税收征收管理法》的实施有效地促进征管质量和效率的提高，进而促进税收收入的平稳较快增长。税收征管是整个税收管理活动的中心环节，是实现税收管理目标，将潜在的税源变为现实税收收入的实现手段，也是贯彻国家产业政策、指导监督纳税人正确履行纳税义务，发挥税收作用的重要工作。自《税收征收管理暂行条例》以及此后的《税收征收管理法》实施以来，我国税收征管效率和质量明显提高，进而促进了税收收入的平稳较快增长。

《税收征收管理法》实施前的1992年，全国税收收入为3297亿元，占GDP的比重为12.12%，2017年全国税收收入达到144360亿元，25年间增长43倍，是《税收征收管理暂行条例》实施前1985年的71倍，占GDP的比重增加到17.45%，比1992年提高了5.32个百分点。

（二）《税收征收管理法》的未来发展方向

通过审视《税收征收管理法》的发展历程，在立法修正和修订方面具有以下趋势：

（1）内容上越来越完善。随着国内外经济社会的发展和新技术的应用，中国税制结构也发生着变化，与之相匹配，税收征管理念、模式和征管实践不断改进和完善，集中体现在历次《税收征收管理法》的修订中。《税收征收管理法》的内容越来越规范和完善，为税制改革保驾护航，为征纳双方提供确定的法律依据，加强对纳税人权益的保障，并且在配套制度措施、立法技术和可操作性上持续完善。

（2）形式上越来越民主。早在2008年，《税收征收管理法》的修订工作就被列入全国人民代表大会常务委员会立法规划，并于2013年再度被列为全国人民代表大会常务委员会五年（2013—2017年）立法规划“第一类项目”。2009年国家税务总局曾发布《税收征收管理法修订稿（征求意见稿）》；2013年6月7日国务院法制办公室通过其官网首次公布了《中华人民共和国税收征收管理法修正案（征求意见稿）》；2014年7月9日国家税务总局再次发布《税收征收管理法修订稿（征求意见稿）》；2015年1月5日，国务院法制办公室就《税收征收管理法修订草案（征求意见稿）》再次向社会公开征求意见。

（3）频度上越来越频繁。自1992年我国制定颁布第一部《税收征收管理法》以来，前后共历经1995年、2001年、2013年、2015年四次修订或者修正。从时间间隔上来看，越来越频繁，这也从侧面反映《税收征收管理法》的修订是一项不断顺应时代发展且迫在眉睫的重要工作。

目前，我国经济发展进入新常态，经济结构不断优化升级，经济增长从要素驱动、投资驱动转向创新驱动，互联网、大数据、云计算、人工智能等新技术突飞猛进。在这样的背景下，及时修订《税收征收管理法》既有必要又很紧迫。根据2018年立法工作计划显示，耕地占用税法、车辆购置税法、税收征管法（修改）、资源税法等 4 部税法提上日程，计划分别在 8 月、10 月、12 月的全国人民代表大会常务委员会上审议。为顺应国内外经济形势和新技术发展，贯彻落实税收法定原则，适应深化税制改革的要求，下一步《税收征收管理法》的修订方向应该体现以下几方面内容：

（1）适应税制改革要求，完善自然人税收法律制度。按照党的十八届三中全会决定确定的税制改革任务，深化税制改革进入攻坚阶段。推进税制改革，亟须税收征管措施的配套。否则，税制改革的进程将会受到很大影响，甚至难以实施。因此，《税收征收管理法》的修订，应当前瞻税制改革的内在要求和发展趋势，构建一个能够适用税制改革的新型税收征管体制。此次《税收征收管理法》修订的重中之重，是解决深化税制改革的征管保障问题，这也是当前加快推动《税收征收管理法》修订的直接动因。

全面推进深化税制改革的各项任务，都不同程度地迫切需要加快税收征管措施的配套，特别是个人所得税的改革、房地产税的立法，将倒逼自然人税收征管制度尽快实现法治化、体系化。因此，就完善自然人税收征管制度来说，更多的考虑应该是如何为个人所得税改革、房地产税立法等直接税改革提供程序法支撑。现行《税收征收管理法》对自然人的征收管理规定较为单薄，如果将自然人纳税人的税收管理作为下一步的修订内容，会对直接税的改革起到很好的保驾护航的作用。

（2）推动国税地税征管体制改革，促进改革成果法治化。2018 年 6 月 15 日，全国各省（自治区、直辖市）级以及计划单列市国税局、地税局合并且统一挂牌，标志着我国税收征管体制改革迈出阶段性关键一步。7 月 20 日，中共中央办公厅、国务院办公厅印发了《国税地税征管体制改革方案》（以下简称《改革方案》）。《改革方案》强调，通过改革，逐步构建起优化高效统一的税收征管体系，为纳税人和缴费人提供更加优质高效便利服务，提高税法遵从度和社会满意度，提高征管效率，降低征纳成本，增强税费治理能力，确保税收职能作用充分发挥，夯实国家治理的重要基础。这是继 20 世纪 80 年代“利改税”和 1994 年分税制改革后，顺应新时代发展要求，我国税收征管体制的第三次重大改革。这一改革是政府构建一个规范、高效、统一的税收征管体系和纳税服务体系的前提，将对深化税制改革、推进税收治理现代化产生深远影响。税务组织机构由原来的国税、地税，合并为一个税务机构，税收征管职责范围扩大到所辖区域内各项税收、社会保险费和非税收入征管等职责。征税主体的变化和征管职能范围的扩展，与现行《税收征收管理法》条款有诸多冲突，必须及时加以修订，通过法律固定下来。

（3）以税收确定性为核心，保障纳税人合法权益。“相对确定的社会生活不仅符合人类直觉性的安全偏好，而且有利于我们对社会生活作出主动计划和安排，增进社会生活的品质。”在税收领域，税收确定性原则的确立，不仅是为了防止征税机关的任意专断征税，影响纳税人税收实体负担，还要求征税的方式、步骤、时限和顺序确定，从程序角度满足纳税人对税收确定性的需求。

《税收征收管理法》是税务机关与纳税人进行征纳活动的基本规范，进一步强化税收确定性原则是《税收征收管理法》修订的基本要求之一。从行政法“控权”角度考虑，《税收征收管理法》也应对纳税人的“防御权”进行明确。现行《税收征收管理法》对纳税人权益的保障性条款规定的比较笼统，纳税人在征税程序中如何行使陈述申辩权、异议权及保密权等基本权利，没有与税务机关征税程序对应。《税收征收管理法》修订要把纳税人的权利设定和税务机关的重要执法环节有机结合起来，这样才能进一步提升税收确定性。

（4）顺应“互联网+”时代发展，实现税收征管现代化。数字时代的到来，人们的生活习惯、工作方式、商业模式等社会生活的方方面面都发生了巨大变化。法律不能脱离于社会生活，从《税收征收管理法》修订的角度看，税收征管程序的设计，应当充分考虑当前征管工作面对的社会状况，数字化变革就是很重要的因素之一。

一方面，互联网的蓬勃发展，是影响税收征管程序的重要外部因素。越来越多的行业通过互联网从事交易活动，基于“互联网+”的新兴商业模式应运而生。从税收实体角度看，应税行为在互联网上发生，纳税义务人、征税对象、纳税义务发生时间等课税要素的识别标准需要重新设计。从税收程序角度看，针对互联网经济的税收管辖权、涉税电子数据的检查权、电子发票的使用、征纳双方数字签章的效力等基本制度还需要通过修订《税收征收管理法》建立和完善。

另一方面，电子政务的长足发展，是影响税收征管程序的内在重要因素。互联网革命发端于技术领域，发展于经济领域，如今已经渗透到经济社会的各个角落，对政府治理方式也带来了新的挑战和机遇。除了政府部门间的数据共享成为现实，现在，税务机关与纳税人通过互联网交互，绝大多数涉税业务都可以在互联网上完成；税务部门之间的任务下达、结果反馈、信息共享也完全通过数据交换。

以大数据、云计算、互联网、物联网、人工智能等为代表的新技术，催生了新的经济业态，新业态加大了税收征管难度，而新技术则为税收征管创造了机遇。税务部门应该抓住机遇，重塑现代税收征管模式，即需要以动态信用管理为核心，以数据管税为依托，以个性化服务和智能稽查为手段，兼具国际标准和中国特色，使新技术对税收征管的冲击、挑战和机遇，充分体现在下一步《税收征收管理法》的修订中。

第十三届全国人民代表大会常务委员会第五次会议于2018年8月31日通过了《中华人民共和国电子商务法》和《关于修改〈中华人民共和国个人所得税法〉的决定》，2018年10月20日，财政部、国家税务总局发布《中华人民共和国个人所得税法实施条例（修订草案征求意见稿）》和《个人所得税专项附加扣除暂行办法（征求意见稿）》，其中涉及很多税收征管制度和程序的内容，迫切需要在《税收征收管理法》中予以确认和衔接。按照全国人民代表大会常务委员会2018年4月27日公布的立法工作计划，涉及税收的立法计划为：耕地占用税法（8月）、车辆购置税法（8月）、税收征收管理法（修改）（10月）和资源税法（12月），希望再次修订的系统、全面的《税收征收管理法》能尽早出台。

参考文献：

[1] 国家税务总局，国家税务总局办公厅.《中华人民共和国税收基本法规》（1998—2018年各卷）[M]. 北京：中国税务出版社，1998—2018.

[2] 李万甫，孙红梅.《税收征收管理法》修订若干制度研究 [M]. 北京：法律出版社，2017.

[3] 申鹏. 我国税收基本法立法研究 [D]. 北京：财政部财政科学研究所，2014.

[4] 刘剑文，陈立诚. 迈向税收治理现代化——《税收征收管理法修订草案（征求意见稿）》之评议 [J]. 中共中央党校学报，2015，19（2）.

[5] 刘佐.60年来全国人民代表大会税收立法的简要回顾与展望——为纪念新中国全国人民代表大会制度建立60周年而作 [J]. 经济研究参考，2014（51）.

［6］刘立恩，刘波．以法治税的多维思考——兼析《税收征收管理法》的法治原则［J］．中央财政金融学院学报，1992（6）．

［7］彭天乐．论我国税收征管制度的改革与完善［D］．长沙：湖南大学，2012.

［8］郭振乾．全国人民代表大会常务委员会执法检查组关于检查《税收征收管理法》执行情况的报告（摘要）——1998年8月26日在第九届全国人民代表大会常务委员会第四次会议上［J］．中国人大，1998（19）．

［9］王家林．完善财税法制规范财经秩序——从《会计法》《税收征收管理法》的修订看完善财税法制对规范财经秩序的重要作用［J］．中国财政，2001（9）．

［10］孙贤和．纳税人的合法权益有了更可靠的法律保障——学习新《税收征收管理法》的思考［J］．中国工会财会，2002（10）．

［11］马国强．评《税收征收管理法》［J］．涉外税务，2001（12）．

［12］高军，杜学文．试论法治视野中《税收征收管理法》的缺陷［J］．云南行政学院学报，2009，11（3）．

［13］李伟．新技术、新业态与税收征管［J］．国际税收，2018（5）．

课题负责人：孙红梅

执　　笔：孙红梅　林　森　易　岚

第七篇

税收现代化：开启税收发展新征程

40 年改革开放的历史，就是经济、社会以及国家治理能力和治理体系不断迈向现代化的过程，作为其中的重要组成部分，税收改革的历史就是不断推进自身现代化的历史。

一、税收现代化的历史探索和丰富内涵

一直以来，作为改革开放突破口和攻坚克难排头兵，税收改革的演进、深化适应了经济社会发展的要求，为推进国家治理体系和治理能力现代化起到了基础性、支柱性和保障性的作用，做出了不可磨灭的历史贡献。40 年来，税收改革始终与改革开放的广度和深化同步并行。它的目标设定、体系建设和不断完善的历史实践始终在运行，一直在路上。

（一）税收现代化的历史探索

改革开放以来的税收现代化进程与社会主义市场经济的发展息息相关，在 2013 年以前，虽然没有明确提出税收现代化的总体目标，但是，税收改革的实践探索却经历了从着重技术层面到注重系统集成，从工具认知到价值认知的税收现代化历史行程，为明确提出税收现代化总目标提供了丰富的历史经验。

从这个意义上说，从改革开放之初到提出税收现代化总目标之间的历史就构成了吹响税收现代化进程号角的“前史”。它首先体现在税收工作两大核心业务的现代化进程从理念到实践的不断探索和完善上。历经40年的探索，我们正构建起以明晰征纳双方权利和义务为前提，以风险管理为导向，以专业化管理为基础，以重点税源管理为着力点，以信息化为支撑的现代化税收征管体系。与此同时，我们也逐步认识到必须“坚持服务与管理并举”，“寓管理于服务”才能不断提高税法遵从度。实现了对纳税服务工作从技术层面到价值层面的认知转变。

同时，现代化的征收管理和纳税服务又是现代税收理论先导、法律和制度建设、技术和人才支撑的协同推进和共同作用的结果。因此，税收现代化体系不断展开和完善的历史就是现代财政税收理论、现代税收法治理念、现代税收制度建设和现代信息技术支撑以及具有现代理念和技术的人才队伍建设的不断发展的历史，六大体系的演进和深化共同构成了税收现代化探索历程中波澜壮阔、不断深化的历史图卷。

（二）税收现代化总目标的内涵

党的十八大和十八届三中全会以来，特别是党的十九大提出新时代中国特色社会主义建设目标以来，党中央从推进国家治理体系和治理能力现代化的高度部署税制改革，强调财政是国家治理的基础和重要支柱，科学的财税体制是优化资源配置、维护市场统一、促进社会公平、实现国家长治久安的制度保障。这是对改革开放以来的税收发展具有里程碑意义的深刻总结和新时代税收的崭新定位。

在这一思想引领下，通过对改革开放以来的税收现代化具体生动的历史实践的总结和提炼，税务总局党组清醒地认识到，面向科学发展，服务大局；面向市场经济，职能转变；面向法治中国，依法治税；面向科技创新，信息管税；面向事业需要，人才支撑以及面向国际潮流，合作竞争，税收工作还存在着差距，亟须我们进一步增强忧患意识，以更强烈的紧迫感、责任感和使命感，总结历史、着眼未来。为此，在2013年底召开的全国税务工作会议上，税务总局党组首次明确提出了建立税收现代化六大体系的任务，它既是对既往改革探索实践的继承和总结，更是积极应对各种挑战，推动税收事业实现大变革和大发展的目标和方向。

2013年12月26日，全国税务工作会议第一次明确提出了税收现代化总目标，并将其细化为“完备规范的税法体系、成熟定型的税制体系、优质便捷的服务体系、科学严密的征管体系、稳固强大的信息体系、高效清廉的组织体系”六大体系。这“六大体系”相互促进，互为因果，不是解一时之弊，应一时之需的权宜之计，而是着眼长远的系统性重构，相比以往的税收改革，其内涵更有时代性，更富创造性，更增先进性，更具引领性。

具体来说，税法体系建设应紧紧围绕落实“税收法定”原则，积极推动税收立法，全面规范税收执法，持续深化税务行政审批制度改革。税制体系建设应紧密结合经济发展要求，在推进增值税、消费税、所得税等税种改革中完善税制体系，落实服务五大发展理念的税收优惠政策，深度参与国际税收改革。服务体系建设应树立以纳税人为中心的理念，打造“便民办税春风行动”品牌，推行税收规范化建设，推进办税便利化改革，显著减轻办税负担。征管体系建设要以税收风险管理为导向，以分类分级管理为基础，加快税收征管的科学化、信息化、国际化进程，提高信息管税能力。信息体系建设要积极推进“互联网 + 税务”，全面建成金税三期工程，推广使用增值税发票管理新系统，打造智慧税务生态系统。组织体系建设则以打造高效廉洁队伍为目标，优化税务组织体系，加强税务系统党建和思想政治工作，扎实开展税务绩效管理和“数字人事”试点工作。

税收现代化六大体系的建设目标是对历史的总结，也是对未来的展望，更是税收事业在新时代继往开来的大目标，砥砺前行的新方向。

二、税收现代化建设的部署和研究

（一）税收现代化建设推进的部署安排

党的十八大以来，从税务系统持续、深入、扎实推进税收现代化到高质量推进税收现代化的历程，可以看出一个明确的坚定不移的整体思路，即税收现代化建设必须始终坚持在旗帜鲜明讲政治，深入学习贯彻习近平新时代中国特色社会主义思想的引领下，在更好服务经济社会发展大局，充分实现税收各项职能，依法组织税收收入，为经济社会发展提供坚强财力保证中谋划和推进，以及在突出问题导向，注重顶层设计与基层探索的有机结合，重点突破与整体协调中推进。

2014 年，全国税务系统着眼未来定目标、正视问题找差距、改革创新谋发展。

在依法组织税收收入、积极深化税制改革、大力推进依法治税、切实优化纳税服务、加快推动征管改革、进一步推进税收信息化建设、不断加强干部队伍建设、着力抓好党风廉政建设等方面矢志笃行，狠抓落实，奋力描绘中国税收现代化的美好蓝图，吹响了解放思想、改革创新、奔赴未来的集合号。

2015年，税务系统深刻认识税收新常态，主动适应税收新常态，积极引领税收新常态，不仅将其作为持续推进税收现代化的重要前提，而且是也作为发挥税收职能作用、更好服务经济发展新常态的重要前提。坚持税收改革、税收法治、税收开放三轮驱动，坚持弥补短板、创新机制、狠抓落实三措并举，坚持完成任务、推行规范、建设队伍三点着力，励精图治，改革创新，持续推进税收现代化，税收现代化之路越走越宽广、越走越坚实。

2016年，税务系统深入学习贯彻习近平总书记系列重要讲话精神，按照“五位一体”总体布局和“四个全面”战略布局，牢固树立和贯彻落实创新、协调、绿色、开放、共享的发展理念，认真落实推进供给侧结构性改革的各项举措，在完成好收入任务与《国税地税征管改革方案》实施任务的同时，深入推进税收现代化，进一步增强了税收在国家治理中的基础性、支柱性、保障性作用。

2017年，税务系统统筹推进“五位一体”总体布局和协调推进“四个全面”战略布局，坚持稳中求进工作总基调，牢固树立和贯彻落实新发展理念，适应、把握、引领经济发展新常态，围绕“干好税务、带好队伍”，深化改革、注重集成，扎实推进税收现代化，完成预算确定的税收收入任务，充分发挥税收调控经济、调节分配的职能，进一步提升税收工作站位，切实增强税收在国家治理中的基础性、支柱性、保障性作用。

2018年以来，全国税务系统全面贯彻党的十九大精神，以习近平新时代中国特色社会主义思想为指导，认真落实中央经济工作会议部署，加强党对税收工作的领导，坚持稳中求进工作总基调，坚持新发展理念，紧扣我国社会主要矛盾变化，围绕统筹推进“五位一体”总体布局和协调推进“四个全面”战略布局，进一步“干好税务、带好队伍”，扎实完成好各项税收任务，确保了扎实推进高质量推进新时代税收现代化开好头、布好局，更好发挥了税收在稳增长、促改革、调结构、惠民生、防风险中的积极作用，促进了经济高质量发展、增进民生福祉。

总之，五年来，在党中央、国务院坚强领导下，税收现代化建设取得积极进展、实现重大进步。一是坚持旗帜鲜明讲政治，切实提高了税收服务党和国家工作大局的能力。二是坚持依法收好税依规减免税，有力支持了经济社会持续健康发展。税收增长与经济发展更协调，减税力度与落实力度双给力，有力保障了经济社会发展财力需求，有力促进了经济结构优化升级。三是坚持全方位深化税收改革，有效激发了市场活力和社会创造力。四是坚持简政放权放管结合优化服务，着力改善了营商环境。五是坚持深入推进依法治税，为推动全面依法治国做出了积极贡献。六是坚持全面从严治党，充分展现了税务铁军良好形象。

（二）对税收现代化的研究和讨论

税收现代化这一继往开来大目标的提出，不仅在税务系统内部点燃了税务人的追梦激情，同时也引起了社会各界的广泛关注，特别是在财税理论界展开了深入的研究和热烈的讨论。

福建省人大常委会副主任、厦门国家会计学院教授邓力平认为，税收现代化六大体系将税收现代化同国家治理体系和能力现代化的战略目标结合起来，将税收在国家经济社会发展中的重要性提到了新高度。而且，正在推进的税收现代化，是在坚持中国特色社会主义制度前提下，在服务“两个一百年”宏伟目标与“四个全面”战略布局中的税收现代化，是中国特色社会主义税收的现代表现与系统构建。

正在推进中的包含税法、税制、服务、征管、信息、组织六个子体系的中国税收现代化体系呼唤着税收理论的现代化的强力支撑与同步发展，而税收理论的现代化，是对中国特色社会主义税收理论已有成果的完善与发展。总体上看，它应当包括我国自己税收理论的持续完善与系统成型，使之更加符合时代新要求。税收理论现代化的出发平台是在三十多年中国特色税收发展进程中逐步成型的税收理论体系。必须继续立足中国国情，在坚持中国特色社会主义税收理论已有成果的基础上推进，它是当代中国税收理论的自我完善与继承创新，而绝不是另辟蹊径，再起炉灶。简单地说，就是要“坚持方向，动态发展；完善体系，更加成型”。

北京大学法学院院长张守文认为，税制变迁，在总体上都是税收法治现代化的过程。现代税制是与现代市场经济、现代法治密切关联的。改革开放以来，影响税制变迁的并非单一因素，而是包括了政治、经济、社会等相互关联的多种因素。改革开放以来的税法变革都与历次重要的“三中全会”作出的改革决定有关。即，政治决策或改革设计会直接影响税法制度的变革，这既体现了政治因素与税制建设的重要关联，[①] 也与国家的政治、经济和社会职能直接相关。同时，“改革决定”不仅影响税法变革，也常常会引发宪法修改。而修宪又会为税改提供宪法依据，从而进一步推动税法变革，这体现了法律系统内部要素之间的互动关系。例如，“82 修宪”与“84 税改”以及工商税制的系统确立，“93 修宪”与“94 税改”以及整体市场经济税制的确立，“04 修宪”与“04 税改”以及整体税法体系的完善，都存在着紧密的关联。这并非巧合，而是暗合，体现了税法与宪法在变革方向上的紧密关联。[②]如此紧密的关联在其他法律制度变迁方面几乎难以找寻。同时，上述的改革决定、宪法修改及税法变革，又无不受到分配调整的直接影响。

总之，多元的系统要素对税制变迁产生了重要影响。分配调整会影响政治决策和宪法修改，以及税权和税收利益的重新分配。基于上述各类要素对税法变革的影响，归纳提炼税制变迁的关联机制，有助于研究税法乃至其他法律领域的变革。而且，在各类关联要素构成的关联机制中，法律或法治要素日益重要。可以说，税制变迁的过程，就是税收法治不断走向现代化的过程。

结合国家整体治理体系的现代化，“14 税改”应侧重于税法体系的全面完善，基于对市场经济、税法原理、法治实践的较为充分的认识，继续提升税收法治体系的系统性和完整性；要立足现实，加强顶层设计，构建合理的税法体系，通过进一步“完善立法，改革税制”以及“落实税收法定原则”，来构建更为科学、合理的现代税收制度，这是推进税收法治现代化的重要步骤。

同时，也应看到，新时代的税改是在加强现代国家治理体系建设、全面推进法治的背景下展开的，因而有许多不同于既往的特殊性。首先，税收已成为国家治理基础的基础，因此，税改要与国家整体治理体系的完善和治理能力的提升相关联，与国家的政治、社会等多重体制改革相结合，从而有别于以往单纯配合经济体制改革而进行的税制变革。其次，基于财税改革独特重要地位的凸显，税制改革不能单

① 有的学者认为，税收是重要的政治工具，蕴含着重要的政治价值观，因而两者关联非常密切（参见 B. 盖伊．彼得斯：《税收政治学：一种比较的视角》，第 55 页）。其实，我国税法从对不同所有制企业的区别对待到内外企业的平等征税，从重视国库收益到重视人权保障，也体现了政治价值观的变化。

② 由于宪法和税法都涉及国民基本权利的保障，两者在方向上自然应保持一致。从英美多国的制度实践看，正是税法问题推动了近现代宪法的产生和发展，这突出体现了税法对宪法的影响；与此同时，宪法对税法的影响则无疑非常巨大，尤其是税法的制定和实施是否合宪，历来是非常重要的理论和实践问题。

兵突进，而应与财政改革相配套，进而还要与政治、经济、社会诸多领域的改革相衔接。再次，基于国家高度重视治理体系的现代化，法治已被提升到前所未有的高度，税制改革与法治建设的联系更为紧密，全面推进税收法治现代化更为迫切。

中国社会科学院副院长高培勇认为，政府与市场，国家与社会，中央和地方之间的关系，这是在国家治理层面所体现的三大主要关系，国家治理是包括经济、政治、文化、社会、生态文明等诸方面领域的一个全面的概念，但是这三大主要关系当中的一个核心线索就是税收。抓住税收，就抓住了处理这三大国家治理层面的主要关系的一个核心的线索。也就是说，抓住税收就抓住了处理或同时处理好经济政治文化社会和生态文明诸方面领域关系的关键。

全面深化改革的总目标在于推进国家治理的现代化，实现国家治理现代化的基础和重要支柱是坚实而强大的国家财政，构筑坚实而强大的财政基础和财政支柱要依托于科学的财税体制，科学的财税体制又要建立在现代财政制度的基础之上。于是，“建立现代财政制度”—“科学的财税体制”—“国家治理的基础和重要支柱”—“国家治理体系和治理能力的现代化”，便成为可以勾画出的有关新一轮财税体制改革的十分明确而清晰的“路线图”。即建立与国家治理体系和治理能力现代化相匹配的现代财政制度。财税体制改革战略的转型自然要相应落实在财税体制各个方面的基本内容上。

我国现行的税制结构以及由此决定的税收收入结构和税收来源结构，具有两个突出特征，一是以间接课税为主体。不仅直接税比重偏低，来自居民个人的直接税比重更低，作为居民个人，除了极少的场合和在间接税的转嫁过程中充当负税人之外，基本上是不直接负有纳税义务的。税制结构的优化，着力点要放在增加直接税性质的税、增加居民个人缴纳的税上。具体而言，即是在稳定既有税负水平的条件下，逐步降低来自间接税的税收收入比重，同时相应增加来自直接税的税收收入比重，从而将向间接税一边倒改为间接税与直接税相兼容。逐步降低来自企业缴纳的税收收入比重，同时相应提升来自居民个人缴纳的税收收入比重。也即《决定》中开宗明义地界定的税制结构优化方向——“逐步提高直接税比重”。

中国社会科学院财经战略研究院研究员张斌认为，与成熟市场经济体制相适应的现代税收制度具备一些基本特征。可以概括为：第一，税收法定主义是税收立法的基本原则。第二，预算法定和财政收支的公开透明是纳税人自愿主动纳税并有效参与税收治理的制度基础。第三，在发挥好税收筹集财政收入作用的基础上，根据税种属性构建各税种各司其职、协调配合、功能齐全的复合税制体系是现代税收制度的基本要求。第四，税收制度是体现国家治理理念的基础性制度安排，公平和效率的权衡是推进税制改革的主要因素。第五，与现代税收制度相匹配的高效的现代税收管理体系使名义税制得到了较好的执行，法定税负与实际税负比较接近。

而税收治理现代化可以概括为税收理念和税收理论的现代化、税收治理制度环境的现代化、税法制定过程的现代化、税制体系的现代化和税收管理现代化五个方面。税收理念与理论的现代化是税收治理现代化的思想基础，具有先导性作用，贯穿于税收治理的全过程，包括税收理念的现代化和税收理论的现代化两个方面。税收治理环境的现代化是指与税收治理现代化的制度环境、社会环境等外部条件，主要包括税款使用与预算公开、部门协作与信用环境等方面。税收法治现代化是指税制运行全过程的法治化，强调的税制运行的规范化和有法可依。税制体系现代化强调税收作为社会治理的工具，在推进国家治理现代化中对经济社会的影响。税收管理现代化的目标是以尽可能低的社会成本（包括征管成本和纳税人遵从成本）准确地实施税法。

国家税务总局税收科学研究所研究员朱广俊等认为，税收现代化目标体系是由税收现代化各项目标内容构成的有机整体。“六个体系”的描述内涵深刻，外延丰富，层层递进，相互补充，全方位地诠释了税收现代化的基本内容，即完备规范的税法体系、成熟定型的税制体系是税收现代化的基础。优质便捷的服务体系、科学严密的征管体系是税收现代化的核心。稳固强大的信息体系、高效清廉的组织体系是税收现代化的保障。

从税收管理现代化到税务现代化、税收现代化，实际上是税收现代化的微观、中观、宏观三个层次。微观层面的税收管理现代化，主要包括税收征管、纳税服务、税收法治等业务管理范畴类的现代化。中观层面的税务现代化，除税收管理的现代化外，还包括税务人员、组织文化、行政保障等内容的现代化。宏观层面的税收现代化，是指国家层面的税收现代化，不仅包括税务机关的税务现代化，还包括税收法制、全民纳税意识、信息系统支撑等外部环境的全要素的现代化。三个层面的现代化层层递进，只有统筹兼顾，合力推进，才能取得最优效果。

三、新时代开启税收现代化新征程

跨越“十二五”和“十三五”规划的这些年里，我国税收改革发展走过了不平凡的历程，呈现出一年一大步、年年上台阶的显著特点。税收工作不断解放思想、励精图治、砥砺奋进、改革创新，全面、持续、深入地推进税收现代化，锲而不舍，久久为功。抓了一些强基固本的大事，干了一些改革创新的大事，解了一些复杂敏感的大事，办了一些事关未来的大事。可以说，我国税收事业发展已修好“高速路”，跑出“加速度”，展现“好前景”，中国税务正昂首阔步迈进一个新时代。

确保高质量推进新时代税收现代化，要求我们坚持新发展理念，紧扣我国社会主要矛盾变化，围绕统筹推进“五位一体”总体布局和协调推进“四个全面”战略布局，进一步“干好税务、带好队伍”，扎实完成好各项税收任务，更好发挥税收在稳增长、促改革、调结构、惠民生、防风险中的积极作用，促进经济高质量发展、增进民生福祉，为决胜全面建成小康社会做出新的更大贡献。

（一）新时代：赋予税收发展新使命

党的十九大报告作出了“中国特色社会主义进入了新时代，这是我国发展新的历史方位”的重大政治论断。结合党的十八届三中全会关于“财政是国家治理的基础和重要支柱”以及中共中央办公厅、国务院办公厅印发的《国税地税征管体制改革方案》中关于税收在国家治理中的“基础性、支柱性、保障性”作用的论断。我们确信，新时代也必将从更高层次和更广范围赋予中国特色社会主义税收、中国税收现代化新的历史定位。

从国家治理的总体角度定位税收，说明税收绝不仅仅是一个经济范畴，而是一个事关国家治理和整个经济社会事务，牵动经济、政治、文化、社会、生态文明和党的建设等所有领域的基本要素。因此，对于新时代税收现代化，也必须与国家治理体系相对接，在国家治理层面寻求定位。这是从国家治理体系的总体角度对税收功能与作用的提升和拓展，凸显了税收在国家治理体系和治理能力现代化中的重要地位，使税收的职能作用超越了经济层面，成为治国理政的重要手段，丰富和发展了马克思主义税收理论。

超越经济层面的税收的职能使命，除了履行原有政府职能之外，还要对接国家治理领域其他经济社会主体的行为，并由此作用于经济、政治、文化、社会、生态文明领域的各种活动。所以，进入新时代，只有提高对税收发挥基础性、支柱性和保障性作用的认识，才能让税收现代化在国家治理体系和治理现代化中展现出应有的作用，绽放出更加强大的力量。

（二）新思想：引领税收发展新航向

新时代催生新思想。习近平新时代中国特色社会主义思想是指导我们努力探寻中国特色社会主义税收治理规律，形成中国特色社会主义税收理论的指南。实践是理论的源泉，理论是行动的先导，总结改革开放以来的税收现代化进程，解释税收现代化发展中的实践困惑，解决税收现代化实践中的问题，指明税收现代化发展的方向，这些都迫切地需要我们努力探索构建中国特色社会主义税收的理论大厦。

2017年中央经济工作会议指出，习近平新时代中国特色社会主义经济思想是中国特色社会主义政治经济学的最新成果，探索构建中国特色社会主义税收的理论体系必须以此为统领，积极践行“创新、协调、绿色、开放、共享”五大发展理念，以坚持改革创新为主线，以税收现代化建设为核心，牢固树立“法治、风险、服务、共享、共治”的税收发展新理念。法治注重强调法治体系与制度建设，坚持依法征税；风险注重强调构建以风险为导向的税收征管格局；服务注重强调以纳税人为中心，优化纳税服务；共享注重强调信息的整合、应用；共治注重强调国际税收治理及综合治税体系建设。用新的税收发展理念，为税收改革发展新方略谋局布篇。

（三）新矛盾：助推税收发展新聚焦

党的十九大报告指出，我国社会主要矛盾已经从“人民群众日益增长的物质文化需要与落后的社会生产之间的矛盾”转化为“人民日益增长的美好生活需要和不平衡不充分的发展之间的矛盾”，这一重要论断一方面反映了改革开放40年来的巨大成就，另一方面又反映了我国经济社会发展的新的阶段性特征，对党和国家事业发展也提出了新的要求。在此背景下，税收工作的形势环境面临着前所未有的重大变化，对税收工作提出了一系列新的要求。税收与新矛盾之间的关系，从根本上讲，是税收分别与需求侧和供给侧的关系。因此，税收展现新作为，助推发展新聚焦，既要关注人民日益增长的美好生活需要，也要关注不平衡不充分发展。但主要是关注生产、供给不平衡不充分的方面，关注社会发展中的短板不足的方面。

一方面，要在满足人民日益增长的美好生活需要上展现新作为。保持税收收入持续稳定增长，为经济社会发展、改善人民群众生活提供财力保障。同时，在人民群众对民主、法治、公平、正义等方面的要求日益增长的背景下，以更加广阔的思路深化和拓展税收现代化建设，严格落实税收法定原则，将法治思维和法治理念贯穿税收治理全程；牢固树立征纳双方法律地位平等理念，依法维护纳税人的合法权益，让人民群众在每一项税收执法服务中都能感受到文明、公正。同时，加快构建绿色税制，推进生态文明建设，满足人民群众对安全和环境日益增长的要求。

另一方面，要着重在推动解决不平衡不充分发展的问题上展现新作为。这些问题主要包括区域发展、城乡发展、不同群体发展、不同领域不同行业发展的不平衡不充分。税收现代化建设始终要全面贯彻新发展理念，认真查找并着力解决阻碍不平衡不充分发展的各项制度和政策安排，注重在宏观层面进行顶层设计、进行制度安排，主动作为，精准施策。要强化税收在国家治理中基础性、支柱性、保障性作用的发挥，将税收功能与“五位一体”的总体布局进行有机结合，促进税收在深化供给侧结构性改革等方面发挥更大作用，为推动解决发展问题、缩小发展差距创造良好条件。要从税收政策单纯关注经济的数量增长转换到转变发展方式、优化经济结构、增强增长动力、提高经济效益的高质量发展轨道上来。

（四）新战略：开启税收发展新路径

党的十九大报告指出，“我国经济已由高速增长阶段转向高质量发展阶段，正处在转变发展方式、优化经济结构、转换增长动力的攻关期，建设现代化经济体系是跨越关口的迫切要求和我国发展的战略目标。”现代化的税收体系是现代化经济体系不可或缺的组成部分，构建现代化税收体系需要顶层设计，要与经济现状相匹配。深化税收制度改革的目标是形成税法统一、税负公平、调节有度的税收制度体系，促进科学发展、社会公平和市场统一。要围绕优化税制结构，加强总体设计和配套实施，推进所得类和货物劳务类税收制度改革，逐步提高直接税比重，加快健全地方税体系，提升税收立法层次，完善税收法律制度框架。

因此，要准确有力把握好路径方向，应该继续提升站位，重申改革“一盘棋”

的思路，既推进税制自身改革，又能与国家其他各项改革协调；既做好税制顶层设计，又通过税收政策运用、征管服务能力增强来实现税收服务新时代新任务的目标。

（五）新目标：催生税收发展新方略

党的十九大报告指出，“从2020—2035年，在全面建成小康社会的基础上，再奋斗十五年，基本实现社会主义现代化。”“从2035年到本世纪中叶，在基本实现现代化的基础上，再奋斗十五年，把我国建成富强民主文明和谐美丽的社会主义现代化强国。”

党的十九大报告中明确的“两个一百年”目标，要求税收现代化建设应有与之相匹配的战略规划，以更加长远的新视野来谋划税收现代化进程。一方面，聚焦第一个百年目标，完成好当前税收任务，持续推进“六大体系”建设，为全面建成小康社会做出积极贡献，到2020年基本实现税收现代化。另一方面，聚焦第二个百年目标，与国家现代化进程相匹配，科学谋划好未来发展。主要围绕“两个十五年”的战略步骤，根据建设社会主义现代化国家的需要，按照国家治理能力和治理体系现代化要求，对未来税收发展的目标、思路和路径进行深入研究和科学谋划，形成与未来经济社会发展要求相适应的现代化的税收治理体系，在社会主义现代化新征程中谱写新的税收篇章。

四、新时代税收现代化建设高歌猛进

自从国家税务总局党组提出了建立税收现代化“六大体系”的任务以来，全国税务系统在习近平新时代中国特色社会主义思想指引下，持续推进税收现代化，进一步发挥税收在国家治理中的基础性、支柱性、保障性作用，“六大体系”建设高歌猛进，为实现全面建成小康社会和中华民族伟大复兴的中国梦做出了积极贡献。

（一）以落实税收法定为引领，推进税法体系建设

全国税务系统深入贯彻依法治国基本方略，落实税收法定原则取得重要进展。环境保护税、烟叶税、船舶吨税完成立法，企业所得税法和增值税暂行条例顺利修订，实施了66年的营业税退出历史舞台，耕地占用税法、资源税法、车辆购置税法

等公开征求意见，税收征管法修订工作积极推进，五年出台了16部税务规章。强化依法治税总体规划，制定了全面依法治税指导意见和“十三五”时期依法治税工作规划。国家税务总局被国务院列为唯一开展全部行政执法“三项制度”试点的部门，公布了权力和责任清单，出台了进一步规范和改进税收执法的具体措施，全面实施“双随机、一公开”监管。法律顾问、公职律师制度全面推行，税务行政诉讼案件胜诉率在各部门中处于领先水平，税务干部的法治意识和依法行政能力明显增强。

（二）不断深化税制改革，为经济持续健康发展增添活力

进一步完善税收制度，建立有利于科学发展、社会公平、市场统一的税收制度体系。各级税务部门认真落实税制改革措施，持续激发市场主体活力，进一步增强服务供给侧结构性改革的能力，有效促进产业结构转型升级。

一是以营改增为“突破口”并持续深化增值税改革，加速推进税制改革步伐，推进税制体系建设。自2012年启动营改增试点后，逐步扩大试点地区和试点行业，自2016年5月1日起在建筑业、房地产业、金融业和生活服务业四大行业全面推开，这是一项重大的供给侧结构性改革举措，实现了增值税对货物和劳务的全覆盖，有效减轻了纳税人负担，促进了经济结构优化，在中国税收发展史上写下浓墨重彩的一笔。此次全面推开营改增试点改革涉及1000多万户纳税人和1000多万个自然人纳税人。全国税务系统以精益求精、锲而不舍的工匠精神，持续打好打赢“开好票、报好税、分析好、改进好、总结好”五场战役，并持续完善和落实全面推开营改增试点，平稳实施增值税税率“四档变三档”，有力保证了改革顺利平稳落地，释放了改革红利，五年来营改增累计减税2.1万亿元，增强了纳税人获得感，取得了超出预期、渐行渐好的效应。

二是实施资源税全面改革。自2016年7月1日起全面推行资源税从价计征改革，建立了税收与资源价格直接挂钩的机制，促进了资源节约和环境保护，在河北试点开征水资源税并认真总结改革经验，在北京等9省市扩大试点并进展顺利。

三是深化消费税改革，取消对普通美容、修饰类化妆品征收消费税，对超豪华小汽车加征零售环节消费税等，强化了“正反”双向调节功能。

四是推进环境保护税改革，推进绿色发展，力促美丽中国建设。全国人民代表

大会常务委员会审议通过我国第一部“绿色税法”——《中华人民共和国环境保护税法》后，税务总局与环境保护部、财政部研究起草了环境保护税法实施条例，2018年1月1日起施行。

（三）推进纳税服务体系建设，持续优化营商环境

全国税务系统认真贯彻落实党中央、国务院决策部署和李克强总理在全国深化“放管服”改革电视电话会议上的重要讲话精神，坚持树立以纳税人为中心的理念，着力推进税收领域“放管服”改革。特别是在2017年召开的全国税务系统基层工作会议专门研究制定《国家税务总局关于进一步深化税务系统“放管服”改革优化税收环境的若干意见》（税总发〔2017〕101号）后，不断推进税收领域“放管服”改革提质升级，持续释放改革红利，增强经济发展新动能。

一是推进简政放权。向社会公布87项税务行政审批事项，取消57项非行政许可审批事项，调整为其他权力事项23项，保留7项税务行政许可事项，彻底终结非行政许可审批，取消46项中央指定地方税务机关实施的税务行政审批事项，该类税务行政审批事项全部清理完毕。

二是推进商事制度改革。按照国务院关于“三证合一”部署，2015年与工商总局等部门联合发文，明确改革实施时间，细化和规范操作流程，推动跨部门信息共享，并修改完善《纳税人识别号代码标准》等配套税收规章制度，有力保障“三证合一”在全国顺利实施。

三是建立健全事中事后管理体系。印发《国家税务总局关于深化行政审批制度改革切实加强事中事后管理的指导意见》（税总发〔2016〕28号），提出了提高制度质量、加强服务引导等4个方面13项措施，初步构建了事中事后管理的工作体系。

四是切实优化纳税服务。连续四年开展“便民办税春风行动”，累计推出26类90项便民举措，各地累计推出2万多项服务措施。出台《纳税服务规范》并持续升级至2.3版，做到办税一个标准、工作一个流程、服务一把尺子。全面推行同城通办、全省通办、全国通办，推进行政许可标准化，简化优化许可事项办理程序推行，推行“一窗受理、内部流转、限时办结、窗口出件”，实现“零超时”，推广应用增值税纳税申报“一表集成”辅助系统，实现增值税一般纳税人大部分申报数据“零

录入”。推行办税无纸化，对税务登记、发票办理等6大类24种表证单书实行无纸化免填单。扩大自开票范围，将小规模纳税人自行开具增值税专用发票试点范围由住宿业扩大到建筑业、鉴证咨询业。制发《压缩办税时间优化营商环境改革实施方案》（税总函〔2017〕145号），出台减少代开发票的办理环节等20项压缩办税时间的具体举措，并在5省市开展优化税收营商环境试点。

（四）着力转变税收征管方式，切实增强税收征管效能

以税收风险管理为导向，以分类分级管理为基础，加快税收征管的科学化、信息化、国际化进程。税务总局围绕税收征管体制的关键症结，制发转变税收征管方式等系列文件，初步构建形成了科学严密的税收现代化征管体系。

一是税务总局在北京、重庆、广州开展跨区域税务稽查和督察内审机构试点，主要承担辖区内重大税收违法案件的查处以及省级税务部门的执法督察和内部审计职责，标志着优化税务组织体系和提升复杂涉税事项管理层级、推动税务机构扁平化等方面改革要求迈出了实质性步伐。

二是各级税务部门强化税收风险管理，实施分级分类管理，创新大企业税收管理，进一步提升大企业风险管理层级，解决大企业跨区域经营与基层征管力量薄弱之间的矛盾。同时，深化税务稽查改革，全面推行“双随机、一公开”。实施税收征管规范、出口退税规范，推动税收征管模式“升级版”初步成型，传统管理方式向以风险管理为导向的现代管理方式转变。

三是实施综合治税。完善税收违法“黑名单”公布和联合惩戒制度，构建“纳税守信激励、失信惩戒”的信用监管格局，与29个部门对纳税信用A级纳税人实施41项联合激励措施，与34个部门对重大税收违法案件当事人实施28项联合惩戒措施，让守信者“一路绿灯”，让失信者“寸步难行”。

四是积极参与国际税收征管合作，提供税收征管改革方案的“中国样本”。截至2018年9月，我国的税收协定网络覆盖全球109个国家和地区，其中包括54个“一带一路”沿线国家。

（五）积极推进“互联网+税务”，打造智慧税务生态系统

税务系统致力于利用信息技术推动征管改革，依靠税收大数据提高管理能力、

为税收改革和税收现代化建设插上“金色翅膀”，税收征管实现由经验管理向大数据管理的转变。

一是实施“互联网+税务”行动计划。推出5方面20项重点行动，大力推进税收管理和纳税服务网络化、信息化、智能化。特别是推行以网上申报为主的办税模式让纳税人多走“网路”少走“马路”，推行发票领用“线上申领、线下配送”、发票代开“线上办理、线下开具”等，受到纳税人欢迎。

二是全面推广金税三期工程。金税三期工程于2016年10月1日在全国税务系统全面上线并平稳运行，在我国税收发展史上首次实现了基础平台、应用软件、业务标准等方面的统一，为税收服务国家治理现代化提供了坚强信息化基础。

三是全面推行增值税发票管理新系统。通过对发票全要素信息自动实时采集、监控和比对，实现对发票信息“一网打尽”，从源头上堵住假发票的生存空间，不仅在打假票、防风险、优服务上作用重大，而且在提质效、强管理、辅决策等方面成效显著。

（六）推进全面从严治党向纵深发展，打造让党和人民放心的税务铁军

税务系统认真贯彻落实习近平总书记关于全面从严治党的一系列重要指示精神，构建纵合横通强党建的制度机制，上下左右齐心协力抓党建。税务总局先后制定《关于构建税务系统全面从严治党新格局的实施意见》《关于建立“条主动、块为主”工作机制　推进国税系统党建工作的指导意见》《关于建立“下抓两级、抓深一层”工作机制　推进全面从严治党向基层延伸的指导意见》等制度办法，构建纵合横通强党建的制度机制。按照“制度+科技”的思路，全面推行内控机制信息化升级版建设，将相应风险和监控指标嵌入业务软件和内控监督平台之中，实现“人防”到“机控”的转变，促进干部依法行政、廉洁从税。

税务系统坚持倾情带队、严管善待的思路，创新实施“带好队伍”的机制性措施，努力打造让党中央、国务院和人民群众放心的税务铁军。一是绩效管理抓班子。在2013年试点推行绩效管理的基础上，到2017年已升级至5.0版，进一步加大考评结果运用力度，将绩效成绩与干部任用、评先评优、公务员年度考核挂钩，与推进领导干部能上能下相结合，促进能者上、庸者下、劣者汰。二是数字人事管干部。形成日常化、指标化、数字化、累积化、可比化、挂钩化、导向化的干部综合考核

评价管理机制，引导广大税务干部一心向上、一生向善。三是人才工程育才俊。实施素质提升“115”工程，从2014年起用5年的时间，培育1千名领军人才、1万名专业骨干、5万名岗位能手。四是严管善待活基层。坚持倾情带队、严管善待，着力建设好基层、服务好基层、管理好基层。研究出台《关于新形势下加强税务系统基层建设的若干措施》共30条，进一步激发基层活力，厚植干事创业氛围。

五、新时代税收现代化与时俱进

（一）完善“六大体系”的思路

党的十九大作出了中国特色社会主义进入新时代的重大政治判断，中央经济工作会议进一步作出了我国经济已由高速增长阶段转向高质量发展阶段的重大战略论断。税务部门不仅要持续推进税收现代化，而且要高质量推进新时代税收现代化。从高质量推进新时代税收现代化的内涵质量上讲，必须努力做到“六个更加注重”。一是更加注重求新，根据新时代中国特色社会主义发展，不断丰富、充实、拓展税收现代化“六大体系”的内涵，做到与时俱进；二是更加注重全面，使每个体系及其中每项工作都得以全面发展、全面进步、全面协调；三是更加注重平衡，着力解决工作标准不够统一和地区间工作进度与水平不够平衡的问题；四是更加注重充分，既要着力解决数和量不足的问题，又要注重解决质和效不高的问题，努力实现功能最优化；五是更加注重法治，不断增强税务干部特别是领导干部依法治税的自觉性，不断提升严格规范公正文明执法的水平；六是更加注重开放，树立全局眼光，注重学习国内各行业、各部门的先进经验，大踏步走进国际税收舞台中央，博采众长、兼收并蓄，实现税收工作水平的不断提升。

结合党的十九大报告适应新的时代特点所提出的新思想和新论断，税收现代化建设就必须与时俱进，开拓创新，确立新时代的新方略，即在税收现代化建设中坚持“六个必须”：第一，必须坚持党的领导，发挥税收在国家治理中的重要作用；第二，必须与落实税收法定原则相结合；第三，必须与新的经济发展方略相结合；第四，必须与互联网大数据发展相适应；第五，必须与现代财税体系构建相衔接；第六，必须与国际税收变化趋势相吻合。

1. 整合现有“六大体系”的设想

在税收现代化进程中，“六大体系”建设取得了重大进展和显著成效。同时，作为一个整体，根据“六大体系”之间存在的内在有机联系，可以考虑对其作出进一步的整合。

第一，税法和税制都属于广义上的税收法律制度范畴，也是税收现代化的共同法治基础，可考虑将完备规范的税法体系、成熟定型的税制体系整合为规范定型的税收法治体系。

第二，税收征管和纳税服务都是税务部门的两项核心业务职能，可考虑将优质便捷的服务体系、科学严密的征管体系整合为高效便捷的税收征纳体系。

第三，信息化建设、干部队伍建设都在税收事业发展中起到保障作用，可考虑将稳固强大的信息体系、高效清廉的组织体系整合为稳固强大的税收保障体系。

2. 补充现有体系的初步意见

对标十九大确定的各项重大战略任务，落实税务总局党组“根据新时代中国特色社会主义发展，不断丰富、充实、拓展税收现代化‘六大体系’的内涵，做到与时俱进”的要求，税收现代化总体目标框架也应考虑作出进一步的发展和完善。

第一，党的十九大把习近平新时代中国特色社会主义思想确立为党的指导思想，这是新时代税收改革发展总的指导思想。税收实践需要科学的税收理论作为支撑和引领，而原有的税收理论难以适应新时代税收工作新形势，建议增加科学完备的税收理论体系作为税收现代化总体目标框架的一部分。

第二，考虑到当前国际税收发展处于关键转折期，国际税收规则经历着历史性重塑，推动国际税收共治和参与全球税收治理具有特殊重要意义，建议增加合作共赢的国际税收体系作为税收现代化总体目标框架的一部分。

第三，考虑税务系统推进全面从严治党的极端重要性，建议增加清廉担当的党建体系作为税收现代化总体目标框架的一部分。

（二）与时俱进的税收现代化“六大体系”

根据上述对“六大体系”的整合、扩充设想，税收现代化建设“六大体系”可重新表述为“科学完备的税收理论体系、规范定型的税收法治体系、高效便捷的税收征纳体系、稳固强大的税收保障体系、合作共赢的国际税收体系、清廉担当的党建工作体系”。总体而言，新的“六大体系”既覆盖了原有“六大体系”的全部目标任务要求，也统筹考虑到理论和实践、国内和国际、党的建设和税收业务，内涵更加丰富全面，也更加适应和契合党的十九大对税收工作提出的新使命、新要求。

1. 关于科学完备的税收理论体系

改革开放以来的税收理论发展，大多是在借鉴吸收西方的税收理论基础上开展的，但最终在解释和解决中国税收改革发展遇到的重大实践问题上仍有隔靴搔痒之感。当前某些领域改革进展缓慢，也是因为税收理论的支撑不足，难以形成社会共识。同样，倘若仅仅停留于传统经济学视野，按照传统经济学的思维分析和处理税收问题，也不能够全面准确回答和解决实践中的诸多问题。新时代税收发展不能没有指引和方向，要以习近平新时代中国特色社会主义思想对实践的指导，坚定它的地位，融入各项税收改革发展中。要立足于中国特色社会主义建设的实践，从更高层面、更广范围的现代国家治理的高度，融合经济学、管理学、政治学、法学、社会学等多个学科，提炼构建满足国家治理需要、契合税收职能定位、符合国际学术规范的中国特色社会主义税收理论体系，并以新理论指导新时代税收改革发展，通过讲好中国税收故事极大增强中国特色税收理论体系的国际话语权，从而积极推动中国由国际税收规则的参与者到引领者的转变。

2. 关于规范定型的税收法治体系

税收法治即在税收法定原则下，通过税收立法、税收执法、税收司法、税收法律监督等税收法律制度的创设、调整与普遍、公正、准确、有效的实施，将征税主体和纳税主体的税收行为纳入现代法治轨道运行的状态，它是依法治国方略在税收领域的表现与运用。税收法治体系是中国特色社会主义法治体系的重要组成部分，主要由税法和税制两个方面构成，它们是两个紧密相关又相互区别的体系，从各自的设立、构建、调整到实施、运行都辩证统一于税收法治体系建设之中。

税法与税收是一对不可分割的社会历史现象。税收作为社会经济关系，是税法调整的对象，而税法则是税收的法律形式，即国家制订的用以调整国家与纳税人之间在税收征纳关系中的权利和义务的法律规范的总称，是对税收这一经济社会现象的强制性规范。税法是国家法律的重要组成部分，也是税务机关和所有纳税人依法征税、依法纳税的行为规则。

税制反映国家与纳税人之间在国民收入分配领域中以税收为共同指向的经济关

系，是国家财政制度的主要内容，主要包括税种（税系）的设立和调整、税收政策制定和实施以及税收征收管理制度等。狭义的税制不包括由税收程序法所调整的征收管理活动，而仅指对应于税收实体法所规定的国家参与国民收入分配的依据和规范。显然，税制有很大一部分是通过税法规定实现的，但也有一些内容不以税法形式出现。

在推进税收法治现代化的进程中，税制改革与税法建设二者相辅相成，互相促进。从历史上看，世界各主要成熟市场经济国家的税制变迁过程，都是在普遍遵循税收法定原则下，构建和确立了与现代市场经济相适应的现代税制和现代税法。

税制的构建和改革从根本上说是因经济和社会条件及其变化而相应地在经济基础层面上的建设和调整，税制改革的实践及其成果只有上升到上层建筑层面，确立为税法，才能固定下来。也就是说，税制改革及其成果需要相应的政治和法律层面的支撑和定型。反过来，税法一旦确立，就又会成为税制的核心内容，成为全社会税收实践的共同遵循，同时，也成为了税制运行的依据和进一步变革的基础。

税法与税制都是对税收实践的规范和反映，作为一项国家与纳税人共同参与的国民收入分配活动，税收实践又是连接着政治、经济和社会的媒介。于是，税法与税制又必然成为现代国家治理体系的重要环节，关乎着国家治理体系不断完善和进步。税收法治化是依法治国在我国税收领域的表现，而党的领导是我国依法治国基本方略的根本政治特征。这一点从我国税法建设与税制改革的历程中可以得到鲜明的印证，也是我们进行税收法治现代化的根本保证和路径。

总之，对于成熟定型的税制改革实践亟须尽快上升固化为税法，而关于税法条文的权威解释和准确执行的现状也亟须改变。现实中丰富的税制改革实践以及落实税收法定原则的既定时间表都在呼唤着税法建设和税制改革相辅相成，作为辩证统一的税收法治体系并行不悖地融合发展。

3. 关于高效便捷的税收征纳体系

科学严密的税收征管体系建设目标是“使税收流失率不断降低，税收征收率达到成熟市场经济国家平均水平”。要实现这一目标，关键在于强化税源管理。税源来自税户并体现在税事，但税事的简单相加很难系统真实地反映税户的税源。因此，管税源既要管（税）事也要管（税）户，两者紧密结合才能相得益彰，真正把税源管住管好。在这一过程中，必须牢固树立以遵从为目标，以征管和纳服共同作用，以为信息技术为支撑的基于“同意”的治理思维。

从税收征管体系现代化看，要以税收风险为导向，依托现代信息技术，转变税收征管方式，优化征管资源配置；实现征管手段由“经验管理”向“风险管理”为导向的税源控管机制，形成以风险管理为核心的税收征管新格局转变、管理格局则由“属地管理”向“分类管理”转变、业务流程由“管户”向“管事”转变，确立分类分级差别化税收管理的税收征管新路径。

现代化的纳税服务则要进一步破除工具论认识，将其从现代公共服务以及整体政府理念的价值层面来认识，以税法遵从作为服务的宗旨和目标，将服务职能由“单一式”向“多元化”转变，健全集约化纳税服务机制。围绕“始于纳税人需求、基于纳税人满意、终于纳税人遵从”的纳税服务理念，以涉税信息为纽带，形成信息收集、信息处理、信息维护和综合治税等无缝对接的闭环系统。同时，征纳体系还必须依托信息治税方略，强化信息化支撑，推动实现由信息管税向信息治税的转变。

4. 关于稳固强大的税收保障体系

推进税收现代化建设，必须强化组织保障体系、技术支撑体系和制度保障体系。

一是强化干部队伍组织保障体系。推进我国税收现代化建设，一个关键的节点在于具有现代化思维和能力的人才队伍建设。迫切需要千千万万有情怀、有能力、有担当、有正气的干部。要认真贯彻落实习近平总书记加强干部队伍建设的新思想、新观点和新要求，紧密结合税收实践，扎实推进完善“纵合横通强党建、绩效管理抓班子、数字人事管干部、培育人才提素质、夯实基层激活力”的工作机制体系，并注重巩固深化、完善提升、系统集成，使之在制度设计、实践推进中有机衔接、彼此支撑、联动互促；着力破解税务系统党的建设和干部队伍建设中的难题，促进各级班子担当尽责，广大干部干事创业，为税收改革发展提供坚强有力的组织保障。

二是强化信息化办税技术支撑体系。应当抢抓新一轮信息技术革命的难得机遇，建立稳固强大的税收征管信息系统，加强税收大数据及第三方涉税信息的开发、分析和应用，充分利用“互联网+”思维，引领税收理念和制度创新。进一步深化“互联网+税务”“互联网+政务服务”工作，推进建设智慧税务信息系统。深化数据集成应用，建立一体化数据平台，加强数据标准化建设，建立数据供需双方对接渠道和良性互动机制，特别要加强数据分析应用，形成数量更多、质量更高的税收分析产品，更好服务领导决策和国家治理。着力探索信息治税的新路径，强化涉税信息整合和价值挖掘，为提高税收征管质效奠定坚实基础。

三是强化综合治税制度保障体系。深入贯彻落实国务院机构改革方案和国税地税征管体制改革方案，构建优化高效统一的税收征管体系，为高质量推进新时代税收现代化提供有力制度保证，更好发挥税收在国家治理中的基础性、支柱性、保障性作用。以纳税人和缴费人为中心，推进办税和缴费便利化改革，切实维护纳税人和缴费人合法权益，降低纳税和缴费成本，促进优化营商环境，坚持为民便民利民，建设人民满意的服务型税务机关。

坚持优化高效统一。调整优化税务机构职能和资源配置，增强政策透明度和执法统一性，统一税收、社会保险费、非税收入征管服务标准。深入贯彻全面依法治国要求，坚持改革和法治相统一、相促进，更好发挥中央和地方两个积极性，实现国税地税机构事合、人合、力合、心合。通过改革，逐步构建起优化高效统一的税收征管体系，为纳税人和缴费人提供更加优质高效便利服务，提高税法遵从度和社会满意度，提高征管效率，降低征纳成本，增强税费治理能力，确保税收职能作用充分发挥，夯实国家治理的重要基础。在此基础上，努力推进建立健全税收共治格局，促进涉税信息共享，为建立全社会共同参与的协税护税网络提供制度保障。

5. 关于合作共赢的国际税收体系

国际税收是全球经济治理的重要组成部分，是全球经济规则协调的重要内容。在经济全球化的背景下，产品生产模式、企业组织形式、国际贸易模式都发生了根本变化，原有国际税收秩序面临严峻挑战。因此，应从加强全球经济治理的战略高度，力争到2020年，基本建成与我国对外经济合作格局相适应、符合我国根本利益、与国际发展趋势基本一致的中国国际税收新体系，同时，在国际税收体系改革与重建中做出中国应有贡献。

一是积极参与国际税收规则体系的制定。全球治理机制正面临着深刻调整，新的国际税收规则体系正在国际经济格局的变革以及国际税收合作中逐步形成。中国应积极参与国际经贸规则制定，争取全球经济治理制度性权利，不能只当旁观者、跟随者，而是要做参与者、引领者。在参与国际税收规则制定中主动转变角色，在国际税收协调中发出更多中国声音、提出更多中国方案，更好地维护国家税收权益，为构建公平和现代化的国际税收体系做出贡献。

二是不断深化国际税收合作。加强国际税收合作，通过政策协调和征管协作，消除税收法律本地化给生产要素配置带来的障碍，实现世界携手共进、合作共赢。落实中国提出的“一带一路”倡议，有针对性地开展与“一带一路”沿线国家的税务合作，服务国家对外开放战略；加强邻国外交，做好与周边国家的税收合作与交流；深化与金砖国家的税务合作；落实 G20 税制改革成果。

三是健全国际逃避税防控体系。打击国际逃避税，加快构建更加公平、公正、开放的国际税收新秩序，保护跨境纳税人合法权益，规范跨境纳税人遵从行为，维护国家税收权益和世界税收秩序。

四是持续加强税收能力建设。经济全球化和数字经济的发展，对税收征管能力建设提出了严峻的挑战。要不断增强中国在国际税收政策制定和制度创新上的能力，深度参与国际税收规则修订，提高其在国际税收规则中话语权，持续加强国内资源动员能力；要加大对发展中国家的税收技术援助和支持，帮助发展中国家提高税收征管能力，支持包容性发展，增进社会福祉。

五是迎接全球税收透明时代。G20 项下的税收透明度建设包括金融账户涉税信息交换和《多边税收征管互助公约》。当今，国际经济交往活动与国际税收管理信息非对称时代将宣告结束，各国所得税法所规定的全球纳税义务制度即将获得全球所得信息支持。因此，我国必须从现在开始从立法、执法、司法、技术、体制与机制、人才队伍等方面全面着手准备，迎接税收透明时代的到来。

6. 关于清廉担当的党建工作体系

习近平总书记在党的十九大报告中强调，坚定不移全面从严治党，不断提高党的执政能力和领导水平。税务部门要深入贯彻落实全面从严治党的要求，坚持党要管党、全面从严治党，创新组织体系、责任体系、目标体系、制度体系、保障体系“五大体系”建设，全力打造党建工作升级版，不断促进党建工作制度化、规范化、科学化，为推动税收现代化提供强有力的保证。一是构建全面从严治党工作新格局，建立严密的组织体系。坚持形成条条与块块共抓，形成各级税务局党委与地方党委及其工作部门共抓税务系统全面从严治党的合力；部门与部门共抓，打通税务局机关党建与税务系统党建工作、党建与党风廉政建设工作、人事与机关党委工作、党建与监督管理工作、党建与教育培训工作、党建与绩效管理工作。二是落实党建主体责任，建立清晰的责任体系。健全制度，形成税务系统党建主体责任体系，全面落实中央八项规定精神和实施细则，健全内控机制，实现巡察全覆盖。三是坚持问题导向，建立明确的目标体系。针对党建工作薄弱环节，进一步明确党建工作方向，建立动态目标，逐项整改落实，促进问题解决。四是强化规范运行，建立严明的制度体系，完善党建工作规范，健全考核激励规范。五是强化措施落实，建立有力的保障体系。建立党务干部与业务干部岗位轮换机制，为税务党建提供队伍保障，同时，积极创新“互联网+税务党建”等党建新平台建设。

课题负责人：陈文东

第八篇

落实税收法定原则：通往税收现代化的必由之路

税收法定是当今世界各国通行的税法基本原则，是现代社会的重要和基本的特征。改革开放以后，伴随着全面依法治国基本方略的深入推进，我国税收法治化、现代化水平不断提升。2013 年党的十八届三中全会提出落实税收法定原则，成为改革开放 40 年来我国税收法治建设中具有里程碑意义的事件，有力推进了国家治理体系和治理能力的现代化建设。

一、税收法定原则的提出和确立

税收法定原则是由国家立法机构决定税收问题的税法基本原则，即税收事务由法律规范和确定，税务机关和纳税人的涉税行为受法律的规范和约束，政府依据法律征税，纳税人依据法律履行纳税义务。随着改革开放的不断深化，我国实现了从计划经济向社会主义市场经济的转型，现代税收制度逐步完善，税收法定原则得以顺利提出和确立。

（一）税收法定原则提出的背景

20 世纪 80 年代初期，为适应改革开放的需要，第五届全国人民代表大会第三次会议、第四次会议先后通过了《中外合资经营企业所得税法》《个人所得税法》

和《外国企业所得税法》，开启了我国社会主义市场经济税收制度建设和税收法治建设的实践探索。1984 年，为了保障经济体制改革和对外开放工作的顺利进行，第六届全国人民代表大会常务委员会通过了《全国人民代表大会关于授权国务院改革工商税制发布有关税收条例草案试行的决定》，授权国务院在实施国营企业“利改税”和改革工商税制的过程中，拟定有关税收条例，以草案形式发布试行。1985 年，第六届全国人民代表大会第三次会议通过了《全国人民代表大会关于授权国务院在经济体制改革和对外开放方面可以制定暂行的规定或者条例的决定》，授权国务院对于有关经济体制改革和对外开放方面的问题，可以根据宪法，在同有关法律和全国人民代表大会及其常务委员会的有关决定的基本原则不相抵触的前提下，制定暂行的规定或者条例。之后，根据社会主义市场经济发展的要求和国民经济的具体情况，国务院颁布了《企业所得税暂行条例》《营业税暂行条例》和《增值税暂行条例》等一系列行政法规，财政部、国家税务总局等部门也相应出台了大量的“实施细则”“暂行规定”和“通知”等税收行政法规，从而构建起了一整套以税收行政法规为主、以税收法律为辅的税收法律法规体系，并为统一税制、公平税负、改善投资环境、推动建立和发展社会主义市场经济做出了应有的贡献。

但是，随着我国经济社会的快速发展，全面依法治国基本方略的深入实施，我国的税收治理发生了深刻变化，国家、企业和个人的利益关系需要法律进行规范，纳税人和税收主管部门之间的权利义务需要法律进行明确，特别是广大人民群众参与税收治理的意愿和要求越来越强烈，原有的税收治理体系和税收制度模式越来越不适应新时代中国特色社会主义发展的需要，迫切需要改革。

（二）税收法定原则的提出

2013 年 11 月，党的十八届三中全会通过的《中共中央关于全面深化改革若干重大问题的决定》首次明确提出了“落实税收法定原则”，将其作为加强社会主义民主政治制度建设的重要举措。至此，在我国的税收法治化进程中，第一次明确提出了落实税收法定原则的概念和要求。

2014 年 10 月，党的十八届四中全会通过了《中共中央关于全面推进依法治国若干重大问题的决定》，进一步强调了依法治国的重要性，指出依法治国是坚持和发展中国特色社会主义的本质要求和重要保障，是实现国家治理体系和治理能力现代化的必然要求，做到重大改革于法有据、立法主动适应改革和经济社会发展需要。这样，落实税收法定原则作为我国税收法治化的重要原则明确了下来。

（三）税收法定原则的确立

税收法定原则提出以后，全国人民代表大会采取了一系列法制化手段和措施，推动这一原则的真正确立。其中最重要的举措就是修正《立法法》。

在我国原有的法律体系中，对税收法定原则只有比较原则性的表述。我国现行《宪法》第五十六条规定“中华人民共和国公民有依照法律纳税的义务”，从公民权利和义务角度对税收法定作出了基本表述。2000 年第九届全国人民代表大会第三次会议通过的《立法法》第八条第（八）项规定：“基本经济制度以及财政、海关、金融和外贸的基本制度只能制定法律。”其中并没有把税收作为“只能制定法律”的事项。可以说，这一法律规定已经不再符合时代发展的需要，因此，尽快修正《立法法》成为落实税收法定原则关键中的关键。

2014 年 8 月和 12 月，第十二届全国人民代表大会常务委员会第十次和第十二次会议分别对《立法法》修正案草案进行了一审和二审。根据税收法定原则，草案将税收一项单列出来，规定“税种、纳税人、征税对象、计税依据，税率和税收征收管理等税收基本制度，只能由法律规定”。草案的三审稿根据有关人员的提议，又作了一些修改，将“纳税人、征税对象、计税依据、税率”的内容删除，修改为“税种的开征、停征和税收征收管理的基本制度”。

2015 年 3 月 15 日，第十二届全国人民代表大会第三次会议通过关于修改《立法法》的决定。修改后的《立法法》在第八条第（六）项规定：“税种的设立、税率的确定和税收征收管理等税收基本制度只能制定法律”。而且第十条对授权立法作出了限制，规定：“授权决定应当明确授权的目的、事项、范围、期限以及被授权机关实施授权决定应当遵循的原则等。”

从《立法法》修正的结果看，其中关于税收事项的规定，只明确了税种、税率和税收管理等内容，与二审稿相比缺少了纳税人、征税对象、计税依据等内容，保留了税种、税率和税收管理等税收基本制度的内容，与三审稿相比，增加了税率的内容。这样的变化，是在二审稿和三审稿之间权衡的结果，基本保留了税收的基本要素，确保税种、税率和税收管理这些最基本的税收事项由法律来规范。尽管税收要素没有全部纳入表述范围，但与修正前和三审稿的情况相比，仍是一个巨大的进步，也是目前我国税收法治建设的最大进步和最新成就。

为了确保《立法法》所确立的税收法定原则的顺利实施，党中央根据我国的税收法治具体情况和实践，制定了落实税收法定原则的时间表和路线图。2015 年 3 月，党中央审议通过《贯彻落实税收法定原则的实施意见》，提出力争在 2020 年前完成税收法定原则的改革任务，将税收暂行条例上升为法律或者废止，并对 2020 年前完成相关立法工作作出了安排①：

一是不再出台新的税收条例；拟新开征的税种，将根据相关工作的进展情况，同步起草相关法律草案，并适时提请全国人民代表大会常务委员会审议。

二是与税制改革相关的税种，将配合税制改革进程，适时将相关税收条例上升为法律，并相应废止有关税收条例。在具体工作中，有一些税种的改革涉及面广、情况复杂，需要进行试点，可以在总结试点经验的基础上先对相关税收条例进行修改，再将条例上升为法律。

三是其他不涉及税制改革的税种，可根据相关工作进展情况和实际需要，按照积极、稳妥、有序、先易后难的原则，将相关税收条例逐步上升为法律。

四是待全部税收条例上升为法律或废止后，提请全国人民代表大会废止《全国人民代表大会关于授权国务院在经济体制改革和对外开放方面可以制定暂行的规定或者条例的决定》。

五是全国人民代表大会常务委员会将根据上述安排，在每年的立法工作计划中安排相应的税收立法项目。

这五项措施实质上是在制度上和操作上对落实税收法定原则给予了一个过渡期安排。从以上规定可以看到，在 2020 年之前的这个过渡期中，落实税收法定原则的具体要求可以归纳为以下几点：一是新开征的税种必须出台新的法律；二是改革的税种要根据改革情况适时上升为法律；三是不改革的税种逐步上升为法律；四是每年都要安排一定的税收立法项目。也就是在 5 年过渡期内，将现有税种的行政法规逐步上升为法律，而对于新开征的税种实行先立法再开征，力图通过上述渐进的措

---

① 新华社．全国人民代表大会常务委员会法工委负责人就《贯彻落实税收法定原则的实施意见》答问［EB/OL］．（2015－03－26）［2018－09－20］．http：//www.gov.cn/xinwen/2015－03/25/content_2838356.htm.

施，以实现最终完全落实税收法定原则。

这样，通过《立法法》的修正在法律层面确立了落实税收法定原则，通过税收立法的过渡期安排在实施和操作层面确立了落实税收法定原则，这些制度安排使得落实税收法定原则在我国得以确立。

二、落实税收法定原则的特点和意义

我国的落实税收法定原则，是在改革开放不断深化的大背景下，税收法治化建设取得显著成绩的基础上提出并确立的，具有鲜明的中国特色，对于建设中国特色社会主义具有重要的意义和作用。

（一）落实税收法定原则的特点

1. 在党的统一领导下的改革

西方国家的税收法定主义，通常是在经历过激烈的政治冲突、社会动荡、甚至是残酷的战争，整个社会付出惨重代价后才得以确立。而我国落实税收法定原则，是在中国共产党的统一领导下，自觉的、自上而下提出的国家治理改革顶层设计方案。

中国共产党的领导，是全面推进依法治国、加快建设社会主义法治国家最根本的保证。党对法治工作的领导，贯穿于全面推进依法治国全过程，也贯穿于落实税收法定原则的全过程。

党的十八届三中全会决定首次明确提出了落实税收法定原则的要求，经中央改革领导小组批准的《贯彻落实税收法定原则的实施意见》，对落实税收法定原则的相关立法工作作出了具体部署，充分体现了我国落实税收法定原则是在党的领导下顶层设计的特点。

落实税收法定原则是一个系统工程，与社会主义民主政治建设、财税体制改革，与全面推进依法行政、全面推进社会主义文明建设等各方面工作密不可分。只有坚持党的统一领导，才能做到统筹协调，全面落实。

2. 在改革开放的大背景下的改革

改革开放是我国的基本国策。正是在不断扩大对外开放，吸收国外优秀成果，借鉴国外先进经验基础上，我国的各项建设事业才得以飞速发展。

在改革开放的进程中，我国税收治理、税收制度的现代化建设也取得了飞跃发展和可喜成就。但随着时代的发展，特别是依法治国方略的深入实施，我国的税收制度、税收治理体制存在的不符合现代化要求的问题越来越突出，已经成为制约发展的重要因素，迫切需要改革。进入新世纪、新时代，我国要继续全面深化改革、全面扩大开放。落实税收法定原则是我国全面深化改革、全面扩大开放的重要举措，与国家的整体改革、特别是财税体制改革的推进不可分割。从税制方面讲，落实税收法定原则，并不是简单地将现行的税收暂行条例上升为法律，而是要思考重新构建符合国家进一步发展需要、实现国家治理现代化的税制。落实税收法定原则的过程，实际上就是一个随着税制改革的推进而不断落实和深化的过程。从征管体制方面讲，征管体制的现代化也是落实税收法定原则的一个重要领域。在税收征管领域落实税收法定原则，同样需要在《税收征收管理法》的修订、改革中落实税收法定原则。

3. 在人民代表大会制度下的改革

人民代表大会制度是我国的根本政治制度。在人民代表大会制度下，全国人民代表大会是国家最高权力机关，落实税收法定原则意味着税收要素应当由全国人民代表大会及其常务委员会制定法律来加以规定。允许存在一定范围内的、有规范的授权立法。也就是允许政府在获得授权的情况下，按照规范的程序和权限出台一定的税收政策，以有效地实施税法。这些税收法规、规章和政策，必须遵循全国人民代表大会及其常务委员会制定的税收法律。

同时，我国实行的是单一制政治体制，中央与地方系集权关系而非分权关系。即使是民族区域自治权，也是在单一制政治体制之下的有限自治权。我国的税收法定原则，应当坚持税收要素由法律统一规定的做法，就特别事项，在法律有特别授权的前提下，可赋予地方一定的、有限自主权。

4. 在不断深化、不断渐进中的改革

我国的改革开放是一个逐步推进的过程，不少好的政策往往是在探索试点后逐步推广的。这决定了我国落实税收法定原则的过程，也是一个渐进的过程。

按照规划，我国力争在2020年前实现现行税收法规的法律化。每一个税种的法律制定，都不仅仅是将条例直接转化为法律的问题。同时，对已经制定法律的税种，也要不断完善，通过不断改进，最终真正实现税收法定。此外，落实税收法定原则还与征管制度和税收执法分不开，如果现行的征管制度不能确保税收法律的严格执行，实践中的税收执法工作不能遵循税收法律，税收法定原则最终仍然会被架空，得不到实际落实。征管制度与税收执法工作的改进，与国家依法行政整体推进同步，与国家治理、社会文明的发展同步，也是一个渐进的过程。

（二）落实税收法定原则的意义

税收法定原则的确立，对我国税收制度发展和税收法治建设有着重大的影响和意义。

1. 落实税收法定原则是实现国家治理能力和治理体系现代化的必由之路

党的十八届四中全会指出，依法治国是坚持和发展中国特色社会主义的本质要求和重要保障，是实现国家治理体系和治理能力现代化的必然要求。落实税收法定原则是依法治国在税收领域的现实要求和具体体现。税收不仅是调节国家、企业和个人之间利益分配关系的重要手段，也是国家内政外交国防的重要保障，在国家治理中有着举足轻重的地位和作用。通过落实税收法定原则来坚持和发展中国特色社会主义市场经济，从而确保改革发展沿着正确的道路前进，通过建立健全的税法体系来完善和强化国家治理体系，使税法体现人民的意志，通过建立完备的税收法治手段不断提升国际治理能力。

2. 落实税收法定原则是实现税收现代化的必由之路

我国提出要在2020年基本实现税收现代化。这是税收工作的总目标，具体包括“六大体系”建设，也就是完备规范的税法体系，成熟定型的税制体系、优质便捷的服务体系，科学严密的征管体系，稳固强大的信息体系，高效清廉的组织体系。在税收现代化“六大体系”的建设中，落实税收法定原则起着决定性的作用。税法体系的建设需要通过税收法定原则来落实，税制体系建设需要税收法定原则来保障，征管体系需要税收法定原则来确立，信息体系需要税收法定原则来规范，组织体系需要税收法定原则来构建。也就是说，落实税收法定原则为税收现代化确立了法治的方向，也确保了税收现代化“六大体系”建设的顺利推进。

3. 落实税收法定原则是实现税收治理现代化的必由之路

税收治理现代化是现代国家的重要特征。我国税收治理现代化表现为纳税人依法纳税、政府部门依法征税、全社会协同共治税收的税收治理格局。在实现这一愿景的过程中，落实税收法定原则发挥着举足轻重的作用。只有在各种涉税事务中落实税收法定原则，才能真正树立和增强纳税人意识，提升纳税人的税收遵从度；才能推进税收文化建设，在全社会营造纳税光荣、逃避税可耻的良好税收氛围；才能促进公安、工商和银行等部门、行业、企业积极依法协税护税。

三、落实税收法定原则的实践和成效

税收法定原则确立以后，全国人民代表大会不断加大工作力度，审议出台新的税收法律、修改原有的税收法律、将原有税种的行政法规上升为法律，推进税收法定原则的落实，我国的税收法治化水平上了一个新的台阶。

（一）出台新税种的法律

经过前期充分的立法准备，2016 年 12 月 25 日，第十二届全国人民代表大会常务委员会第二十五次会议审议通过了《中华人民共和国环境保护税法》。这部税法是党的十八届三中全会后，全国人民代表大会常务委员会审议通过的第一部单行税法，也是我国第一部专门体现“绿色税制”、推进生态文明建设的单行税法。《环境保护税法》按照税负平移的原则，实现排污费制度向环境保护税制度的平稳转移。该法将保护和改善环境、减少污染物排放、推进生态文明建设作为立法宗旨，将直接向环境排放应税污染物的企业事业单位和其他生产经营者确定为纳税人，将大气污染物、水污染物、固体废物和噪声等四类作为应税污染物。这一税法的出台，是落实《贯彻落实税收法定原则的实施意见》对今后开征新税种的立法，为新税种的建立树立了法治的标杆。《环境保护税法》于 2018 年 1 月 1 日开始实施。

（二）对原有税法的修正修订

2017 年 2 月 24 日，第十二届全国人民代表大会常务委员会第二十六次会议通过了《关于修改〈中华人民共和国企业所得税法〉的决定》，对《企业所得税法》第九条进行了修正。有关内容解决了企业发生的公益性捐赠支出扣除规定与慈善法的规定不一致的情况，实现了企业所得税法和慈善法相关法律法规的有效衔接。此次修正是全国人民代表大会对现行税法具体条款和内容的修改，是立法机关行使税收立法权力，对税法条文的修改。

2018年6月29日，第十三届全国人民代表大会常务委员会第三次会议审议并公布《中华人民共和国个人所得税法修正案（草案）》，提高了个人费用扣除标准，增加了子女教育支出、继续教育支出、大病医疗支出、住房贷款利息和住房租金等专项附加扣除等，并向社会公开征求意见。8月27日，第十三届全国人民代表大会常务委员会第五次会议再次审议《中华人民共和国个人所得税法修正案（草案）》，将赡养老人的支出也纳入了专项附加扣除项目，对劳务报酬所得、稿酬所得、特许权使用费所得实行双重减免优惠等。8月31日，第十三届全国人民代表大会常务委员会第五次会议通过了《关于修改〈中华人民共和国个人所得税法〉的决定》，将个人所得税的费用扣除标准从原来的每月3500元提至每年6万元，在扣除基本减除费用标准和“三险一金”等专项扣除外，还增加了子女教育、继续教育、大病医疗、住房贷款利息、住房租金、赡养老人等支出的专项附加扣除项目，进一步优化调整了部分税率级距。通过这些修正，将有效减轻广大纳税人的税收负担，使个人所得税税负水平更趋合理，实现个人所得税制从分类税制向综合和分类相结合税制的重大转变，推进了个人所得税制改革。

（三）将税收行政法规上升为法律

2017年12月27日，第十二届全国人民代表大会常务委员会第三十一次会议表决通过了《中华人民共和国烟叶税法》和《中华人民共和国船舶吨税法》，这两部法律于2018年7月1日起施行，2006年4月28日国务院公布的《中华人民共和国烟叶税暂行条例》和2011年12月5日国务院公布的《中华人民共和国船舶吨税暂行条例》同时废止。

虽然烟叶税和船舶吨税从收入规模上讲是两个“小税种”，但是这两个税种是我国第一次由国务院“暂行条例”上升为法律的税种。这是过渡期内立法机关落实税收法定原则的重要举措，是目前我国税收立法的重要形式之一，具有标志性意义。

随后，我国加快了将“暂行条例”上升为税法的步伐。2017年8月7日，财政部和国家税务总局公布了《中华人民共和国车辆购置税法（征求意见稿）》，准备将2000年国务院通过的《中华人民共和国车辆购置税暂行条例》上升为法律。2017

年11月20日，财政部和国家税务总局公布了《中华人民共和国资源税法（征求意见稿）》，准备将1993年国务院通过、2011年修订的《中华人民共和国资源税暂行条例》上升为法律。

（四）配合税制改革废止和修改有关税收条例

对一些涉及面广、情况复杂的重要税种的改革，在试点的基础上对相关税收条例进行修改，也是落实税收法定原则的重要措施。从2012年1月1日起，我国在上海的交通运输业和部分现代服务业开展营业税改征增值税试点，2013年8月1日，部分行业的营改增试点范围推广到全国，从2016年5月1日起，在全国全面推开营改增试点。在全面实施营改增试点的基础上，2017年11月，我国公布了《国务院关于废止〈中华人民共和国营业税暂行条例〉和修改〈中华人民共和国增值税暂行条例〉的决定》（中华人民共和国国务院令第691号，以下简称《决定》），自公布之日起，废止了营业税暂行条例并对增值税暂行条例进行了修改，主要涉及纳税人、应税行为等重要内容。这样，在我国实施了60余年的营业税制度被废止，营业税正式退出历史舞台。这样，营业税暂行条例是党的十八届三中全会明确提出落实税收法定原则以后国务院废止的第一部税收暂行条例，增值税暂行条例也成为落实税收法定原则以后国务院修改的第一部税收暂行条例。这一举措成为落实税收法定原则的又一阶段性成果。

（五）加快安排税收立法项目

2018年3月2日，国务院办公厅发布《国务院2018年立法工作计划》（国办发〔2018〕14号），明确《税收征收管理法修订草案》《车辆购置税法草案》《耕地占用税法草案》《资源税法草案》的起草工作，启动了新一轮落实税收法定原则的立法筹备工作。

可以说，党的十八届三中全会以后，我国认真落实《贯彻落实税收法定原则的实施意见》，加快了税收立法的步伐和进程，税收法律数量和比重不断提高，立法程序日益完善，人民参与立法程度越来越高，立法质量不断提升，体现了国家健全现代税制体系、加强税收法治建设、进一步推进全面依法治国的决心，有力地推进了我国国家治理体系和治理能力的现代化。

四、进一步落实税收法定原则的几个问题

随着税收法定原则的落实，社会、学界和政府等各方面对如何进一步落实税收法定原则也进行了广泛的探讨和深入的研究。主要有以下几个问题。

（一）在宪法中确立税收法定原则

税收法定原则是现代国家治理的重要标志，也是目前世界各国普遍遵循的法治原则。不少国家都在宪法中明确了税收法定原则，确保了这一基本原则的落实。例如，英国的《大宪章》和《权利法案》就明确规定没有议会同意国家不能征税。美国的《宪法》第 1 条第 8 款规定："国会应有下列权力：规定和征收直接税、间接税、进口税与货物税，以偿付国债、提供合众国共同防御与公共福利，但所有间接税、进口税与货物税应全国统一。"《法国宪法》第 34 条规定："各种性质的税收的征税基础、税率和征收方式必须以法律规定。"《俄罗斯联邦宪法》第 75 条规定："将税款纳入联邦预算的税收制度和俄罗斯联邦收费的一般原则，由联邦法律予以规定。"《日本宪法》第 84 条规定："新征税收或变更现行税收必须有法律或法律规定的条件为依据。"《科威特宪法》规定："非有法律规定，一般不得征收新税、修改或废除旧税。"《新加坡共和国宪法》第 82 条规定："除经法律或根据法律批准者外，不得由新加坡或为新加坡之用，征收任何国家税或地方税。"《希腊共和国宪法》第 78 条第 1 款规定："非经议会制订法律，对征税对象和收入、财产类型、支出及按何种税类处理等事宜做出规定，不得征收任何税。"《比利时王国宪法》第 110 条规定："国家税必须通过立法才能规定。省、城市、市镇联合体和市镇的地方税，非经各自议会做出决议，不得征收。"第 112 条规定："在税收方面，不得规定特权。免税或减税，只能由法律规定"等。

我国《宪法》并没有关于税收法定的规定，仅在《宪法》第 56 条中规定"中华人民共和国公民有依照法律纳税的义务"。这一规定虽然包含有税收法律的概念，但与世界多数国家的做法相比，不够直接和完整。尽管在《立法法》中确立了税收法定原则，但是无论是法律的地位、权威还是层级、实效等各个方面《立法法》都无法与宪法相提并论。因此，不少学者呼吁，应当完善宪法的规定，在我国宪法中

对税收法定原则作出直接、明确的规定，也就是将税收法定原则写入宪法。① 党的十八届四中全会提出要全面推进依法治国，建设中国特色社会主义法治体系，建设社会主义法治国家，完善以宪法为核心的中国特色社会主义法律体系，加强宪法实施，使每一项立法都符合宪法精神、反映人民意志、得到人民拥护，做到坚持依宪治国、依宪执政。因此，宪法作为我国的根本大法，需要在其中体现税收法定的精神。只有在宪法中明确规定税收法定的内容和精神，才能够将真正将税收法定原则在国家的根本大法中确定下来。

（二）明确政府部门在税收立法中的作用

落实税收法定原则以后，政府部门在税收立法中能否发挥作用，是一个颇具争议的话题。有的学者认为税收立法由立法机关负责，反对政府行政部门立法，也有学者主张限制和规范政府部门授权立法。② 因此，正确理解税收法定原则，明确政府部门在税收立法中的地位，充分发挥其积极的作用，是落实税收法定原则的关键。

首先，要明确立法机关税收立法的主体地位。从税收法定原则的基本含义来讲，税收立法是国家立法机关的职责，政府部门是税收法律的执行者，没有立法权。因此，我国的全国人民代表大会是税收立法的主体。在改革开放初期，全国人民代表大会为了顺利推进改革授权国务院制定税收行政法规。这种行为具有特殊历史时期的原因。在我国全面建设法治国家、已经确立税收法定原则的背景下，再由政府部门负责税收立法显然不符合税收法定的原则精神，也不利于提高税法的质量。

其次，要充分发挥政府部门优势，积极推进政府部门参与税收立法。尽管政府部门没有税收立法的权力，但是由于税收法律的专业性很强，且政府部门是税法的具体执行者和操作者，其本身有着许多独特的优势，在税收立法中可以发挥重要的积极作用。例如，税法规定的税率、计税依据、税收减免等税收要素，需要一定的征管条件才能计算和实现，这就需要政府部门在税收立法中将这些因素考虑进去。再如，政府

---

① 参见刘剑文．落实税收法定原则的现实路径［J］．政法论坛，2015（5）；翟继光．税收法定原则比较研究——税收立宪的角度［J］．杭州师范学院学报（社会科学版），2005（2）；刘国．税收法定主义的宪法阐释［J］．华东政法大学学报，2014（3）．

② 参见白彦锋．税收法定主义原则与政府税收立法权的界定［J］．河北法学，2004（10）；任际．税制改革与税收法定原则［J］．社会科学辑刊，2015（4）；徐孟洲．税收法定原则在税收立法中的实现问题［J］．中国法律，2015（3）．

部门在执行税法时，对纳税人容易产生有争议的规定，容易出现税收漏洞的情况比较清楚，在税收立法时可以给出有价值的建议。正因如此，世界各国在税收立法时都有政府部门参与，特别是在税法起草阶段有大量政府部门的专业人员参与其中。在我国，财政部、国家税务总局作为税收法律的执行者，在税收立法中也发挥了重要的积极作用。例如，《环境保护税法》作为我国落实税收法定原则后通过的第一部新税法，该税法的征求意见稿就是由财政部、国家税务总局和环境保护部起草。《烟叶税法》《车辆购置税法》《资源税法》等的征求意见稿也都是由财政部、国家税务总局起草并负责向全社会征求意见的。政府部门的参与有效提高了税收立法的质量，也确保了税收征管的效率。因此，既要明确全国人民代表大会的立法责任，又要充分发挥政府部门在税收立法中的作用，是落实税收法定原则的重要方面。

（三）保障地方政府的税收立法权

如何处理中央与地方的税收立法权是社会各界比较关注的问题。一些学者从我国单一制国家的角度，强调税法要由全国性法律统一规定，反对赋予地方税收立法权。也有学者认为，在法律授权的前提下，允许地方出台地方性税收法律。[①]

税收法定原则所强调的是税收的立法原则，并没有对立法主体的层级有强制性的要求。或者说，只要法律允许，中央立法机关可以制定全国范围内适用的税法，地方立法机关可以制定本区域内适用的税法。这种分级制定税法的现象，在联邦制的国家中比较普遍。因此，落实税收法定原则，应该在法律允许的范围内，给予地方立法机关一定的区域税收立法权。事实上，我国制定新税法的实践中，已经赋予并保障了地方的税收立法权。例如，在新出台的《环境保护税法》中，第六条、第九条规定应税大气污染物和水污染物的具体适用税额等税收要素由省级人民代表大会常务委员会决定。这样，我国在维护国家税制、税权统一，保障国家财力、财权与事权的统一的同时，也维护了地方的税收立法权和地方的税收收入。

（四）加快推进税收征管体制改革

税收征收管理制度的立法是税收法定原则的重要内容。《立法法》明确规定了

---

① 参见施正文．税收法定原则框架下的税收法律体系［J］．社会科学辑刊，2015（4）；朱为群，缑长艳．税收法定原则与地方税收立法权［J］．财政科学，2016（12）．

税收征收管理制度应由法律规定。税务机关依法征税，纳税人依法纳税，这是税收法定原则在税法施行过程中的具体体现。在税收征管实践过程中落实税收法定原则，有赖于建立一套科学的、符合现代化要求的税收征收管理体制，有赖于制定一部比较完善的《税收征收管理法》。

现行《税收征收管理法》于1992年制定，虽经多次修改，但已经难以满足税收现代化的需要，亟待尽快修订。

一是征管体制改革要适应深化税制改革要求。推进税制改革，亟须税收征管措施的配套，否则，税制改革的进程将会受到很大影响。征管体制改革和《税收征收管理法》的修订，应当适应税制改革的内在要求和发展趋势，构建一个能够适应税收现代化要求的新型税收征管体制。

二是征管体制改革要实现税收征管法律制度与其他法律制度之间的衔接。税收征管制度是在国家整体法律制度下运行，必须正确处理《税收征收管理法》与其他相关法律的衔接问题，避免法律之间出现抵触、脱节、歧义等现象，保障税收征管制度的顺利运行。要处理好《税收征收管理法》与《行政处罚法》《行政许可法》《行政强制法》等行政法之间的衔接问题；处理好《税收征收管理法》与工商行政管理、国土管理、房地产开发管理等其他部门行政法之间的关系问题；处理好《税收征收管理法》与《公司法》《物权法》《合同法》《破产法》等民商法之间的衔接问题。从而保障税收征管制度的顺利运转。

三是征管体制改革要体现纳税服务的理念和要求。近些年来，税收实践中推出了许多优化纳税服务的举措，就构建现代税收征管体制进行了有益探索。但总体上讲，现行税收征管制度中，对纳税人服务的有关理念和要求仍然偏弱，应当加强；应当注重将优化纳税服务、改善税收营商环境与税收文明公平执法有机结合，要更加充分地反映现代纳税服务的理念和要求。

四是征管体制改革要合理借鉴国外先进的税收征管理念和制度。将国外较为先进的税收征管理念和制度吸收到我国税收征管制度中，有利于加快我国税收征管现代化步伐。比如，建立统一纳税人识别号、信息披露制度、事先裁定制度、税额确认制度、修正申报制度、税收争议处理制度等。

（五）健全纳税人权利保护制度

全面落实税收法定原则，让税法在实践中得到尊重和奉行，离不开纳税人的税法主体意识增强。而纳税人税法主体意识的增强，离不开纳税人权利保护制度的强化。只有在纳税人权利保护制度下，纳税人得到充分尊重，才能培养起纳税人意识，自觉依法纳税。纳税人权利保护制度，还会反作用于税务机关的行政执法工作，对税务机关依法征税形成强有力监督，促进税收法定原则的落实。因此，落实税收法定原则，必然要求健全纳税人权利保护制度。

落实税收法定原则的提出和确立，是改革开放以来我国税收法治建设的里程碑意义的重大事件。这既是我国改革开放40年税收法治建设巨大成就的必然结果，也是我国在新时代实现税收制度、税收治理现代化的必由之路。从此，我国的税收法治建设将走上快车道，进而有力推进实现我国治理体系和治理能力现代化。

参考文献：

[1] 宋亚辉. 改革开放三十年中国税收法治建设 [J]. 财经科学，2008 (8).

[2] 施正文. 落实税收法定原则　加快完善税收制度 [J]. 国际税收，2014 (3).

[3] 刘剑文.《税收征收管理法》修改的几个基本问题——以纳税人权利保护为中心 [J]. 法学，2015 (6).

[4] 郭永泉. 我国税收法定原则的演进和确立 [J]. 财政研究，2015 (10).

[5] 张守文. 税制变迁与税收法治现代化 [J]. 中国社会科学，2015 (2).

[6] 张守文. 税制改革与税收立法的完善——以烟叶税为例 [J]. 法学杂志，2018 (2).

[7] 徐阳光. 民主与专业的平衡：税收法定原则的中国进路 [J]. 中国人民大学学报，2016 (3).

[8] 邓力平. 落实税收法定原则与坚持依法治税的中国道路 [J]. 东南学术，2015 (5).

课题负责人：黄立新

第九篇

国税地税征管体制改革：夯实国家治理的重要基础

改革开放以来，随着税收工作的加强，特别是“税利分流”从理论上解决了对国有企业征税的难题后，税收逐步成为调节中央与地方、国家与企业、国家与个人等重大分配关系的主要手段。为适应这些重大分配关系的变化，税务机构的发展经历了一个由财税合一到单独设立，国税与地税分设到合并的循环，相应的征收管理职责范围也发生了重大变化。另一方面，随着改革开放的深入，多种所有制经济的不断发展，各种经济利益主体出现，税收征纳矛盾也日益突出，在税务机构改革的同时，中国税收征收管理制度也逐步由过去的保姆式服务转向还相关法律责任于纳税人、扣缴义务人，管理方式上由固定管户向流程管事转变、事前审核向事中事后监管转变、无差别管理向风险管理转变、经验管理向大数据管理转变。

本篇试图对改革开放40年来，国税地税征管体制改革发展过程、改革的原因、各方面评价，以及发展趋势等做一个全方位的分析和总结，为未来的改革和发展提供借鉴。

一、国税地税征管体制的演进

改革开放以来，为充分发挥税收职能作用，调动各经济利益主体及中央与地方等各方面积极性，促进社会经济发展，中国在税务机构设置和征收管理制度方面，一直坚持问题导向，实事求是，经历了一个不断探索、不断适应中国社会经济发展需要的过程。

（一）税务机构单独挂牌

改革开放初期，税务部门一直是财政部门的内设机构，但随着 1983 年和 1984 年两步“利改税”的实施，国有企业由原来的上缴利润改为先缴税，再上缴利润，加上各种非国有性质的外资、集体、私营等所有制企业的大量出现，税收工作任务越来越繁重。从 1984 年 1 月起，很多地方政府为适应税收工作的需要，开始将税务机构与财政分设，税务机构单独挂牌，税务部门成为相对独立的机构。① 特别是 1988 年 5 月，原财政部税务总局更名为国家税务局②，成为国务院直属机构（副部级），标志着税务机构与财政部门相对独立，税务机构开始强化。

由于各级税务部门主要负责各类税收的征收管理，这一时期，税务部门也开始对税收征管制度进行改革，由过去的“一员进户，各税统管”的征收管理模式，开始向“征、管、查”三分离模式转变，开始由管户向管事方向发展。

从 1980 年开始到 1988 年，中央与地方的财政体制基本确立，主要实行包干制，由各地税务机构统一征税，财政部门负责企业利润征缴，所取得的财政收入按包干比例或定额上交中央。对地方取得的财政收入，中央根据不同省份的经济和财力特点，分别由地方向中央定额上交、递增包干、比例分成，并根据地方不同财政支出情况，由中央对地方实施税收返还、财政补贴等转移支付。由于两步“利改税”对企业减税让利，加上财政包干体制，激发了企业和地方政府的积极性，促进了社会经济发展，但也出现了全国财政收入占 GDP 比重，以及中央财政收入占全国财政收入比重持续下降的问题。1984 年第二步“利改税”实施至 1993 年分税制改革前夕，全国财政收入占 GDP 比重由 1984 年的 22.9%降为 1993 年的 12.6%，③ 中央财政收入占全国财政收入比重由 1984 年的 40.5%下降至 1993 年的 22.0%，④ 国家财力严重不足，中央财政宏观调控能力严重削弱。

① 部分省市财政和税务机构没有分设，如上海市，浙江省等。

② 1950 年 1 月至 1988 年 5 月机构名称为“财政部税务总局”；1988 年 5 月至 1993 年 4 月为“国家税务局”；1993 年 4 月至今为“国家税务总局”。

③ 见《中国统计年鉴》电子版。http：//www. stats. gov. cn/yearbook/indexC. htm.

④ 根据《中国统计年鉴》数据计算。http：//www. stats. gov. cn/yearbook/indexC. htm.

（二）国税地税机构分设

1994年，为增强国家财力，提高中央宏观调控能力，进行了分税制财政体制改革并实施了新税制。将税收按收入归属分为中央税、地方税和中央与地方共享税。为保障中央在税收征管上的权力和利益，同时调动地方政府在税收征管上的积极性，提高税收征管效率，将省及省以下原有的税务机构从财政机构彻底分置①，分设为国家税务局和地方税务局两大系统，划分了两套税务机构的征收管理范围。国家税务局征收中央税以及中央与地方共享税，以增值税为主体税种，地方税务局征收企业所得税和地方税，以营业税为主体税种。国家税务局由国家税务总局实行垂直管理，地方税务局主要采取地方为主的省以下垂直管理。

为适应纳税人日益增加，征纳信息日益繁杂，征纳矛盾日益突出的需要，特别是为了强化增值税等各项税种的管理，中国开始实施金税工程，并不断探索改革税收征收管理方式。从1994年8月开始，国家税务总局明确提出取消专管员固定管户制度，实行“纳税申报、税务代理、税务稽查”三位一体的征管模式。1997年1月国务院办公厅转发《关于深化税收征管改革的方案》，提出税收征管改革的任务，包括建立纳税人自行申报纳税制度、税务机关和社会中介组织相结合的服务体系等。初步实现了税收征管的五个转变：由分散粗放型管理向集约规范型管理转变；由传统手工征管方法向科学征管方法转变；由上门收税向纳税人自行申报纳税转变；由专管员包办式管理向专业化管理转变；纳税服务由简单化向规范化转变。进入21世纪，税收征管更加重视重点税源管理和信息化建设，专门成立了大企业税收管理部门，税收征管水平大幅提高。在国家税务总局的指导下，国家税务总局各司局和各地税务机构也开展了各种有益的探索，推出了建立风险管理制度、搭建税源监控分析平台、加强分类管理和实施大企业税收专业化管理等各种改革措施，税收征收管理水平进一步提升。

实践表明，1994年分税制改革以及国地税机构的分设分管，使中央和地方政府均能各自保持稳定的税基，防止互相交叉和侵蚀。进一步理顺了中央与地方关系，

---

① 但现实中，部分省市在1994年后，财政与税务也没有彻底分开，许多地方还是财政厅长（局长）兼地方税务局的局长或党组书记。

实现了提高全国财政收入占 GDP 比重和中央财政收入占全国财政收入比重的基本改革目标，充分调动了各方面的发展经济的积极性，在增强国家财力和中央宏观调控能力的同时，也促进了社会经济持续稳定发展。1994 年和 1995 年，税收总收入分别比上年增长 20.5%、17.8%，[①] 中央财政收入占全国财政收入的比重分别为 55.7%、52.2%，[②]税收总收入占全国财政收入的比重分别为 98.3%、96.7%。[③]表明税收收入增长速度较快，中央财政宏观调控能力增强，税收收入成为财政收入的主要来源。

国税地税机构分设，也存在一些弊端：一是增加了征纳成本。从征收成本角度看，两套独立机构与单一机构相比，会增加征收机构的办公场所、设备配置等固定成本，以及人员成本和运行成本。从纳税成本角度看，纳税人要分别向国税和地税报送财务报表、纳税申报表，接受两个税务机关的征收、管理和稽查，会增加纳税人的纳税遵从成本。二是降低征管效率。纳税人重复申报，税务机构重复检查，还存在对同一税基认定标准不一致、税种归属口径不统一、信息不互通等各种问题。三是影响公平竞争。国税与地税信息不互通、征管不统一、处理不一致、优惠不透明，也会影响企业在地区间的正常、合理流动。总体上看，税收征管体制存在职责不够清晰、执法不够统一、办税不够便利、管理不够科学、组织不够完善、环境不够优化等问题。

（三）国税地税合作不合并

随着中国财税体制改革的逐步深化，传统的国税与地税机构互相独立的局面已难以适应新形势的需要，特别是 2012 年起，从上海开始实施的营改增，逐步从部分地区推广至全国范围，作为原地税部门主体税种的营业税的征收范围越来越小，出现了国税部门征管工作量加大而地税部门工作量减少的现象。进一步深化税收征管体制改革成为社会各界的共识，但就如何改革，也存在不同主张和看法。有的认为国税地税机构应该顺势合并，也有的认为，随着环境保护税和个人所得税改革的推进，地税部门征管工作量将逐步增加，都需要大量人力资源和地方政府支持，保留地方税务部门有利于加强这些税种的征收管理。2015 年 12 月，中共中央办公厅、国

①②③ 根据中国统计年鉴数据计算。http：//www.stats.gov.cn/yearbook/indexC.htm.

务院办公厅联合下发了《深化国税、地税征管体制改革方案》，明确国税、地税机构合作不合并的总体改革思路，重点是厘清国税和地税、地税和其他部门的税费征管职责划分，着力解决国税、地税征管职责交叉以及部分税费征管职责不清等问题。

国税地税合作不合并这一决策是建立在反复比较、多方求证、科学推断基础之上的，当时考虑的主要原因：一是分税制财政管理体制是国税、地税机构分设的基础，分税制基础没有改变，机构分设也宜继续坚持；二是当时存在的一些问题是可以在体制框架内，通过进一步加强合作等改革举措来加以解决的；三是从国际比较看，OECD成员以及金砖国家中，除少数国家外，中央和地方税务机构分设是大国的共性选择；四是机构分设有利于调动中央和地方两个积极性。深化改革的思路，以降低征纳成本，提高征管效率，增强税法遵从度和纳税人满意度，确保税收职能作用有效发挥，促进经济健康发展和社会公平正义为改革目标。以依法治税、便民办税、科学效能、协同共治、有序推进改革为原则，从理顺征管职责划分、创新纳税服务机制、转变征收管理方式、深度参与国际合作、优化税务组织体系、构建税收共治格局六大方面提出了31条具体改革措施。还明确将一些依法保留、适宜由税务部门征收的非税收入项目，改由地税部门统一征收，充分利用了地税部门的资源。实践证明，国税地税合作不合并的征管改革，在简政放权上做“减法”、后续管理上做“加法”、优化服务上做“乘法”，侧重于“放管服”改革，税收征管质量得以提升和优化，纳税人两头登记、一表二报，税务部门重复检查等问题得以解决。在全国范围内实现服务一个标准、征管一个流程、执法一把尺子的目的初步达到，国税地税服务深度融合、执法适度整合、信息高度聚合，征管效率进一步提高。回过头来看，国税地税合作不合并的改革也为国地税机构合并打下了制度基础，创造了舆论氛围。

客观分析，从征管角度看，国税地税开展深度合作以来，特别是2016年5月1日起，营业税全面改征增值税由国税部门管理，地税部门的征管业务大幅缩小，另外，所有发票由国税部门管理，地方税务部门在税收管理方面缺乏手段，需要国税给予大量配合和支持；尽管许多地税部门在地方政府的支持下，也开始代征一些收费项目，但如何充分发挥现有地税干部队伍的作用，还缺乏规范的制度和顶层设计；在税务机构合作不合并的前提下，已经将国税地税机构的征管效率发挥到了极致，进一步提高税收管理水平面临着国地税两套机构分设瓶颈的限制。

从国家治理角度来看，税收和各类非税收收入分别由不同机构征收，税费底数不清，企业和个人的税费征收标准不一，严重影响国家的经济决策的制订，影响了国家治理水平。

（四）国税地税机构合并

2018 年 2 月 28 日，中国共产党第十九届中央委员会第三次全体会议通过了《深化党和国家机构改革方案》，2018 年 3 月经过第十三届全国人民代表大会一次会议第四次全体会议审议通过后，中共中央印发了《深化党和国家机构改革方案》。该方案在国税地税征管体制改革方面明确指出：为降低征纳成本，理顺职责关系，提高征管效率，将省级和省级以下国税地税机构合并。由税务部门具体承担所辖区域内各项税收、非税收入征管等职责。为提高社会保险资金征管效率，将基本养老保险费、基本医疗保险费、失业保险费等各项社会保险费交由税务部门统一征收。国税地税机构合并后，实行以国家税务总局为主与省（自治区、直辖市）政府双重领导管理体制。国家税务总局要会同省级党委和政府加强税务系统党的领导，做好党的建设、思想政治建设和干部队伍建设工作，优化各层级税务组织体系和征管职责，按照“瘦身”与“健身”相结合原则，完善结构布局和力量配置，构建优化高效统一的税收征管体系。

2018 年 7 月，《国税地税征管体制改革方案》发布。按照党中央和国务院的部署，改革的方向进一步明确。一是为了加强党对税务机构的领导，各级税务机构党组改为党委。税务总局承担税务系统党的建设、全面从严治党主体责任，地方党委负责指导加强各地税务部门党的基层组织建设和党员教育管理监督、群团组织建设、精神文明创建等工作，形成各级税务局党委与地方党委及其工作部门共抓党建的合力。二是在 2018 年 12 月 31 日前，完成省以下国税地税机构合并。按照先立后破、不立不破的要求，坚持统一领导、分级管理、整体设计、分步实施，采取先挂牌再落实“三定”规定，先合并国税地税机构再接收社会保险费和非税收入征管职责，先把省（区、市以及计划单列市，以下统称省）税务局改革做稳妥再扎实推进市（地、州、盟，以下统称市）税务局、县（市、区、旗，以下统称县）税务局的改革步骤，逐项重点工作、逐个时间节点抓好落实，确保 2018 年底前完成各项改革任务。三是从 2019 年 1 月 1 日起，将基本养老保险费、基本医疗保险费、失业保险费、工伤保险费、生育保险费等各项社会保险费交由税务部门统一征收。四是按照便民、高效的原则，合理确定非税收入征管职责划转到税务部门的范围。对依法保留、适宜划转的非税收入项目成熟一批划转一批。在2020年12月31日前，将所有适宜税务部门征收的非税收入征管职责全部划转到税务部门。

国税地税征管体制改革涉及省、市、县、乡四级税务机构和近80万税务干部，面向10多亿纳税人和缴费人，情况复杂、任务艰巨。2018年6月15日，全国各省（自治区、直辖市）以及计划单列市国家税务局、地方税务局合并且统一挂牌。新税务机构统一名称为“国家税务总局××省（区、市）税务局”，如“国家税务总局北京市税务局”等。新税务机构挂牌即意味着税收执法主体发生改变，国地税机构合并迈出坚实的第一步。2018年7月5日，继全国36个省级新税务机构统一挂牌后，全国各市级国家税务局、地方税务局于5日正式合并，535个市级新税务局集中统一挂牌并对外履行职责，标志着国税地税征管体制改革顺利向纵深推进。2018年7月20日，是我国税收征管史上具有里程碑意义的一刻。这一天，全国县乡国税地税机构正式合并，所有县级和乡镇新税务机构统一挂牌，标志着全国省、市、县乡四级税务机构分步合并和相应挂牌工作全部完成，24年国税地税分设格局正式成为历史。目前，各级税务机构已落实“三定”规定，各级机构、职责和人员到位，国税地税征管体制改革稳步推进。

此次国税地税征管体制改革，既涉及税务机构设置的优化，也涉及税收管理制度的进一步加强，税收和非税收入征管职责范围进一步明确，更涉及中央与地方、国家与纳税人和缴费人、税务部门与其他行政管理部门等多方利益的调整。国税地税征管体制改革必将促进现代化经济体系建设和经济高质量发展，使中国税收事业发展进入新时代。

总体上看，改革开放以来，为充分发挥税收职能作用，调动中央与地方等各方面积极性，促进社会经济发展，中国税务机构设置由改革开放初期相对独立于财政后隶属地方政府到分设国税、地税两套机构，再到国税、地税两套机构合作不合并，一直到国税地税机构合并，经历了一个不断探索、不断适应中国社会经济发展需要的过程。

二、国税地税征管体制改革的背景

如前所述，1994 年，在实施新税制的同时进行了分税制财政体制改革。与之相配套，分设了国税、地税两套税务机构，划分了两套机构的征收管理范围。实践表明，分设国税、地税两套机构，分别由国家税务总局和地方政府垂直领导，充分调动了各方面的发展经济的积极性，在增强中央宏观调控能力的同时，也促进了社会经济持续稳定发展。1994 年新税制实施以来，我们逐步统一了内外两套税制，开始实施金税工程，税收征纳信息不断集中，税收征收管理日益规范，地方政府和广大纳税人的税收法律意识不断增强。随着社会经济的发展、信息技术进步和税收工作的加强，一些阻碍国税、地税机构合并的因素已经消除，进一步强化税收工作、改善税收营商环境和建立现代化国家治理体系，开始遇到国税地税机构分设的瓶颈限制，省以下国税地税机构合并势在必行。

（一）国税地税分设的财政体制因素已经消除

1994 年分设两套税务机构的主要目的是为了保障中央财政收入，提高中央宏观调控能力，同时调动地方政府的积极性。近年来，随着信息技术的进步，越来越多的现代化信息手段在税收工作中开始广泛运用，特别是全国国税地税机构都共用一套金税三期系统对各项税收进行征收管理，税收入库信息实时化并可及时追踪，中央与地方政府的税收收入划分日益透明、规范，合并两套税务机构可能影响中央和地方政府收入划分的最大障碍已经消失，国税地税机构合并可能会影响中央宏观调控能力、影响地方政府积极性的担心已从技术上消除。国税地税机构合并后，税收和各类非税收入征管职责由税务部门执行，但各项收入的归属并没有改变，不会影响中央和地方的积极性，还可以进一步优化中央和地方的财政收支结构。

（二）国税地税机构合作遇到瓶颈限制

从营改增试点开始，作为地税部门主要税种的营业税改征增值税后，由国税部门管理，地税部门的征管业务逐步缩小，特别是全面实施营改增后，所有发票由国税部门管理，地方税务部门在税收管理上缺乏手段，另一方面，国税地税部门分别负责征收的税收收入和非税收入，在税基和费基方面，存在着很大的关联度，需要国税和地税在业务方面互相配合和支持。国税地税机构一直在进行各方面的税收工作合作，特别是2015年中央全面深化改革领导小组第十七次会会议审议通过了《深化国税、地税征管体制改革方案》后，按照依法治税、便民办税、科学效能、协同共治、有序推进的原则，充分发挥了国税、地税各自优势，推动了服务深度融合、执法适度整合、信息高度聚合，着力解决了税收征管体制中存在的一些突出问题，为纳税人提供了优良的纳税服务。在税务机构合作不合并的条件下，已经将国税地税机构的效率发挥到了较高水平。要进一步提高税收管理水平，必须打破两套机构分设瓶颈，通过合并机构，由过去的信息交换转换到信息内容共享，由人力资源的相互配合转换到人力资源的整合，由征管服务程序的协调转换到征管服务程序的整体优化，真正提高税收管理效率，降低征纳成本。

（三）进一步改善营商环境的需要

国税地税机构分立24年来，省级以下的国税机关、地税机关虽然在国家税务总局领导和指导下，税收征管模式基本上统一、规范，但因地方税务局受各方面的因素制约，影响了营商环境的改善。一是各地税收征管模式多样化、各自为主，使税法执行公正、公平欠缺，使纳税人因所处地区不同，税负有所不同。二是在税务稽查方面，由于税务稽查机构重叠、税务机关检查职能交叉以及信息管税的力度不够等原因，存在对同一个企业经常出现重复检查、稽查的情况，增加了纳税人负担，对税务机关来说也浪费了行政资源。同时，对于分属于国税地税机构管理的纳税人，国税地税各自检查、稽查模式、内容、标准、处罚等不一，影响了公平竞争环境。在“放、管、服”的大背景下，社会各界，特别是各类纳税人对于合并两套税务机构，降低税收遵从成本，在全国范围内统一执法标准、公平税收负担、创造公平竞争的税收营商环境有迫切的需要。

（四）建立统一规范高效税务机关运行模式的需要

1994年实行分税制，省级以下国税部门属于垂直管理部门，人、财、物、机构都归属国家税务总局管理；地税部门的人、财、物归属于省级地方政府管理，税收业务归属国家税务总局管理，地税部门由国家税务总局和省级政府双重领导。但国税地税机构分设24年来，国税地税人、财、物管理模式不够统一规范，在人员素质、工资福利待遇、执法标准和执法水平等方面也存在差异，使税收执法效率与质量提升难，并在社会中带来许多负面影响。另外，尽管许多地税部门在地方政府的支持下，也开始代征一些收费项目，如有的地方税务部门已经开始代征社会保险费及其他一些地方性行政性收费，但由于缺乏规范的制度和顶层设计，很难充分发挥现有地税干部队伍的作用。需要建立统一、规范、高效的税务机关运行模式，使税务机关人、财、物管理模式统一规范，保证税务人员工资福利待遇统一，做到统一执法，提升税收执法质效。

（五）建立规范的政府收入体系的需要

1994年实行新税制和分税制财政体制后，税收立法权集中于中央，地方政府只有非常有限的税收权限。地方政府为了地方利益，先后出台了一系列收费政策，虽然经过多次规范清理，但政府各部门和各级政府还存在一些行政性收费项目。由于各类行政性收费项目由不同的部门和不同地区征收，收费底数不清，各地标准不一，已成为影响企业间、地区间公平竞争的重要因素。原来税收之外的诸多收费项目是分散在各个部门由各地组织征缴的，其规范性较差、随意性较大、确定性不强等，社会各界一直反映强烈，改革呼声很高，客观上要求在全国范围内统一非税收入的征收管理。国税地税机构合并后，所有税收和非税收入统一由税务部门组织征管，将使非税收入的征管在制度层面更具规范性，在执行层面更具刚性。为统一政府收入体系，规范收入分配奠定基础。

三、各方面的评价

国税地税征管体制改革实施以来，在社会各界反响较大，社会各界一致认为，国税地税征管体制改革是党和国家机构改革的重要组成部分，是“利国、利民、利企、利税”的重大举措。改革国税地税征管体制，合并省级和省级以下国税地税机构，划转社会保险费和非税收入征管职责，构建优化高效统一的税收征管体系，是高质量推进新时代税收现代化提供有力制度保证。有利于更好地发挥税收在国家治理中的基础性、支柱性、保障性作用，有利于更好服务决胜全面建成小康社会、开启全面建设社会主义现代化国家新征程、实现中华民族伟大复兴的中国梦。

（一）改革难度大

国税地税征管体制改革，不仅涉及省以下各级国税地税机构的合并、人员的安排、业务的整合，还涉及社会保险费和非税收入职责的划转，不仅涉及税务部门内部的工作，还涉及大量的与地方政府和其他部门的协调配合。同时，个人所得税改革也于2018年10月1日开始实施，并从2019年1月1日起，开始进行综合分类改革。各项机构改革与税制改革任务、征管职责划转叠加在一起，极大增加了改革的难度。

朱青、胡怡建等专家都认为，国税地税机构合并作为战略性、全面性、系统性改革，涉及国家与企业、中央与地方、国税与地税、征税与收费等复杂利益关系调整，是一项力度大、涉及面广、情况复杂的税收征管体制重大变革。国税地税征管体制改革虽然属于国务院机构改革的一部分，但既不同于国务院其他部门机构改革，也不同于地方部门机构改革，涉及省、市、县、乡四个层级。国税地税机构合并涉及层级多，人员规模大，面向10多亿纳税人和缴费人，各地情况千差万别，改革难度是其他部门改革所少有的。社会保险费和其他非税收入种类繁多、征收部门不一、征收方式也不一，这些都给改革带来很大挑战。① 杨志勇则认为，随着互联网时代到来，国地税合作成本也大幅度下降，这是国地税合作的基础，也是未来国地税全面走向融合的基础。②

（二）国家治理体系的重大变革

深化税务机构改革，是夯实国家治理基础的重要举措，是充分发挥税收在国家治理体系和治理能力现代化中新定位的重大制度安排，将其纳入党和国家机构改革总体方案中部署，彰显出税务机构改革在国家治理现代化中的足够分量和应有地位，显著提升税收服务国家治理能力和治理水平。

刘剑文认为，国税地税分和合的制度逻辑，或者说法律逻辑，主要还是在于宪

① 尚前名．国地税合并：从瘦身到强身［EB/OL］．（2018－08－24）［2018－09－25］．http：//page. palmtrends. com/show. php？ id = NP13LmSsg/M74.

② 蒋梦惟，张畅．省级及以下国地税机构合并方案敲定［N］．北京商报，2018－03－13.

法框架下的中央和地方关系，也涉及中央和地方在这一过程中，各自应该发挥怎样的作用。他认为，1994 年的国税地税分开，是有一个特殊的历史背景，1994 年的分税制改革，实际是因为基于中央缺钱，地方有钱这样的现状，基于当时的制度限制而做的一个较大变革。将税种也分为三类，中央税、地方税和共享税。与此同时，开展了税收征管体制改革，在全国所有的地方政府，包括省、市、县单设一套属于中央的垂直征管机构，就是国家税务局，负责中央税和共享税的征收，省以下设立地方税务局，负责地方税的征收。当时分设国税地税，是为了适应分税制财政体制改革的需要，尤其是要提高两个比重，在当时起了非常关键的作用。2000 年以后，中国又有两次大的税收分成改革，造成了整个地税系统业务范围的萎缩。一次是在 2002 年的企业所得税分享改革；另一次改革就是 2016 年的营改增，这其实是一次中央和地方收入分成改革，改革后，原来由地方税务局征收的第一大税种营业税取消，变成由国家税务局征收的增值税，国地税业务范围此消彼长，但人员规模不变，增加了国税人员的征管压力。所以，这两次重大的收入分成改革，成为国税地税合并的最根本的原因。从更深层次来看，分与合的背后，不仅是中央和地方关系的重大调整，也是国家治理体系的一个深刻变革，是推动中国实现法治国家建设的一个重大举措。①

李万甫认为，国税地税征管体制改革，不是国税地税机构的简单合二为一，而是从建立现代税收制度、完善税收征管机制、优化税收征管资源配置、推动构建新时代财税体制着手，牢固树立并贯彻“优化协同高效”的理念，以有效提高税收治理现代化为目标，着眼于未来税收治理模式的科学定位，注重构建系统完备、科学规范、运行高效的税收治理体系，全方位提升税收治理能力。国税地税征管体制改革涉及权力和利益格局的深刻调整，覆盖税收治理领域的各个方面，构成一项结构复杂、关联紧密的系统工程，是推进国家治理体系和治理能力现代化的一场深刻变革，是一场触及利益、触及灵魂的国家治理的重大变革，是实现国家长治久安提供强有力的制度支撑和体制保障。② 胡怡建也认为，国税与地税机构合并，主要目的是适应新时代的发展要求，推动国家治理能力与治理体系现代化，提高政府运行的

① 贺斌．国地税合并实质是中央和地方分成改革［J］．中国新闻周刊，2018（24）．

② 李万甫．税务机构改革筑牢国家治理基础［EB/OL］．（2018－07－30）［2018－09－25］．http：//www.chinatax.gov.cn/n810341/n810780/c3633194/content.html.

效率，降低纳税人的纳税遵从成本，为实现高质量发展提供支撑。①

（三）有利于提高征管效率

国税地税机构合并，税收、社会保险费和非税收入统一由税务部门征收，有利于提高征管效率。

朱青认为，国税地税征管体制改革，很重要的一点就是把以社会保险费为代表的非税收入交由税务机关统一征收。这样的安排有利于提高非税收入的征管效率。一是税务机关有一支专业的征收队伍，包括税（费）源分析、评估、稽查等专业人员，这些人员都经过多年的培训，有丰富的实战经验，完全能胜任征收非税收入的工作；二是税务机关的征收手段先进，金税工程三期早已上线，税务与工商、公安、海关和社保等部门已经或即将联网，通过大数据、云计算等科技手段，可以大大提高非税收入的征管效率；三是税务机关与缴费单位常年打交道，在征税的过程中对这些单位的基本情况早已了如指掌，比如社会保险费的缴费基数是职工工资总额，而税务机关在征收企业所得税和个人所得税时都需要掌握这个数据，这样在征收社会保险费时就十分便利和精准。另外，一部分非税收入划到税务机关统一征收后，其他部门就可能拿出更多的人力、物力来尽职尽责，这也会提高这些部门的工作效率。②

李万甫认为，深化税务机构改革，着力解决了税务机构设置不够科学、职责交叉和效能不高等问题，破解了现行两套征收机构并存所带来的诸多弊端，也顺应了税制改革深入推进和现代财税体制构建的需要。将极大提高税收征管质效，推动税收征管模式创新发展。国税地税机构合并，业务平台统一，将彻底解决原有的两个部门信息整合利用效率问题，金税三期系统的整合力度将会极大增强。同时将非税收入纳入征管系统，有助于形成全国统一的覆盖涉税与非税征管和风险管控平台，税务部门掌握的数据资源更加丰富了。税务部门及相关决策部门对税收收入、非税收入形势的研判，乃至对宏观经济运行的分析，都具备了足够的基础数据支撑。③

① 胡怡建．国税地税由分设走向合并的改革逻辑［EB/OL］．澎湃新闻．（2018－04－11）［2018－09－25］．http：//article. chinalaw－info. com/Article FullText. aspx？ Articleld＝103485&listType＝0.

② 朱青．国税地税合并水到渠成［N］．中国税务报，2018－07－11.

③ 李万甫．税务机构改革筑牢国家治理基础［EB/OL］．（2018－07－30）．http：//www. sohu. com/a/244126215_289823.

胡怡建认为，国税地税机构合并，有利于提高运行效率：一是降低征纳成本。从征税主体的税务征收成本来看，由两套独立机构改为单一机构，会减少征收机构办公场所、设备配置等固定成本，以及人员成本和运行成本。从纳税主体的纳税成本来看，可避免分别向两个税务机关报送财务报表、纳税申报表，接受两个税务机关的征收、管理和检查，减少纳税人的纳税遵从成本。二是提升征管效率。国税地税机构合并不仅可以避免纳税人向两个税务机关申报纳税、接受检查，而且可以消除因两大机构在征收管理中，存在对同一税基认定标准不一致、税种归属口径不统一、信息不互通从而影响征管效率等诸多问题。①

（四）有利于服务纳税人和缴费人

国税地税机构合并后，一是办税避免了“两头跑”，不需要再接受两头管、两头查，不再会出现标准打架、无所适从，纳税的确定性明显增强，有效降低了纳税遵从成本，提升纳税获得感。二是使涉税、涉费信息互通、征管统一、处理一致、优惠透明，对纳税人和缴费人的征收管理一把尺子，一个标准，有利于促进企业在地区间的正常、合理流动，资源得到更为有效合理配置。三是可以有效降低企业制度性交易成本，消除妨碍市场公平竞争的体制机制障碍，激发各类市场主体活力，优化营商环境，提高企业的税费遵从和增强税费确定性。

纳税人反映，有了“一厅通办”后，无论什么税种、什么涉税事项，在一个窗口就能办好，真正实现了办税带一套资料、只叫一次号、排一次队，享受“一站到底”的新服务。现在企业信息合并统一管理，税务部门通过实行远程申报退税、无纸化申报退税等举措，提高了退税审核效率，退税款到账更快了。国税地税合并后，税收征管也做到了“一把尺子”。政策解读、税法执法都是一个标准，企业享受税收优惠政策更加充分。②

熊伟认为，当前的高税率是从前征管能力薄弱的体现。在分税制条件下，存在一些处于两个机构之间灰色地带的擦边球收入，机构难以征收这部分收入，只能以

---

① 胡怡建．改革国税地税征管体制　全面提升治理能力［EB/OL］．紫光阁，（2018－08－08）［2018－09－25］．http：//www. chinatax. gov. cn/n810219/n810744/n3414560/n3580218/c365552/content. html.

② 齐志明．国税地税合并后，首个纳税申报期顺利度过［N］．人民日报，2018－09－04.

提高税率为手段增加可征收税款。[①] 随着国税地税的合并，灰色地带消失，税收征管能力的提升后，减税降费也有了基础。

（五）为顺利推进各项改革奠定基础

国税地税征管体制改革，从党的建设、干部管理、机构编制管理、业务收入管理、经费保障体制、构建税收共治格局、服务经济社会发展等方面，明确了央地税务双重领导管理体制的重要内涵，优化了税务系统党的领导组织架构，既是把加强党的全面领导贯穿国税地税机构改革各方面，也是重塑税务系统党的领导体制机制，为理顺税收体制机制，构建更为有序、合理、完善的税收制度、财政体制提供重要制度基石。

樊勇认为，从未来税制改革的发展趋势来看，未来个人所得税要实现综合与分类相结合的改革，需要以自然人纳税人为征管对象，这将对全国统一的数据库、信息系统建设以及征管资源的优化配置提出更高的要求。在这种情况下，国税地税合并对于提高征管效率的意义也更为重要。[②] 胡怡建认为，国地税体制改革到位后，有利于推进税制改革、财政体制改革和税收法治建设。[③] 一是有利于推进税制改革，在全面实施营改增后，个人所得税制由分类向综合与分类相结合方向改革，以及择机推出房地产税制改革等直接税改革，相对于以往以增值税为主体的间接税改革，对征管能力提出了更高要求。而国税地税机构合并有利于提升税收征管能力，更能顺应税制改革对征管能力提升的要求。二是在国税地税机构合并改革后，税务机构在征税以外还将承担征收非税收入的职责和任务，这不但有利于提高征管效率，也为未来统一税费制度改革创造了条件。三是在我国经济转型时期，为支持企业转型、升级和发展，出台了一系列税收优惠激励政策，国税地税机构合并也有利于税收优惠政策得以统一、规范实施，更好发挥其应有的激励作用。四是国税地税合并，将为未来税收和各类非税收入统一纳入分税制财政体制，为财政上的分级管理提供基础性条件。五是国税地税机构改革不但有利于加快推进税收立法进程，更为重要的是通过合理机构设置，整合征管资源、统一执法标准、完善执法程序、严格执法责

① 赵一苇，贺斌，姜璇．财税体制改革：中央和地方的进一步磨合［J］．中国新闻周刊，2018（24）．
② 蒋梦惟，张畅．省级及以下国地税机构合并方案敲定［N］．北京商报，2018－03－13．
③ 胡怡建．改革国税地税征管体制　全面提升治理能力［J］．紫光阁．2018（8）．

任、完善办税流程、规范税务行政、共享社会信息，使税法体系更完备规范、税制体系更成熟定型、服务体系更优质便捷、征管体系更科学严密、信息体系更稳固强大。推进税收法治建设，可避免或减少无序税收竞争，保障税法的统一性、权威性和严肃性，建立公平、公正、法治的营商环境，确保全面推进依法治国的实施。

（六）对社会保险费负担增加有所担心

国税地税征管体制改革后，一些企业担心社会保险费改由税务部门征收后，社会保险负担加重、用人成本上升，也有员工担心社会保险缴费增多、实际收入变少。一些媒体也从正面进行了宣传，《人民日报》等媒体认为，从社保部门划转税务部门征收，一个简单的征管部门变化，既没有提高社会保险费率，也没有改变征收方式，为什么就招来众多对社会保险负担增加的忧虑？原因就在于目前社会保险费缴纳存在不少“操作空间”，一些企业为追求短期利益，不依法履行社会责任，隐瞒实际工资水平，不为员工如实申报社会保险费，甚至不缴社会保险费，而一些员工为了眼下多拿一些钱，往往默许了企业的这种不合规行为。客观地看，社会保险费交由税务部门统一征收，主要目的不是为了追求社会保险费收入的高增长，而是通过改革，提高社会保险资金征管效率，降低征收成本，实现社会保险资金长远的安全、均衡和可持续增长，并为提高社会保险费统筹层次奠定良好基础。一般来说，社会保险负担高低取决于两个因素，即“缴费基数”和“社会保险费率”。长期以来，各种不规范的缴费行为，严重侵蚀了缴费基数，社会保险费收不上来，支出却必须得到保证，社会保险费率就很难降下去。而通过依法堵漏增收，争取实现参保群体的应保尽保，才能把社保缴费基数做实，也才能为整体降低费率争取更大空间。①

总体上看，此次国税地税机构合并改革，纳入推动国家治理现代化层面统筹谋划，从着眼于发挥好税收治理的支柱性地位的战略高度有序推进，着力在重塑税收征管新体制的构造上下功夫，打造适应国家治理现代化的税收治理模式。各方面对国税地税征管体制改革大都是正面评价，同时对改革的效果和未来的效应期望值也很高。

① 吴秋余．社保费，堵漏才能降负担［N］．人民日报，2018－10－12（17）．

四、深化国税地税征管体制改革的建议

国税地税征管体制改革机构改革是一项重大制度变革，省以下两套税务机构要做到事合、人合、力合、心合，不仅是管理职能重新划分、组织机构调整，同时意味着对人、财、物等管理资源的重新配置。合并改革将面临人员任命、机构设置、人员编制、经费拨付、薪酬待遇等财权、事权方面的利益调整。加上社会保险费和其他非税收入征管职责划转与个人所得税改革等任务叠加，进一步加大了改革的难度。总的思路应是先让各项改革措施平稳落地，再根据实际情况，进行资源的整合和优化。

（一）从制度上营造事合、人合、力合、心合的氛围

由于国税与地税机构长期分设，已形成了各自独立运行体系，在人员编制、经费拨付和薪酬待遇体系方面都存在较大的差别，甚至在日常办公、公文处理方面都形成了不同的制度，特别是原国税与原地税部门的干部职务晋升制度和实际效果不同，人员待遇也存在较大的差别。一是充分发挥各级税务机构党委的作用，加强党的建设，做好税务干部职工的思想工作。二是在干部的提拔、任用上，探索职务与职级并行的干部晋升通道，在制度上确保对所有干部一视同仁的同时，要对此次机构合并过程中，省以下由正职转为副职的各级干部给予适度的政策照顾。三是应从制度上保障国税地税合并后，所有干部职工待遇一致，保证税务干部职工待遇不低于所在地政府干部和职工待遇。四是鼓励各级税务机构多举办有益的文体活动，增强干部职工的相互了解。五是要鼓励各级税务机构创新工作方式。做到干部队伍稳定、职责平稳划转、工作稳妥推进、社会效应良好，实现国税地税机构事合、人合、力合、心合。

（二）建立统一规范高效的税费信息管理系统

充分利用互联网技术，进一步完善金税三期工程，依托包括网上申报系统、网络发票系统、出口退税远程申报系统、办税事项网上办理系统在内的网上办税服务厅，以及移动办税平台、防伪税控开票子系统、货运发票开票子系统等，统一原国

税地税办税流程、服务标准、表证单书、资料报送，统一涉税风险分析和风险推送，统一执法标准特别是行政处罚标准。制定出台全国电子税务局业务、技术标准规范，改造升级各省网上办税服务厅，建成统一规范的电子税务局，实现纳税人申报、缴税、发票领用和开具、证明开具等绝大部分涉税事项网上办理，让纳税人办税更加快捷高效。尽快打造全天候、全方位、全覆盖、全联通的电子税务局。在信息系统建设过程中，做到税费管理统筹，信息共享，社会保险费缴纳事项在所有办税厅、网上申报系统都能同样办理。同时对税务机构行政管理与征收管理信息系统进行整合和融合，日常行政管理监督、考评尽量依托信息化数据采集、分析、归纳、整理，减轻基层税务人员工作量，保证基层税务人员全身投入行政管理、征管实际事务中，提高行政管理、征管实际效率。

（三）进一步优化纳税服务

一是适应社会保险费和其他非税收入征管职责划转的需要，将 12366 改造成纳税、缴费服务热线，为纳税人和缴费人提供税费宣传、咨询、服务和权益保护等职能，确保答复咨询及时精准，切实维护缴费人权益。二是简化纳税人设立、注销手续。为新办纳税人提供“套餐式”服务，一次性办结多个涉税事项。加强与工商部门沟通协调，建立工商登记数据质量和传输的通报、对账机制及管理办法，提升共享信息的准确性和完整性。取消外出经营税收管理证明，实行网上报验。简化纳税人在本省内跨市、县区变更登记流程，便利市场主体自由迁移。制定简易注销办法，实现市场主体退出便利化。三是精简涉税资料报送。清理纳税人向税务机关报送资料，实行涉税资料清单管理，清单之外原则上不得要求纳税人报送。将小微企业财务报表由按月报送改为按季报送，减少小微企业报表报送次数。推动涉税资料电子化，减少纳税人纸质资料报送。四是创新发票服务方式。逐步试行代开增值税普通发票“线上申请、网上缴税、自行出票”模式，分行业扩大小规模纳税人自行开具增值税专用发票试点范围，促进小微企业发展。适应商事制度改革要求，推行税控器具网上变更。推动完善发票管理制度，取消发票领购簿等规定。五是便利申报纳税。简并优化增值税、消费税、企业所得税等税种申报表，提供网上办理更正申报功能，大幅度精简表单填报，缩减纳税人申报纳税准备时间。定期定额个体工商户实际经营额、所得额不超过定额的，取消年度汇总申报。六是大力推行网上办税、就近办税。统一和逐步增加办税事项"最多跑一次"清单，推进跨省经营企业涉税事项全国通办，最大限度减少纳税人到办税服务厅次数。统一办税事项"全程网上办"清单，在部分地区试行国税、地税业务省内通办，实现纳税人就近办理涉税事项。七是借鉴原社保部门征收社会保险费和其他部门征收非税收入的有效办法，确保缴费人在原有的基础上更加方便。

（四）平稳实行社会保险费和非税收入征管职责划转工作

目前，各地社会保险费征收管理水平不一，非税收划转项目不一。应按照"放管服"改革要求，从缴费人需求出发，根据本地实际评估办税服务、12366热线以及信息系统的承载能力，完善缴费窗口设置和网上税务局功能，为缴费人提供"实体、网上、掌上、自助"等多样化缴费渠道。要统一服务标准，整合税费缴纳流程，简并缴费报送资料，降低缴费成本，最大限度便利缴费人，不断优化营商环境。要密切关注缴费人负担的变化，在做实费基的基础上，提出减费的政策建议。

（五）建立纳税、缴费信用体系

一是应通过立法，明确纳税人纳税信息、缴费人缴费信息在国家信用体系建设中的重要地位和作用，科学界定参与涉税、涉费信息共享各方的权利义务。二是提升纳税、缴费信用高的企业和个人在社会公众中的地位和形象，努力在社会上形成对纳税缴费信用好与差的纳税人、缴费人分别给予不同相应待遇的氛围，充分发挥信用等级体系的惩戒激励作用。三是各级税务机关应用好税收、缴费信用数据，在合法合规的范畴内，主动输出、"推销"相关信用数据。引导和推动其他部门、社会组织等重视、合理利用信用数据等共享数据，群策群力帮助信用等级高的企业解决资金融资、行政审批等实际困难，营造良好营商环境。

课题负责人：李本贵　崔　玮

第十篇

“便民办税春风行动”：为纳税人服务永远在路上

2014 年，在第二批党的群众路线教育实践活动启动之时，国家税务总局提出并实施“便民办税春风行动”，通过优化制度安排、简化办税流程、拓展服务方式，有针对性地解决行政审批、办税效率、税收执法等方面存在的“四风”问题，推进为民务实清廉主题在税务系统尤其是基层税务机关深深扎根、遍地开花、结出硕果，夯实基层基础，更好地服务纳税人。

一、总体概况

（一）基本情况①

2014 年以来，国家税务总局以“便民办税春风行动”为有力抓手，持续打造纳税服务品牌，每年突出一个主题，每年实现一次纳税服务大跨越，纳税人获得感、满意度和税法遵从度持续提升。2014 年以“提速”为主题，推出 7 类 28 项措施，实现提速发票领用、提速多元办税等“六提速”。2015 年以“规范”为主题，推出 4 类 11 项措施，实施纳税服务、出口退税、税收征管、国地税合作等规范，最大限

① 据国家税务总局 2014—2018 年《“便民办税春风行动”意见》整理。

度便利纳税人，最大限度规范税务人，纳税人告别办税“十里不同天”现象，实现全国税务执法一把尺子、征管一个流程、服务一个标准。2016年以“改革·合作”为主题，推出10类31项措施，在简并小规模纳税人征期、推行同城通办和免填单服务、实行“二维码”一次性告知制度等方面出实招，进一步缩短了纳税人办税时间。2017年以“提升·创响”为主题，推出5类20项措施，在简并涉税资料报送、优化办税流程、优化发票领用方式等方面，纳税人体验感更好、获得感更强、满意度更高。2018年以“新时代·新税貌”为主题，推出5类20项86条便民办税措施，分季度、分主题推出系列活动，在更深层次、更广领域提升纳税服务工作水平。

（二）现实意义

主要体现在三个方面。其一，实施“便民办税春风行动”是转变职能的生动实践。通过简政放权，把不该管的还给基层、放给市场、交给社会，激发基层创造力和微观经济主体活力；通过减负提效，减轻纳税人办税负担，提高办税服务效率，使纳税人更加高效快捷地履行纳税义务；通过公开监督，提高权力运行的透明度和公信力，规范税收执法，防止权力滥用，使“最大限度便利纳税人、最大限度规范税务人”理念得以牢固树立，加快建设职能科学、结构优化、廉洁高效、人民满意的服务型税务机关。其二，实施“便民办税春风行动”是推进税收现代化的重要举措。通过优化纳税服务，便利纳税人办税，提升税务干部的服务能力和服务水平，促进树立平等信赖合作的税收征纳关系；通过构建优质便捷的服务体系，推进税务行业成为社会上形象良好、受人尊重、拥有较高满意度的行业。其三，实施“便民办税春风行动”是巩固作风建设成果的内在要求。通过优化制度安排、简化办税流程、拓展服务方式，有针对性地解决行政审批、办税效率、税收执法等方面存在的“四风”问题；以永远在路上的韧劲和决心，把住为纳税人服好务这根弦永远不能松，久久为功，善作善成。

二、演进过程

“便民办税春风行动”作为纳税服务工作的发展延伸和具体体现，强调普遍树立以客户为导向的理念，有效满足纳税人合理需求，显著减轻纳税人办税负担，促进树立平等信赖合作的税收征纳关系。我国的纳税服务工作经历了萌芽、起步、发展、深化几个阶段的推进实践，已渐趋稳定成熟。

（一）萌芽期①

1990年，“纳税服务”概念第一次出现在全国税收征管工作会议上。当时提出要把征管过程看作为纳税人服务的过程，既要严格依法进行征、管、查，也要热心为纳税人服务，搞好支、帮、促。1997年，提出“以申报纳税和优化服务为基础，以计算机网络为依托，集中征收、重点稽查”的征管模式，首次把纳税服务明确为税收征管的基础工作。2001年，修订颁布《税收征收管理法》，第一次将纳税服务确定为税务机关的法定职责，纳税服务由原来的税务人员职业道德范畴上升为必须作为的法律范畴。

（二）起步期②

2002年8月，国家税务总局在征收管理司内成立纳税服务处，专司纳税服务行政管理工作。2003年初，国家税务总局制发《国家税务总局关于加强纳税服务工作的通知》（国税发〔2003〕38号），提出纳税服务工作“十条原则”。2005年10月，国家税务总局制发《纳税服务工作规范（试行）》（国税发〔2005〕165号），明确税务机关、税务人员开展纳税服务工作的基本行为准则，标志着我国纳税服务工作进入新阶段。

（三）发展期

2006年12月，国家税务总局制发《国家税务总局关于进一步推进办税公开工作的意见》（国税发〔2006〕172号），有效推进纳税服务体系建设。2007年5月，召开第一次全国纳税服务工作会议。2008年7月，国家税务总局将纳税服务处升格为纳税服务司。2009年7月，制发《全国税务系统2010—2012年纳税服务工作规划》（国税发〔2009〕131号），提出“基于纳税人满意，终于纳税人遵从的纳税服务新格局”的纳税服务工作奋斗目标。2011年，在第三次全国税务系统纳税服务工

①② 我国纳税服务发展历程［N］. 经济日报，2009-08-18（13）.

作会议上，提出推进纳税服务工作标准化、专业化、信息化、集约化。

（四）深化期

2014年，国家税务总局制发《“便民办税春风行动”实施方案》《全国县级税务机关纳税服务规范（1.0版)》，以“打连发、呈递进、抓落实、重成效”方式，推出7大类28项便民办税措施；各地税务机关细化落实2000多项具体措施，着力解决在办税效率、税收执法、行政审批、政策落实、等方面存在的短板问题。2015年，制发《深入开展“便民办税春风行动”的意见》，推行《全国税务机关纳税服务规范（2.0版)》，分批推出4类11项措施，包括税收业务工作规范、税收执法权力清单、税务行政审批制度改革、税收优惠政策落实、涉税业务区域协作、大企业税收服务、“走出去”企业税收服务、提高服务效率、完善多元办税、深化国地税合作、清理规范收费项目。2016年，制发《开展2016年“便民办税春风行动”的意见》《国家税务局　地方税务局合作规范（3.0版)》，围绕提高办税效率、便利发票领用、创响服务品牌、服务国家战略推进服务深度融合，围绕明晰执法责任、规范进户执法、增进纳税信用推进执法适度整合，围绕拓宽信息查询、实现信息共享、共建电子税务局推进信息高度聚合。2017年，制发《开展2017年“便民办税春风行动”的意见》，紧扣全国纳税人满意度调查发现的问题，推出5类20项46条便民措施。通过减少办税等候时间、简并涉税资料报送、提速出口退（免）税办理、提高纳税申报质量4项措施提速减负，打造效能税务；通过升级改造服务平台、优化发票领用方式、拓展发票开具方式、推进外出经营管理电子化4项措施创新服务，积聚智慧税务；通过加速实名办税进程、推进办税制度改革、扩大区域通办范围、拓展热线服务功能4项措施精准发力，唱响便民税务；通过完善税收执法程序、创新税收执法方式、巩固商事登记制度改革成果、强化纳税信用管理运用4项措施公正执法，营造公平税务；通过加强缴税方式技术支撑、深化国税地税联合办税、扩大社会合作范围、服务国家发展战略4项措施合力共赢，构建协作税务。2018年，制发《开展2018年“便民办税春风行动”的意见》，分季度、分主题推出5类20项86条便民办税措施，包括“两会代表委员话春风”活动、“纳税人开放日”活动、“媒体记者体验行”活动、“春风亮点”展示交流活动等。

三、价值取向

（一）体现现实要求

1. 从政治视角看，体现了党和人民的要求

其一，人民对美好生活的要求。开展“便民办税春风行动”对形成税法统一、税负公平、调节有度的税收制度体系，促进科学发展、社会公平、市场统一，具有积极促进作用。其二，纳税服务现代化的要求。在2014年全国税收工作会议上，国家税务总局局长王军提出税收现代化的目标体系，纳税服务现代化是其要义之一，纳税服务现代化目标蕴含着“便民办税春风行动”理念与价值要求。其三，优化营商环境的要求。2004年以来，世界银行连续14年发布《全球营商环境报告》（Doing Business）。2006年以来，世界银行联合普华永道会计师事务所，发布全球纳税营商环境专项年度报告（Paying Taxes）。与部分主要经济体相比，2010—2017年，我国税收营商环境排名处于中下游（见表10－1），部分年度排名甚至有所下降，与我国作为世界第二大经济体地位不相吻合。

表10－1　中国与部分主要经济体纳税营商环境排名情况（2010—2017年）　单位：个、位

年度	2010	2011	2012	2013	2014	2015	2016	2017
经济体数目	183	183	183	185	189	189	189	190
中国	125	114	121	122	120	120	132	131
美国	61	62	69	69	64	47	53	36
德国	71	88	86	72	89	68	72	48
加拿大	28	10	11	8	8	9	9	17
韩国	49	49	44	30	25	25	29	23
新加坡	5	4	4	5	5	5	5	8
中国香港	3	3	3	4	4	4	4	3
印度	169	164	147	152	158	156	157	172

数据来源：世界银行与普华永道会计师事务所发布的Paying Taxes 2017，第96页。

2. 从经济视角看，体现了公共税收的需求

公共财政、公共税收是与市场经济条件相对应的财政与税收表现形式，强调财政与税收的公共性、税收用途的公共性。从这个意义上讲，服务税收是公共财政和公共税收理念的必然延伸。广义上看，市场经济下的税收是一种为市场经济，包括市场经济行为主体服务的税收，是公共服务的重要组成部分，提供服务是公共税收的重要特征。狭义上看，纳税服务即为广大纳税人提供服务，是服务税收的起点与基础，以及构建和谐税收征纳关系的必要前提。

3. 从社会视角看，体现了治理能力与水平的需要

纳税服务的核心内容渗透了“最大限度便利纳税人，最大限度规范税务人”理念，体现了治理“回应”与“法治”的要求；而满足纳税人正当需求的目标，又渗透着“有限政府”理念。

（二）对接国际实践

1. 美国实践

一是全面推行实体办税厅预约服务。2015 年以来，推行预约办税服务试点，优化纳税人纳税服务体验，缩短纳税人排队等待时间等。二是大规模压缩线下服务。从 2014 年起，推出一系列在线纳税服务数字应用，将大量涉税业务由线下办理转为线上办理，包括“个人所得税纳税申报表信息查询”“获取纳税记录”“在线缴税协议”和“税款直存”工具、推广“虚拟办税服务终端”（VSD）。三是持续开展纳税人需求研究。成立纳税人办税体验协调委员会，制定《纳税服务蓝图》，实施“免费申报服务项目”，定期举办全国税务论坛。

2. 英国实践

一是普及电子纳税申报，纳税人能直接应用电子站点服务系统（ELS）填写纳税申报表。二是专业化的税务代理服务，成立特许税务顾问（税务师）协会，协会成员均是通过考试取得资格的顶级税务专家。三是有效保护纳税人权利，统一全国纳税服务标准，1986 年颁布《纳税人权利宪章》，高度重视纳税人权利保护。四是大力开展税收志愿者行动，1998 年成立低收入者税制改革委员会，通过电话答复、登门服务等方式，为无力承担税务咨询费的低收入者免费提供税务咨询、争取税收优惠。

3. 加拿大实践

一是推崇顾客理念，以纳税人为中心建立高效、优质、便捷的纳税服务体系。二是专设税务咨询服务机构，为纳税人免费电话咨询、网站在线等服务。三是建立纳税服务志愿者队伍，发起以社区为单位的税收志愿者服务活动，免费帮助残疾人、老年人、低收入者完成纳税申报。四是建立以“纳税人满意度”为核心的评价机制，根据纳税人是否满意为衡量标准，建立包括客户服务时限、网络服务工作标准、网络信息安全标准、纳税人评议制度等机制。五是高度重视纳税人权利保护，颁布《纳税人权利宣言》，内容涵盖获取信息资料、不受歧视、礼貌待遇、诚实推定、保密隐私和个人信息等。

4. 澳大利亚实践

一是坚持顾客理念至上，以宪章保护纳税人权益。二是专设纳税服务机构，形成税务部门、税务代理机构、纳税人协会组成的三位一体纳税服务网络。三是重视普及电子报税，超过70%以上纳税人使用电子报税。四是推广纳税服务志愿者服务，纳税人可通过税收咨询专线了解到就近的志愿者服务站，志愿者为纳税人无偿提供纳税申报等服务。五是重视社会满意度测评，每年都采取电话调查、网上调查、问卷调查等方式开展社会满意度等指标的测评；每两年向纳税人开展一次全面的民意测验，测评纳税服务的满意度。

5. 日本实践

一是重视税收宣传。自1954年始每年11月举办全国性“税法宣传周”活动，采用多样化税收宣传教育形式，培养纳税人良好纳税意识。二是重视税务代理。1942年制定《税务代理士法》，1951年在此基础上制定《税理士法》，建立相关考试注册制度，超过85%的工商企业委托税理士事务所办理税务事宜。税理士可列席对纳税人的税务调查，维护纳税人合法权益。

综合来看，我国税务部门持续开展的“便民办税春风行动”，在目的、路径、方式方法上对接了国际通行先进做法。一是注重以纳税人为中心。将纳税服务理念、机制引入税收征管，推进实现由强制管理向纳税服务转变。二是注重与纳税人沟通协调。综合运用多种方式方法，着力提高税法宣传、纳税咨询质效，持续改善税收征纳关系。三是注重整合征管资源。借助税收信息化技术发展，加强税收征管环节之间的整合，以及中央和地方税务机关、税务部门和其他政府部门之间的业务整合，持续提高纳税服务质效。

（三）有相关理论支撑

纳税服务理论源于威廉·配第、亚当·斯密等确立的税收“便利”“节约”原则。20世纪70年代以后，随着“新公共管理运动”兴起，西方国家在税收管理体制上发生了巨大变革，“为纳税人服务”逐渐成为税收管理的核心理念。

1. 新公共管理理论

税务部门作为公共管理部门，在整个行政公共服务体系中，除为公共产品供给提供费用外，还直接服务于纳税人。20世纪80年代兴于美、英等国的新公共管理理论，主张以市场机制改造政府，降低政府服务的成本，提高公共人员的管理能力及政府生产力。该理论认为，在市场经济条件下，政府的主要职能是为社会提供公共产品与服务，而政府提供公共产品的经济来源主要由税收所形成的财政收入。该理论所倡导的建设“服务型政府”“企业型政府”“学习型社会”，以及市场化、效率化、顾客至上等理念为构建纳税服务体系提供了有益借鉴。

2. 公共财政理论

建设服务型税务机关，将税务机关由行政执法机关变为执法与公共服务并存的机关，其实质是把服务的理念融入税收工作中，达到税收与经济、税务与社会、征税与纳税的良性互动。公共财政理论认为，税收是国家为了满足社会公共需要而取得财政收入的形式，是纳税人为了获得和享受政府提供的公共产品而支付的价格。我国社会主义市场经济体制的本质，决定了广大纳税人的主人翁地位，维护其税收利益，提供各种纳税服务是“公共财政”的必然要求。

3. 税收遵从理论与纳税服务

税收遵从论基于理性经济人假设，指出当税收遵从成本大于税收不遵从成本时，纳税人可能采取偷逃税或延期纳税等方式，获取纳税不遵从利益；纳税服务能够有效降低纳税人的税收遵从成本，提高纳税人的税收遵从度。税务机关不断优化税收营商环境，推动降低纳税人的遵从成本，让纳税人有更多满意度和获得感，有助于税收遵从度的提高。

4. 流程再造理论

1990年，迈克尔·哈默最先提出流程再造管理思想，1993年，其与詹姆斯·钱皮共同发表《企业再造：工商管理革命宣言》，提出以业务流程再造进行根本性思考和彻底性再设计，从而获得成本、质量、服务、速度等的显著改善。就税收而言，税收管理的起因与归宿是纳税人，纳税服务流程再造的具体目标是，对内有利于提高效率、强化制约，对外有利于融合服务资源要素、减轻纳税负担。

5. 交易费用理论

1937 年，罗纳德·科斯在《企业的性质》一文中首次提出“交易费用”概念，1969 年，阿罗率先使用“交易费用”术语，威廉姆森系统研究了交易费用理论。该理论认为，企业和市场是两种可以相互替代的资源配置机制，由于存在有限理性、机会主义、不确定性与小数目条件使得市场交易费用高昂，为节约交易费用，企业作为代替市场的新型交易形式应运而生。

6. 契约理论

税收契约关系的实质在于纳税人为了促进自身福利的提高，自愿将自己的财富按照契约规定让渡给国家，而国家又委托政府提供个人无法提供的、却又是个人创造私有财富不可或缺的公共产品、公共服务。税收契约体现的是国家和纳税人之间的一种平等关系、一种权利与义务对等关系、一种服务与被服务的关系。政府以纳税人的利益为出发点和落脚点，按照契约提供公共服务、收取税金。

四、评价启示

（一）总体成效

1. 有效构建了现代化纳税服务新格局

在连续多年的“便民办税春风行动”实践中，各地税务机关将优化纳税服务作为建设服务型税务机关的第一要义、全局工作、系统工程来抓，以纳税人需求为导向、征纳双方法律地位平等、执法与服务并重、全员全程全方位服务等服务理念、服务意识不断强化；以纳税人需求理论和税收遵从理论为支撑的纳税服务理论框架初具雏形；理论科学化、制度系统化、平台品牌化、业务标准化、保障健全化、考评规范化的纳税服务体系框架初步搭建；以《纳税服务规范》为标志，涵盖税法宣传、纳税咨询、办税服务、信用建设和权益保护的纳税服务制度体系基本形成。

2. 有效提升了税务机关征管质效

在连续多年的“便民办税春风行动”实践中，实体办税服务厅规范建设，统一服务标识、区域划分、窗口设置、服务职责、服务制度和服务礼仪，国地税广泛互设窗口、共建办税服务厅、共驻政务服务中心；12366纳税服务热线规范运作，统一中心座席、远程座席和专家座席管理，国地税合作提供电话咨询、投诉处理；网上办税服务厅建设快速推进，网上申报纳税、发票使用、涉税事项申请等业务逐步开展；自助办税渠道畅通便捷，24小时自助办税厅、办税服务厅和商业区自助办税终端广泛使用；移动办税初具规模，微博、微信、移动客户端、QQ群等新媒体融入税法宣传、咨询辅导、办税服务和权益维护；实行标准化、差异化、个性化的分级分类服务和管理，探索重组税收业务，下放审批权限，减少办税环节。

3. 有效改善了税收营商环境

在连续多年的“便民办税春风行动”实践中，税务总局从最大限度规范税务人做起，促进最大限度便利纳税人，制发纳税服务、税收征管、税务稽查等10多个规范并持续升级；支持商事制度改革，确保“多证合一”“两证整合”顺利实施；推进“互联网+税务”行动计划，推出182个便利办税创新项目。全国税务机关累计推出2万多项针对性服务举措，第三方纳税人满意度调查得分逐次提高，税收营商环境各项指标中的纳税时间指标排名提升32位。①

4. 有效激发了市场活力和社会创造力

在连续多年的“便民办税春风行动”实践中，全面推开营改增试点平稳落地并取得多重积极效应，资源税从价计征改革全面推开，水资源税改革试点成功并有序扩围，环保税顺利开征；截至2018年9月，我国与119个国家和地区建立双边税收合作法律机制，税收话语权、影响力显著提升；金税三期工程全面上线，首次实现基础平台、应用软件、业务流程等方面的大统一；增值税发票管理新系统实现了对发票信息的“一网打尽”，税收大数据对激发市场活动和社会创造力的影响力越来越强；纳税信用管理取得新突破，分类管理服务、税银互助合作和社会联动奖惩形成强大的遵从正能量；涉税中介服务逐步走向市场化，行业监管更加有效，注册税

① 参见世界银行2018年发布的《2019年营商环境报告》。

务师行业和社会组织的服务优势与杠杆作用初步体现。

5. 有效支持了经济社会持续健康发展

在连续多年的“便民办税春风行动”实践中，探索建立了一套坚决依法收好税的科学高效工作机制，利用网络、电视、报刊等多种宣传媒介，采取政策公告、新闻发布、专家访谈等多种宣传方式，帮助纳税人更好地了解税收政策；以 12366 纳税服务热线、税务网站、办税服务厅为主要咨询阵地，以专家团队和 12366 税收业务知识库为咨询支撑，帮助纳税人更好地理解税收政策；统一培训内容、培训师资、培训教材，采取集中辅导、视频教学、远程互动等多种培训辅导形式，帮助纳税人更好地掌握税收政策；为纳税人提供导税服务、限时服务、延时服务、预约服务、提醒服务等多种服务方式，拓展申报缴款、认证抄报税等网上办税功能，帮助纳税人更好地履行纳税义务；树牢加固了坚决落实减免税政策的任务观，形成了强化坚决打击偷骗税的高压态势和“组合拳”法，连年完成预算确定的税收收入任务，落实各项税收优惠政策，税收增长与经济发展更协调，减税力度与落实力度双给力，保障了经济社会发展财力需求，推动了“双创”发展和新动能成长壮大，促进了经济结构优化升级。

（二）各界评价

1. 专家评价

中央财经大学财政税务学院教授何杨认为，税务总局开展“便民办税春风行动”，完善税收制度、清理征管制度、升级税收业务规范、加强政务公开和政策解读，有利于增强税收法规确定性和企业发展壮大。北京大学法学院教授刘剑文表示，税务机关在“便民办税春风行动”中，推出的办税事项“二维码”一次性告知，既方便税务机关信息管税，又方便纳税人履行纳税义务。

2. 纳税人评价

西门子（中国）有限公司税务经理朱榕表示，在企业发展外部压力大、内控成本不断增加的大背景下，税务机关开展“便民办税春风行动”简化了办税流程，节约了企业成本。太平洋财险财务经理许洪声表示，便民办税的春风吹到我们企业，成功给 2000 多个税控秘钥加载数字证书，解了我们的燃眉之急。恒昌集团税务总监高丽认为，随着“便民办税春风行动”持续开展，能够建立税收政策、征管制度与信息系统间的联动调整机制，推进实现服务一个标准、征管一个流程、执法一把尺子。

3. 基层实践

[案例一] 香港特区全国人大代表点赞厦门税务部门“便民办税春风行动”①

“春风行动确实给企业带来了很多便利，现在办税流程更清晰了，环节更简单了，办税更轻松了，营商环境一年比一年好了。”香港特别行政区第十三届全国人大代表、禹洲集团创始人、董事局主席林龙安对税务系统持续开展的“便民办税春风行动”竖起了大拇指。

“营改增税制改革对房地产企业影响很大，幸好税务部门马上主动上门辅导，帮我们测算不同计税方式下的收入、利润和税负，引导我们选择恰当的计税方式，实现公司利益最大化，我要为他们点赞。”对税务部门多次主动上门辅导、帮助答疑解惑，林龙安感触尤深。他说，营改增初期，禹洲集团有众多项目在建，根据政策可选择不同的计税方式。在税务部门细心辅导下，公司通过区分不同项目选择不同计税方式，首月申报就实现了减税66.01万元，税负降低了0.33%。

作为集团型企业，禹洲在厦门市各区都有项目建设。林龙安说，“现在发票可以网上购买，由税务局邮寄上门，确实需要到柜台办理的业务，也可以网上预约时间或者同城就近办理。这些便民举措都极大地减少了财务外勤的交通时间和现场排队时间，大大提高了工作效率。”

尝到税务部门主动服务的便利后，禹洲集团也开始将这种主动服务的理念引入集团旗下的物业管理公司。以禹洲广场为例，通过联合厦门国税、地税部门共同开展“税企直通车”活动，在做好大楼物业管理的同时，为入驻企业提供更全面的增值服务。“这种精准式的服务，对企业帮助很大。今后我们还会加强搭建政企沟通平台，引进更多的政策宣讲服务入驻企业。”林龙安说。

[案例二] 原河北省国家税务局②实施6个专项行动优化税收营商环境③

2018年5月，河北省国家税务局出台《2018年优化税收营商环境工作方案》，

① 陈泥，夏遂轩．香港特别行政区第十三届全国人大代表林龙安：便民办税春风 吹暖企业心田［N］．厦门日报，2018-03-27（A08）．

② 本书中各地税务机构在国税地税征管体制改革前均使用原机构名称，改革后使用现机构名称，如时段不清晰，在机构名称前加“原”字。

③ 河北省国家税务局．河北国税6个专项行动优化税收营商环境［EB/OL］．（2018-05-15）［2018-09-25］．http：//www.chinatax.gov.cn/n810219/n810739/c3448788/content.html.

从14类43个方面细化优化税收营商环境，着力解决纳税人反映最集中、需求最迫切的“痛点”“堵点”“难点”问题，以6个专项行动为抓手，明确责任人和完成时限，确保各项工作按照时间节点有序有效推进，不断增强纳税人的满意度。

开展政策完善创新专项行动，抓好政策宣传解读落实。各级税务机关要建立税收热点问题快速响应机制，做好热点问题收集、研判、转办、反馈工作。组织开展“送政策下基层、入企业”活动，帮助企业熟悉用好税收政策。各地要采取自查和督查相结合的方式，确保各项税收优惠政策落实到位。对现有政策进行梳理，对不符合优化营商环境要求的，及时修改完善或废止。实行涉税资料清单管理，清单之外原则上不得要求纳税人报送。改进税收优惠备案方式，对企业纳税人基本实现税收优惠资料由报送税务机关改为纳税人留存备查。进一步做好税务行政执法公示制度、执法全过程记录制度、重大执法决定法制审核制度推行落实工作。

开展降低企业经营成本专项行动，落实降低企业成本优惠政策。不折不扣全面落实国务院出台的减税政策和扶持高新技术企业、技术先进性服务企业、科技企业孵化器、大学科技园、技术转让、创业就业、研发费用加计扣除等各项税收优惠政策，充分释放政策红利。

开展提快项目落地速度专项行动。深入开展商事制度改革，为新办纳税人提供“套餐式”服务，一次性办结多个涉税事项。优化审批环节，强化要素保障，围绕重点企业、重点项目，通过走访、座谈、辅导等形式开展税企交流活动，及时回应纳税人诉求。

开展优化开发区发展环境专项行动。全面服务开发区硬环境建设、软环境培育和体制机制创新，促进增强开发区承载力、吸引力和发展活力。

开展提升窗口服务专项行动。提高政务服务效率，升级“智慧云办税厅”，建设“全业务自助办税厅”和“电子税务局”。对能确切掌握纳税人信息的纳税申报事项，采用“主动网上推送办税信息+纳税人确认”和“纳税人申请+预填表+自动审核”的新型办税模式。提升窗口服务质量，打造规范、智能、高效的办税服务厅。推进跨省经营企业涉税事项全国通办。推进国税地税业务“一厅通办”和12366纳税服务热线整合。

开展加强诚信建设专项行动。探索办税人员信用管理机制，动态验证办税人员信用积分指标。建立完善信用信息共享平台和信用联合奖惩机制，深化拓展“银税互动”，积极帮助诚信企业破解融资难题。

［案例三］陕西：“一表集成”助力企业坐上申报“高速列车”①

一直以来，“数据多、表类多、填表难”是企业财务人员办税的痛点和难点。在处理日常申报业务时，纳税人经常因为填写复杂的申报表而耗费大量的时间和精力，尤其是《本期销售情况明细表》和《本期进项税额明细表》，需要逐一核对税率、行业及发票类型，分别计算，分别统计，工作量巨大且烦琐，令企业财务人员头疼不已。

自2017年11月起，陕西省国家税务局全面上线“一表集成”申报辅助系统，系统将增值税一般纳税人“九附表”汇总简化为一张“基础数据表”，形成“九表合一”的基本架构，填写项目由原来的530项减少到91项，使纳税人申报准备和办理时间大幅缩短，为企业节约了大量时间成本。

陕西省国家税务局全面推广“一表集成”系统升级版本，使申报真正做到“一键搞定”。纳税人只需对数据进行比对、核实、修改，就能完成原本繁杂的增值税填报，申报数据质量和效率显著提高。

（三）评价体系

近年来，对纳税服务工作成效评价的手段不断丰富精准，量化评价维度不断拓展，为“便民办税春风行动”提供了更为严谨科学的参照系，促进了“便民办税春风行动”的深化。基于现代税收管理理念，借鉴ACSI模型，从税收遵从和纳税人满意度两个价值评价导向出发，构建由纳税人遵从、纳税人满意度、质量感知、税务形象、纳税人期望和纳税人抱怨构成的评价指数模型②如下。以其为例，可了解在纳税服务评价体系方面的探索。

1. 一级指标

在ACSI模型基础上，结合我国纳税服务特征，构建纳税服务评价指数（TSEI）模型。TSEI模型设置6个一级指标（结构变量），保留ACSI原有的4个结构变量

① 央广网．陕西：“一表集成”助力企业坐上申报“高速列车”［EB/OL］．（2018－06－07）［2018－09－25］．http：//www.chinatax.gov.cn/n810219/n810739/c3494585/content.html.

② 福建省税务学会课题组．纳税服务评价指数模型的构建及实证分析［J］．税收经济研究，2015（6）：34－41.

（纳税人满意度、纳税人期望、质量感知、纳税人抱怨），增加修正了1个外衍变量，去除1个原因结构变量，增加1个结果变量；同时修正相关的关系路径（见图10-1）。一是增加“税务形象”指标，追求由内而外的系统效应。纳税人对税收服务的价值感知主要来源于对税务机关与税务人员的综合感知形成的税务形象认知。这种认知不仅影响着纳税人的需求期望，也在接受服务过程中影响主客观感受及后续服务的感知。税务形象在纳税服务由内而外产生的各种效应起着重要作用。因此，去掉“价值感知”指标，增加“税务形象”指标。二是增加“纳税人遵从”指标，追求双核心评价导向。由于纳税人与传统的顾客有差异，纳税人不能像顾客那样可以自由选择主管税务机关。“顾客忠诚”在征纳双方关系上更容易体现为纳税人对税法的遵从，对税法的遵从又是评价的核心导向之一。因此，去掉“顾客忠诚”指标，增加“纳税人遵从”指标。三是修正相关因果路径，使得模型更加符合我国实际情况。将“税务形象”设置为外衍变量，“纳税人遵从”设置为结果变量，更清晰体现了纳税人的期望先来自对税务部门形象的认知，对税务部门形象的认知影响着纳税人遵从。同时TSEI由ACSI的1个目标（纳税人满意度）变为2个目标（纳税人满意度、纳税人遵从），纳税人满意度不再是该模型最终追求的唯一目标。

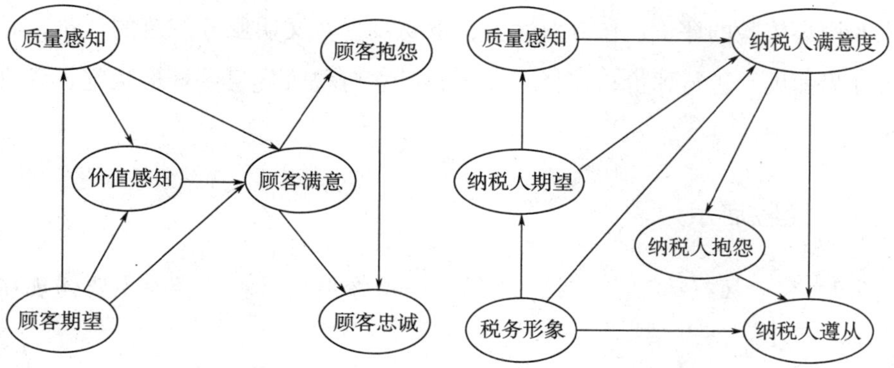

图10-1 一级指标

2. 二级指标

在6个一级指标（结构变量）下设16个二级指标（观测变量）。其中一级指标“税务形象”“纳税人期望”“纳税人满意度”“纳税人抱怨”沿用通用规则设计，而对“纳税人遵从”和“质量感知”设计如下。一是纳税人遵从。大数据时代背景下，纳税人信息披露的遵从度日益重要。税收遵从应在通用的“申报缴税遵从度”上增加“信息披露的遵从度”。税务总局的《纳税信用管理办法（试行）》（国家税务总局公告2014年第40号）中对纳税信用的评定已包含“申报缴税遵从度”和“信息披露的遵从度”。税务机关将不遵从程度相对高的纳税人列入税收“黑名单”管理，税收“黑名单”可以反映税收不遵从度，因而将观测变量设为可量化的“纳税信用A和B等级占比”和“税收‘黑名单’户数占比”。二是质量感知。纳税服务作为社会公共服务，既具有服务的共性特点，又具有自己的特殊属性（法定性和间接收益性）。国际上对服务质量感知评价通常采用5个维度，分别是有形性、可靠性、响应性、保证性和移情性。结合纳税服务的特殊性，该项评价分6个维度：有形性、可靠性、时效性、便捷性、关怀性和公平性。

3. 三级指标

纳税人对纳税服务质量的感知是纳税人满意度构成的核心变量，对纳税人满意度有直接正相关影响。结合纳税服务规范，对“质量感知”的二级指标进行三级拓展。在时效性上，侧重于时间与效率的评价，按照纳税服务规范细化分类；在可靠性上，抓取纳税人感受深刻的质量特性、对税务人员和服务质量的信任，以及信息安全保障；在便捷性上，引入“互联网+”的评价；在关怀性上，引入纳税人个性化需求和用户体验的评价；在有形性上，主要设立对文明服务规范的评价，并对网上办税厅界面展示进行评价；在公平性上，设立对税收优惠、资格认定、税收负担的评价。

（四）经验启示

“便民办税春风行动”成效来之不易，经验弥足珍贵。其经验主要体现在四个方面。

1. 坚持以健全机制制度为基础

建立健全纳税服务机制和制度体系，持续完善融合互通的平台管理制度、精准及时的宣传咨询制度、有针对性的培训辅导制度、规范高效的办税服务制度、快速响应的权益保护制度、促进遵从的信用管理制度、资源整合的社会协作制度等。实施纳税服务标准化管理，落实全国税务机关纳税服务规范，努力让纳税人享受更快捷、更经济、更规范的服务。

2. 坚持以促进税法遵从为导向

推进实现实体和网上、网站和移动纳税人学堂的互联互通，为纳税人提供线上和线下，“非接触式”和“面对面”，互动论坛和单方授课等多种选择和涵盖税收政策、办税程序、权利义务等内容丰富的培训辅导服务。充分利用互联网、移动终端、第三方平台等新兴媒介和先进科技激发宣传产品的再开发、促进宣传咨询渠道的再拓展、推动宣传辅导方式的再创新，不断改善纳税人视听体验感受。建立以需求为导向的宣传辅导机制，针对自然人和不同规模、行业、类别企业纳税人需求，开展普及性税法宣传和个性化资讯推送。通过提升信用评价质效、完善信用奖惩机制、加强信用信息归集共享，引导纳税人自愿遵从。

3. 坚持以响应服务需求为重点

以公开为原则、不公开为例外，向社会公示权力清单和责任清单，及时公布和更新行政执法或纳税服务的主体、事项、依据、标准、结果等内容。推进“识别分析—需求推送—服务评价”的需求响应闭环管理体制机制建设，根据需求的轻重缓急和难易程度进行分类推送，对推送全程进行实时提醒和预警控制。运用“互联网+”思维，以信息化手段为支撑，完善纳税人满意度调查工作机制。探索建立税收争议调解机制，完善纳税服务投诉办理报告和通报制度，加大对纳税人合法权益的有效支撑力度。

4. 坚持以完善管理平台为保障

推进“互联网+税务”行动计划，建立全国标准统一、省级数据集中的纳税服务综合管理平台，实现实体服务和虚拟服务、线上线下、前台与后台之间的协作联动、融合发展。整合实体办税、网上办税、热线咨询、税务网站、微博微信、手机APP等渠道，提供跨渠道、端到端服务。运用大数据思维发掘数据价值，建立以纳税人为中心的服务账户数据模型，通过需求特征归集对纳税人进行准确分类，实现服务功能与信息的定向匹配。推进与银行、第三方支付机构的合作，建立多元化缴税扣税渠道，最大限度为纳税人创造办税便利条件。

（五）存在问题

“便民办税春风行动”虽已取得一定成效，但结合纳税服务整体工作看，还存在不少改进完善空间。

1. 服务理念尚待优化

个别基层单位对“便民办税春风行动”在提升纳税遵从度、实现征纳和谐中重要性的认识还不足；从服务税收现代化的高度去认识把握纳税服务工作还需要进一步加强；在税收政策制定、税收征管、稽查评估工作中，践行以纳税人为本的理念还需要进一步强化。

2. 纳税人需求管理尚待加强

以“需求采集—需求分析—需求响应—持续改进”为主要流程的纳税人需求管理闭环机制还不够完善；以“便民办税春风行动”为有效抓手的纳税服务现代化建设还存在碎片化问题，对分散在税收征管各环节纳税人的“服务供需错位”现象时有发生。

3. 大数据应用尚待深化

税务机关内部的办税服务厅综合管理系统、网上办税服务厅、移动终端等信息系统的统筹集成还有待提高，还存在系统分散、数据隔离、功能不完善等问题。税务机关与政府部门、社会各单位之间信息共享的制度化、常态化还有待加强，税收大数据的挖掘应用水平还亟待提高。

4. 纳税服务法律体系尚待健全

《全国税务机关纳税服务规范》只是税务机关的内部工作规范，法律约束力较弱。新修订的《税收征收管理法》虽也充实了保护纳税人权利方面的内容，但与西方发达国家相比，我国纳税服务工作的立法层级还有待提高。

五、下一步展望

（一）总体思路

新时代纳税服务工作要坚持创新、协调、绿色、开放、共享理念，继续以“便民办税春风行动”为有效载体，把解决纳税人的期盼和诉求作为纳税服务工作的出发点和落脚点，深入落实“放管服”改革，着力改善纳税人办税体验，不断提升纳税人获得感、满意度和税法遵从度。

（二）现实需求

1. 营商环境竞争不断加剧

营商环境是一个国家经济社会发展环境的集中体现与真实反映。一个国家营商环境优异，就能吸引高端要素资源向本国流动与集聚。[①] 世界银行 2006 年首次发布企业《营商环境报告》，从 2010—2018 年版世界主要经济体纳税营商环境位次变动来看，我国在第 114 ~ 131 位之间浮动，与先进国家相比有一定差距。美国 2017 年底通过税改法案，2018 年 1 季度先行挑起“贸易战”，这将直接影响投资回报率，以及资本在国家间的流动，进一步加剧国际营商环境的竞争。

2. 政府职能转变日益加速

面对全球化、信息化带来的新变化、新挑战、新机遇，各国都争先恐后推进全方位、多层次、宽领域的改革发展，特别是政府的改革和发展。[②] 随着经济社会的不断发展以及社会结构、制度的变迁，由政府直接提供和生产公共产品与服务的做法，已很难适应时代发展的需要。树立重服务、轻管理，重事后监管、轻过程干预的服务型政府管理理念，充分发挥市场的促进者、合作者、管理者的作用，是有效推进市场化的关键。

3. 税收现代化建设纵深推进

包含纳税服务现代化的税收现代化，是国家治理现代化的重要组成部分。纳税服务一头联系纳税人、一头连接税务机关，承担着落实国家税收宏观调控“最后一公里”的任务。新时代纳税服务工作必须明确服务经济社会高质量发展的定位、提高服务工作的站位，促进发挥税收在国家治理体系和治理能力现代化中的基础性、支柱性和保障性作用。

4. 个性化纳税服务更为迫切

纳税人的需求可分为程序性服务需求、规避税收风险需求、文明办税需求、税收政策筹划需求，以及个性化需求、智能化需求、高效办税需求、税收安全需求等。随着经济社会和科学技术发展，纳税人对纳税服务的需求越来越高。不同的纳税人

① 李军鹏．党的十九大后深化放管服改革的目标、任务与对策［J］．学习与实践，2018（2）．

② 谢庆奎．职能转变与政府创新［J］．新视野，2003（2）．

需求又具有个性差异，要求纳税服务充分尊重个性差异，提供个性化的服务。

（三）着力重点

国家税务总局局长王军强调，改革每向前推进一步，我们给纳税人带来的获得感就要增进一分，要切实提升便民服务水平，增强税收征管效能。在税务机构改革关键期，深入开展“便民办税春风行动”意义重大而深远。要将“便民办税春风行动”贯穿于税收工作全过程，与协调推进税收机构改革紧密结合起来，与税收发展重点工作任务紧密结合起来，与扎实推进建设服务型税务机关紧密结合起来，充分发挥“便民办税春风行动”辐射带动作用，不断提高纳税服务工作质效。

1. 进一步强化人性化理念

牢固树立征纳双方法律地位平等的理念，按照建设服务型政府和法治政府的要求，始终把尊重和保护纳税人的合法权益作为税务机关和税务人员的法定义务。全面理解和掌握纳税人每一项法定权利的内涵和实质，在实际工作中依法有效地保护纳税人的合法权益。

2. 进一步处理好服务与管理关系

服务是为了更好地管理，管理是为了更好地服务，两者互为补充、互为条件。随着税务部门职能转变的加快和公共职能的不断强化，税收管理与纳税服务的关系，必将转变为服务为主、管理为辅的关系，必将从事前管理全面转变为事中事后监管。要坚持以满足税收征管目标和纳税人合理需求为服务导向，构建全员参与、全程服务、全面联动的纳税服务大格局，营造良好税收营商环境。

3. 进一步推进纳税服务体系化建设

进一步整合实体办税、自助办税、网上办税、掌上办税等资源，强化线上、线下“一站式”的全程服务模式。建立科学有效的纳税服务绩效评估体系，健全纳税服务质量监督与回访反馈机制、外部社会的监督机制，形成事前、事中、事后相衔接的监督机制。在明确纳税服务边界的基础上，寻求公共服务与社会化服务平衡点，推进实现公共资源和社会资源在纳税服务领域的合理配置。

参考文献：

[1] 国家税务总局纳税服务司．国外纳税服务概览［M］．北京：人民出版

社，2010.

[2] 叶美萍．各国纳税服务工作的经验与思考［J］．现代经济探讨，2012(2).

[3] 徐向真，宋舜玲．国外纳税服务的经验及借鉴——兼谈如何充分发挥涉税专业服务机构的作用［J］．注册税务师，2016（3）.

[4] 任雪．完善我国纳税服务体系研究［M］．长春：吉林财经大学，2014.

[5] 谢庆奎．职能转变与政府创新［J］．新视野，2003（2）.

[6] 李军鹏．十九大后深化放管服改革的目标、任务与对策［J］．学习与实践，2018（2）.

[7]《国家税务总局关于加强纳税人权益保护工作的若干意见》。

[8] 2014—2018 年税务总局年度工作报告、全国纳税服务工作报告。

[9] 2014—2018 年税务总局《“便民办税春风行动”实施方案》。

[10]《“十二五”时期纳税服务工作发展规划》《“十三五”时期纳税服务工作发展规划》。

[11] 2014—2018 年《中国税务》。

课题负责人：秦　凯
执　　　笔：秦　凯　陈宝森　马春涛
柳华平　傅　彤

第十一篇

金税工程：为税收现代化插上金色翅膀

金税工程是国家电子政务“十二金”工程之一，是税收信息化建设不断发展壮大的代表性工程。在党中央、国务院的高度重视下，在国务院各部委和地方政府的大力支持下，在国家税务总局的统一领导下，全国税务部门上下联动、横向互动，集全体税务人智慧，全面推进金税工程一期、二期、三期建设，实现了税务信息化的大跨越和快速提升，支撑了税收征管，保障了税收收入，提高了纳税服务水平，成为高质量推进税收现代化的重要支撑。金税工程建设取得了举世瞩目的成就，它为我国税收事业的科学发展，为我国经济建设做出了巨大的贡献。

一、金税工程概述

1994 年，我国实施了以增值税为主要内容的新一轮工商税制改革，建立了以增值税为主体税种的税制体系，并实施以增值税专用发票为主要扣税凭证的增值税征管制度。随着税制改革的推进，新税制与旧的征管手段之间的矛盾日益突出，国务院决定引入现代化技术手段加强对增值税的监控管理，定名为“金税”工程，并列入了国家信息化建设重点工程。

金税工程的建设过程反映了二十几年来我国税收信息化发展的历程，是整个税收信息化的代名词，金税工程是中国税收信息化建设的统称。我国税收信息化建设始终得到了党中央、国务院高度关注，金税工程被列为我国电子政务工程重点建设的“十二金”工程之一，是重要的国家级信息工程。它依托计算机网络技术，实现全国税务机关互联互通、信息共享，不断提升全国的税收征收管理水平和纳税服务水平。金税工程的建设和运行，为税收事业科学发展做出了突出贡献。

1994 年国家分税制改革以来，国务院决定启动以加强增值税管理为主要目标的金税工程。金税工程是国家级“金”字头电子政务工程，先后经历了金税一期工程、二期工程和三期工程三个阶段，其中金税一期工程在 50 个城市重点建成了区县级网络版的防伪税控系统、发票交叉稽核系统，实现了发票的加密开具和小范围的交叉稽核；金税二期工程重点建成了全国网络版的“增值税发票信息采集”“综合征管”“增值税交叉稽核管理”“出口退税管理”等关键业务系统，业务覆盖全国国税部门；金税工程三期重点建成了“一、二、三、四”，即：“一个平台、两级处理、三个覆盖、四类系统”。通过金税一期、二期、三期工程建设，税收征管由手工操作向全面信息化管理转变、经验管理向数据管理转变、“以票控税”向“信息管税”的转变，极大推动了我国税收现代化进程。

二、金税工程背景与发展历程

金税工程各期建设，都是紧紧围绕服务国家税收战略、适应经济环境发展需要、最大化发挥税收职能作用为目标进行立项建设，都是针对税收工作的难点和弱点、积极响应社会的诉求和纳税人的期盼、与新技术的发展应用紧密结合而进行建设。

（一）金税一期工程建设（1994—1998 年）

这个阶段确立了“以计算机网络为依托”的新的征管模式，全国各地税务机关掀起了信息化建设的高潮，税收信息化建设有了突飞猛进的发展。1994 年随着税制改革的进行，在深入探讨我国增值税特点以及如何用高科技手段解决利用增值税专用发票偷税骗税问题基础上，为了对增值税专用发票进行有效管理，国务院批准启动金税一期工程建设。

金税一期工程重点建设增值税防伪税控系统和增值税交叉稽核系统，两个系统独立运行。1994 年 8 月，金税一期工程的增值税计算机交叉稽核系统在 50 个城市开展了稽核网络试点，主要采用企业提供增值税专用发票，由税务机关组织手工录入的方式进行数据采集，采集完成后与增值税防伪税控系统开具的发票数据进行稽核比对，对虚假发票发挥了积极的控管作用。

（二）金税二期工程建设（1998—2002年）

在此阶段税务总局进行了征管改革试点，提出了“科技加管理”的税收信息化建设方针，明确了税收信息化建设在税收工作中的基础保障地位，确立了税务管理信息系统一体化建设原则。1998年6月，金税二期工程正式实施。

金税二期工程实施步骤和建设内容主要包括：（1）通过在全国范围内建立覆盖总局、省局、市（地）局、县（区）局的四级计算机网络，总局、省局和市局三级税务部门利用计算机网络进行增值税专用发票交叉稽核；将交叉稽核和防伪税控两个相互独立的系统捆绑运行，做到数据共享、功能互补，有效解决金税一期工程交叉稽核中由于人工录入造成的数据错误；同时把海关增值税完税凭证纳入金税工程管理。（2）将增值税征管各环节都放在网络上运行，尤其要采集纳税人的增值税申报信息和税款缴纳信息，以此对纳税人进行纳税评估和监控，并将专用发票信息与增值税税款的申报、缴纳信息进行比对，真正实现以票控税，从源头上遏制虚开专用发票案件。（3）金税工程二期由四个子系统组成，包括防伪税控开票系统、防伪税控认证系统、增值税专用发票交叉稽核系统和增值税专用发票协查系统。

2001年7月，覆盖27省4市的金税二期工程正式开通运行。金税二期工程取得的主要成果是增值税交叉稽核系统和发票协查系统在全国范围内联网运行；防伪税控认证子系统在全国范围内推广运行，防伪税控开票子系统已经大规模推广。金税二期工程于2001年1月1日和7月1日先后在各省、自治区、直辖市和计划单列市开通，实现了全面覆盖各地区的目标，一般纳税人从2001年初的40万户扩大到2002年底的56万户，占纳税人户数的43%。专用发票从2001年初的300多万份到2001年7月的700多万份，2002年底增长到的1480万份，翻了两番，占总发票量的60%。

金税二期工程四个系统相互协同，组成一个有机的整体，将增值税专用发票运行情况置于计算机网络的严密监控之下，有效遏制了利用“假票”“大头小尾发票”作案犯罪的问题，大大压缩了利用“真票虚开”方式作案犯罪活动的空间，虚开发票案件大幅度下降，受到行政和刑事责任追究的税务人员也急剧减少，其作为增值税的生命线、打击偷漏税的“撒手锏”和税务干部队伍建设重要基础的作用已经初步显现。但同时应该看到，在推行金税工程以后，虽然专用发票案件数量逐步减少，案件涉及的税额也不断降低，但在有些地区虚开专用发票的案件仍时有发生，其主要原因是金税工程覆盖的范围仍然有限，只能采集和稽核专用发票信息，增值税征管的其他一些环节，如一般纳税人认定、发票的发行发售以及增值税税款的申报与缴纳，尚未全部纳入金税工程网络运行，金税工程二期的功能仍然需要加以完善和拓展。

（三）金税三期工程建设（2003—2018 年）

金税一期、二期工程建设，加强了对增值税的管理，有效堵塞了增值税专用发票管理中存在的漏洞。但从国家对整个税收工作的要求来看，我国税务管理信息系统的建设依然任重而道远，主要表现在：信息技术在税收管理各领域的应用有待进一步拓展、完善和深化；各系统间的功能需要进一步整合；利用信息技术改造税收工作以加强管理、优化服务的目标还远没有实现。

在这一背景下，2001 年 5 月，国家税务总局向国务院有关同志汇报金税工程二期建设情况时正式提出金税工程三期建设的设想，同年 8 月，草拟了金税工程三期建设框架。2001 年 11 月国务院总理朱镕基在视察金税工程二期建设时，对金税工程三期设想给予了充分肯定，指出：金税工程三期尽快立项。此后，税务总局启动了金税工程三期准备工作，在原有总体设计的基础上，经过一年的准备，完成了需求分析、应用系统架构设计、数据架构设计、网络架构设计、硬件架构设计、安全体系设计、运行维护体系设计等工作，并于 2003 年 1 月正式形成了《金税工程三期项目建议书》上报国家计委，正式提出了金税工程三期立项申请，国务院于 2005 年 9 月批准了金税工程三期立项。2007 年发改委批复了金税工程三期可研报告；2008 年发改委批复了金税三期工程第一阶段初步设计方案和中央投资概算，随后税务总局决定成立金税三期工程管理办公室，全面负责工程建设；2009 年启动了金税三期工程第一阶段综合、应用、基础设施 3 大类 17 个项目 53 个子项目的建设工作。党中央和国务院领导高度重视、关心金税三期工程建设。2009 年 12 月 24 日，国务院副总理李克强在税务总局考察时强调，要深入推进税收管理信息化和专业化管理，加快金税三期工程信息系统的集中统一管理，不断提高管理质量和效益。2012 年 7 月 1 日，金税三期工程主要应用系统在重庆双轨试运行，标志着金税三期主要应用系统及配套设施的设计、开发、部署和测试基本成功，工程建设迈出了关键性一步。2016 年 10 月，随着第六批试点单位成功上线，金税三期工程已全面覆盖全国所有省（区、市）税务局。

金税三期工程是继金税一期、二期之后，我国实施的又一项税务信息化战略性工程。金税三期工程确定了统一全国税收执法、实时监控全国征管关键数据、优化纳税服务和提高征管质效的宏伟目标。

金税三期工程的全面上线运行，是全国税务系统的一件大事、喜事，对深化税收治理体系建设、提升税收治理能力，进一步增强税收信息化水平具有重要的里程碑意义。金税三期工程融合了税收征管变革要求和技术创新内容，统一了国税、地税征管信息系统，实现了全国税收数据集中，成为规范税收执法、优化纳税服务、管控税收风险、加强信息共享的“主引擎”“大平台”“信息池”和“安全阀”，助力中国税务阔步前进、振翅高飞。

三、金税三期工程的现状

（一）总体架构

金税三期工程按照“一个平台、两级处理、三个覆盖、四类系统”的总体架构进行设计建设。“一个平台”是包含网络硬件和基础软件的统一的技术基础平台；“两级处理”是依托统一的技术基础平台（包括软硬件系统和业务系统），建立总局、省（自治区、直辖市、计划单列市）局两级数据处理中心和以省（自治区、直辖市、计划单列市）局为主、总局为辅的数据处理机制，实现涉税电子数据在总局、省（自治区、直辖市、计划单列市）局两级的集中存储、集中处理和集中管理。“三个覆盖”是应用信息系统覆盖所有税种，覆盖税务管理的重要工作环节，覆盖各级税务机关；“四个系统”是指征收管理系统、行政管理系统、决策支持系统、外部信息系统。

金税三期工程建成了覆盖总局数据中心、数据中心（南海）、71 个省级局、800

多个市（地）级税务局、近6000个县（区）级税务局、近30000个税务分局（所），服务近80万名税务工作人员，结构化、多层次、易扩展、高性能、高可靠性的综合性网络平台，有效支撑征收管理、行政管理、决策支持和外部信息系统等应用系统和高清视频会议系统、内部电子邮件、12366呼叫中心等增值服务的运行。

金税三期工程建成了总局数据中心和数据中心（南海）。税务总局主要部署外部信息交换、总局业务系统、决策支持系统和行政管理信息系统，总局部署自然人数据库，主要采用异步方式处理跨省业务。数据中心（南海）作为总局数据中心的容灾备份中心，同时承担部分跨省市业务处理（如增值税专用发票稽核比对、出口退税审核等），以及总局和省（自治区、直辖市、计划单列市）级节点的备份任务。省级部署应用集成平台、核心征管、管理决策1包、管理决策2包、外部信息交换、纳税服务平台、行政管理、总局保留软件、省内特色软件等。

金税三期工程建成了征收管理、行政管理、决策支持、外部信息四大应用系统。征收管理系统包括核心征管、个人税收管理等子系统，应用覆盖了所有税种、各级税务机关和主要业务环节，统一了全国税务工作门户，统一了全国征管数据标准、口径，统一了核心征管应用系统版本，实现了总局、省局系统之间的数据共享和业务协同，大幅提高了税收管理、服务的质量、效率。行政管理系统升级并整合了综合办公、人力资源、纪检监察、财务管理等系统，实现了同一界面、统一权限、数据整合和功能整合的业务目标，提高了行政管理效能，降低了行政管理成本。决策支持系统包括查询统计、征管状况分析、报表管理、政策评估、纳税遵从风险管理、知识管理、绩效管理等子系统，实现了税务数据的综合管理、数据利用、信息增值，提升了税收数据综合分析利用水平和决策科学化水平。外部信息系统包括外部信息交换、纳税服务等子系统。依托外部信息交换系统，在总局和省级税务局建成两级数据交换平台，实现各级税务机关与外部门的涉税信息的安全、可靠交换，增强了信息管税能力，同时协助其他部门提升电子政务水平；依托纳税服务系统，为纳税人提供便捷、高效、优质的办税服务、信息服务和征纳互动服务。

（二）应用系统

金税三期工程建成了征收管理、行政管理、决策支持、外部信息四大应用系统。金税三期应用架构如图11－1所示。

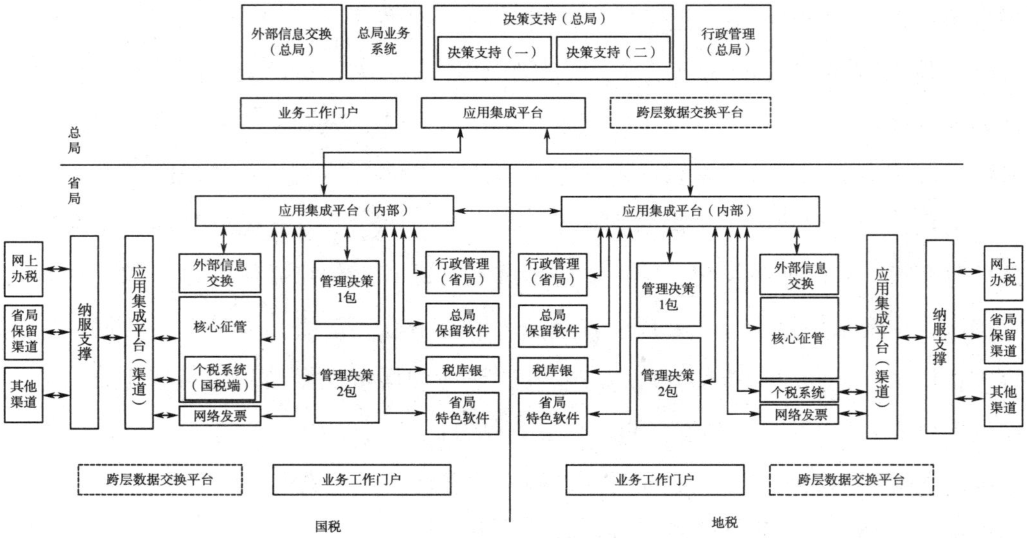

图11－1 金税三期应用架构①

征收管理类业务是面向税务机关客户群体的全部涉税业务，是税务机关履行其征税职能的主要业务。征收管理分为核心征管和个人税收管理两大模块，包括纳税人管理、申报征收、发票管理、计划和会统核算、评估审计、稽查、法制等业务以及界面交互、服务交互、交易管理、流程管理、业务逻辑处理、系统管理等功能。

行政管理系统分为集成整合与扩展新建两部分内容，包括行政管理综合办公、人事管理、财务管理、纪检监察系统的统一界面、统一用户权限、数据整合与功能整合四个层面的整合，机构人员库与政府信息公开目录的扩展应用。

决策支持系统在上述业务和数据基础上，根据税务机关管理目标要求对信息进行归类、分析，形成数据分析模型来发现问题，并通过具体的税收征管业务或行政管理操作型业务进行调查处理并反馈，以更好地反映业务实际情况、解决存在问题，优化税收征管业务流程，实现管理目标。决策支持系统建成了两级部署、一个版本、新老数据共享、业务逐步加载且能力持续提升的基础环境和应用环境。包括公共数据分析支撑平台、数据集成平台、数据治理平台、指标管理平台、查询统计子系统、报表子系统、征管状况分析子系统、税收核算子系统、电子档案子系统、风险管理

① 国税地税征管体制改革后，金税三期国税端、地税端按税务总局统一部署并库运行。

子系统、绩效管理子系统、知识管理子系统、政策评估子系统等。

外部信息系统包括纳税服务、外部信息交换两个子系统。其中，外部信息交换主要是税务机关利用信息手段，从外部第三方收集、整理和应用纳税人涉税信息，并实现部门之间的信息交换与共享；在总局和省局搭建了两级数据交换平台，实现了各级税务机关与相关外部门业务信息及数据的安全可靠交换与共享，满足税务机关对涉税信息准确性、业务辅助审核、提高工作质量的要求，同时协助其他部门履行政府职能，促进电子政务水平的不断提升，满足政府管理的协作需要。纳税服务子系统通过网络、电话、微信（短信）、邮寄、上门等多元化渠道，受理包括社会公众、纳税人、扣缴义务人等相关涉税事宜申请，为纳税人提供纳税服务的业务。

（三）硬件网络

为满足金税三期工程对建设高效综合业务网络的要求，金税三期广域网络为现有的应用及将来可能的应用提供高效可靠的支撑，建设了同时满足各种业务应用、数据传输、语音、视频应用等多服务通信平台。

1. 网络总体结构

金税三期工程网络建设中，选用双星方案作为网络拓扑结构。

每个省（含原国税、原地税两个单位）作为一个网络节点，计划单列市（含原国税、原地税两个单位）也作为一个网络节点，与北京数据处理中心和南海数据处理中心构成双星结构。

税务系统核心网络包括的节点众多（36个省、自治区、直辖市和计划单列市的原国地税网），分布较广，为了保证网络的高效稳定运行，整个网络划分为骨干网和省网两层。

（1）骨干网：负责骨干核心节点（北京和南海）和各省网节点间的互联及完成高效的数据传输、交换、转发及路由分发。骨干网包括的节点较多，分布较广，为了保证网络的高效稳定运行，税务系统骨干网络分为骨干核心层和骨干接入层。骨干核心层包括两个骨干核心节点（北京和南海），两个节点担负跨省业务的转发、数据备份、骨干网络管理等功能。骨干接入层（即各省骨干接入路由器）则负责将各种业务通过各种接口及标准接入到骨干网络中，并完成业务系统之间的隔离和安全性控制等功能，在业务进入骨干网络前进行优先级别控制等网络服务实施质量保障，各类业务进入骨干网络后将按照预先设定的信道进行传输。

（2）省网：省网包括36个省级单位原国税及原地税的独立组网，形成各自独立的管理域与路由域。省网包括省局网络、地市网络、区县网络等省及以下各级网络，由高性能设备和高速冗余的链路构成，全省业务数据的高速转发、路由快速汇聚、负载均衡、流量控制、网络管理等功能。原国税、原地税局域网分别连接在各自的省核心路由器上。各种服务器直接连接在省核心交换机上。

2. 外联网建设

为保证金税三期工程应用系统的正常运转，建设了税务系统外联网络。外联网包括Internet接入金税网络、国家电子政务外网接入金税网络。为了便于集中管理及保证安全性，外联网只在总局及省一级连接，市一级如果需要外部接入，应与金税三期工程网络物理隔离。

3. 网络管理系统建设

为保证金税三期工程网络的可管理性，网络采用分层次、分布式网管模式。整个网管系统分为两级管理中心：总局网络管理中心和省局网络管理中心。总局网管中心负责监控管理税务系统骨干网，必要时可接管省局网管中心。省局网管中心负责监控管理省网及省局外联网。

4. 网络服务建设

通过网络服务的建设为应用系统提供更实用、更便捷的服务。网络服务分为基本网络服务和网络增值服务两类。网络基本服务包括DNS服务、电子邮件服务和目录服务、Web服务。基本网络服务应覆盖各级原国税、原地税税务机关。网络增值服务包括语音系统、视频系统和E－learning系统。语音系统和E－learning系统应覆盖全国各级原国税、原地税税务机关；视频系统应在总局设立视频交换平台，视频终端覆盖总局和全国所有省级税务机关。

（四）数据存储

金税三期工程数据和业务实现总局和省局两级处理的建设目标，按照统一规划、集中管理的原则，计算及存储备份系统集中部署在总局数据中心和原国税地税省（自治区、直辖市、计划单列市）局数据处理中心共计73个中心。总体架构如图11－2所示。

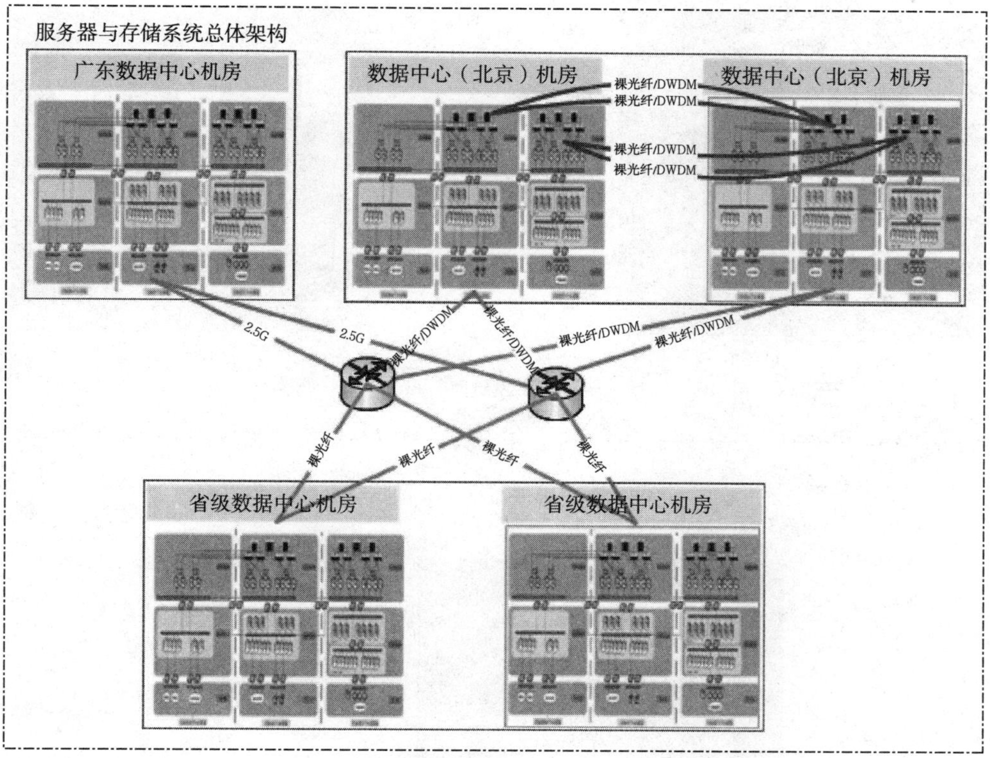

图 11－2　数据中心计算与存储总体架构

主机系统采用开放主流的 UNIX 服务器，存储采用 SAN 技术实现存储资源的整合，备份系统实现关键业务数据实时备份。

金税三期工程计算及存储备份系统总体结构如图 11－3 所示。

图 11－3 中一级处理中心包含数据中心（北京）和数据中心（南海），二级数据处理中心包含省（自治区、直辖市、计划单列市）局数据处理中心。省局的异地备份依靠数据中心（南海）实现。

考虑到数据中心（南海）既作为数据中心（北京）的灾难备份中心，平时也进行数据仓库决策支持分析业务，同时为各省（自治区、直辖市、计划单列市）级数据处理中心提供数据备份，因此，金税工程（三期）数据中心（南海）的硬件设备配置与数据中心（北京）设备配置相比较高。

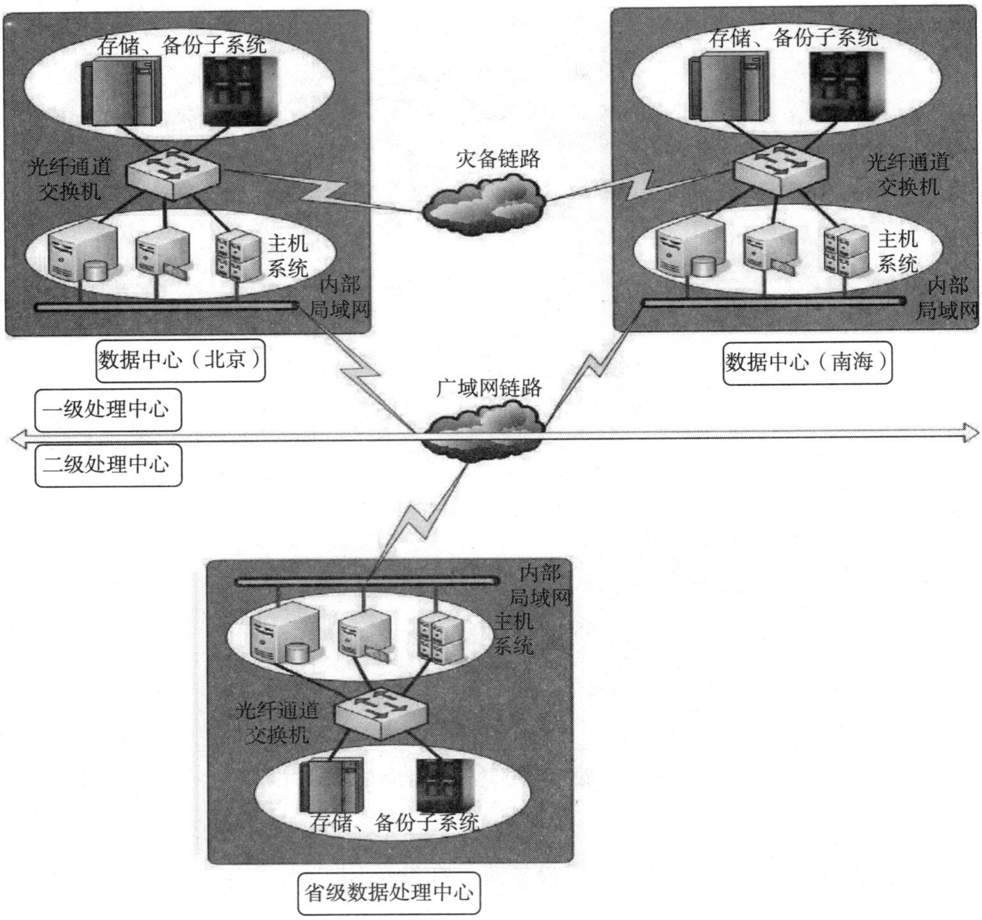

图11－3　金税三期工程计算及存储备份系统总体结构

在金税三期工程项目中，因为原国税、原地税各省级单位的设备现状和业务规模等诸多方面都有较大差异，对上述服务器的性能要求也有差异，但是，因为业务系统处理内容和方式的一致性，使得一级、二级数据处理中心的服务器配置架构是一致的，不同的是由于业务量的不同，而采用的服务器在数量、性能方面有所不同。而且，对于原国税和原地税，由于各地经济规模、峰值交易量和信息量大小的不同，原国税、原地税对于7类局的划分标准也略有不同。

（五）安全体系

税务系统网络安全体系是一个涵盖税务信息系统策略决策体系、组织管理体系、技术保障体系、运行安全体系、服务与安全协议体系等各个安全层面的完整、统一的安全保障体系。该体系由一个决策领导层、四个安全系统、三个安全平台涵盖九个安全子项目构成。各安全系统和安全平台协同工作，共同支撑着税务信息系统的安全。图 11 -4 是税务系统网络安全体系的逻辑关系模型。

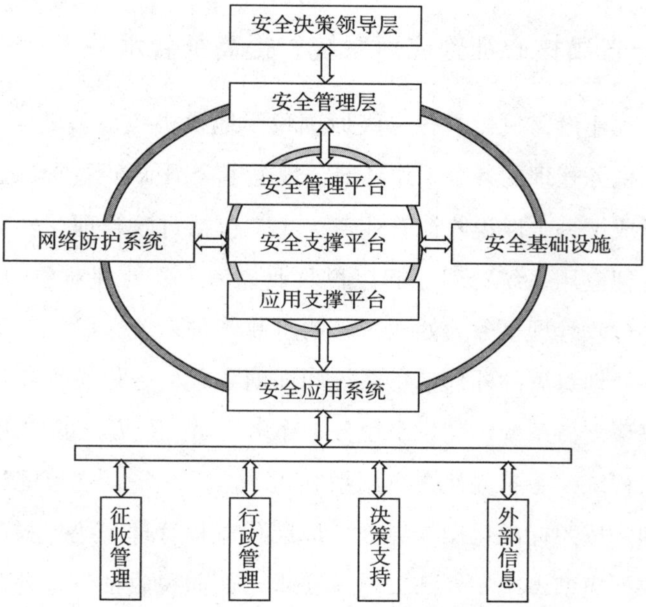

图 11 -4　税务系统网络安全体系逻辑关系模型

在图 11 -4 模型的实现过程中，有些部分是采用组织与行政管理形式实现；有些部分是采用技术与产品形式实现；有些部分是通过技术手段来贯彻行政管理策略实现，因此，整个安全体系的概念是将技术体系和管理体系贯穿与融合。

四、金税工程取得的成效

金税三期工程于 2016 年 10 月如期完成建设，实现了全国联网运行，覆盖全国 36 个省、自治区、直辖市和计划单列市的 71 个省级税务局、800 多个市（地）级税务局、6000 个县（区）级税务局、30000 个税务分局（所），税务机关内部用户超过 60 万人、纳税人及外部用户超过 1 亿户。截至 2016 年底，纳入金税三期管理的纳税人总户数已达5986万户，税收收入近11.6万亿元，是1994年分税制改革时的27倍，是2000年的11.2倍。

金税三期工程的建成实施，为税收事业科学发展、跨越发展、长远发展插上金色的翅膀，对完善税收治理体系、提升税收治理能力、加速推进税收现代化具有里程碑意义。

（一）统一省局核心征管应用系统，提高征管水平

金税三期工程建设，覆盖了各层级原国税、地税机关征管的全部税（费）种，覆盖了对纳税人税务管理的各个工作环节，规范了全国征管数据。通过业务的重组、优化和规范，形成了一个以税收征管业务为主，包括行政管理、外部信息和决策支持在内的信息管理应用系统。建立起以税收业务为主要处理对象的征收管理系统，以税务系统内部行政管理事务为处理对象的行政管理系统，以外部信息交换和为纳税人服务为主要处理对象的外部信息系统和面向各级税务机关税收经济分析、监控和预测的税务决策支持系统，满足了税务工作多层面、全方位的应用需求。

金税三期工程统一了省局征管应用系统版本。以统一、规范的征管业务需求和总体架构为基础，按照标准化操作界面、标准化流程管理、统一权限管理、统一服务管理、统一数据模型、统一外部渠道等要求，面向税收征管、外部交换、决策支持、行政管理等四类应用，设计、搭建一体化技术和应用环境，实现全国原国、地税征管应用系统的版本统一。

金税三期工程的全面实施，使得原国家税务局、原地方税务局实现了应用不同版本软件向统一版本软件和信息操作平台的转变，从而实现了业务操作和执法标准统一。金税三期工程统一了全国征管数据标准、口径，通过对税收元数据和代码集的属性定义和标准规范，保证数据项标准、口径的唯一性；通过规范数据采集方式和标准，实现涉税信息的“一次采集，系统共享”，并为涉税信息的拓展应用奠定基础。

（二）统一规范纳税服务系统，提升纳税人获得感

国家税务总局局长王军提出，建设“金税三期”就是要更好便利纳税人，这是税务信息化建设的重要目标。这需要我们更多地利用信息技术手段，满足纳税人办

理终端不受限、办理地点不受限、办理时间不受限的办税需求，使办税过程更简、方式更多、成本更低、体验更好，让纳税服务如影随形，更具实效性、人情味和获得感。

金税三期工程通过建立全国统一、规范的纳税服务信息系统，形成了涵盖办税服务厅、12366 纳税服务热线、自助终端、微信（短信）系统和企业端的一体化纳税服务平台，实现了税务事项“一站式”办理，支持业务办理免填单、个性化定制、信息主动推送等服务方式，为全国上亿纳税人提供“7×24”小时优质、便捷、全方位的税收服务，服务内容包括税收宣传、信息发布、登记申请、涉税申请、纳税咨询、纳税申报等；服务渠道得以充分拓展，纳税人可根据自身条件选择办理申报纳税等涉税事务的方式，如互联网、手机（电话）、无线设备和 PDA 等；办税手续更为简化，为纳税人提供“一窗式”“一站式”服务，改变纳税人办税过程中多头跑、多次跑的状况。

依托金税三期工程，企业涉税信息实现在区域间、层级间、部门间共享，有助于开展多层次、宽领域、跨区域的协作共治和共同服务，为纳税服务深度融合、执法适度整合、信息高度聚合以及业务通办、跨区域办税创造了条件。吉林省白山市的纳税人张慧经常跨地区给工地运沙子，以前沙子运到外地，受主管税务机关的限制，在当地开不了发票。“现在有了金税三期，数据实现互通，沙子拉到哪儿，发票就开在哪儿，比原来方便多了。”

金税三期通过统一纳税服务，保证了服务内容、服务水平的一致，避免了不同地区、不同税务人员对同类事项执法不一、口径各异，丰富了为纳税人服务的内容，纳税服务的质量与效率有了大幅度提升，纳税人满意度逐年提高，进而改善了营商环境，树立了政府廉洁高效的公众形象。

（三）统一规范外部信息交换系统，促进社会综合治税

金税三期工程统一规范外部信息交换系统。横向覆盖了原国税和原地税系统，实现了原国税地税业务交互、信息实时共享，共管户实现联合登记、联合双定户核定、联合信用等级评定、申报信息共享，提高双方信息采集准确率，强化了原国税地税税源管理。纵向实现了征管数据在国家税务总局和各省、自治区、直辖市税务机关的两级集中，并打破与工商、质监等部门之间的信息壁垒，做到营业执照、组

织机构代码和税务登记证“三证合一”“一照一码”。以天津市为例，原天津市国家税务局完成金税三期和“天津市行政许可服务与绩效管理系统”的对接，实现企业设立与税务登记信息即时共享，从而在天津自贸区率先实现企业设立“一证一章一票”一天办结，为减轻企业负担、激发市场主体活力创造了有利条件。

以外部涉税信息交互为基础，对外与工商、银行、民政、海关、外汇管理等涉税相关部门连接，构建了全国统一的以涉税信息采集、整理、应用为主线的外部信息管理系统和交换通道，及时、完整、准确地获取涉税信息，实现税务系统内部及外部之间的互联互通、信息共享和业务协同，增强协税护税能力，形成一个严密税收征管、预防和打击涉税犯罪行为的天罗地网，全面提高税源监控水平，创造了综合治税、协税护税的良好环境。

金税三期工程已经成为了我国“电子政务”的核心系统之一，为国家其他电子政务项目提供了丰富的共享数据源，促进了政府部门之间建立信息共享和协作关系，为加强国家宏观经济管理和提高宏观经济决策水平提供了全方位支持。

（四）实现全国数据集中，信息管税进程加速

金税三期工程采用“应用省级集中、生产数据省级落地、涉税数据汇集总局”的建设模式。税务总局采取定时抽取等方式，建立起全国集中的涉税数据库，包括纳税人申报、登记、征收、入库、发票、稽查、税务机关、人员、外部交换等各类涉税数据。完整实现了税收关键数据的实时查询、监控以及深层次、多方位的分析和挖掘，为各省之间的业务联动提供了全面数据支撑，督促、检查、监控税务人员服务、管理、执法全过程，为纳税人办理涉税事宜提供优质服务，为各级税务机关税收决策提供了依据。金税三期工程把税收会计核算业务从前台征管事务处理系统中分离出来，以维度分析替代传统的会计账册，制定出一套适应现代信息化条件下的税收会计核算工作制度、流程，提高了税收会计核算、统计分析的质效。以提升整体的税收业务和内部管理绩效为目标，建立了全国统一的绩效指标、考评流程体系以及管理模式，并充分适应不同领域和层级的绩效需求，确保了绩效管理的公正、公平、公开。建立了完整的评估辅助分析体系，有效适应不同地域和业务类型的政策评估分析需求。建立知识管理体系，形成了一套开放式、扁平化、高协作的知识创作、管理以及共享的环境。

随着金税三期工程的运行，税收工作各个方面都实现了集约、高效的信息化管理，无论是税务工作人员的工作和管理方式、还是纳税人的纳税方式等都将出现质的转变，信息管税水平得到大幅度提升。从决策层面看，从总局直至基层实时掌控本级税收收入、纳税人纳税情况和整体税收征管状况，实时统揽税收执法人员的执法行为和纳税人的纳税行为，为科学决策提供参考。从管理层面看，各级管理层充分利用信息系统对税源、征管、纳服、行政等进行监控管理，推动依法行政、引导纳税遵从。从执行层面看，操作人员在统一的信息化平台上处理征管和行政的大部分工作，实现“工作找人”“数据找人”和“问题找人”，极大提高了工作效率。从纳税人层面看，依托功能强大、互联互通的税收信息系统，可享受更为优质便捷的纳税服务，选择多渠道办税方式，逐步实现办税的“零接触、零等待、零录入”。

实践证明，信息化程度越高，加强税收征管、防范税收风险的能力就越强，为纳税人服务的效率就越高、纳税人的办税负担就越轻，税务行政的成本就越低、行政效能就越高，税务部门落实党中央、国务院各项决策部署，做好税收工作的能力就越高。在纳税人数量急剧增加、企业经营模式和核算方式日益复杂的情况下，传统的“人盯人”的征管方式已不适应形势发展要求。随着大数据时代的来临和信息化步伐的加快，充分利用现代科技手段，加强信息采集与利用，是提高税收征管质量和效率的根本之道。从这个意义上说，“国际先进、中国特色”的金税三期工程，为税收事业科学发展、跨越发展、长远发展插上了金色的翅膀。

（五）推动税务管理职能转变，实现税收执法标准统一规范

金税三期工程统一了全国税收业务规范、执法流程、原国地税核心应用系统版本和税收数据标准，为统一、规范全国税收执法行为奠定了基础，实现了对税收执法全过程的监督。金税三期工程以总局统一的税收执法标准和政策管理为依托，为纳税人提供公平、公正的税收环境；将税收管理科学化、精细化将落到实处，税收管理的质量和水平有了显著的提高；各类涉税活动受到严密监控，税收违法犯罪受到更加有力和及时的打击，税收流失大幅度减少。

通过建设金税三期工程，税务登记从主要靠纳税人自己上门登记，向利用部门间的信息交换实行全面监控转变，有效避免了漏管户现象的发生；数据处理从分散

向集中处理转变，使信息得到充分共享，形成了自上而下的监控，保证了税收各业务环节无缝衔接，有效堵塞漏洞，防止了偷税骗税犯罪行为的发生；税款入库方式从税银库为主向以税库银为主的多元化方式转变，建立了高效的税款征收运行机制，全面监控税款应征、上解、入库情况，杜绝税款的占压和混库，确保了税款足额入库；税收核算统计方式从自下而上的层层报送向由上级税务机关直接从原始数据汇总产生转变，避免了数据失真，确保了数据的客观及时和准确；实现由人管人到制度管人、程序管人的跨越，有效地避免了人工作业条件下税收征管的随意性，“人情税”和“关系税”得到有效遏制；纳税评估由个案评估向按行业、按经济类型等综合性的评估转变，纳税评估更具有代表性和针对性。

金税三期工程把税收业务变革和技术创新同步设计、同步施工。它不只是征管手段的改变，更是是管理理念方式的转变；不仅是操作流程的优化，更是法治思维、工作规范、内控机制在流程节点上的再造、固化和统一。通过金税三期工程建设，税务部门将税收征管、纳税服务、减免税、出口退税等一系列业务规范固化于系统之中，并建立内控平台，税务总局、省局实现自动监控、直接监控，大大提高了内控机制信息化水平，实现了执法信息分析、推送、预警、追责的自动化、程序化，使得执法更加规范、更加透明、更加公正。“以行政处罚为例，过去我们习惯把‘责令限改通知书’和‘行政处罚决定书’合并送达、合并销号，但在金税三期的流程设置中，必须严格对两类文书分别送达、分别销号。”江苏省苏州市税务局干部薛园园认为金税三期的业务流程完全依据《税收征收管理法》等税收法律法规设置，一切试图越过流程的操作都将被金税三期自动拦截，税收执法的程序合法性通过流程监控得到了保障，实现了实施操作有痕迹、违规操作有警示、违法操作有阻断。

（六）推动有效降低税收成本，服务经济社会发展大局

提高税收工作效率，是降低税收成本的根本途径。通过金税三期工程的运行，在税收征管的各个环节，广泛采用信息化手段，简化了办税流程，缩短了办税时间，大大提高了征纳效率。金税工程的作用包括：一是规范税收征管流程，统一税务系统的计算机软件开发，防止各自为政、自行开发带来的不必要浪费；二是全面实现系统联网，提高涉税信息传递的速度和质量，构建税源联控机制；三是提高设施使

用效率。

税收管理质量的提高不仅表现在效率的提高，而且还表现在成本的降低。从征税成本来说，通过金税三期工程项目建设简化了工作程序，精简了税务机构，压缩了税务人员，实现了税收业务的集中处理，减少了资金和人员投入；从纳税成本来说，使纳税人的税收申报、税款缴纳、涉税事项办理、税务咨询等活动，依托计算机及网络，有效减少了纳税人往返税务机关的次数和时间，使纳税成本不断降低。

在云计算、大数据、人工智能等新技术的支持下，金税三期犹如插上了翅膀，处理能力和智能化水平越来越高，对企业的经营行为的监控也越来越细致，对涉税数据的处理能力越来越强，从而促进了企业经营行为的规范，对国民经济的发展起到了积极的促进作用。

党的十八大提出要加快改革财税体制，形成有利于结构优化、社会公平的税收制度。逐步建立健全综合与分类相结合的个人所得税制度、推进房地产税改革等将是下一步税制改革的主攻方向。各项税制改革，特别是个人所得税、房地产税等改革，都需要建设强大的信息系统，接收和处理海量的数据，开展改革效应的测算、分析、评估等。可以讲，没有信息化手段的支撑，全面深化税制改革就无法进行。金税三期工程遵照现行政策规定，并适当考虑前瞻性，在系统建设中对个人所得税和房产税征管都已作了详细安排，建立了自然人信息库，覆盖个人所得税及社会保险费的核心业务，涵盖基础信息、收入信息等，实现全员建档、数据全国集中和信息共享。从源头管理、精细管理的理念出发，加强对人、财、物信息的采集，实现房地产税收和车船税收等财产行为税信息一体化管理，实现跨税种、跨纳税环节的信息共享，细化了税收管理的颗粒度，为相关税制改革提供了信息化支撑。河北省政府常务副秘书长吴晓华讲到，金税三期工程的上线，将河北省税收信息化建设大步向前推进，有利于中央取消下放行政审批、促进大众创业、万众创新等经济增长举措在河北省税收政策落地，有利于原国税、原地税进一步创新税收合作举措，加强区域税收协作，服务京津冀协同发展重大战略。

五、金税工程的效应评价

2016 年 10 月，金税三期工程全面上线并平稳运行，建成了规范执法、优化服务、管控风险、信息共享的“大平台”。这是我国税收现代化进程的里程碑事件，意味着我国信息管税水平的进一步提升，并将持续发挥税收管理与服务的“乘数效应”。

国家行政学院经济学部教授许正中认为：“信息化建设的难点，是20多年来首次将地税部门纳入税收信息一体化建设，实现国地税业务、流程、服务、数据的四个统一。除了办税更便捷，这几年老百姓有个明显的感受，倒卖假发票的行为越来越少了。很重要的原因，就是2015年全国推广增值税发票管理新系统，实现了发票信息自动采集、实时上传及监控等功能，大大提高以票管税的水平。”

通过实时数据采集，建立起可深度挖掘的“数据金矿”，有助于真实掌握地区、行业、企业经济发展和物流情况，及时为宏观经济决策和税收风险管理提供数据支持。不止打击假发票，这一系统还在优服务、防风险、辅决策、助反腐等方面发挥重要作用。

这正是把“死数据”变为“活信息”的重要探索之一。自2013年起，税务总局就将数据增值应用定为信息管税的核心，通过数据分析形成不少“拳头产品”，包括完成了有关长江经济带建设、东北老工业基地振兴等分析报告，发挥了“以税资政”的重要作用。

（一）强化税收基础管理

1. 首次实现了税收业务全覆盖，实现全国范围办税统一规范化

通过业务的全面梳理、简并优化，形成包括409条流程、1454个底层业务、5.7万个数据项共900余万字的基线业务需求，覆盖各层级国税、地税机关征管的主要税（费）种，覆盖对纳税人管理的主要工作环节，实现业务规范统一化、税收管理规范化和制度化。

2. 规范了全国征管数据，为涉税信息的拓展应用奠定基础

制订包括国家税务总体标准、基础设施标准、技术支撑标准、应用标准、数据标准、管理标准、安全标准等7部分共计261项具体标准。通过统一税务标准代码体系，提炼形成5493项税务元数据、550个税务业务代码，规范了全国征管数据的业务口径及技术标准，实现涉税信息的“一次采集，系统共享”，为涉税信息的拓展应用奠定基础。

3. 优化系统功能及用户体验，提高基层税务人员工作效率

通过增加对各地区差异性业务的支持，合理兼容各地差异需求，提高了对各地业务的适应度和支持度；同时对业务办理进行了重新梳理，简化了业务流程，提高了工作效率。

4. 建立立体化税收管理体系，提高税收征管效能

通过跨层级、跨部门的业务协作及信息共享，建立部门信息交换机制，扩大信息来源渠道，破解管理信息不对称问题。通过做好重点税源重点税户管理，提高税源监控质效；借助于税收征管系统和决策支持系统等现代化技术平台，准确发现纳税人风险和税收征管漏洞，引导纳税人税法遵从；做好税收收入及其相关基础数据信息指标的预测分析，及时发现税源管理中的不足。

5. 整合办税服务渠道，提升了纳税服务水平

通过网上办税、网上申报、财税库银横向联网等系统的建设及办税服务渠道整合，形成了纳税人主要涉税事项的网上全业务办理，实现纳税服务全面覆盖和全面提升。围绕国家重大战略，特别是经济提质增效升级、京津冀协同发展、长江经济带三大战略，有针对性地创新税收服务管理措施，不断提升税收服务水平。

（二）支持税制改革工作

1. 支撑税制改革和征管改革任务

紧紧围绕营改增、消费税改革、资源税和环境保护税改革等改革任务，实施税收政策调整、推行纳服和征管规范、加强税收风险管理等重点工作，及时实施金税三期的改进、优化与升级，有效支撑各项改革任务的实施。对推进个人所得税制、房地产税改革等作出前瞻性安排，借助信息化手段实现跨税种、跨纳税环节的信息共享，将管理触角深入到纳税人财产层级。缜密分析《国税地税征管体制改革方案》需要信息化保障的改革任务，初步确定96项任务中的40余项可通过金税三期系统配置或优化予以支撑。

2. 契合征管法修订要求

在个人税收管理系统，通过引入全员建档的理念，建立承担纳税（费）义务的自然人信息库，覆盖个人所得税及社会保险费的核心业务，涵盖基础信息、家庭信息、财产信息、收入信息等，实现全员建档、数据全国集中和信息共享。

3. 支持税务管理创新

在支持行政审批制度改革、国地税信息共享和协作、跨省际信息共享和业务协作、规范各地操作、业务数据标准化以及大数据分析利用等方面进行深入优化完善，从而切实将先进信息技术有效转换为税收现代生产力。

（三）提高税收执法水平

1. 规范税收执法行为

统一了全国税收业务规范、执法流程，为统一、规范税收执法行为奠定了基础。各级税务机关都可对本系统的税收管理、服务和执法行为进行全过程实时监控，强化了上级机关的管控能力，确保了税收执法的统一和规范，以及税收制度、政策执行的刚性。

2. 实现执法过程监督

将所有税收业务全部纳入系统，实行工作流处理方式，自动记录操作痕迹，业务处理由人工传递变为网络传递，实现了“工作找人”，解决了“谁来做、怎么做”以及“做得怎么样”的问题，实现了税收执法由结果监督到过程控制，为依法治税创造了良好条件。

3. 提高风险识别应对能力

引入税收风险管理理念，提供了风险识别、预警、排序、处置、评价一体化的决策支持平台，与征管业务操作平台、行管业务操作平台有效衔接，实现全国税收征管数据的及时分析监控；通过对纳税人实施税收风险分析和评价，实施服务提醒、纳税评估、税务稽查等应对策略，有效提高了执法水平。

（四）促进税收收入增长

1. 规范税收优惠政策

金税三期工程促进了规范执法，确保减免税等税收优惠政策的规范、统一，杜绝各地自由裁量权大、执行不统一等不利因素，促进税收收入增长。

2. 识别征管风险漏洞

通过全国数据的集中和分析利用，在全国视角上实现了对企业信息的关联性分析，有利于精准地识别风险和发现征管漏洞，保障了税收收入水平不断提升。

3. 强化收入增长机制

有效保证了事前设定、事中监控、事后分析的一级法人管理治理结构，实现全局业务一本账、申报征收一体化、统一账务处理、实时税款清算，以及专业化、全方位的纳税服务，强化了对税收收入增长机制的支撑。

六、金税工程展望

过去十多年，国家税务总局把推广金税三期工程作为税收信息化建设的龙头。国家税务总局局长王军要求全国税务系统紧紧拥抱“互联网+”，推进税收管理服务创新，发挥信息技术乘数效应和聚变效应，饱蘸激情从信息化的“追赶者”疾步超越为“领跑者”。进入新时代，税收现代化面临社会新的期盼、纳税人新的诉求、结合新技术蓬勃发展加速应用等，都对下一步金税工程建设提出了新的机遇与挑战。金税工程助力税务改革开放40周年，需要再出发扬帆奋进，通过建设稳固强大的信息体系，高质量地推进税收现代化。

（一）新时代税收现代化提出新使命

新时代对税收现代化提出新使命，对金税工程创新发展提出了更高要求。为进一步增强税收在国家治理中的基础性、支柱性、保障性作用，推进国家治理体系和治理能力现代化，需要对金税三期工程进行不断完善，以适应经济社会发展新形势和新要求。金税三期上线以来，核心征管软件的省级部署、基础数据的省级集中，影响、制约了全国税收数据集中和分析应用的效率和质量；国税地税机构合并后税收业务和信息系统的统一、规范亟待解决；随着个人所得税和房地产税改革的深化，自然人相关数据库和征管系统的完善、升级迫在眉睫；因缺乏对纳税人资金流信息的获取和与其物流、发票的比对，虚开虚抵增值税发票的违法犯罪行为居高不下；部分应用系统在处理效率、操作便利度、数据同步等方面还有待提升，不能完全满足推动服务深度融合、执法适度整合、信息高度聚合的要求，所有这些都必须加以完善。

（二）新技术融合应用带来新挑战

随着“互联网+”、物联网、移动互联网、大数据、云计算、人工智能、区块链等新技术的蓬勃发展和社会化应用，金税工程建设需要紧紧拥抱新技术，通过科技创新助推金税工程再上新台阶。税收征管面临新经济、新业态、新商业模式的挑战，与之相匹配的信息化是关键的入口。优化营商环境、深化“放管服”改革，助力经济高质量发展都需要进一步深化金税工程建设。

通过云资源、云应用建设纳税人和税务人一体化的云上电子税务局将是纳税人云上办税和税务人云上办公的发展趋势，通过金税工程建设建成云上电子税务局，实现办税电子化、服务精准化、管理智能化，使纳税人获得更加便捷的办税体验、更加贴心的服务感受，使税务机关拥有更加严密的防控体系、更加智能的管理体系，切实提高征管效能和服务质量，满足纳税人、缴费人、社会公众、税务人的办税或办公需要。

通过大数据和人工智能的应用，精准分析纳税人税收风险并有效应对，对大企业集团提供VIP定制服务，对信用等级高的纳税人提供办税绿色通道，对高风险纳税人加强管控，智能机器人开展导税、咨询等服务，都将有利于营造良好的税收生态环境。

（三）电子政务融合协同发展带来新机遇

电子政务在国家治理体系和治理能力现代化建设中发挥重要作用。近年来，国家高度重视电子政务协调发展，先后出台了关于促进电子政务协调发展的指导意见、加快推进“互联网+政务服务”工作的指导意见，计划在2020年左右全面建成统一规范的国家电子政务网络。

打通信息孤岛、实现政务服务一网通办是电子政务建设的目标，税务部门作为政府部门应积极融入电子政务建设，积极推动税收大数据共享共用，利用第三方信息推进税收征管，通过金税工程与电子政务的协同发展，实现信息化驱动税收现代化，加快建设数字税务、智慧税务。

（四）税收国际化加快带来新发展

税收是全球经济治理的重要组成部分，税收合作已成为促进世界经济包容发展的新引擎。通过强化全球税收合作提升国际税收规则“话语权”，助力企业“走出去”“引进来”，营造国际公平公正的税收环境，帮助“一带一路”沿线国家提升税收征管水平，通过金税工程的国际化建设，极力推动国际税收合作驶入快车道。

进一步拓展金税工程的国际化功能，实现与缔约国的信息化对接、涉税信息自动交换、反避税合作等，提升运用税收信息化手段提高全球经济治理的能力。建立12366上海（国际）纳税服务中心，通过双语网站、双语咨询等方式服务对外开放，为企业“出海”提供“精准导航”。

面对新时代新机遇新挑战，要不断深化金税工程建设，积极探索“国际领先、中国特色”的税收信息化建设之路，让税收现代化金色翅膀越飞越高、越飞越强。

课题负责人：李　平　董　超

课 题 成 员：陈　璟　李传松

第十二篇

第十届税收征管论坛大会：国际税收治理迈上新台阶

改革开放40年，中国经济社会经历了沧桑巨变，取得了举世瞩目的成就。作为中国经济社会发展的一个缩影，中国国际税收治理紧跟改革开放的步伐也经历了曲折的发展过程。国际税收治理的战略思维随着改革开放的进程发生了根本性转变，国际税收制度和管理随着国家税收治理体系和治理能力的发展和完善发生了质的飞跃。中国2016年5月成功举办第十届税收征管论坛（Forum of Taxation Administration，FTA）① 大会是中国国际税收治理发展过程中的标志性事件，是中国国际税收治理迈上新台阶的新起点。本篇以中国举办第十届FTA大会为时间节点，展开新时代以来中国国际税收治理发展的画卷，回顾历程，总结经验，展望未来。

一、第十届税收征管论坛大会

（一）概况

2016年5月，由经济合作与发展组织（OECD）主办、中国国家税务总局承办

---

① 税收征管论坛（FTA）成立于2002年，是经济合作与发展组织（OECD）财政事务委员会（CFA）下设机构，共有G20成员、OECD成员及部分非OECD成员等46个成员辖区。目前，FTA已发展成为世界主要经济体税务部门在局长层面进行沟通对话和协调合作的高级别平台。

的第十届 FTA 大会于 11—13 日在北京顺利召开。38 个 FTA 成员经济体、6 个受邀非成员经济体和 7 个国际组织以及 9 家企业近 200 名中外代表出席会议，共同商讨国际税收合作促进全球经济发展的新思路、新作为。时任中共中央政治局常委、国务院副总理张高丽出席开幕式并致辞，国家税务总局局长王军在能力建设板块作了题为“坚持互惠共赢　提升征管能力”的主题发言。会议取得圆满成功，达成多项共识，并发布《第十届税收征管论坛大会公报》。

1. 会议议题丰富

本次大会的召开，恰逢中国担任 G20 峰会轮值主席国、税收合作与透明度建设成为 G20 峰会重要议题、各国积极推动落实税基侵蚀和利润转移（BEPS）15 项行动计划成果、101 个税收管辖区加入 OECD 自动信息交换统一报告标准之时。在这个亟须深入推动国际税收合作、共同提高全球税收透明度的重要时点，会议安排了 7 大项 40 余小项议程，重点围绕三个主题展开：一是实施 G20/OECD 国际税收改革成果，敦促各成员税务局长采取协调一致行动；二是发挥技术进步优势，建设现代化税务部门，有效应对经济数字化带来的机遇和挑战；三是加强能力建设，帮助所有国家、特别是发展中国家提高征管水平，使其更加合理配置资源，从国际税收改革中受益。

2. 会议成果丰硕

会议签署了双边、多边税收协定或达成合作意向 11 个，取得了一系列实质性成果：一是实施以统一报告标准（CRS）为内容的自动信息交换（AEOI）行动，以应对 BEPS 问题。二是建立实施 BEPS 成果的包容性框架，将在该框架内对实施工作进行监督和审议，并计划于当年 6 月在日本京都召开第一次 BEPS 包容性框架会议。三是确定接受和使用国别报告（CbC）和自动信息交换数据的行动计划，并将继续开发工具，以保证对 CbC 和 CRS 数据的有效利用。按照上一届 FTA 大会的承诺，FTA 设计并一致通过了第一个安全连接全球税务部门的双边信息交换系统——统一传输系统（CTS），标志着合作实现了 CRS、CbC 及其他信息交换的跨越式进步。该系统于 2017 年 9 月投入运行并完成首次 CRS 信息交换。四是重申加强 JITSIC 职能的承诺，并将其名称由“国际联合反避税信息中心”更改为“国际联合信息分享与协作特别工作组”（Joint International Taskforce on Shared Intelligence and Collaboration，JITSIC）。五是举行了第二次《国别报告多边主管当局间协议》（CbC MCAA）

的签字仪式，中国、加拿大、冰岛、印度和以色列签署了协议，至此该协议的签约辖区达到39个。CbC MCAA的签署将进一步提升跨国公司（MNEs）信息透明度，推动BEPS第13项行动计划所制定的国别报告标准得以统一、快速实施，以便税务机关更加全面了解跨国集团的经营架构，并确保信息的保密性与恰当使用。六是基于税收征管论坛（FTA）相互协商程序（MAP）论坛①在推动制定稳健的同行审议程序方面取得的重大进展，会议达成在2016年如期开始同行审议程序的目标，以确保与税收协定相关的争议得到及时、有效和高效解决。七是通过《合作式税收遵从：构建更加有效的税收控制系统》的报告，突出了税收控制系统作为税收风险管理项目核心部分的重要性。八是通过了旨在建设现代化税务部门的三个报告，描绘了税务部门如何向提供电子纳税服务转型、如何与税收服务提供者合作以提高中小企业遵从度、如何利用高级分析技术和大数据更好地识别风险、管理资源以及明确干预目标等。上述报告已成为税务部门现代化建设的重要里程碑，将使税务工作方式与日益发展的数字经济相融合。九是赞同OECD、美洲税收管理组织（CIAT）、欧洲税收管理组织（IOTA）和国际货币基金组织（IMF）共同采集税收征管比较数据的做法，超过150个国家和地区的税收征管比较数据将被汇集成册。通过此新平台，FTA发布了2016年国际税收征管调查问卷，用于出版FTA税收征管系列丛书。十是探讨了旨在避免工作重叠、提高税收征管能力建设效率和效果的方法以及加强与其他国际组织协调合作的途径，以响应G20领导人及联合国2030年可持续发展议程的号召，更好地履行FTA成员在帮助发展中国家提高税收征管能力方面的重要职责。

（二）历史地位

1. 第十届FTA大会是国际税收合作取得显著进步的标志性会议

（1）签署的双边、多边税收协定以及达成的合作意向创历届之最。在BEPS行动计划转入实施阶段的关键时刻，第十届FTA大会签署了11个涉及提高税收透明

---

① 税收征管论坛（以下简称FTA）是经济合作与发展组织（OECD）2002年发起成立的高级别税收论坛，是世界各主管税务当局高层交流合作的唯一平台。该论坛下设相互协商程序（MAP）论坛，由美国担任牵头国，FTA成员国均可参与。2013年召开论坛首次会议，提出合力提升实用性，保障协商效果的多边战略规划，以期更高效地解决国际间双重征税问题。

度、成员间涉税信息共享、涉税争端解决等双边、多边税收协定或合作意向，确保了各成员税务部门在重要税收征管问题上达成共识并采取一致行动，在实现完整、高效、公平的税收征管方面取得成果并建立标准，充分实现了 FTA 大会一贯秉持的目标。

（2）参会人数及范围创历届之最。第十届 FTA 大会参会人数高居历届榜首，来自 38 个 FTA 成员经济体、6 个受邀非成员经济体和 7 个国际组织以及 9 家企业近 200 名中外代表参加了会议。参会人数众多、来源广泛，是 FTA 大会在国际税收合作领域发挥的作用日益增强的最佳体现；也是加强与税收领域参与者对话，推动与其他 OECD 论坛、国际和区域性税务组织间合作的充分体现；更是各方在加强国际税收合作方面的意愿更加积极迫切的有力体现。

（3）影响力创历届之最。2015 年 10 月 OECD 向全球发布 BEPS 15 项行动计划和 1 份解释性声明，拉开了新经济背景下打击税基侵蚀和利润转移、重塑国际税收规则体系的序幕。第十届 FTA 大会是 BEPS 行动计划转入落实阶段后召开的首次大会，会议就实施 BEPS 行动计划签署和达成了多项双边、多边税收协定和合作意向，使国际社会在打击税基侵蚀和利润转移、重塑国际税收规则、加强国际税收合作方面迈出了坚实而关键的一步，为实现提升全球税收治理能力和构建国际税收新体系的宏伟蓝图打下了坚实基础。正如 OECD 税收政策与管理中心主任帕斯卡·圣塔曼所说："FTA 北京大会是在构建国际税收新体系方面迈出关键步伐的标志性会议。"

2. 第十届 FTA 大会是中国国际税收治理迈上新台阶的里程碑会议

（1）中国国际税收治理新主张和新倡议贯穿会议始终。2014 年 11 月，中国国家主席习近平在 G20 第九次峰会上指出："加强全球税收合作，打击国际逃避税，帮助发展中国家和低收入国家提高税收征管能力。""加强全球税收合作"是为了构建互利共赢的国际税收关系，"打击国际逃避税"是为了构建更加公平、公正、开放的国际税收新秩序，"帮助发展中国家和低收入国家提高税收征管能力"是为了在全球推进税收包容性发展。习近平主席有关全球国际税收治理的新主张，不仅是中国参与国际税收治理的指导思想，更是国际社会广泛接受并称颂的全球国际税收治理新主张。中国首次举办的全球性税务大会——第十届 FTA 大会正是以习近平主席提出的全球国际税收治理新主张为主线展开的，各项议题均凸显了"加强全球税收合作"这一共识，"实施 G20/OECD 国际税收改革成果"和"加强能力建设"两个议题更是集中体现了“打击国际逃避税”和“帮助发展中国家和低收入国家提高税收征管能力”的全球国际税收治理目标。

（2）会议彰显了中国促进国际税收合作的重要作用。一是为各成员加强交流搭建了平台，推动了在BEPS成果实施方面多项共识和合作意向的达成。二是为国际合作交流贡献了中国智慧。第十届FTA大会期间，中国国家税务总局相关负责人共出席了4项双边活动、3项多边活动，在G20国际税改主要议题中表明了中国立场，并促进各国共同关心的税收热点问题达成共识。三是将“一带一路”沿线国家和“金砖国家”税务合作列入税收征管能力建设板块，充分体现了中国在“帮助发展中国家和低收入国家提高税收征管能力”以实现税收包容性发展方面发挥的引领作用。

（3）会议展示了中国税务新形象。会议通过宣传展板、专题片、新闻发布会、邀请与会代表到税务局参观等方式，介绍了中国营改增等税制改革情况以及取得的经验，为其他国家税制改革树立“中国样板”；宣传了中国税务部门和有关部门落实G20峰会关于全球税收治理各项要求的举措和努力，向世界展示了中国在国际税收合作方面的担当和态度。会议通过精心组织、周密部署、统筹安排以及全程一对一联络员制度，发挥整体合力，使中国首次举办的全球性税务大会取得圆满成功，获得中外代表的高度赞扬，正如FTA主席、英国皇家税务海关总署署长爱德华·楚普所说“本届大会是FTA历史上最成功的一次大会”，充分展示了精明能干、德才兼备、尽职尽责的中国税务精神。

（三）会议成果的落地转化

第十届FTA大会召开之后，会议达成的共识逐步落地，主要体现在以下三个方面：

（1）开展BEPS包容性框架相关工作。按照第十届FTA大会上提出的“建立实施BEPS成果的包容性框架，将在该框架内对实施工作进行监督和审议”的目标，2016年6月30日至7月1日，OECD财政事务委员会在日本东京举行BEPS包容性框架成立大会，80多个国家和地区的政府代表参会，全球共同实施BEPS项目成果迈出新的实质性步伐。包容性框架依托OECD财政事务委员会现有组织架构建立，目前有100多个成员。当年11月，包容性框架成员完成了与各国的谈判，《BEPS多边公约》及其解释性声明获得通过①，为实现税收协定历史上规模最大、范围最广的多边合作与协调奠定了基础。截至 2018 年 8 月，BEPS 包容性框架的成员辖区数量已增加至 115 个，其 GDP 总和占全球 GDP 的 95%。在 BEPS 包容性框架下，OECD、IMF、UN 以及世界银行建立了税收合作平台（The Platform for Collaboration on Tax），以协调全球税收能力建设，并通过开发工具包，帮助发展中国家更好地应对 BEPS 风险。2018 年 2 月，首届"税收合作平台全球大会"在纽约联合国总部召开，中国国家税务总局局长王军出席大会并作主题发言。王军表示，中国愿同各国际组织、各国税务部门共同营造合作共赢的国际税收环境，促进全球可持续发展。

（2）推进国别报告信息交换。继第十届 FTA 大会举行了第二次《国别报告多边主管当局间协议》签字仪式后，作为最低标准之一的国别报告信息交换有序推进。全球共建立了 1400 多对国别报告交换伙伴关系，而且越来越多的辖区表示了加入和匹配的意愿。OECD 发布了《国别报告实施指南》，以便更好地指导各辖区有效利用国别报告中的信息。2018 年 5 月，OECD 对 95 个辖区进行了首次年度同行审议，重点审议其国内立法和行政基础是否完备。即将进行的第二轮同行审议的重点是，审议各辖区就国别报告开展情报交换以及遵从保密措施等相关情况。

（3）实施同行审议。在涉税争端解决方面，FTA 下的相互协商程序论坛力求通过推进同行审议，提高各辖区涉税争端解决的透明度和效率。截至 2018 年 8 月，已完成对 21 个辖区的审议并提出了 370 多条改进建议。目前，该论坛正在对 16 个辖区进行审议，预计到 2019 年 12 月，将完成另外 35 个辖区的审议工作。中国的审议时间预期排在 2018 年 12 月，是第七批接受审议的 8 个辖区之一。

二、国际税收治理的进展与成效

改革开放 40 年，中国国际税收治理紧跟改革开放的步伐，取得了长足的进步和显著的成效。

1978—1993 年，按照对外开放政策的总体要求，为了吸引外资、引进先进技术

① 何振华，陶旭，汪涛，等. BEPS 公约即将实施：税收政策多边协调时代到来［EB/OL］.（2018 - 06 - 12）［2018 - 08 - 28］. http://www.ctaxnews.com.cn/2018 - 06/12/content_334439.html.

和管理经验，中国逐步建立起了一套仅适用外资企业和外籍人员的相对独立的涉外税收制度和管理体系。与之同时，为了维护作为所得来源地的税收管辖权，中国开始与发达国家谈签避免双重征税协定，国际税收体系初具雏形。这一阶段的涉外税收和国际税收体系有力地促进了对外开放政策的贯彻落实，最大限度地维护了中国的税收权益。

1994—2012年，为了应对国际国内形势的深刻变化，按照建立完善社会主义市场经济体制以及实施“引进来”和“走出去”并重战略方针的要求，中国分步统一内外两套税制，着力建立规范的国际税收基本制度，不断扩大避免双重征税协定网络，大力开展税收情报交换工作，进一步完善反避税机制，强化非居民企业税收管理和“走出去”税收服务与管理，实现了涉外税收向国际税收的稳步转型。此阶段的国际税收体系有力地促进了中国社会主义市场经济体制的建立和完善，推动了企业“走出去”战略方针的贯彻实施。

进入新时代以来，适应国际国内形势新的发展变化，中国国际税收工作以贯彻落实习近平主席治国理政新理念新思想新战略、加强国际税收合作三点主张和党的十八届三中全会《关于全面深化改革若干重大问题的决定》为主线，以深度参与重建全球国际税收新秩序为背景，统筹国内国际两个大局，在推动国际经济合作、服务中国经济社会发展大局和对外开放战略中发挥着积极的作用。

（一）对外：积极践行大国税务担当

习近平主席在2013年G20圣彼得堡峰会上强调：“中国支持加强多边反避税合作，愿为健全国际税收治理机制尽一份力。”随后，习近平主席在2014年G20布里斯班峰会上提出：“加强全球税收合作，打击国际逃避税，帮助发展中国家和低收入国家提高税收征管能力。”在2016年G20杭州峰会上，习近平主席指出：“面对当前挑战，我们应该完善全球经济治理，夯实机制保障……加强在金融监管、国际税收、反腐败领域合作，提高世界经济抗风险能力。”中国的国家领导人多次在国际重大政治场合就税收问题发表重要立场和观点，标志着中国国际税收治理正式进入“大国税务”时代。这既是世界对中国的选择，也是中国自身发展的必然。

1. 深度参与国际规则制定

近年来，G20高度重视完善全球税收治理，针对现有国际税收规则落后于数字经济和新型商业模式发展步伐以及跨国公司通过税收筹划造成税基侵蚀和利润转移等问题，于2013年发起并委托OECD组织实施税基侵蚀和利润转移（BEPS）行动计划，对已实施上百年的国际税收规则进行改革。中国紧紧抓住这一重大机遇，以OECD合作伙伴身份积极参与G20税改。作为BEPS行动指导委员会委员和多边公约特别工作组第一副主席，中国向OECD提出了修改数字经济税收规则、“利润在经济活动发生地和价值创造地征税”等1000多项立场声明和意见建议，成功将中国及发展中国家的观点和理念渗透到BEPS行动计划成果之中，有力维护了中国及发展中国家的税收权益，为建立公平的国际税收秩序、促进BEPS各项成果的落实做出了重要贡献。

除了积极参加OECD主导的G20税改项目以外，中国还以联合国专家委员会委员和联合国转让定价分委会委员的身份参加了联合国《发展中国家转让定价操作手册》（以下简称《转让定价手册》）的编写和更新工作。2013年，联合国首次发布《转让定价手册》时，专门设立中国实践章节，全文引用了中国对无形资产等转让定价问题的论述，发展中国家纷纷表达了对中国理念的支持和交流学习的意愿。在2014年，为了与BEPS项目同步和帮助发展中国家更好地应对转让定价领域出现的新问题和新挑战，转让定价分委会在《转让定价手册》中增加了集团内劳务、无形资产、业务重组等对发展中国家影响较大的前沿章节。中国积极参与了《转让定价手册》的修订和更新工作，所提交的《中国国家税务总局对管理费和服务费的意见》被联合国网站全文刊发，得到了各国的高度关注和发展中国家的积极响应，并直接促使OECD将集团内劳务议题纳入BEPS行动计划中。同时，《中国转让定价立场实践报告》的更新版也得到广大发展中国家的认可，中国在转让定价领域的话语权得到显著提升。

2. 积极开展大国税务外交

根据习近平主席于2014年11月在G20峰会上提出的加强国际税收合作三点主张，中国全方位深化国际税收合作，营造于我有利的税收发展环境。一方面，中国与联合国（UN）、经济合作与发展组织（OECD）、国际货币基金组织（IMF）等25个国际组织建立了合作关系，国际税收合作的“朋友圈”逐步扩大；另一方面，通过参与和承办重要的国际税收会议，积极推动国际税收合作，特别是发展中国家之间的合作更加机制化、规范化，不断提升中国国际税收治理能力和在国际税收领域的话语权和影响力。这一时期，除了成功举办第十届税收征管论坛大会以外，中国还在以下几个国际税收合作领域取得重大进展：

在多边税收合作领域，一是签署《多边税收征管互助公约》《金融账户涉税信息自动交换多边主管当局间协议》和《转让定价国别报告多边主管当局间协议》，税收信息交换的国际法律基础得以夯实，税收透明度建设取得重大进展。二是与UN、OECD、IMF等国际组织以及亚洲税收管理与研究组织（SGATAR）等区域税收组织的合作得以深化，为多边政治和财经外交做出了贡献。国家税务总局与OECD签署了2016—2018年合作备忘录，在税收政策、税收征管、国际税收等19个领域开展合作；与IMF签署了2016—2019年税收合作协议，以进一步支持中国“十三五”时期税收制度和征管改革，同时协调OECD、IMF为中国税制改革做好效应评估，向国际社会展示中国税制改革成果。三是积极开展金砖国家间的税收合作，签署了金砖国家税务合作的第一份机制性文件——《金砖国家税务合作备忘录》，首次以官方文件形式将金砖国家税收领域合作上升至制度层面，标志着金砖国家税务合作机制建设进入了一个新的时期。国家税务总局局长王军在2017年金砖国家税务局长会议上提出了推动完善全球税收治理体系、深化税收领域务实合作、加强税收合作机制建设等三点倡议①，得到与会各国税务局长的高度赞赏。四是积极推动构建“一带一路”税收合作机制。2018年5月14日，“一带一路”税收合作会议在哈萨克斯坦首都阿斯塔纳开幕，来自50多个国家、地区和国际组织的200多名代表出席此次会议。国家税务总局局长王军在开幕式上作了题为“健全税收合作长效机制　实现共赢共享发展”的主旨演讲，倡议与会各国“完善国内税制，着力消除税收壁垒；加强双边合作，有效降低税收负担；深化多边合作，共同提升税收治理能力”，得到与会各国的热烈回应。OECD副秘书长河野正道在致辞时表示，此次“一带一路”税收合作会议有里程碑意义，将加强参与国家及地区之间的税收交流与合作，助力经济的可持续和包容性发展。②

---

① 国家税务总局办公厅．2017年金砖国家税务局长会议在杭州举行：在新的起点上深化金砖税收合作[EB/OL]．（2017-07-27）[2018-08-28]．http：//www.chinatax.gov.cn/n810219/n810729/n811748/c2735956/content.html.

② 国家税务总局办公厅．“一带一路”税收合作会议在阿斯塔纳开幕：王军出席会议并作主旨演讲[EB/OL]．（2018-05-14）[2018-08-28]．http：//www.chinatax.gov.cn/n810219/n810724/c3446688/content.html.

在双边税收合作领域截至2018年9月，中国已与119个国家或地区签订了税收协定（安排），与10个国家或地区签订了税收情报交换协议，建立起广泛的双边税收合作法律机制网络，基本覆盖了中国主要投资目的地和投资来源地；与美国、加拿大等9个国家签署了税务合作备忘录，加强了与世界主要经济体之间的税务行政合作。

3. 不断深化税收征管协作

为了遏制恶意税收筹划带来的不良后果，提高税收透明度，2014年9月，OECD在墨西哥举行全球税收论坛全体会议，重组扩建了原本建立在OECD框架下的全球税收论坛，建立了同行审议机制。中国参加了此次会议，并在会议上被推选为论坛副主席国及指导委员会副主席，同时成为同行审议小组的30个成员之一。2012年5月23—25日，中国代表团在西班牙马德里参加全球税收论坛同行审议小组会议，并顺利通过同行审议现场答辩，成为全球税收论坛已审议的79个报告中全部达标的12个国家（地区）之一。成功通过同行审议，对中国在经济全球化趋势下应对纳税人利用国与国之间税制和税收征管措施的差异进行恶意税收筹划具有重要意义。①

除了参加税收透明度同行审议、认真履行国际义务之外，中国作为9个主创成员国之一，还积极借助JITSIC平台，深化国际税收征管协作。JITSIC原名为“国际联合反避税信息中心”，由美国、英国、澳大利亚和加拿大4国于2004年联合发起成立，成立目的是通过加强税收协作，识别、遏制和打击各种跨境避税模式和恶意税收筹划行为，为税务部门开展跨境税收遵从和执法行动提供更加灵活的工作机制，有利于提高全球税务部门运行的效率。随着合作的日益深入，发起国先后邀请了日本、韩国、中国、法国和德国加入，成为一个由9个成员国组成的第一个操作层面的国际小型税收协作组织。2014年，OECD税收征管论坛（FTA）在都柏林召开成员国大会，一致通过扩大JITSIC范围的决议，将9个成员组成的JITSIC向FTA所有成员开放。扩大后的JITSIC全名为“国际联合信息分享与协作特别工作组”。自加入JITSIC以来，中国全面、实质性地参与了JITSIC各项工作，在跨境逃税、避税案件处理、防止税基侵蚀等方面与其他成员国密切合作，成效显著，为纳税人营造了

① 中国顺利通过全球税收论坛税收透明度和情报交换同行审议［EB/OL］.［2018-08-28］. http://www.xj-l-tax.gov.cn/n278/n279/c605976/content.html.

更加公平的税收环境。例如，2015年，中国利用JITSIC网络提供的情报线索，经过两年半的调查，查实了辖内一对夫妇的移民避税问题，依法追缴个人所得税3474.37万元，维护了国家的税收主权和税法尊严。

4. 努力帮助发展中国家和低收入国家提高税收征管能力

为了帮助发展中国家和低收入国家提高税收征管能力，中国着重选择“一带一路”沿线国家、已设立境外经济贸易合作工业园区的国家、中非合作论坛及中拉论坛等地区性国际组织成员国作为援助对象，并将中国“走出去”企业较多、面临税收风险较大的国家列为技术援助的重点对象，通过与之分享中国的税收政策理念和管理经验为中国企业“走出去”创造稳定透明的税收环境，努力发挥中国在全球税收治理中的更大作用。目前，中国对外税收技术援助已覆盖亚洲、非洲和拉丁美洲的发展中国家和低收入国家。

2015年12月，中国与OECD签署了《中华人民共和国国家税务总局与经济合作与发展组织关于在中国实施多边税务中心多边税务项目的谅解备忘录》等合作文件，在扬州建立了首个位于非OECD成员的OECD多边税务中心。截至2016年底，多边税务中心共为发展中国家开展了14期税收业务培训。其中，2015年为24个发展中国家的87名税务官员开展了4期培训；2016年为40个发展中国家200余名税务官员开展了10期培训。这些培训项目宣传了中国在国际、国内税改中的成功经验，进一步增进了我国与参训国家税务官员之间的友谊和互信，受到广大发展中国家税务同行的欢迎和好评，为构建合作共赢的新型国际税收关系做出贡献。

（二）对内：推进国际税收体系现代化

在认真履行国际义务、践行大国税务担当的同时，如何进一步服务中国对外开放战略，建设同中国国际地位相适应的国际税收治理体系，成为中国税务部门高度关注的重大战略问题。2014年，国家税务总局明确要打造国际税收升级版，提出职能定位完整、法律体系完备、管理体制健全、管理手段先进、组织保障有力、国际地位提升六大标准。2016年，国家税务总局结合新形势新要求，提出到2020年基本建成与中国大国地位和对外开放格局相适应，顺应国际发展形势，具有中国特色的国际税收新体系，实现国际税收管理体系的全面升级和现代化。近五年来，在国际税收体系建设方面主要做了以下几项工作：

1. 完善职能定位

2008 年“两法合并”，标志着中国开启了由涉外税收管理向国际税收管理的重大转型。这一转型并非一蹴而就，而是循序渐进地将工作重心逐步由以涉外税收为主，向涉外税收与国际税收并重迈进。2014 年，中国实际对外投资规模超过利用外资规模，从此跻身“资本净输出国”行列。这个新角色要求中国涉外税收工作必须尽快配套转型，适应外向型经济发展要求，从过去 30 多年来的收入来源国立场逐步转向居民国立场，更加注重发挥税收协定的作用，加强跨境税收征管和服务，积极解决中国居民在境外发生的税收争议。为此，2014 年全国国际税收工作会议按照国际惯例和中国改革开放后境外投资快速增长的实际需要，重新定义了国际税收，即：国际税收是国家税收的国际方面，包括对居民纳税人中国境外所得的税收管理和非居民纳税人中国境内所得的税收管理。根据这一定位，国家税务总局对全国国际税收管理的职责和机构进行了调整和优化：一是补齐居民纳税人境外税收管理的短板。国家税务总局在国际税务司内成立境外税务处，负责居民纳税人境外税收管理与服务，标志着中国完成了向吸引外资与对外投资并重的国际税收工作职能的转变。二是进一步优化国际反避税管理机制。根据习近平主席关于“打击国际逃避税”的总要求，将反避税调查与谈判分开，并建立跨境税源重大风险集中应对及反避税全国联查机制。2016 年起，明确由原北京市国家税务局第二直属分局承担全国反避税大案要案联查和跨国企业国际避税风险应对工作，实现了反避税政策制定、对外谈判、风险应对、调查标准的“四统一”，规范了国际交易税收风险管理与应对机制，为防止税基侵蚀和利润转移提供了有力的组织保障。

2. 完备法律体系

随着 G20 首脑峰会在 2013 年批准 15 项 BEPS 项目行动计划，推动国际税收改，中国的国际税收立法工作就力求与 G20 税改进程保持同步，积极推动和落实 G20 税改成果。2014 年 BEPS 项目中期成果陆续发布时，中国相应地修订了转让定价法规和特别纳税调整实施办法，并规范了税务机关启用一般反避税措施的工作流程和管理程序①。2015 年 G20 批准 15 项 BEPS 项目的成果报告之后，中国又发布了一系列

① 《一般反避税管理办法（试行）》（国家税务总局令第 32 号）。

税收法规，从关联交易申报[①]、预约定价管理[②]、特别纳税调查调整、相互协商程序管理[③]、防范税收协定待遇的不当授予[④]和非居民间接财产转让避税[⑤]等各方面实现G20税改成果的国内转化甚至创新，并为国别报告信息交换及其国际审议和监督做好了准备。此外，在《税收征收管理法》和《个人所得税法》等法律修订过程中，积极参与研究增加和完善国际税收相关条款，力求为管理跨国关联交易提供更为健全的法律保障，也为对外开放和国际经济合作营造中性、健康、公平的国际税收环境。

3. 健全管理体制

在非居民境内税收管理方面，一方面，更加注重以风险管理为导向，加强税收分析，提升管理水平，促进税收遵从。及时关注和解决非居民税收征管中亟需解决的派遣劳务[⑥]、国际运输[⑦]以及特殊性税务处理[⑧]等问题，增强纳税人从事跨境经营的确定性，降低基层税务机关的执法风险。2016年，全国共实现非居民企业税收收入1743.3亿元，比上年同期增长14.2%，比同期全国税收收入增长比例高出9.4个百分点。另一方面，通过实施部分境外投资者暂不征收预提所得税等优惠政策[⑨]，鼓励境外投资者持续扩大在华投资，不断提升中国税制的国际竞争力。

在居民境外税收管理方面，2014年国家税务总局明确了中国居民企业申报境外投资和所得的义务和程序[⑩]，以此为基础，各地税务机关不断建立和完善全国“走

---

① 《国家税务总局关于完善关联申报和同期资料管理有关事项的公告》（国家税务总局公告2016年第42号）。

② 《国家税务总局关于完善预约定价安排管理有关事项的公告》（国家税务总局公告2016年第64号）。

③ 《特别纳税调查调整及相互协商程序管理办法》（国家税务总局公告2017年第6号）。

④ 《国家税务总局关于税收协定中“受益所有人”有关问题的公告》（国家税务总局公告2018年第9号）。

⑤ 《国家税务总局关于非居民间接转让财产企业所得税有关问题的公告》（国家税务总局公告2015年第7号）。

⑥ 《国家税务总局关于非居民企业派遣人员在中国境内提供劳务征收企业所得税有关问题的公告》（国家税务总局公告2013年第19号）。

⑦ 《非居民企业从事国际运输业务税收管理暂行办法》（国家税务总局公告2014年第37号）。

⑧ 《国家税务总局关于非居民企业股权转让适用特殊性税务处理有关问题的公告》（国家税务总局公告2013年第72号）。

⑨ 《国家税务总局关于境外投资者以分配利润直接投资暂不征收预提所得税政策有关执行问题的公告》（国家税务总局公告2018年第3号）。

⑩ 《国家税务总局关于居民企业报告境外投资和所得信息有关问题的公告》（国家税务总局公告2014年第38号）。

出去”企业清册，为开展境外税收服务管理等多项工作提供了基础信息支持①，并且逐步建立起以风险为导向的境外税收管理体系②。2017年，中国税务机关在全国范围内共完成“走出去”企业税收风险分析15178户，实现遵从风险应对5642户，通过风险提示纳税人自行调整以及移送其他部门应对调整，共实现补征税款和滞纳金17.26亿元。

在反避税管理方面，一是建立健全管理、服务、调查“三位一体”反避税防控体系③，由过去的偏重反避税事后调查，转变为强化事前管理防范避税行为，并实现了反避税调查从传统购销交易向股权和无形资产等交易类型拓展，反避税工作覆盖了入境交易、出境交易、协定适用等广泛领域。二是建立了重大跨境税源风险集中应对、反避税全国联查机制和重大案件会审制度④，坚持以“案件管理”为中心，着重提高调查的规范程度，加强案件质量监控。三是与外汇管理、海关、发改委、商务部和工商总局等部门探索建立反垄断与反避税合作机制。上述工作机制取得明显成效，2014—2016年，全国合计实现反避税税收贡献1736亿元。

4. 优化管理手段

立足于推进“互联网+”国际税收管理的迫切需要和良好契机，参考G20税改成果关于加强跨境税源管理的技术和方法，中国于2014年初步建立跨国公司利润水平监控管理系统，分行业、分地区、分年度监控跨国公司利润水平，建立风险预警机制，及时发现避税嫌疑企业，实现对跨境税源的动态管理和监控。2015年，开发“国际税收管理信息技术平台”，将国际税收分析、跨区域协作和管理统一纳入规范化管理，通过数据整合、加工，实现非居民税收管理、对外投资税收服务与管理、情报交换、反避税、税收协定查询、跨区域合作等信息化。2016年，将国际税收管理的关键环节、关键时点、重点岗位全部纳入平台，采用流程化的管理模式，构筑起“分岗查险，分险设防，分权制衡，分层追责”的防控模式，实现全程监督，为加强国地税协作和跨区域协作、集中应对重大跨境税源风险提供系统支撑和技术保障。2017年，建立起健全的跨国企业税收监控机制，选择了10个试点省市建立

① 《国家税务总局关于做好“走出去”纳税人基础信息工作的通知》（税总函〔2016〕102号）。
② 《国家税务总局关于开展境外税收风险管理相关工作的通知》（税总函〔2016〕253号）。
③ 《特别纳税调整内部工作规程》（税总发〔2016〕137号）。
④ 《特别纳税调整重大案件会审工作规程（试行）》（国税发〔2012〕16号）。

"全球一户式"跨国公司利润水平监控系统。

5. 加强组织保障

人才是干事创业的根基。这一时期，中国更加注重分层次、分梯队培养国际税收人才，为税收现代化建设提供国际化人才保障和支持。一是选拔培养国际税收领军人才。2013—2016 年，国家税务总局从税务系统和社会专业人才中选拔培养了 3 批"全国税务领军人才"国际税收方向学员①，并注重在国际税收工作实践中锻炼人才，增长才干，发挥领军人才攻坚克难的引领作用。二是加强反避税专业化人才队伍建设。采取多种形式加大对专业人员的培训力度，并建立重大案件会审人员库，促进全国反避税人才队伍的培训、管理和统一规范。三是开辟优秀人才出国（境）学习、工作渠道。积极联络商务部、人民银行、贸促会等部委，选派优秀税务人才赴 OECD、IMF、IBFD 等国际组织以及赴香港四大会计师事务所工作实习。四是扩大外派税务官员的国家范围和规模，初步实现了中国国际税收人才的全球布局。

6. 服务对外开放

国际税收的重要职能有两方面：一是维护国家权益；二是服务对外开放。这一时期，国际税收工作在服务国家对外开放战略、优化中国跨境税收营商环境方面发挥了重要的作用。

在服务"一带一路"倡议方面，2015 年，国家税务总局从"谈签协定维权益、改善服务促发展、加强合作谋共赢"三个方面发布 10 项具体措施，对包括"一带一路"沿线国家和中国主要投资目的地在内的 95 个国家和地区全面开展国别税收信息研究，并建立"一带一路"税收服务网页，分国别发布对外投资税收指南，介绍税收政策，提示税收风险，目前已发布美国、俄罗斯等 75 份国别投资税收指南。② 建立 12366 上海（国际）纳税服务中心，通过双语网站、双语咨询等方式服务对外开放。简化《中国税收居民身份证明》办理流程，便利纳税人享受税收协定待遇。通过新闻发布、在线访谈、座谈交流等形式，主动为跨境纳税人开展政策辅导和宣传。国家税务总局还向美国、印度、日本、德国等主要市场经济国家和"一带一路"沿线重点国家的使领馆派驻税务人员，发挥中国税务人员在东道国响应

---

① 《全国税务领军人才培养规划（2013—2022 年）》（税总发〔2013〕97 号）。

② 国别（地区）税收投资指南［EB/OL］.［2018 - 08 - 08］. http：//www. chinatax. gov. cn/n810219/n810744/n1671176/n1671206/index. html.

“走出去”企业诉求、促进政策沟通、推动税收合作方面的作用。

在运用税收协定消除重复征税方面，全国国际税收部门积极配合“一带一路”建设、国际产能合作以及中国在东南亚、非洲、拉美和中东欧的区域合作战略，科学安排税收协定谈签对象，为跨境投资创造确定、有利的税收法律环境，有效消除对跨国企业的重复征税。中国与德国、俄罗斯修订了早年签订的税收协定；与智利、津巴布韦、印度尼西亚、罗马尼亚、波兰、马来西亚、柬埔寨、巴基斯坦等签署了税收协定和议定书。一方面，这些协定为中国“走出去”企业降低了境外税收负担，提高了其在海外的竞争力，仅2016年税收协定利息条款就为中国金融机构减免境外税收278亿元；另一方面，税收协定提供的减免税待遇，为中国吸引外资创造了有利条件，2016年全国国际税务部门通过受理税收协定待遇申请，共减免税款280亿元。

在深化国际税收“放管服”改革方面，2013年将对外支付税务证明改为税务备案；2015年取消了非居民纳税人享受税收协定待遇事前审批程序、改由非居民纳税人在信息披露的基础上自行评估适用[①]；2016年将中国税收居民身份证明开具工作下放，明确办理时限和资料报送要求，便利“走出去”纳税人[②]；2017年一次性提出30项“放管服”措施[③]，取消非居民源泉扣缴企业所得税合同备案[④]以及非居民选择主要机构场所汇总缴纳企业所得税的审批事项等。通过深化“放管服”改革，提高了办税便捷度，优化了跨境税收环境。

在降低跨境涉税争议方面，中国充分利用税收协定的双边协商机制，积极帮助企业解决涉税争议。2014年开展双边协商51例，消除国际重复征税18.4亿元；2015年开展双边协商52例，消除国际重复征税63.7亿元；2016年开展双边协商78例，消除国际重复征税49.7亿元。与此同时，不断完善预约定价安排的谈签流程和管理[⑤]，在《税收征收管理法》修订草案中增加“事先裁定”条款，并每年以中英

---

① 《非居民纳税人享受税收协定待遇管理办法》（国家税务总局公告2015年第60号）。

② 《国家税务总局关于开具〈中国税收居民身份证明〉有关事项的公告》（国家税务总局公告2016年第40号）。

③ 《国家税务总局关于进一步深化税务系统“放管服”改革优化税收环境的若干意见》（税总发〔2017〕101号）。

④ 《国家税务总局关于非居民企业所得税源泉扣缴有关问题的公告》（国家税务总局公告2017年第37号）。

⑤ 《国家税务总局关于完善预约定价安排管理有关事项的公告》（国家税务总局公告2016年第64号）。

文形式对外发布《中国预约定价安排年度报告》。这些措施有效地预防了争议的产生，给纳税人提供了更大的确定性，也为税收管理和税收增长提供了稳定预期，得到纳税人的广泛关注和好评。

这一时期，中国国际税收部门在深度参与国际规则制定的同时，紧盯国际交易的中国环节以及中国纳税人的国际交易环节，积极引导遵从，防止利润转移，维护税基安全，服务对外开放，为中国国际交易的税收治理以及对外经济技术合作做出了重要贡献，实现了中国国际税收地位和治理能力的双重跃升。

三、对国际税收治理的评价

（一）国际税收治理取得历史性成就

1. 服务全面开放战略成效显著，有力地推动了中国全面开放新格局的形成和发展

2013 年以来，中国国际税收治理工作立足国内国际两个大局、双向并举的全面开放战略部署和习近平主席有关国际税收的重要讲话精神，秉持“服务中心工作、服务外交大局”的原则，国际税收治理工作取得新突破，有力地推动了中国全面开放新格局的形成和发展。一是服务“走出去”税收工作取得新进展。通过积极谈签“一带一路”沿线国家税收协定，不断改进“走出去”纳税服务和管理，与“一带一路”沿线国家加强税收合作，为“走出去”创造了良好的税收法律环境和公平的税收秩序，既防范了税收风险，又维护了合法权益，有力地推动了中国对外投资规模的发展壮大。二是服务“引进来”税收工作实现新提升。通过取消非居民纳税人享受税收协定待遇事前审批程序、源泉扣缴企业所得税合同备案、选择主要机构场所汇总缴纳企业所得税审批事项，对境外投资者以分配利润直接投资暂不征收预提所得税，大幅度提升跨国投资税收服务水平等“放管服”措施，改善了境外投资者来华投资的营商环境，有力地推动了来华投资的持续增长。三是服务自由贸易区税收工作获得新成效。通过对自由贸易区和服务贸易创新发展试点地区实施系列税收优惠政策，创新税收服务和管理，促进了自由贸易区的发展和服务业对外开放的扩大。

2. “大国税收”全面展开，有力地促进了中国特色大国外交战略的贯彻落实

为了使中国成为世界大变局时代的重要动力，进一步奠定中国的大国地位，近年来党中央不断推进大国外交战略。为了深入贯彻落实中国特色大国外交战略，税务部门牢固树立“大国税收”理念，积极开展“大国税收”外交，为推进中国特色大国外交战略添砖加瓦。一是深度参与国际税收规则制定维权益。以 BEPS 行动指导委员会委员和多边公约特别工作组第一副主席的身份积极参与 G20 税改项目，以联合国专家委员会委员和转让定价分委员会委员的身份积极参与联合国转让定价相关工作，把中国及发展中国家的观点和理念成功植入新的国际税收规则中，为国际税收规则制定贡献“中国方案”和“中国智慧”，全力打击国际逃避税，最大限度维护中国和广大发展中国家的税收权益。正如 OECD 税收政策和管理中心主任帕斯卡·圣塔曼所言：“中国目前正在全面参与国际税收规则的改变，已经成为我们正在建立的国际税收社区的一个重要成员。中国将为发展中国家参与全球税收规则制定、加强国际税收合作发挥名副其实的领导作用。”二是全方位深化国际税收合作显担当。通过成功举办第十届税收征管论坛大会、使金砖国家税收合作制度化、积极推动构建“一带一路”税收合作机制、不断深化全球税收征管协作、努力帮助发展中国家和低收入国家提高税收征管能力，充分发挥中国作为大国在全球国际税收合作的重要作用，为构建合作共赢的国际税收环境、推动全球国际税收合作向纵深发展做出了积极贡献。正如 OECD 第一副秘书长玉木林太郎所言：“作为 OECD 的合作伙伴以及 G20 的轮值主席，中国在促进国际税收对话和制定行动方案方面发挥着越来越重要的带头作用。”

3. 国际税收体系建设不断加强，有力地推进了税收现代化的进程

为贯彻落实党中央、国务院关于税收工作的一系列决策部署，推进国家治理体系和治理能力现代化，中国税务部门于 2013 年提出了逐步建立税收现代化“六大体系”，到 2020 年基本实现税收现代化的宏伟目标。按照税收现代化“六大体系”的要求，近年来，国际税收致力于建设完善法律法规体系、制度体系、服务体系、征管体系、信息化体系和组织体系，为推进税收现代化进程贡献了力量。一是国际税收法律制度体系不断完善。通过签署《多边税收征管互助公约》《实施税收协定相关措施以防止税基侵蚀和利润转移的多边公约》《转让定价国别报告多边主管当局间协议》等国际公约（协定）和有针对性地谈签和修订双边税收协定，修订完善有关反避税、税收协定执行、税收征管协作、跨境税源管理等一系列法规，积极开展

BEPS行动计划成果转化工作，不断健全国际税收多边和双边法律体系以及国内的国际税收法律制度体系，有力地推动了建立完备规范的税法体系和成熟高效的税制体系的进程。二是国际税收服务和管理体系不断健全。通过与相关国家开展税收协定框架内主管当局间相互协商工作，开展反避税双边磋商，健全了管理、调查、服务"三位一体"反避税防控体系，实施反避税调查及调整，建立优化跨国公司利润水平监控系统，建立重大跨境税源风险集中应对及反避税全国联查机制，与外汇管理局建立信息交换与共享机制，开发完善"国际税收管理信息技术平台"，加强"一带一路"建设、"走出去"企业和非居民税收服务与管理，积极参与港澳台涉税事项的协调与管理等，不断健全国际税收服务、征管和信息化体系，有力地推动了建立优质便捷的服务体系、科学严密的征管体系和稳固强大的信息体系的进程。三是国际税收组织体系不断优化。通过对国际税收管理专业机构进行改革，加强国际税收管理专业领军人才和国际税收管理人才库人才的培养，选拔优秀人才赴香港四大会计师事务所和荷兰财政文献局工作实习，举办专题培训班，加强国际税收系统党建工作等，不断优化国际税收组织体系，有力地推动了建立高效廉洁的组织体系的进程。

（二）国际税收治理积累了丰富经验

1. 树立战略思维，紧密围绕服务国家经济社会发展大局开展国际税收治理工作

改革开放以来，涉外税收和国际税收工作一直秉持服务国家经济社会发展大局的原则，根据国家发展战略的变化及时调整国际税收治理工作的总体思路、基本原则和主要目标，在改革开放的不同阶段切实发挥了对国家经济社会发展的重要推动作用。特别是进入新时代以来，按照构建全面开放新格局和全面推进大国外交的要求，国际税收治理着重于不断深化服务"引进来"和"走出去"工作、深度参与国际税收规则制定、全方位深化国际税收合作，为新时代中国经济社会发展起到了重要的推动作用。树立战略思维，紧密围绕服务国家经济社会发展大局开展国际税收治理工作，既是税收发挥"保证财政收入、调控宏观经济、调节收入分配"三大基本职能的要求，更是在新时代"更好地发挥税收在国家治理中的基础性、支柱性、保障性作用"的新要求，是国际税收治理工作必须一以贯之的准则。

2. 秉持全球视野，紧密围绕统筹国内国际两个大局开展国际税收治理工作

随着改革开放的不断深化，中国与世界深度融合，国际税收政策作为国家对外开放政策的重要组成部分，不可能孤立于全球国际税收规则和其他国家的税收政策而存在，正是基于此，税务部门一直紧密围绕统筹国内国际两个大局开展国际税收治理工作。特别是进入新时代以来，国际税收治理统筹国内国际两个大局，以深度参与国际税收规则制定、大力推动国际税收合作、密切跟踪应对其他国家税收改革为突破口，促进形成有利于中国的国际税收规则，不断增强中国的国际税收话语权，有力地维护了中国的税收权益。秉持全球视野，紧密围绕统筹国内国际两个大局开展国际税收治理工作，既是提高中国税制国际竞争力的要求，更是维护国家税收权益的要求，是国际税收治理工作必须长期坚持的原则。

3. 坚持开拓创新，紧密围绕建立现代化的国际税收体系开展国际税收治理工作

长期以来，国际税收工作一直有开拓创新的传统。在改革开放初期，按照对外开放政策的总体要求，及时建立起了一套专门适用于外资企业和外籍个人的涉外税收制度和管理体系，这是一个不同于其他国家做法的创新之举，为推进中国对外开放做出了积极贡献。进入新时代以来，国际税收工作进一步加大了开拓创新的力度：提出“利润在经济活动发生地和价值创造地征税”等新的国际税收立场和建议，积极推动金砖国家税收合作、构建“一带一路”税收合作机制，帮助发展中国家和低收入国家提高税收征管能力，因地制宜转化 BEPS 行动计划成果，对国际税收管理专业机构进行改革，选拔培养国际税收领军人才，等等，既有国际税收理论上的创新，也有国际税收体制机制上的创新，有力地推动了现代化的国际税收体现的建立。坚持开拓创新，紧密围绕建立现代化的国际税收体系开展国际税收治理工作，既是国际工作的内在要求，更是实现税收现代化的要求，是国际税收治理工作必须始终坚持的精神。

（三）国际税收治理尚存不足

1. 国际税收法律制度体系尚需完善

主要表现在：与“一带一路”沿线国家和产能合作国家谈签和修订税收协定的工作进度还需加快；境外所得税收政策、居民境外投资和所得信息报告制度、非境内注册居民企业税收管理办法等对外投资税收制度还不完善；非居民税收管理制度尚不健全；反协定滥用、相互协商程序等相关制度和规定还有不足；反税基侵蚀、

受控外国企业、转让定价等税收政策尚有缺陷。

2. 国际税收服务体系尚需升级

主要表现在：对“一带一路”沿线国家的税收研究机制还不健全；解决“走出去”企业的涉税争议力度还不够大；对“走出去”企业的税收咨询与辅导还需加强；12366上海（国际）纳税服务中心建设还不完备；对减轻非居民企业办税负担的相关政策落实得还不完全到位。

3. 国际税收征管体系尚需健全

主要表现在：“走出去”税收管理不完善，基础信息收集，风险分析、应对和管理工作薄弱；反避税工作有待加强，还未实现全国联动联查、风险统一应对、执法标准统一规范，集体办案和会审机制不健全，对跨国公司利润水平监控不到位，反避税调查的精准度和相互协商质效不高；非居民税收管理存在缺陷，非居民税收管理与居民税收管理没有协调并进，非居民企业税收和个人税收相互脱节，专项情报交换工作质量和效率不高。

4. 国际税收信息化体系尚需提升

主要表现在：国际税收信息化体系与国际先进水平存在明显差距；金税三期国际税收模块功能不强；国际税收管理平台中跨国公司利润水平监控、对外投资税收分析、非居民备案申报信息和自动情报数据统计分析等模块亟须完善；信息共享机制不健全，获取国际税收管理信息手段很薄弱；各地税务机关利用“互联网+”提升国际税收办税便利度的工作还有很大提升空间。

5. 国际税收组织体系尚需加强

主要表现在：部分地区站位不高，对国际税收工作的重要意义和职能作用认识不到位；国际税收机构设置还不尽合理，机构不全、职责不清的问题依然突出；国际税收专业人才不足，特别是对反避税专业队伍的建设和培训亟须大力加强。

四、国际税收治理展望

（一）面临的国内外形势

国际税收工作攸关全球经济治理大局，需要强化战略思维，洞察全球经济和税收治理发展大势，方能因势而谋、应势而动、顺势而为。

1. 全球经济治理体系变革昭示国际税收新方向

当前，世界经济正处于新旧规则交替、新旧动能转换、新旧力量对比的变革期和调整期，一些国家政策内顾倾向加重，保护主义抬头，“逆全球化”思潮涌动。全球经济治理处于新的十字路口，需要作出新的选择，迈出新的步伐。在这一背景下，G20 杭州峰会将税收作为促进经济增长的重要政策变量，提出深化国际税收合作，以建立一个全球公平和现代化的国际税收体系并促进增长，强调实施增长友好型税收政策。金砖国家领导人第八次会晤《果阿宣言》重申致力于在全球范围内实现公平、现代化的税收体系，与 G20 杭州峰会共识一脉相承。在达沃斯世界经济论坛上，习近平主席针对世界经济领域的突出矛盾提出解决方案，强调要坚定不移推进经济全球化，打造富有活力的增长模式、开放共赢的合作模式、公正合理的治理模式、平衡普惠的发展模式，为全球化进程和全球经济治理体系变革指明了方向。新形势下国际税收治理更加强调“增长”这一政策目标，并引入“公平”这一价值尺度，体现出公平与增长相协调的新方向。

2. 中国经济新方位赋予国际税收新使命

面对深度调整的世界政治经济新格局，以习近平同志为核心的党中央高瞻远瞩，作出经济发展进入新时代的科学判断，提出创新、协调、绿色、开放、共享的新发展理念，提出双向并举的全面开放战略，通过内外联动，加速构建开放型经济新体制，并把“积极参与全球经济治理，推动国际经济治理体系改革完善”写入国家“十三五”规划。在双向开放战略布局之下，中国“引进来”和“走出去”跨境投资快速增长，经济活动以及由此产生的所得遍及全球，特别是“一带一路”建设正在成为有关国家参与经济全球化的新平台，实现包容性发展的新机遇。在这一背景下，国际税收在促进双向开放方面将扮演更加重要的角色、承担更加重要的使命。

3. 国际税收竞争的加剧带来新挑战

在全球经济复苏乏力，贸易保护主义抬头的背景下，英国、美国、法国、印度等主要经济体都纷纷实行或酝酿以减税为主题的税制改革，旨在吸引各种流动性生产要素的配置，从而提高国家和企业竞争力，以促进本国经济增长，增加本国就业。从长远来看，这种多国减税作用的叠加，特别是与贸易保护主义的交织，将进一步加剧国际税收竞争，削弱 G20 国际税收改革的合作效应，促使税收合作滑向竞相逐低的国际税收竞争，妨碍世界经济增长，更对中国国际税收工作提出了四项挑战，即：生产要素世界配置版图调整带来的挑战、跨国公司组织架构调整带来的挑战、海外利润流向调整带来的挑战以及国际税收风险图景调整带来的挑战①。对此，中国需要冷静看待，既不盲目跟风，轻举妄动，又要未雨绸缪，积极应对。

（二）肩负的重大历史使命

国际税收在中国乃至全球经济和税收治理中的新定位，要求我们要立足大势，放眼长远，夯实基础，服务发展，在高效、公平、现代化上寻求新的突破，勇担新的历史使命。

1. 推动完善全球税收治理体系

习近平主席在G20杭州峰会开幕辞中提出“完善全球经济治理，夯实机制保障”的要求，并将国际税收作为提高世界经济抗风险能力的三大手段之一。推动完善全球税收治理体系，从而使国际税收秩序朝着更加公平合理的方向发展，是完善全球经济治理的题中应有之义，更是当前中国国际税收工作肩负的重要历史使命。为此，需要进一步深化双边和多边的国际税收合作，推动构建“一带一路”沿线国家和完善金砖国家税收合作机制；深度参与国际税收规则制定，加强国际税收基础理论研究和创新，不断提升中国在全球税收治理中的制度性话语权；实施增长友好型税收政策，增强税收中性，提升税收透明度，提高税收征管能力，为全球经济实现持续、平衡、包容性增长营造良好的税收环境。

2. 服务中国双向开放战略布局

中国的双向开放战略，必将促进“引进来”与“走出去”的显著增长，也为国际税收工作提出了新要求，带来了新挑战。对此，应结合国际税收在国家治理中的新定位和新使命，统筹协调好“促进经济增长”与“打击国际逃避税”的关系，加强跨境税源管理，提升协定税收执行水平，提高跨境涉税争端解决效率，强化国际税收管理基础建设，不断提升国际税收治理能力，优化中国跨境税收营商环境。

3. 示范带动全国税收现代化建设

国际税收作为税收现代化总目标的国际方面，肩负促进经济合作和维护国家权

---

① 廖体忠．深度参与全球税收合作持续打造国际税收升级版［J］．国际税收，2016（5）．

益的双重职责，承担国际税制改革和国内征管体制改革的双重任务，在推动国际国内两个市场、优化生产要素配置、消除跨境投资障碍、促进国际经济合作方面担当重要角色，需要积极作为，开拓创新，从职能定位完整、法律体系完备、管理体制健全、管理手段先进、组织保障有力、国际地位提升六大方面，进一步完善中国国际税收治理体系，继续参与全球税收治理，深化国际税收合作，示范带动全国税收现代化建设。

（三）国际税收治理近期重点工作

1. 加强国际税收理论研究

当今世界经济的发展走向，呈现出发达经济体矛盾激化、发展中经济体和平崛起的新气象。然而，现有的国际税收规则体系在这一历史大势面前显得捉襟见肘。一方面，以 OECD 为代表的发达国家制定的国际税收规则和主导的国际税收合作实践，处处体现着以发达国家税收利益为先的宗旨，发展中国家始终处于被动和从属地位，合理的税收利益得不到有效的维护。另一方面，联合国在国际税收合作领域的作用日渐式微。20 世纪 80 年代后，联合国放松了对国际税收的研究，对《联合国税收协定范本》以及《发展中国家转让定价操作手册》的修订往往是萧规曹随，缺乏有别于 OECD 的深刻洞见，不能从根本上反映发展中国家的诉求，保护发展中国家的利益。与此同时，包括美国在内的许多国家近年来纷纷酝酿或者出台税改措施，以期在日益激烈的国际税收竞争中抢得先机。这些推陈出新、设计精妙的税改措施左右着世界税制体系乃至全球经济发展的大势。作为世界第二大经济体、第一大发展中国家，中国要担负起推动全球税收治理体系完善、提升中国税制竞争力的重大历史使命，就必须高度重视和加强国际税收基础理论研究，将税收、特别是国际税收放在全球经济发展的视角，从提高世界经济抗风险能力和促进全球贸易与投资增长的高度去谋划、设计和推动完善国际税收规则体系，针对当前各国共同面临的税收难题，秉持“互利共赢”的原则和理念提出有创见、可操作、易接受的中国税收解决方案，从而更有力地推动建立公平和现代化的国际税收体系，有效地维护发展中国家税收利益，并持续提升中国的税制竞争力和税收话语权。

2. 深化“一带一路”税收合作

2016 年 G20 杭州峰会上，与会的各国领导人一致认为，在单纯依靠货币政策促进经济增长的效果不断递减、主要经济体政策明显分化难以形成合力、贸易投资保护主义抬头、构建开放型经济任重道远的背景之下，税收成为促进经济增长的重要政策变量。国际税收合作不仅直接影响经济增长，而且影响世界财富分配，决定了经济增长的红利能否实现共享。因此，必须深化国际税收合作。对中国而言，深化国际税收合作，不仅要推进BEPS成果在中国的落地转化、做好金融账户涉税信息自动交换准备、加强双边和多边的税收政策协调与征管协作，更重要的是要通过深化国际税收合作，发挥好税收服务“一带一路”倡议的积极作用。在2018年5月阿斯塔纳“一带一路”税收合作会议上，国家税务总局局长王军强调：“一带一路”建设越深入，加强税收合作越重要。为此，提出以丝路精神为指引，聚焦实现更加深入、更加全面、更加多元、更高层次的税收合作这一目标，着力构建税收合作长效机制①。对此，我们应从“一带一路”沿线国家的共同诉求出发，以“共商、共建、共享”为指导原则建设“一带一路”税收合作机制，为“一带一路”沿线国家间的税制协调、征管协作、争端解决、能力建设甚至同行审议等提供一个广泛的对话平台和务实的合作框架，以规范化、机制化、实体化的运作促进“一带一路”税收合作更加紧密、深入，更好地促进“一带一路”沿线国家贸易和投资的便利化，为经济全球化深入发展乃至全球经济治理持续改善，发挥积极的推动作用。

3. 构建适应数字经济的国际税收政策与征管体系

中国信通院的测算表明，2017年中国数字经济总量达到27.2万亿元，同比名义增长超过20.3%，显著高于当年GDP增速，占GDP比重达到32.9%，同比提升2.6个百分点；对GDP的贡献为55%，接近甚至超越了某些发达国家水平②。OECD在BEPS第一项行动计划成果报告中指出：“现行的国际税收标准可能已经跟不上全球商业实践的变化，尤其是在无形资产和数字经济发展方面。”数字经济具有的流动性、对数据的依赖性、网络效应和多层面商业模式等特征，以及数字经济对各行业的广泛渗透性，使得要寻找到能够有效应对解决数字经济诱发的BEPS问题的对策方案复杂异常③，各国在数字经济领域的重大利益分歧又进一步加大了数字经济

① 国家税务总局办公厅．“一带一路”税收合作开启新篇章［EB/OL］．（2018-05-16）［2018-08-16］．http：//www.chinatax.gov.cn/n810219/n810724/c3457239/content.html.

② 中国信通院：《中国数字经济发展和就业白皮书（2018年）》。

③ 延峰，冯炜．关于对数字经济税收问题新挑战引发的思考［J］．国际税收，2015（3）．

税收政策协调的难度。近年来，各国为应对数字经济带来的税收挑战，纷纷出台单边临时性课税方案。在诸多理论性难题和技术性关卡尚未达成共识之际，尽管单边方案能够缓解燃眉之急，但却暗藏打乱国际经济秩序的风险。国际所得税制课税理论的两项基础性判断标准，即：基于联结度规则确定非居民企业的税收管辖权以及基于独立交易原则确定利润分配的规则，虽然在BEPS框架下得以完善、创新，但仍未能有效回应数字经济带来的联结度、数据价值衡量与收入定性三大问题①。可见，一方面，数字经济在中国国民经济中的地位不断提升；另一方面，短期内国际社会难以就数字经济征税规则达成共识，部分国家的单边措施可能会为中国数字经济企业带来较高的税收遵从风险。对此，中国应审时度势、精心谋划、超前布局、力争主动，既要审慎评估和研判国际税制发展趋势，密切关注数字经济征税单边短期措施的外溢效应以及可能对现行国际税收规则造成的影响，避免因短期税收利益阻碍创新及数字经济的长远发展②；又要进一步完善中国企业所得税和增值税中有关数字经济的征税规则，灵活运用税收政策工具，扶持数字经济做大做强，拓展中国经济发展新空间③，并为数字经济的国际税收政策协调与征管协作贡献中国智慧。

4. 培养国际税收人才梯队

2016年9月27日，习近平总书记在中共中央政治局第三十五次集体学习时指出："我们要抓住机遇、顺势而为，推动国际秩序朝着更加公正合理的方向发展，更好维护中国和广大发展中国家共同利益。"为此，总书记特别强调"要加强全球治理人才队伍建设，突破人才瓶颈，做好人才储备，为中国参与全球治理提供有力人才支撑"。过去五年，中国"国际税收领军人才"—"外派税务官"—"国际税收人才库"的人才梯队已初具雏形，一批具有国际视野、战略思维和专业素养的人才脱颖而出，为国际税收事业的蓬勃发展注入了生机与活力。在此基础上，中国应制定未来5~10年的国际税收人才培养规划，借国地税征管体制改革的良好契机，统筹推进国际税收人才梯队的建设，为中国更好地推动完善全球税收治理体系、实现国际税收征管现代化提供有力的智力支持和人才保障。

---

① 刘奇超，罗翔丹，刘思柯，等．经济数字化的税收规则：理论发展、立法实践与路径前瞻［J］．国际税收，2018（4）．

② 朱光耀：《数字经济发展给税收征管、反洗钱等领域带来新挑战》。

③ 2016年10月习近平总书记在中共中央政治局第三十六次集体学习上的讲话。

参考文献：

［1］王力．迈向现代化的中国国际税收［J］．国际税收，2016（5）．

［2］廖体忠．深度参与全球税收合作持续打造国际税收升级版［J］．国际税收，2016（5）．

［3］邓力平，邓秋云．对中国参与BEPS行动计划的三点看法［J］．国际税收，2016（12）．

［4］韩霖，高阳，王平．FTA：税务局长访谈录［J］．国际税收，2016（6）．

［5］杰弗里·欧文斯，韩霖．税收在实现“中国梦”中的作用［J］．国际税收，2017（12）．

［6］国家税务总局税收科学研究所课题组．提升中国税收话语权研究［J］．国际税收，2016（1）．

［7］廖体忠．G20杭州峰会国际税收议题述评［J］．国际税收，2016（10）．

［8］延峰，冯炜．关于对数字经济税收问题新挑战引发的思考［J］．国际税收，2015（3）．

［9］刘奇超，罗翔丹，刘思柯，等．经济数字化的税收规则：理论发展、立法实践与路径前瞻［J］．国际税收，2018（4）．

［10］OECD：OECD/G20 Inclusive Framework on BEPS（Progress Report July 2017－June 2018）．

课题负责人：陈　琍　梁若莲

附录

“改革开放40年税收改革发展”专题研讨会成果报告

中国涉外税收政策变革的若干历史回顾

张志勇*

改革开放初期，对中国影响较大的事件之一就是涉外税制的建立。中国涉外税收发展的40年，是在不断探索实践、学习引入国际税收基本规则的过程中，逐渐改进成熟起来的。在创建涉外税制的初期，乃至之后的改革进程中，始终坚持解放思想、实事求是的思想方法。按照服务改革开放、维护国家权益、尊重国际惯例等原则，中国的税收政策和税收优惠在不同时期体现出不同的特点和侧重点。

一、改革开放初期的涉外所得税立法

改革开放初期，中国制定颁布了几项涉外税法：1980年《中外合资经营企业所得税法》、1980年《个人所得税法》、1981年《外国企业所得税法》。1983年开始，中国政府对外签署了第一批双边税收协定。20世纪90年代，中国重大涉税事项主要有以下几方面：涉外企业所得税“两法合并”、1994年税制改革、调整税收政策

* 张志勇，国家税务总局原副局长。

以配合中国复关入世谈判、调整区域和产业税收政策、扩大税收协定网络等。改革开放的前20年，主要是在涉外税收上探索怎么管理、怎样实践、如何修改完善涉外税法。

（一）按照国际税收规则理解税收管辖权

在改革开放初期，经常会遇到一些以前没有解决过的涉税问题，主要做法就是充分理解和尊重国际税收规则。例如，有个日本人在中国的日资企业驻京办事处工作，该驻京办事处只有他一个人从日本领工资。对于是否对该日本人征税，以前没有先例，通过学习国际税收规则，认为应该对其征税，因为该日本人的工资虽然不是在中国领取，但是按照国际税收规则中个人劳务所得的来源地就是提供劳务所在地原则，中国税务机关对该日本人来源于日本的工资收入享有征税权。后来，一个中国企业雇员被派到日本工作并由中国企业发工资，日本税务机关要对该中国雇员征税，国内有些同事无法理解。经过协商并按照国际税收规则，中国税务机关承认日本税务机关对该中国雇员来自中国的工资收入有征税权。通过这样的实践和学习，确实在早期的税法制定过程中学到了很多东西也使我们的税法一步一步成熟起来。

（二）解放思想，实事求是地解决税务问题

1991年第一次“两法合并”时，我参与了起草涉外企业所得税法及其实施细则。税务部门草拟了“固定资产折旧”一章准备写入实施细则，但是财政部有关部门不同意在税法及其实施细则中规定固定资产折旧，认为不符合当时的会计制度。经过与财政部相关部门的多次沟通和协商，我们采取了灵活的处理方式，把“固定资产折旧”一章改写成“资产的税务处理”一章，既不与当时的会计制度发生冲突，又解决了涉外企业所得税法与国际规则接轨，为企业在税务上处理折旧和摊销等问题提供了法律依据。值得一提的是，“资产的税务处理”这一名称一直沿用至今。

二、进入21世纪涉外税制的发展

改革开放40年历史的后20年，中国涉外税收转型为国际税收，并且逐渐受到

国际规则特别是一些多边领域规则的影响。进入21世纪以后，伴随中国对外开放的进一步深化，我们遇到了一些比较突出的问题，例如：一是怎样兼顾“引进来”和“走出去”问题，在对外谈签税收协定时，应同时处理好中国既作为资本输入国也作为资本输出国应持的立场问题；二是国民待遇问题，中国长期对外商投资企业施行税收优惠政策，入世后应该对国内企业实行公平的税收待遇；三是适应WTO规则，研究WTO关于市场经济的规则到底体现了什么样的税收原则；四是有害税收竞争问题，维护税收的中性原则；五是维护本国税基，积极开展反避税；等等。进入21世纪以后，经过我国税务机关的多年探索和努力，特别是以2008年企业所得税改革为标志，中国在税收立法和法规制定方面已经更趋成熟。

三、改革开放40年中国涉外税收优惠政策的变迁

（一）税收优惠政策的演化

涉外税收优惠政策因国家不同时期的发展战略重点而进行调整，有所侧重。改革开放初始，主要遵循服务改革开放、维护国家权益、尊重国际惯例等原则。服务改革开放主要是通过税收优惠体现出来，这是早期涉外税收政策的一个特点。外商到中国投资，对中国税制不了解，不知该缴多少税，所以在可行性研究时就有很多的未知数，他们认为我国的税法太简单。通过与外资企业打交道，我们发现外商进行投资决策，最看中的是税收政策的确定性，因为只有税收政策明确了，他们才能清楚计算企业投资的净现值和盈利率，据以决策投资。我国早期税收政策的一个主要问题就在于确定性较差，但“两免三减”等类似的税收优惠政策，从一定程度上提供了税收政策的确定性，因为从获利年度才开始享受“两免三减”等优惠，意味着投资后的5年、10年甚至更长时间内，都没有所得税的影响。

税收优惠政策也面临产业政策的导向问题。改革开放早期，对外商的税收优惠政策通常是普惠性的，对所有合资企业都实行“一免两减”以及后来的“两免三减半”税收优惠政策，未作产业区分，导致一些不需要鼓励的外资企业如开酒店，生产牙膏、护肤品的企业把国内的行业都挤垮了，非常不合理。因此在1991年涉外企业“两法合并”时，我们对优惠政策进行了调整，主要对生产性外商投资企业提供

鼓励性的优惠政策。虽然现在看来生产性企业是一个比较模糊的概念，很难完整地体现国家的产业政策，但在当时来说已经是很大的突破了。

此外，早期的优惠政策区域特征明显，区域优惠政策攀比带来的诸多问题也给税收管理带来了挑战，我们甚至也开始在境内对企业进行反避税调查，直到现在依然有很多“洼地”政策带来部分企业税收上的规避行为。到2000年以后我们对这些问题进行了反思，2008年内外资企业所得税法合并时我们找到了比较好的解决方案，区域性的税收优惠政策取消了，产业方面的税收优惠政策得以保留和发展，凸显对高科技企业的鼓励。

（二）国际规则对中国税收优惠政策的影响

对于国际规则特别是WTO规则，通过处理涉外税收案件、涉外磋商以及不断地学习研究摸索，我们总结出凡是与出口产品生产以及进口替代相关的税收优惠要慎重考虑国际规则的限制。国际规则对我国的税收优惠政策影响，有两个典型例子。

第一个是中美集成电路案件。当时我国政府是想鼓励国内芯片企业和集成电路产业的发展，吸引美国或欧洲高科技企业来中国投资建厂。但由于集成电路是属于资本有机构成比较高的行业，固定资产投资特别大。按照我国当时的增值税政策，固定资产投资所含的增值税进项税额不能抵扣，导致这个行业的增值税税负特别高。因此当时我国给出的优惠政策是，如果该行业的增值税税负率（企业所缴增值税除以企业毛收入）超过6%（之后降低到3%），超出部分的税款税务部门应退还给企业。按照该优惠政策，美国摩托罗拉公司成功被吸引到天津市西青区投资巨额建设芯片厂。但是美国半导体产业协会提出抗议，认为我国的政策违反了WTO规则，因为在中国投资建厂生产芯片是要替代进口芯片，中国对进口的芯片按照17%的税率征收增值税，但是对国产芯片可以按6%的税收负担率退税，这是非国民待遇，该协会认为美国的芯片进入中国时必须享受和当地的芯片生产企业同等的税收待遇。经过认真研究，我们认为应该遵循国际惯例，在与美国的磋商阶段我们做出了让步，因此该优惠政策仅执行了2年，到2004年就取消了。WTO集成电路增值税案件给我们的税收政策制定工作带来了很大影响，从那以后在讨论税收优惠的时候大家会首先考虑该优惠政策在WTO规则下是否合适。

第二个是有效解决有害税收竞争问题。在国际社会，有害税收竞争讨论始于

1998年，当时OECD下了很大的决心要制止有害税收竞争，因此OECD成员着手制定有害税收竞争“黑名单”，他们承诺要集体对“黑名单”地区采取措施消除有害税收竞争，包括针对性很强的受控外国公司（CFC）政策，使避税港失效。在当时有害税收竞争是一个在全球影响较大的讨论。

2000年前后，OECD派员来中国调查中国税收政策是否存在有害税收竞争。我们对OECD来中国考察进行了特别认真的应对准备，我方指出中国的特区、开发区不同于国际上的避税地，其税收优惠政策主要是吸引外商到中国投资实体，政策透明度高，信息交换通畅，不属于有害税收竞争。得到了OECD的理解和认同。

2013年6月，OECD发布《BEPS行动计划》，BEPS行动计划的第五个行动计划就是有害税收竞争。虽然中国在有害税收竞争方面顺利通过同行审议，但是同行审议磋商过程给了我们很多启示，就是现在的国际规则越来越朝着公平市场经济规则方面去发展。其实我们通过仔细研究WTO规则以及BEPS行动计划相关规则等，可以看到其后面隐含的实质，就是税收的中性取向，反映了市场经济规则的影响。

经济全球化的现在，更要考虑国际规则对我们的影响。当然，当前世界也出现一些逆全球化的动向，在G20倡导的国际税改多边合作中，也有一些不协调的现象，特别是最近关于数字经济，一些国家采取了单边措施，给国际社会带来很大的不安。如果各国都自顾自地采取自我保护措施，并将给经济全球化带来负面影响。这是我们今后进一步改革开放需要关注和研究的问题。

如何纪念税收领域改革开放40周年

高培勇*

在税收领域，我们如何纪念和庆祝改革开放40年，我认为有以下三种选择：一是罗列成绩单，比较40年前的中国税收和40年之后的中国税收，以及其间所发生的重大变化。二是回顾税收在改革开放中的历程，这40年中围绕某一个专题、某一个线索上的税收改革，我们做了哪些事情，其间有什么经验可以总结。三是作出理论概括，在系统总结税收改革的基本轨迹、基本经验的基础上，对其间折射出来的改革的规律性作出高度的概括。这三个方面的工作都是特别值得我们做的，如果说第一方面的工作主要是税务机关的工作，第二方面的工作应该是改革的亲历者需要做的工作，第三方面的工作——对税收改革40年的规律总结和理论概括工作应该由来自高校和税收理论界的专家学者来完成。

一、40年税收制度改革及发展的两个阶段

说到税收制度改革的规律，大家可能会从很多线索上提出自己的判断，但是就大势而言，就立足当下、展望未来这样一种研究的需要而言，40年的税收制度改革大体分为两个不同的阶段。按时间划分就是以2012年为节点，1978—2012年我国的税收制度改革是一种什么样的路径，2012年之后我国的税收制度改革又是怎样一种路径，这需要明确。此外，说到中国发展的规律，2012年之前是中国发展的一个阶段，2012年之后又是发展的另外一个阶段，这期间税收做了哪些方面事情，有无规律可循？中国的税收无论是提及发展还是改革，它的一个突出的特征就是：总是与整体的改革和整体的发展连结在一起，从来没有脱离整体改革、整体的发展而走税收自己的改革和发展道路。同时这两者之间又是密切联系的，所以税收改革的规

* 高培勇，中国社会科学院副院长，经济研究所所长，学部委员。

律就比较容易去发现、去探索，最后得以总结。

（一）第一阶段（1978—2012年）

第一阶段的规律是：以经济体制改革为主线索，实现经济高速发展；税收发展公共化。

众所周知，从1978—2012年我国的改革是以经济体制改革为主线索，经济体制改革的主线索在中国又是一个经济市场化的过程。因而在前30多年当中，中国的税收制度改革实际上一直沿着遵从经济市场化过程而对税收制度本身进行改革的一个过程。就发展而言，2012年之前的30多年中国的发展是一个高速增长的过程。遵从经济的增长，税收又是一种怎么样发展的过程？把这大势搞清楚之后，我们对税收规律应该能看得比较清楚。如果就改革而言，我国在前一阶段经历了经济市场化过程，那么税收制度改革的规律就是一个税收公共化的过程。

1978年我国的税收状况是如何呢？当时税收很少，可以用财政收入代替，财政收入的基本格局是，收入中来自国有经济的收入贡献比是86%左右，如果加上国营大集体，这个比重基本上达到98%甚至99%，非国有、非公有经济的税收收入贡献比基本为零。因此当时很难谈税收的公共化问题。然而，经济的市场化会打破这样一个格局，这是由于GDP的来源构成一旦发生变化，税收的来源构成也就会跟着变。2018年11月1日，习近平总书记在民营企业座谈会上对于税收有一个概括，即民营经济是国家税收的重要来源，这就是税收公共化的一个突出体现。

因此到今天，中国的税收工作不能只想着如何从国有经济、公有制经济中取得收入，还要跟民营经济打交道，不能脱离民营经济这样一个经济基础，这样一个税收来源的基础。这是在2012年之前我们税收改革所走出的一条道路。

在2012年之前，经济发展和整个中国发展的标志就是高速度的增长，而高速度的增长阶段，它所带给税收发展的直接影响显然也是税收高速增长。2012年之前税收增长速度的曲线，把它放到经济发展的过程中分析时，它也是高度契合的，因此有经济的高速增长自然就会有税收的高速增长。因此，经济的市场化必然带来税收的公共化，经济的高速增长决定着税收的高速增长。

（二）第二阶段（2012年以后）

第二阶段的规律是：全面深化改革，推动经济高质量发展；税收发展现代化。

2012年以后，从改革的建设而言，我国已经从经济体制改革转入全面深化改革，就发展而言是由高速增长阶段转入高质量发展阶段。因而在这样一个新时代，税收的改革、税收的发展具有不同于以往，甚至大不相同于以往的规律。全面深化改革的特点，这些年一直在总结，就是经济、政治、社会、文化、生态文明、党建、国防、外交无所不包的改革，或者叫改革的联动，在改革的联动时代改革的目标就和过去有所不同了，就是国家治理的现代化。

国家治理的现代化，传递到税收改革上就是税收现代化，税收现代化如何匹配国家治理现代化，需要认真研究。国家治理的现代化其中一个主要的依据是社会主要矛盾发生了变化，社会的主要矛盾由物质文化需要转变为美好生活需要，由落后的社会生产转变为不平衡不充分的发展之间的矛盾。习近平总书记在中国妇女第十二次全国代表大会上指出，社会主要矛盾的变化给家庭结构和家庭生活方式都带来了很大的变化，在原来的条件下，吃饱穿暖的问题解决了，现在不仅是物质方面的需要，还有精神生活方面的需要，因此人们对家庭结构和生活方式提出了新的更高要求。把这样一段话和社会主要矛盾放在一起，从需求角度看，从物质需要提升为美好生活需要，人民群众对于民主法治、公平正义、安全环境方面的需要日益增长。把它放到税收上，税收该面对什么样的需要？原来面对的是物质文化需要，现在面对的是民主法治、公平正义，我们该如何去体现？为了满足美好生活的需要，需要嵌入的是一种什么样的产品和服务呢？那就是除了物质产品、文化产品外，还包括制度产品和政策产品。这个制度产品和政策产品当中就包括税收制度、税收政策，而且税收制度和税收政策是一种最具基础意义和支撑意义的公共性质产品和政策，我们该怎么做呢？

高质量发展阶段的税收，和高速增长阶段是不同的。高质量发展阶段，税收不仅仅具备过去的三性——强制性、无偿性、固定性，不仅仅是将税收收入组织到国库当中来，还要考虑税收的征收本身是否符合公平正义，是否让老百姓能够接受、能够理解，能够在乐于遵从的基础上去照章纳税，它是一个税收质量的问题，这些都是我们目前需要研究的。

二、运用比较的方法把握发展规律

紧跟着的问题是，我们该怎样遵从这些规律？我总结一个最基本的方法就是比对，比对是一种可行也有效、最易于讲清并让大家理解的方法，怎么比对呢？很简单，当你意识到我们现在处在全面深化改革阶段，处在高质量发展阶段的时候，我们研究任何一个税收问题都要做比较，例如，研究税制改革问题。每遇到一个问题时，都应提醒自己现在是在全面深化改革阶段，而不是停留在经济体制改革的阶段，因此税收的主要任务不是公共化而是现代化。再如，税收责任，在新时代全面深化改革阶段，税收一个重要的职能是促进社会公平，而在经济体制改革阶段，税收的职能是调节收入分配，这期间的变化是什么？无非就是我国已经从以流量分配延伸到存量分配了，这是其中一个非常重要的变化。

过去考核税收收入的总量，无非就是税收收入占GDP比重多大。然而，GDP是衡量流量的指标。过去考核财政赤字，也无非是把财政收入的来源，财政赤字分配的范围局限在流量上。而一旦要促进公平，就不能不从流量延伸到存量。因此，提醒自己是在新时代而不是停留在旧时代，提醒自己是在全面深化改革而不是在经济改革阶段，提醒自己我们追逐的是税收现代化而不是追逐的税收公共化。这一些问题就很容易理解，容易达成共识。

谈到税收的发展，大家都同意高质量的发展，高质量发展是相对于高速度增长而言的，因此也要比对，高质量发展和高速度增长有何不同？其实这已达成共识，例如高质量发展阶段至少有三方面不同：第一，主要矛盾和矛盾主要方面不同。过去的主要矛盾是需求不足，矛盾的主要方面在需求侧，因此盯着需求去做文章，在税收政策上做调整。因此，需求不足时，减税也都是盯住需求总量做需求文章。当前的主要矛盾是结构问题，矛盾主要方面是在供给侧。税收该怎么调，税收政策该怎么出台，怎么解决结构问题，怎么把主要注意力放在供给侧这是当前的一个新课题。大家今天都在谈减税降费，减税降费在当前的背景下怎么减怎么降，是需要考虑的问题。第二，经济政策主线索，原来是需求管理，现在是供给侧结构性改革，它们是对照而言的。在需求管理的条件下，怎么操作税收政策我们已有一套方法，在供给侧结构性改革条件下该如何比照着采用相应的方法？第三，在高速度增长阶段，税收政策的基本行动路线就是采取政策调整。而在高质量发展阶段，习近平总书记一直在强调，根本途径是深化改革，如何用改革的方法去实现税收政策的目标我们也得去研究。

最后，我们研究的问题时总会说，我们处在中国特色社会主义新时代，接着说我们要以习近平新时代中国特色社会主义经济思想为指导。当我们研究的问题是立足于中国特色新时代的时候，得先说明新时代和旧时代有何不同，然后才按照不同的特点去进行研究。当我们研究的问题是以习近平新时代中国特色社会主义思想为指导的时候，得先说明新时代中国特色社会主义思想和以往的思想有何不同，然后才按照新的思想来从事研究。这是我们今天在讨论40年的税收改革与发展问题的时候绕不开的一个重大课题。

税收改革与发展的中国道路

马国强*

从1978—2018年，中国的改革开放走过了40年历程。在以习近平同志为核心的党中央领导下，中国进入社会主义新时代，改革开放将掀开新的历史大幕。在此历史节点，对税收改革与发展，有必要从中国道路角度进行回顾与展望。

一、中国道路的规律性

对于中国道路，可以从两方面加以界定：

（一）中国道路的时空特点

图1表明，中国道路的时空特点，包括时间维度和空间维度两个方面。

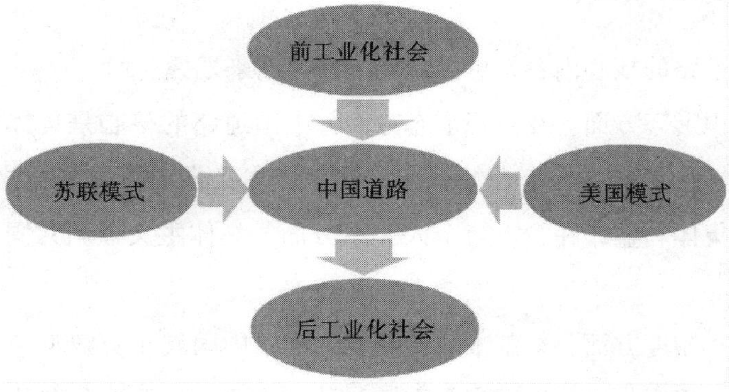

图1 中国道路的规律性

* 马国强，中国税务学会副会长，东北财经大学原副校长、教授。

从时间维度看，中国道路是由前工业化社会进入后工业化社会的道路。前工业化社会是以农业为主的传统社会，后工业化社会是以服务业为主的现代社会。中国目前所处的社会是工业化进程中的社会。根据发展经济学家的研究，工业化进程包括初期、中期、后期三个阶段。从产业结构、技术进步水平判断，中国目前的工业化进程是由工业化中期进入到工业化后期。

从空间纬度看，中国道路具有以下两个特点：

第一，中国道路是对苏联模式的扬弃。苏联模式的特点是政治上高度集权，经济上以计划主导。从1949—1992年，我国先是实行计划经济，后来实行有计划的商品经济。无论是计划经济还是有计划的商品经济，都具有计划经济特点。1992年，中央正式提出实行社会主义市场经济。自此，我国的经济体制开始转轨。

第二，中国道路是对美国模式的扬弃。美国模式的特点是政治上高度分权，经济上市场主导。1992年后，我国开始建立社会主义市场经济体制。美国是现代市场经济国家中最发达的国家。在市场导向的经济体制改革中，我国在许多方面自觉或不自觉地将美国模式作为中国经济体制改革的目标模式。党的十八大后，以习近平同志为核心的党中央提出了中国道路问题。这表明，中国的模式，既不同于苏联模式，也不同于美国模式。

（二）中国道路的核心内容

对于中国道路的核心内容，可以从以下两方面来把握。

第一，意识形态方面。在意识形态方面，中国道路的核心是集体主义。集体主义有两方面特性：在集体与个人关系方面，集体主义强调集体利益高于个人利益，个人利益服从集体利益；在个人与个人关系方面，集体主义强调共同富裕，消除贫富差距。

第二，基本制度方面。在基本政治制度方面，中国属于集权型单一制国家。在国家结构方面，中国是单一制国家。在政治体制方面，中国实行集中领导、统一管理。这是中国历史和国情的必然要求。在基本经济制度方面，中国实行社会主义市场经济。在所有制方面，中国实行公有制为主，多种所有制并存。在调节机制方面，中国实行政府干预加市场调节。

二、中国道路对税收改革与发展的限定

税收既具有经济属性，也具有政治属性。税收来源、税收转嫁等内容均具有经济属性；税收水平、税制结构、各税制度、税收体制、税收法定等均具有政治属性。由于税收具有政治属性，税收改革与发展必须受到中国道路的限定。

（一）税收水平

直至目前，国内外学者均将税收水平界定为税收收入占 GDP 的比重，即：

$$税收水平=\frac{税收收入}{GDP}$$

深入思考可以发现，税收收入占 GDP 比重这个公式存在两个问题：第一，没有确定的意义。它取决于税收收入占政府收入的比重。如果税收收入占政府收入的比重趋于100%，则税收占 GDP 比重等于政府收入占 GDP 比重。如果税收收入占政府收入的比重趋于0，即政府收入几乎全部来自财产收入，则税收占 GDP 比重没有任何意义。第二，由于税收收入占 GDP 比重这个公式没有明确的含义，所以无法确定研究的视角，选择研究的路径。无论从经济发展水平对其决定的角度还是从其影响经济发展水平角度进行研究，都无法得到切合实际的结论。

事实上，税收收入占 GDP 的比重不是一个单一问题，而是一个复合问题。一个问题是政府收入占 GDP 的比重，另一个问题是税收收入占政府收入的比重。二者的乘积等于税收收入占 GDP 的比重。即：

$$税收水平=\frac{政府收入}{GDP}\times\frac{税收收入}{政府收入}$$

将税收水平分解为政府收入占 GDP 比重和税收收入占政府收入比重后，可以清楚地看到税收水平的决定因素和每个决定因素的意义。

首先，政府收入占 GDP 的比重等于1减去市场收入占 GDP 的比重。即：

$$\frac{政府收入}{GDP}=1-\frac{市场收入}{GDP}$$

其实质是政府与市场的关系。这是自产生经济学以来所有经济学家共同关心的问题，也是有史以来经济学中最重要的问题。所谓大政府还是小政府的问题，主要

取决于政府收入占GDP比重的高低。中国是一个集权型单一制国家。这种国家结构和政治体制决定，中国政府收入占GDP比重必然高于同等经济发展水平国家的平均水平。这是中国道路的重要体现。

其次，税收收入占政府收入的比重等于1减去财产收入占政府收入的比重。即：

$$\frac{税收收入}{政府收入}=1-\frac{财产收入}{政府收入}$$

其实质是一国是属于税收国家还是财产国家的问题。税收国家被定义为政府收入主要来自税收收入，即主要是“取自于民”；财产国家被定义为政府收入主要来自财产收入，即主要是“取自于己”。财政社会学认为，财产国家是富裕国家（政府）和强势国家（政府），税收国家是贫穷国家（政府）和弱势国家（政府）。同时认为，国家（政府）为摆脱因为“无产”而必须依赖“有产”者的卑微境地，必须拥有一定数量的自己的财产。中国不是“无产”国家（政府），而是“有产”国家（政府）。自然资源归国家所有，国有企业占主导地位。研究和确定中国税收水平，必须切合这一国情因素。

（二）税制结构

税制结构是税收制度中各税种的组合方式与相对地位。从税种组合方式看，有两种税制结构：一是按部门设置税种的税制结构，其特点是在农村设置农牧业税，在城市设置工商业税，可称为部门式税制结构；二是按流程设立税种的税制结构，对经济存量征收财产税，对经济流量征收流转税，包括对收入流征收所得税和对支出流征收消费税。表1表明，在前工业化时期和工业化初期，各国实行部门式税制结构，工业化中期后，各国均实行流程式税制结构。从税种相对地位看，在实行部门式税制的前工业化时期，各国均开始由农牧业税为主向工商业税为主转变，在工业化初期，各国均确立了工商业税的主体地位；在实行流程式税制结构的工业化中期和工业化后期，各国均以商品税为主，进入后工业化时期后，跨入自主选择主体税种时代，既可以商品税为主，也可以所得税为主，根据历史与文化，有的国家选择以商品税为主，有的国家选择以所得税为主，有的国家选择所得税与商品税并重。

表1 税制结构演变轨迹

税制结构类型	代表性国家	前工业化时期	工业化时期			后工业化时期
			初期	中期	后期	
税种组合方式	英国	部门式	部门式	流程式	流程式	流程式
	法国	部门式	部门式	流程式	流程式	流程式
	德国	部门式	部门式	流程式	流程式	流程式
税种相对地位	英国	农牧业—工商业	工商业	商品税	商品税	所得税
	法国	农牧业—工商业	工商业	商品税	商品税	商品税
	德国	农牧业—工商业	工商业	商品税	商品税	所得税 商品税

中国现阶段已经由工业化初期经工业化中期进入工业化后期，在税制结构方面已经由部门式税制结构转变为流程式税制结构。根据工业化水平对税制结构的制约作用，在工业化后期，中国只能以商品税为主，不能以所得税为主。研究和确定中国现阶段的税制结构，必须切合这一国情因素。

（三）各税制度

各税制度主要包括商品税制度、所得税制度与财产税制度。

从税种设置理论和各国经验看，我国的商品税制度已经比较完善了。作为一般商品税，我国已经设置和优化了增值税；作为特定商品税，我国已经设置和优化了消费税。

从税种设置角度看，我国的所得税制度已经比较完善。对法人，我们已经设置并统一了企业所得税。对自然人，已经设置并统一了个人所得税。目前，所得税制度的主要问题是个人所得税模式不合理。中央已经决定，我国要由分类所得税转变为综合与分类相结合的个人所得税。20多年过去了，这一转换还没有完成。主要原因有两个方面：一是目标模式不清晰；二是转换模式不明确。

什么叫分类与综合相结合或综合与分类相结合？从逻辑上说，分类是把整体分成部分，综合是把部分合成整体。分类所得税与综合所得税无法结合。从实践看，如表2所示，各国所得税有分类所得税与综合所得税两种基本模式，分类与综合的复合形式包括分类综合所得税、综合分类所得税、综合综合所得税三种具体模式，没有分类所得税与综合所得税相结合的模式。

表 2　个人所得税模式

<table>
<tr><td rowspan="3">分类
所得税</td><td colspan="2">多元分类所得税</td><td>各项劳动所得税
各项投资所得税
各项经营所得税</td></tr>
<tr><td colspan="2">三元分类所得税</td><td>劳动所得税
投资所得税
经营所得税</td></tr>
<tr><td colspan="2">二元分类所得税</td><td>劳动所得税
投资所得税</td></tr>
<tr><td rowspan="4">综合
所得税</td><td rowspan="2">单级综合所得税</td><td>单级纯综合所得税</td><td>专项所得×单级税率
普通所得×单级税率</td></tr>
<tr><td>单级准综合所得税</td><td>全部所得×单级税率</td></tr>
<tr><td rowspan="2">多级综合所得税</td><td>多级纯综合所得税</td><td>专项所得×单级税率
普通所得×多级税率</td></tr>
<tr><td>多级准综合所得税</td><td>全部所得×多级税率</td></tr>
<tr><td rowspan="3">复合
所得税</td><td colspan="2">分类综合所得税</td><td>分类所得税+综合所得附加税</td></tr>
<tr><td colspan="2">综合分类所得税</td><td>综合所得税+分类所得附加税</td></tr>
<tr><td colspan="2">综合综合所得税</td><td>综合所得税+综合所得附加税</td></tr>
</table>

中国所谓的综合与分类相结合所得税属于哪种模式的所得税呢？从各国所得税模式看，应当是多级准综合所得税。其基本特点是专项所得×单级税率，加上普通所得×多级税率。这应当是中国个人所得税的目标模式。

中国现行所得税是多元分类所得税。将劳动所得合并前的所得税是多元分类所得税，将劳动所得合并后的所得税仍然是多元分类所得税。如何由多元分类所得税过渡到多级准综合所得税呢？关键是确定个人所得税模式转向的过渡模式。根据目前的征管水平，可以考虑分两步走。第一步，对年应税所得 60 万元以上的纳税人实行多级准综合所得税，具体方案如表 3 所示；第二步对全部纳税人实行多级准综合所得税。

表3　　个人所得税模式转换的过渡模式

普通所得（工资薪金所得）				专项所得
现行年应税所得（元）	现行适用税率	准多级综合所得税税率		
不超过18000	3%			
18000～54000	10%			
54000～108000	20%			
108000～420000	25%			应税所得为：股息红利所得；利息所得。适用税率为：20%
420000～660000	30%	420000～600000	30%	
660000～960000	35%	600000～960000	35%	
超过960000	45%	960000～1200000	40%	
		超过1200000	45%	

目前各税制度最突出的问题是财产税。财产税的突出问题是税种设置。税种设置的根据应当是财产形态。表4表明，财产税有实物形态与货币形态两种自然形态，同时有财产占用和财产转移两种经济形态。在财产占用方面，对土地和建筑物等实物形态不动产，应当分别征收土地税和房产税；对动产，应当区分户外动产和户内动产，对户外动产——交通工具和通信工具，应当征收交通工具税，包括按固定收益征收车船飞行器税，按变动收益征税能源消耗税，对户内动产，由于没有收益，应当不征税。同理，对货币形态财产，由于没有收益，也应当不征税。在财产有偿转移方面，对于实物形态不动产有偿转移，由于影响到经济稳定，为发挥税收调节作用，应当征收财产交易税，对于实物形态动产转移，由于不影响经济稳定，应当不征税。对于货币形态财产转移，由于影响经济稳定，应当发挥税收调节作用，征收金融交易税，包括证券交易税与货币交易税。在财产无偿转移领域，为发挥遗产继承制度的积极作用，限制遗产集中制度的消极作用，应当征收遗产税，为防止遗产税避税，应当同时征收赠与税。

表4　财产税税种设置

财产自然形态			财产经济形态			
			财产占用	财产转移		
				有偿转移	无偿转移	
					遗产继承	赠与
实物形态	不动产	土地	土地税	财产交易税	遗产税	赠与税
		建筑物	房产税			
	动产	户外动产	交通工具税 通讯工具税	—		
		户内动产	—	—		
货币形态			—	金融交易税		

（四）税收体制

税收体制是在中央与次中央或中央与地方之间划分税收立法、税收征收、税收收入的制度。表5表明，税收体制是由国家结构和政治体制决定的。一般而言，分权型复合制国家，在中央与次中央之间，税收立法、税收征收、税收收入是完全独立的；集权型复合制国家，中央在税收立法中发挥主导作用，地方在税收立法中发挥辅助作用，税收征收和税收收入基本上是完全独立的。分权型单一制国家，在税收立法方面，中央发挥决定性作用，地方发挥补充性作用，税收征收和税收收入基本上是独立的。集权型单一制国家，税收立法和税收征收由中央负责，税收收入在中央与地方之间进行划分。

表5　国家结构与政治体制对税收体制的决定作用

国家结构与政治体制			税收分级制度		
			税收立法	税收征收	税收收入
复合制国家	分权型	中央	中央立法	中央征收	中央收入
		次中央	次中央立法	次中央征收	次中央收入
	集权型	中央	中央主导立法	中央征收	中央收入
		次中央	次中央辅助立法	次中央征收	次中央收入

续表

国家结构与政治体制			税收分级制度		
			税收立法	税收征收	税收收入
单一制国家	分权型	中央	中央决定立法	中央征收	中央收入
		地方	地方补充立法	地方征收	地方收入
	集权型	中央	中央立法	中央征收	中央收入
		地方			地方收入

中国是一个单一制的国家，实行集权型政治体制。由这一国家结构和政治体制决定，税收立法只能由中央负责，税收征收也由中央负责，税收收入应当在中央与地方之间进行划分。在这里，迫切需要明确两个问题：

第一，中国是否应当建立独立的地方税体系？

首先，应当明确地方税的概念。准确地说，地方税是地方立法、地方征收、收入归地方的税。在我国，国务院明确按税种划分中央收入与地方收入。划归中央的收入主要是关税、消费税等；划归地方的收入主要是房地产税、车船税等；由中央与地方共享的税收主要有增值税、企业所得税、个人所得税等。按此规定，关税、消费税等应称为中央收入税，房地产税、车船税等应称为地方收入税，增值税、企业所得税、个人所得税等应称为中央与地方收入共享税。显然，中央收入税不等于中央税，地方收入税不等于地方税。原因在于：它们只是收入划分问题，不是立法划分和征收划分问题。其次，应当明确，在集权型单一制国家，地方是否可以具有独立的税收立法、税收征收和税收收入。简单的逻辑是：税权是财权的基础，财权是政权的基础。税权独立必然导致财权独立，财权独立必然导致政权独立。这与集权型单一制国家的国家结构和政治体制不相容。由此可以得出结论：中国可以有地方收入税，但不能有独立的地方税。

第二，中国是否需要确立地方税主体税种？

首先，在地方收入税的概念内，确定地方收入税的主体税种没有必要。这是因为：地方收入问题主要是收入总量问题，不是是否主要来自某个税种的问题。只要收入总量充分，无论来自哪个税种，都不影响地方执行职能。其次，在现行税制结构下，确定地方收入税的主体税种也没有可能。现阶段，中国实行商品税为主，主要税种是增值税和消费税。据测算，增值税和消费税在各省的分布极不均衡。全国

50%左右的增值税收入和消费税收入，只来自七八个省份。将增值税收入或消费税收入作为地方收入税主体税种，在各省之间会造成极大的不均衡。结论可能是：在中国现阶段，小税种可以全部作为地方收入税，大税种只能作为共享税。或者，将各个税种的收入总额在中央与地方之间按比例分成；或者，将每个税种的收入总额，分别按照一定比例在中央与地方之间划分。各省收入不均衡问题，主要靠转移支付来解决。

（五）税收法定

税收法定已经成为一项原则。对于什么是税收法定，人们的理解可能存在差异。为明确税收法定概念，需要明确以下问题：

第一，法律的概念。可以从两个方面理解法律。从实质上说，法律是人民意志和利益集中体现；从形式上说，法律是立法机关制定的规范性文件。

第二，税收法定的宗旨。从法律实质方面看，税收法定是为了防止政府肆意征税，侵害纳税人利益。这一命题的前提是政府利益与纳税人利益对立。由于政府利益与纳税人利益对立，所以政府有可能侵害纳税人利益。为防止政府侵害纳税人利益，所以要实行税收法定。从法律形式上来看，税收法定是防止行政机关制定税收法律。这一命题的前提是行政机关与立法机关对立。因为行政机关与立法机关对立，所以要防止行政机关立法，实行立法机关立法。

第三，授权立法是否合法？从法律实质看，它取决于政府利益和纳税人利益是否对立。如果政府利益和纳税人利益对立，则授权立法违法。如果政府利益和纳税人利益一致，则授权立法合法。从法律形式看，它取决于政府和立法机关是否对立。如果行政机关与立法机关对立，则授权立法违法。如果行政机关与立法机关一致，则授权立法合法。

第四，中国税收授权立法是否合法？从法律实质看，这取决于中国政府利益与纳税人利益是否对立。实际情况是，在中国，政府利益与企业个人利益是一致的，不存在政府为自身利益而侵害纳税人利益的必然性。就此而论，税收授权立法是合法的。从法律形式看，这取决于国务院利益与全国人大利益是否？实际情况是，国务院与全国人大都是中共中央领导下的政治组织。二者都要在中共中央的统一领导下开展工作，不存在国务院与全国人大各自为政的必然性。就此而论，税收授权立法是合法的。

由此得出的结论是，国务院税收立法与全国人大税收立法都具有合法性，都属于税收法定。从税收法定角度，不能完全排斥国务院税收立法，全部导向全国人大税收立法。

那么，究竟由国务院税收立法还是由全国人大税收立法？首先，要考虑立法事项的稳定性。我国正处于大变革时代。对于变动大的立法事项，可以实行国务院立法。对于相对稳定的立法事项，可以实行全国人大立法。其次，要考虑税收立法的科学性。一般而言，国务院立法始于职能部门立法，职能部门的专业性有利于保证税法的科学性。为提高税法科学性，职能部门必须按税种组成专家组，有部门外专家和职能部门专家共同制定立法草案。最后，在对外开放背景下，税收立法要尽可能接近多数国家惯例。为此，应当规范税收授权立法制度。第一，要按税种授权，不能全权授权。第二，在按税种授权过程中，要规定各种税征收对象范围和纳税人范围。

中国税收法治40年的基本经验

刘剑文*

2018年是中国改革开放40年。这40年是伟大的40年，是激荡的40年，也是我国社会经济生活发生翻天覆地的变化的40年，更是税收法治大发展的40年。我将这40年中国税收法治概括为四大趋势和六大经验。

一、中国税收法治的四大趋势

一是从内外有别到内外统一适用的税制。综观我国40年的历程，从改革开放初期一直到2011年之前，我们国家一直实行一个内外有别的税制，即对内一套税制，对外一套税制。改革开放之初，当时的企业所得税是内外有别，个人所得税也是内外有别，流转税也是内外有别，财产税也是内外有别。改革开放之初全国人大及其常委会制定了三部税收法律，但都是涉外税收法律，一部《中外合资经营企业所得税法》，一部《外国企业所得税》，还有一部《个人所得税法》。对内则是实行另一套区分所有制性质的内内有别的所得税制度。1994年税制改革解决了内内有别的企业所得税问题，即国营的、集体的、私营的都是实行统一的所得税制度。直到2007年才真正解决了企业所得税内外有别的问题，建立了统一的企业所得税。在流转税领域，1994年以前也是内外有别，1994年税制改革使内外资实行统一的流转税制度，即统一征收增值税、消费税和营业税。个人所得税方面，1994年以前是内外有别的，对外国人和港澳台同胞适用《个人所得税法》，对境内个人征收个人收入调节税和个体工商业户所得税，1993年底全国人大常委会修改了《个人所得税法》，对外国人和港澳台同胞，以及境内个人统一适用新的《个人所得税法》。财产税方面，一直到2011年制定《车船税法》以后，中国真正实现了内外税制

---

* 刘剑文，北京大学法学院教授、中国法学会财税法学研究会会长。

统一。

二是从行政思维到法治思维。我国以前的税制改革主要是靠行政主导，但是近些年，法治思维越来越浓。法治思维，一般包括合法性思维（改革合不合法）；权利义务思维（是否强调权利义务一致）；程序思维（是否依法来履行程序）；责任思维（是否强调法定责任的问题）。

三是从行政主导到税收法定。这40年我国强调制度建设，而这制度更多是以行政制度为主体的。在新时代，特别是2013年中共十八届三中全会明确提出“落实税收法定”原则以来。税收法定已经从学界走向高层，从高层走向民间，税收法定已经深入人心，这是我国社会一个很大的变化。

四是从税收法制到税收法治。税收法制和税收法治有什么不一样？税收法制更多强调制度建设问题，并不强调良法善治问题，而法治是强调良法善治。我国以前法制强调16个字：有法可依、有法必依、执法必严和违法必究；现在的法治也是强调16个字：科学立法、严格执法、公正施法和全民守法。这两者有重大的差别，因为前者更多强调制度，无论制度合不合理，必须要执行。而强调法治，是强调良法之治，即便有制度，制度不合理，也不能体现民众的意愿，也可以不执行。因此，我国这40年是了不起的40年。

二、中国税收法治的六大经验

一是中国税收法治始终强调党的领导。我国的立法、执法、司法都是强调党的领导。中国特色社会主义含三个特征，一是党的领导，二是人民当家作主，三是依法治国。我国税收法治进程中很多重大的决策，都是由党的纲领性文件先提出来，这跟西方国家的税收法治是完全不一样的。例如，2013年《中共中央关于全面深化改革若干重大问题的决定》中明确提出落实税收法定原则，2014年《中共中央关于全面推行依法治国的若干重大决定》中提出法治16字要求，而且强调全面推进依法治国，建立法治政府、法治国家、法治社会、法治经济四位一体。而我们讲的法治更多是强调规范政府的权利，保护纳税人的权利。我们说要“把权力关进制度的笼子”，在我看来，首先要把财权关进制度的笼子，这才能有效实现对纳税人的保护。因此，我国税收法治的最大亮点之一是党在领导。

再如，2015 年中央全面深化改革领导小组审议通过了关于《深化国税、地税征管体制改革方案》，明确提出：要设立税务合议庭审理税务案件。这是我国加强税收司法重要的纲领性的文件。因此，无论从改革开放之初还是到我国的发展，我国税收法治始终是在党的领导之下，这应该是一条重要的经验。

二是坚持改革与法治双轮驱动。坚持在法治中推进改革、改革中完善法治，使改革因法治而得到有效推进，使法治因改革而得到不断的完善。坚持改革决策与立法决策相统一。我国的改革，在过去相当长的一段时间里，由于认识的偏差，始终把改革和立法对立起来。党的十八届四中全会明确提出，改革要在法治的框架下进行。可以看出，在这样一个过程中，改革和法治联动性非常强。

1978 年改革开放首先从涉外立法开始，再到 1983 年、1984 年两步“利改税”期间的立法授权。1984 年全国人大常委会授权国务院关于工商税制改革可以制定暂行规定的决定，以及 1985 年全国人大授权国务院关于经济体制改革可以制定有关暂行规定的决定，推动了我国税收法律法规体系的建立。1984 年的授权决定是全国人大常委会作出的，其授权对象是针对税制改革，而 1985 年的授权决定是全国人大作出的，是针对整个改革，也就是说它也包含了财税体制，因此 1985 年的授权决定覆盖面是全方位的。但是我们可以看到，1984 年的授权决定在 2009 年被废止，废止的理由是 1985 年的授权决定已经包含了 1984 年的授权决定。但是 1985 年的决定到目前依然有效。然而，从 1985 年到现在的将近 40 年，我国在金融、外贸等很多领域已经制定法律了。因此在这一些领域实际上已经实现了制度的升级换代的问题，已经全部法律化。唯独剩下税制和财政领域，仍靠行政法规主导。可见，财税法的重要性，它对政府、对国家的重要性。因此，我们可以看到改革和法治是一个互动的过程。1985 年的全国人大授权决定至今仍有效，这也从侧面说明了我国落实税收法定原则之路仍旧漫长，仍需持续推进。

再到 2013 年，中共中央明确提出落实税收法定原则，我们可以看到税收立法的步伐在明显的加快，而且这个快可能超出我们的想象。2018 年有 5 个税种的法律已列入全国人大常委会审议的日程上，8 月，全国人大常委会审议了三个税种法，其中《个人所得税法》修改通过了。最近，财政部就印花税法草案和城市维护建设税法草案公开征求意见。前两天还专门召开了一个专家论证会，也有很多专家建议废止这两个税种。当然，废止这两个税种并不一定符合中国的实际。我们可以看到落实法定原则不仅强调形式法定，更强调实质法定，公平正义应在我国税收制度中得到充分的体现。

三是坚持顶层设计、科学布局与试点探索先行先试，强调科学立法、民主立法、以法立法。我们可以看到，无论是从1983年、1984年的两步“利改税”，还是1994年大规模的税制改革，以及新时代的税制改革，我国税收立法制度建设过程中，始终是强调顶层设计和先行先试的问题。

1983年、1984年“利改税”其实是一个试点，2011年在上海和重庆两地房产税的改革试点，以及2012年在上海开始的营改增都是称“试点”，可以看出，既要顶层设计科学布局，又有一个试点的探索先行先试的问题。在这过程中，特别是21世纪以来民主立法、科学立法得到不断的强化。令大家印象深刻的是，在2005年第一次召开的关于个人所得税费用减除标准全国性立法听证会，开创了新中国中央立法听证的先例，这也是民主立法的体现。到目前已形成制度，凡是涉及民生的法律，包括涉及税收、财政的立法，全国人大常委会是会公开征求意见的。最近，国务院也就一些税法草案征求意见，反映民情、民意、民慧、民智的问题，强调科学立法、民主立法，更好地反映民众的意愿。同时强调要依法立法，这是按照《立法法》的规定来立法，最近一些税种法立法草案中都有授权/备案的问题。但是很多学者依据《立法法》的规定，对国务院授权的规范性还是有一些意见和建议。授权立法是要严格按照《立法法》的规定。过去的做法是“一揽子”授权，现在是强调个案授权，而且有授权的时间规定，等等。

四是坚持税收法定，建立较完备的中国特色社会主义法治体系。我认为这不仅仅是法律体系，还是法治体系。这个法治体系既包括立法，也包括执法。在执法过程中，税务机关过去重管理，现在重服务，这就是一个观念的重大变化，立法就更不用说了。司法这一个大幕刚刚揭开，特别是近几年，学者对《税收征收管理法》第八十八条的两个前置提出批评意见，认为纳税人是“花钱买救济”。但是据了解，《税收征收管理法》修改草案对此的问题还是有一个较大的改革。此外，公民守法已经实现从义务观向权利观的转变。我们强调权利观也是为了让纳税人更好地履行纳税义务。这些变化是我国向法治国家大踏步前进的生动实例。

五是党规是法治体系的重要组成部分。在中国税收法治40年的法治体系中，还有一个很重要的内容，就是税收的党规体系。这是过去很多人没有考虑过的问题，因为中共十八届四中全会提出的法治包括党规这一部分，在税收领域里的党规不少，这也构成了我国的税收法治体系的一个重要的内容。

六是税法理论创新与制度创新的有机结合。理论引领制度、制度发展理论。近十年我国的税法理论发展非常快。例如，“税收是债”理论，“税收是债”是从宏观层面强调国家和纳税人对等的问题。我们在21世纪初传播并提出具有中国特色的“税收是债”理论时曾挨过很多批评，当时有一些媒体和期刊学者写文章批评“税收是债”的提法，但是这一番批评，也使这一理论很快让更多人接受，因为批评以后引起很多人的关注。我国法学界还提出纳税人权利的理论、财政控权理论、公共财产法、理财治国观、领域法等理论，这些理论是我国通过40年税收制度建设提炼出的理论。而这些理论又反过来要推进制度的发展，所以我们始终坚信“理论改变社会、思想构筑未来”。

中国税制40年发展的两条主线

朱 青*

中国改革开放40年的税制主要沿着两条脉络主线：一条是改革脉络，体现为中国税制不断地现代化；另一条是开放脉络，体现为中国税制不断地国际化。

一、从改革脉络看中国税制现代化

从改革的脉络看，税制的现代化主要表现为两个特点。第一个特点是税收中性。我们取消了一些古老的税种。20世纪80年代、90年代，我们还有很多古老的税种，包括屠宰税、集市交易税、农业税等，这些税种主要就是为了筹集收入，类似于英国当年的门窗税、烟囱税，后来随着人类经济的发展才有了个人所得税和企业所得税等税种。与此同时，我国建立了现代化税制。例如，增值税开征时有12档税率，1994年统一为17%，对农产品等实行一档13%的低税率。因为过去我国学习苏联的计划经济，分产品定税率。苏联当时的周转税有6000多个税率，有一种商品就有一个税率，税率调节价格、调节企业的经济行为，这是计划经济的做法。市场经济是让市场起决定性作用，所以增值税制要保持中性，原则上实行一档税率，考虑到一些农产品、生活必需品增设了13%的税率。因此，现代化税制有一个特点就是中性。税制现代化的第二个特点是公平。过去我国的税收是“内内有别”“内外有别”，过去我们的企业所得税，按所有制的性质，分为国营企业所得税、集体企业所得税、私营企业所得税、外资企业所得税等。后来逐步合并，先是1994年把内资企业所得税合并，2008年内外资企业所得税合并，还有车船税、房产税都从内外有别逐步统一，体现了公平。

* 朱青，中国人民大学财政金融学院教授。

二、从开放脉络看中国税制国际化

从开放的脉络看，是税制的不断国际化。中国开放第一个就是“利改税”，“利改税”是国际化的体现。因为当时中国经济主要是国有经济，对于国有经济能不能征所得税学术界有不同意见。此外，过去中国还有无税化的观点，即共产党执政不应有税。通过考察匈牙利税制情况发现，匈牙利有64个税种，而且匈牙利国有企业缴纳所得税。这种情况下，我国开始在1983年、1984年实施第一步“利改税”，这是国际化的一个成果体现。取消产品税改征增值税是第二个国际化改革。当时我国学习欧洲的税制，因此中国的税制是欧洲的模式，即增值税与消费税搭配。然而，当时还留了一个营业税的“尾巴”，后来进行了营改增改革。营改增当时的主要目的是理顺流转税制，后来2012年因经济增速下滑，我国才赋予了营改增只减不增的减税目标。

回顾40年税制改革，我国从一个古老的税制变成了一个现代化的税制，由一个封闭的税制变成了一个开放的税制。

新时代税收治理格局的重塑

李万甫*

沿着改革开放发展对新时代税收治理格局的影响这条主线，我个人有一点思考，与大家分享。立足从转变观念确立我们的研究视角，确定一种研究方向，提出几点税收治理格局构建研究当中或者是发展当中应该关注的几个问题。

一、政府与市场：税收治理基点选择

政府与市场关系是当代经济学研究的最核心的命题。中国40年的改革开放，从任何角度去梳理，都离不开政府与市场这一对关系、这一对矛盾，如何看待，如何破解，如何来找准政府在市场当中的定位，以及在改革当中和市场发展的历程中政府所发挥的作用。因此改革开放的逻辑主线始终沿着政府与市场关系的逐渐转换、逐渐变革和交错发展，这也构成了经济体制改革的核心。

对于政府与市场关系，中国与西方有很大的不同。西方市场经济的发展是一个市场经济自由、自然的发展，是内生市场自生发展的结果。在这样的基础之上，经济从自由竞争逐渐过渡到国家对市场经济的调控，包括第二次世界大战之后以美国为代表的需求侧管理。西方的市场经济相对比较健全，因此在市场出现问题、出现市场失灵和危机后政府再积极主动介入。中国市场经济的发展历程始终是在政府主导下推动的，实际上中国的改革开放是围绕着政府侧的改革在推进，通过政府的改革逐渐来培育市场，逐渐完善市场。以至到现在提出，发挥市场在资源配置当中的决定性作用和更好地发挥政府作用。

在政府与市场的关系中，税收是一个重要的纽带。税收内嵌于经济活动当中，它本身就是经济活动的有机组成部分，不能够单纯地把税收和经济活动割裂开来，

* 李万甫，国家税务总局税收科学研究所所长。

认为税收是一个楔子钉入市场。实际上，有市场、有经济活动的运行就有国家行为的存在，有国家行为就有税收的存在，税收与整个经济是融为一体的。税收是企业社会成本的一种补偿方式，企业能够盈利，能够稳定地经营需要国家的保护，国家本身不创造价值，国家保护的企业的资源供给必然来源于企业。这种来源内嵌于企业，企业活动的核算当中要考虑到国家这一因素，考虑国家因素就是考虑税收的因素。在当前我国的经济形势下，从税收对经济增长的激励作用来看，减税能够发挥一个助推的作用，有助于提振市场信心，有了投资的信心，市场交易活跃了，经济困难才能够逐渐得到缓解。因此在这方面，税费政策是经济运行的一个“风向标”，要把税费的政策体现为一种政府对经济运行的强有力的信号和导向。

理顺政府与市场的关系，才能够解决好精准施税问题。就是说，精准施税要把我们的税收政策的效能最大化，必须就市场发展需要什么样的政府，需要政府采取什么样的手段，以及对税收在这里面和其他手段如何结合这一系列问题有精准的判断。不能够单纯地为了减税而减税，而应该把整个政府的调控体系和手段结合起来，判断税收在这里面应该发挥什么样的作用。目前对于我国经济运行出现的下行压力，当下不同的人可能有不同的判断。实际上最主要的问题就是企业的融资难的问题，就是企业的资金链，特别是民营企业的资金链面临着很大的压力。如何解决企业资金链断裂、从而对经济产生巨大的负面影响的问题，应该成为关注的聚焦点。在这一些方面，税收应该在哪些领域、运用哪个税种、采取哪些减税方式上作出选择，有针对性地形成一种政策的合力，把整个市场信心调动起来，使整个企业面临的主要矛盾得到缓解，或在缓解的过程当中能够创造一个新的政策机制，这些问题值得思考。

因此，政府与市场是研究税收治理格局、研究未来新时代税收发展战略始终不能够回避的，应该选择以政府与市场作为一个永恒的视角去展开这一问题的探讨。

二、税收改革助力经济转型发展的历史追溯

整个中国经济转型发展主要是由计划经济向市场经济的发展和转型过渡，主要划分为1978年之前的计划经济、1978年开始的有计划的商品经济、1992年开始建立的社会主义市场经济体制、2002年之后开始的完善社会市场经济体制和2012年

发展新时代社会主义市场经济五个时间节点。改革开放后经济转型主要包括四个阶段，税收发展格局也紧紧围绕这一历史进程展开。

第一阶段为1978—1992年，有计划的商品经济时期。改革开放初期，在其他法律制度很不健全的状况下首先在吸引外资对外开放的领域创设了三部涉外税法。因为开放必须要有法律制度来明确外来投资企业和个人的权益，核心的是税收权益，这一阶段的改革观念归纳为税收服务于开放的税收治理观。当时对于税收还是有一些排斥的，非税论思想还未根除，但首先对外资破例，成为弥补当初投资环境不足的很重要的改革举措。20世纪80年代有计划的商品经济时代，是“摸着石头过河”，改革开放前行的方向是什么尚不明晰。在这转换的过程当中，税收取得了重大的改革性突破，即第二步“利改税”及工商税制改革。国有企业和其他企业都是市场主体，应该有经营就要交税，这一改革对我们税收制度的发展具有奠基性的作用。应该说，没有1984年的税制改革就没有我国现在的税制，因此我国现在的税制的基本格局还在很大程度上从1984年的税制改革当中找到影子。

第二阶段为1992—2002年，建立社会主义市场经济时期。在提出建立社会主义市场经济以后，整个市场化探索的改革才最终确立，改革的方向是建立社会主义市场经济。在建立社会主义市场经济过程中，1994年进行了一系列的税制改革。1994年新型流转税的确立标志着我国真正实现了以货物和劳务税以及所得税双主体的税制结构模式，在这基础上进一步推动了分税制的建立。推动分税制改革并不仅仅是一个经济方面的考量，它具有很强的政治色彩，进一步强化了中央集权制度的管理，打破原有的在改革探索中出现的市场分割和“诸侯经济”，以及中央财政拮据、地方财政相对结余、中央向地方借款等格局。

第三阶段为2002—2012年，完善社会主义市场经济时期。完善社会主义市场经济主要还是在党的十六大之后。伴随着我国加入世贸组织，伴随着我国经济在快速发展过程中依靠人口和资源的开发利用，推动了我国社会主义市场经济的逐步完善。在这期间，有标志性的是党的十六大提出的“简税制、宽税基、低税率、严征管”，虽然这一期间并没有启动较大规模的税制改革，但对目前的税收治理格局也产生过重大影响。

第四阶段为2012年以后进入的新时代。在很多场合、很多重要的会议党中央都提出了一系列的税收方面的科学论断和政策主张，直接引领了未来税收改革的方向。

包括“6+1”税改、健全地方税体系、落实税收法定原则，以及提出的进一步增强税收在国家治理中基础性、支柱性和保障性作用等。新的“三性”的创设引发我们开启未来税收治理改革发展的一个新思路。其中重要的一点是税收的定位，税收不但是财政的手段和经济的重要组成部分，也是一种法治的手段，更是治国理政的支柱。

三、减税降费——新时代税收治理主基调

首先，新时代所面临的经济发展的一个阶段性的特征，主要包括以下几个方面：基本矛盾发生了转化，从生产力落后到目前的不平衡不充分的问题；管理模式的转换，由原来的需求侧管理向供给侧管理；发展动能的转换，由原来的人口红利和资源红利向创新驱动的转变；发展速度转档，由高速增长转向高质量发展；对外开放格局转向，由“请进来”到“走出去”；发展助力转变，地方政府主导到中央顶层设计。改革开放发展过程中我们取得了令人瞩目的成绩，这与地方政府对经济发展强有力的推动作用分不开。虽然目前很多问题源于地方政府，但目前怎么解开当前发展当中某一些困惑和下行的压力，还要充分调动地方政府的积极性。

在这样一个形势判断下，新时代，减税降费是一个基本的路径选择。党的十八大以来，我们持续推出了一系列的减税降费政策，也产生了强大的助力效应，在当时经济下行压力较大的情况下对经济的企稳回升起到了一定的帮助和助力作用。没有这样一个持续的减税降费的政策助力，我国经济运行的压力可能会更大，因此应客观地看待、评价党的十八大以来减税降费政策。目前来看，加大减税降费的力度已经成为社会的共识，公众乃至决策层已经给予了充分的认同。下一步的问题不是该不该做，而是如何来做才能达到更好的效果。

与此同时，要腾出更大的减税空间。大规模减税带来的财政压力，需要通过什么来弥补？这是财政的根本问题。在保障赤字率3%基本不变或不大幅度提高的前提下，可以依靠的手段主要为压缩财政支出规模，提高支出效率。在减少财政支出的同时，进一步缩减政府性的直接补贴及一些部门的资金扶持。财政补贴和部门资金扶持最终都来源于税收，税收从企业收上来之后通过资金安排转移到各个部门，又由各个部门向企业发放，这一资金运动带来了效率损失。此外，实施减税的过程

应考虑地方政府的财力支撑能力，目前地方政府受到债务等的约束和影响，地方政府的财政保障需要给予充分的考量，因为大规模减税中，增值税、企业所得税和个人所得税为共享税，减少中央收入的同时也会减少地方收入，其他归属地方的税种占比很小，地方政府在财政压力较大的情况下再减税，转移支付能不能到位，这是一个重要的考虑。

打好减税降费的“组合拳”，就是减税方式如何选择，是普惠式还是特惠式，是要减直接税还是间接税，减中央税还是地方税，静态减税还是动态减税。一般的减税，包括减税率、减税基、减税额，都是一种静态性的减税。但是增值税减税和以往其他税种的减税的机制是不一样的。增值税的减税是动态性减税，也就是说，确立了降低增值税的税率可能普遍受益，但是也不否认受制于上下游交易环节及供求关系的影响，无法切实达到减税的目的，这也是一些人对营改增试点改革的红利表示质疑的很重要原因。可见减税实现的幅度、程度可能因减税方式的选择存在差别，当然也有一个核算体系和方法的问题。但是无论如何，增值税降低税率实现减税对每一个企业的效果是不一样的，是一种动态性的减税。

实施精准的减税策略。其中最主要的是，此次减税的核心政策的释放是按照一般化的政策性安排来实施减税，还是推出统一的改革性行动。这就涉及未来减税降费的格局和整个税收治理的发展方向，也就是说在现有税收体制框架下通过调整政策来释放减税的红利，还是在释放“减税红利”目标下以减税为核心推进税收体系、税收治理格局的重新塑造。目前对于减税已形成这样一个共识，这恰恰是进一步推进税收体系、税收治理格局进行重新塑造的很重要的一个时机和节点，即不单纯是为达到减税让利的目的，同时要借机把税收治理的关系、税收分配当中一些矛盾和问题通过改革加以顺畅地解决。

四、强国路上的税收治理格局重塑

在塑造税收治理格局过程中，以下几个方面的问题需要着重考量：

一是加快税收治理理论的创新。中国特色社会主义税收治理理论需要进一步强化，形成我国具有本土化色彩的税收治理理论。因为中国市场经济的发展和西方并不完全相同，在这样的环境和体制下，税收理论的创新突破和发展对未来的税收改革的走向产生将产生重大的影响。

二是强化税制结构优化选择。主要为解决提高直接税的比重问题。提高直接税的比重通过怎么样的路径去实现，采取一种什么样的方式，仍是当前的一个困惑，即当前的减税降费和提高直接税的比重如何权衡、怎么去进行把握。

三是切实落实税收法定原则。税收法定的基本要义应该写入宪法，包括法定的原则和法定的内涵，不能仅在《立法法》里面体现。《立法法》解决的只是立法环节的内容，宪法是所有法律运行环节都必须遵循的法律规范。

四是全面提高税收征管的质效。一个方面要进行《税收征收管理法》的修订。《税收征收管理法》已多年没有进行过大范围修订，十几年来形势已经发生很大变化，包括数字经济发展对税收征管带来了很大的冲击。制度设计应充分体现新经济和数字经济发展的需要，并将大数据和征管信息化包含其中。

五是着力提升国际税收规则话语权。我国在国际税收规则领域已由被动的遵从发展为主动参与，未来的国际税收规则话语权的提升不能只在OECD范围，应该更多地放到G20的框架下。因为OECD还是发达国家主导的规则体系，G20才有机地融合了新兴经济体。未来有关数字经济税收国际规则的制定，不能完全依赖于OECD，应该纳入G20的框架下。中国是数字经济的发展大国，在G20框架下有利于提升我国的国际税收话语权。

中国社会经济转型与财政改革

马海涛*

总结税收改革40年所要达到的目的主要包括三个方面：一是梳理40年改革的基本轨迹；二是总结40年改革的基本经验；三是探究40年改革的基本规律。就我目前接触的文献来看，更多的是梳理方面的内容，因此我们还需要去挖掘改革不同阶段背后深层的社会经济背景，以及改革措施所取得的成效。对40年的税收发展可以从不同的维度划分阶段。实际上，40年正好是4个阶段，每10年一个阶段。

一、税收改革40年总结

第一个阶段是分配关系的调整阶段。1978年的改革开放以分配领域的改革作为突破口。如安徽省凤阳县花鼓乡小岗村将土地分配到各户，即后来所称的包产到户、包干到户，也即联产承包责任制。很多人都认为分田到户是农业生产方式的改变，由过去的集体劳动到现在的个人、家庭劳动。我则认为它是对分配关系的理顺。过去讲的“靠山吃山靠水吃水”，但是种地的农民却没有粮食吃，原因是分配机制出了问题，干多干少一个样，干好干坏也是一样。基于这个原因，我国开始实行联产承包责任制，即在保证向国家上缴一定比例公粮的前提下，自己支配剩余的粮食，甚至可以拿到市场上买卖。这是理顺分配关系中非常重要的一点。在农村实施承包制后，20世纪80年代初，城市也开始效仿。城市中第一家实施承包制的企业在河北省石家庄市。在对这一濒临破产的造纸厂采取承包制后，该厂扭亏为盈，这也是一个分配关系的改革。在农村和城市纷纷采取承包制后，财政也由统收统支的财政体制向统一领导、分级管理转变。真正的统收统支的财政体制出现了一些问题，因此，我们开始探索向分级管理转变。基于此，1980年，中国在财政上也实行了承

* 马海涛，中央财经大学副校长、教授。

包、包干制，划分收支，分级包干。1985年，划分税种，核定收支，分级包干。到1988年建立起大包干体制。基于这个层面，中国的改革以分配关系的选择为突破口。在这个阶段中，两步“利改税”是税收制度改革进程中的重大历史事件，是具有划时代意义的改革。“利改税”划时代的意义在于，一方面，它突破了理论上的禁区，由税收无用论转向税收流动论；另一方面，它通过所得税法律刚性制度解决了利润上缴这一扭曲的分配关系，用所得税来规范政府和企业。尽管“利改税”的方案设计存在一定的问题，但是并不影响其功绩。

第二个阶段是1994年市场经济体制的确立阶段，这个阶段实际上从1992年已经开始。在确立社会主义市场经济体制的过程中，中国经历了艰难的探索阶段，对有计划的商品经济以谁为主的问题争执不下。最终，邓小平同志在“南方谈话”中对此盖棺定论，最终确立了社会主义市场经济体制。要确立社会主义经济体制，应当解决两个问题：一是要形成全国统一的市场；二是要形成公平竞争的环境。这两个方面对财税体制改革提出了新的要求。首先，在1994年改革之前，中国面临的最大问题是地方经济和割据经济问题。割据经济的存在原因很复杂，跟我们的包干体制不无关系。为了形成全国统一的市场，必须打破这一格局，因此要对体制进行改革。1984年，两步“利改税”形成了内外有别的局面，甚至产生了内部企业公有制程度越高税负越重的问题，不利于公平竞争。因此，1994年，我们提出统一税法、公平税负、简化税制、合理分权的改革原则。我认为，这次改革是迄今为止最彻底、最全面的一次改革。这次改革中我们建立了适应社会主义市场经济体制的税收制度体系。众所周知，1994年的中国不仅要解决统一市场的问题，还面临着走出财政困境的问题。财政收入占GDP比重最低时低至10.6%。出现这一问题的原因，一是存在大量的减免税，二是国民收入分配制度混乱，存在大量制度外、预算外收入。因此财政集中度很低。此外，1993年中央财政收入占全国财政收入只有20万元。因此，1994年的分税制改革与走出财政困境有很大的关系。与此同时，1994年的改革还面临国际政治格局变化的问题。苏联裂变以及东欧剧变，一夜之间，苏联解体，东欧离开社会主义阵营。这一改变有多方面原因，其中一个就是中央政府的权威、控制力问题。因此，我认为，在税制改革历程中，1994年的改革具有里程碑的意义。1994年改革后，又面临财税改革的新问题，即财政收入作了相应调整，但支出没有调整。支出结构、支出规模尤其是结构问题仍然突出。基于此，1998年，提出公共财政。事实上，公共财政的提出就是中国财政由生产建设性财政向公共领域的转型，即从以自家之财办自家之事转向聚众人之财办众人之事。此外，还有财政政策的调整问题，由过去的区别对待转向普惠。收入、支出都进行了优化，紧接着是如何合理安排支出的问题。因此，2000年提出公共预算改革，从部门预算、国库集中收付、政府采购收支两条线、财政信息化的建设，到全口径预算。

第三个阶段是市场经济的完善阶段。党的十六届三中全会提出完善社会主义市场经济体制的决定，并提出“五个统筹”和建设社会主义和谐社会。在这一框架体系之中，除了继续进行公共财政改革，我们又提出了“简税制、宽税基、低税率、严征管”（又称“12+8”）的税制改革方案。回顾1984年、1994年、2004年这三个不同阶段的改革，可以看出，1984主要解决政府和企业的分配关系问题，1994年的改革主要解决中央和地方的分配问题，2004年的改革主要解决政府和市场、政府和社会的关系问题。

第四个阶段从2014年开始。2014年，党的十八届三中全会特别提出财政是国家的治理基础和重要支柱，关系到国家的长治久安。2014年的改革方案可以归纳为六句话24个字，包括完善立法（把立法放在首位）、明确事权、改革税制、稳定税负、透明预算、提高效率。

二、中国40年财税改革的经验

第一条改革经验是坚持中国特色社会主义理论的指导。党的十一届三中全会、十四届三中全会、十六届三中全会和十八届三中全会是每一次改革的重大节点。其中，党的十一届三中全会确定了改革开放，十四届三中全会确立了社会主义市场经济体制，十六届三中全会在此基础上作了完善，党的十八届三中全会则讨论了国家治理现代化的问题。这些理论是指导我国进行财税改革的重要基础。

第二条改革经验是财税改革，牵一发而动全身，甚至可以称为“四两拨千斤”。从1978年的改革开放开始，40年来，在每一次重大的社会经济改革中，财税改革均扮演先行军的角色，是改革的突破口，发挥基础性、制度性和保障性的作用。著名财经专家吴晓波写过一本书，名为《历代经济变革得失》，从商鞅变法写到朱镕基的改革。通过这本书，我发现中国古代的每一次重大改革都离不开财税的改革。从唐朝的“两税法”、明朝的“一条鞭法”、清朝的“摊丁入亩”，到戊戌变法时期光绪皇帝下的国定诏书，都包含了改革财政的内容。财税改革地位突出，并不意味着这项改革可以单独进行。我认为财税改革既应起到引领的作用，同时又要和其他领域的改革统筹兼顾、协同推进。财税改革和其他改革应当配合呼应。

第三条改革经验是中国40年的财税改革并不是“疾风暴雨”、一步到位式的改革，而是由粗到细的逐步深化。因此，我们很多方面的改革都是阶段性的。就像建造大楼一样，由地基建设到主体构建到分步建设最终到细节的完善，最终形成一个完善的建筑物。

第四条改革经验极具中国特色，即坚持试点先行、逐步推广。很多改革都是如此，先进行试点，通过试点总结经验，甚至总结教训，然后逐步完善，最后加以推广。不论是两步“利改税”，分税制体制改革，营改增，还是增值税转型，都经历了诸多试点才加以推广。之所以进行试点，可能涉及两点原因。一是改革是无法复制的，不可能把别人的经验直接拿来用。二是从改革的含义出发，改革是一个利益、权利调整的问题，要保持改革的稳定性、渐进性，尤其应当降低改革的风险。因此，有必要先试点再推广。几年前我参加一个会议，一位美国教授总结我们的改革特点，除了先试点后推广外，还有先农村后城市、先沿海后内地、先经济改革再触动行政体制乃至于政治体制改革等特点。

第五条改革经验，我仍存有疑问，中国的改革是集权化改革还是分权化的改革?有人认为是分权化改革，有人则认为当前愈发集权化，尤其对分税制体制存在很多诟病。我认为中国40年的改革中，并没有考虑集权或者分权，而是在寻求集权和分权的均衡。例如在20世纪50年代初，为了解决大一统的体制，调动地方的积极性，设立了预算外资金。预算外资金就是由各部门、各单位自收自支自行安排使用的财政性资金。置于预算外是为了让地方因地制宜解决自己的问题，属于分权。然而，该制度发展到后期开始失控，出现乱摊派、乱收费的问题，预算外资金大于预算内甚至出现了“预算外的预算外”，造成国民收入分配秩序混乱。因此，2004年，我国开始实施非税收入管理。根据预算法的规定，政府所有的收入和支出都要进行预算，预算外告别了中国的历史舞台。由分权到集中，归根结底我们追求的是分权和集权的均衡。

第六条改革经验是中国财税改革与市场化改革同步。我认为，不仅仅和市场化改革同步，中国的财税改革尤其是财政改革同时还应把市场化因素引入其中。例如，政府采购制度就是把市场竞争机制引入政府公共产品的提供，包括 BOT 以及现在热炒的 PPP 等都是如此。

第七条改革经验是财税改革与法治化建设同步。近几年来，从税收法定的逐步规范到现今大规模的法治建设，可以看出我国的法治意识越来越强。我认为 2014 年预算法的颁布是法治意识逐步强化的最大标志。2014 年 8 月 31 日，全国人大常委会通过新的预算法，该预算法修订了 10 年，历经三届人大四次审议。这部法律最大的改变是第一条。第一条作为全法的统领和立法宗旨，规定预算法由过去的管理法变为现在的控权法。如果没有这项改变，就没有后续的其他改革。

第八条改革经验是财税改革与国际化同步。虽然我们坚持以中国特色社会主义理论作为指导，但我们的改革不是封闭的，我们也会借鉴国际的经验。众所周知，对于每一次重大改革，我们都会召开多次国际研讨会，分税制改革和政府采购法的出台均是如此。在很多项目的研究上，我们既借鉴他国的经验，也在国际规则框架下推行中国的改革，与国际规则接轨。此外，我们在国际上发挥着大国财政的作用。一方面，我们越来越多地承担国际公共产品的提供；另一方面，我们在国际税收上的话语权、规则上的制定权越来越大。

企业税收改革助力企业发展40年

刘　戬*

一、国家税收环境改善40年

（一）持续改善国内税收政策环境

改革开放以来，国内的税收政策环境不断改善，其中1994年的改革是最彻底、最全面的。目前，税收政策的持续改革以及税收立法全面推进将进一步改善我国税收政策环境。国家在研发、科技、西部大开发、经济特区、“走出去”等方面的税收优惠政策，对企业的发展起到了很大的支持作用。例如，研发费用加计扣除支持了企业内部研发体系的建立和技术能力的提升；科技企业的优惠税率支持了科技企业的发展；西部大开发税收优惠支持了西部地区企业的发展。

（二）持续改善国内税收征管环境

众所周知，税务机关在征管环境方面做了很多改善。其实，中国在税收征管方面的改革是最多的，成效有目共睹。然而，因为中国的税收立法还没有完成，税收法典还没有建立，税收优惠较多，给税收征管增加了很大的难度。

（三）从国际比较看税收环境变化

根据普华永道和世界银行2018年10月31日联合发布的《世界纳税指数报告（2019）》《全球营商环境报告（2019）》：营商环境从2005年的93位到2017年的46位，进步47位；纳税指数从2005—2017年提高了69位；纳税次数从

* 刘戬，国际商会税收委员会亚洲特使、中国国家委员会税收委员会执行主席。

2005—2017年的排名进步了89位；纳税小时从2005—2017年排名进步了114位，这都是了不起的。总税率和社会缴纳费率（占利润%）从2005年的166位到2017年的175位，有一些退步。但是中国的情况比较复杂，例如石油企业的特别收益金实际上是一种超额利润所得税，却放在税前征收，如果放在税后征收情况就大不相同。

（四）全面参与国际税收规则的改革

1978年前中国几乎没有参与国际税收规则的制定，现在中国基本上全面参与了国际税收规则的制定，例如中国是BEPS框架的副主席。BEPS行动计划，主要是通过对转让定价的管理来规范跨国企业的纳税遵从。跨国企业目前都在编制转让定价同期资料包括国别报告。中国政府也在最大程度上维护中国企业的利益。这也是我加入国际商会税收委员会的一个原因，主要是把中国企业对改善国际税制的一些意见和建议通过国际商会这个平台反映到国际税收规则建设中。

同时，联合国、OECD、国际海关组织等机构，都发布了转让定价指引、金融账户涉税信息自动交换标准，等等，整体上来说中国的参与度是很高的。根据IBFD的统计，目前各种税收协定已经达到了4600多个，税收议定书8000多个。其中，中国目前签署了111个税收协定，也有一些税收议定书。总之，中国积极参与了国际税收规则的改革与改善。

国家税务总局发布了81份《国别投资税收指南》，使得企业“走出去”的税收风险降低了很多，减少了盲目性，具有一定的指导作用。与《国别投资税收指南》相结合，国家税务总局还发布了《“走出去”税收指引》。同时，税务总局也开设了12366双语纳税服务专线，这对外国企业走进中国是一个很大的帮助。从纳税人的角度来看，中国的税收环境在改革开放40年以来发生了天翻地覆的变化。

二、企业持续发展壮大40年

（一）税制改革促进行业发展

改革开放40年更是税制改革支持企业持续发展壮大的40年。中国从1978年的世界第九大经济体，到现在已经成为世界第二大经济体。以中国石油行业的发展为例，1978 年中国石油产量 1.04 亿吨，2017 年达到了 1.92 亿吨，几乎翻了一倍。1978 年中国天然气产量 137 亿立方米，2017 年达到了 1490 亿立方米，增长 10 多倍。1978 年中国的油气管道是 8300 公里，2017 年达到了 12.38 万公里。综上，整个行业各方面的增长都很快，这与不断完善的税制环境有一定的关系。

（二）企业不断做大做强

1978 年，中国只有一个中石油；到 2017 年，中国有了“四桶油”：中石油、中石化、中海油以及延长石油。这四家石油企业都是世界 500 强，也都是跨国企业。而且，在世界 500 强中排名都很靠前，中石化、中石油是前三、四名，这与不断完善的税制环境是分不开的。1978 年，中国没有一家民营企业；而 2017 年，世界 500 强中有 120 家中国企业，其中至少 25 家民营企业。2017 年，中国有民营企业 2726 万家。国际商会在法国注册距今已经 99 年，其 600 多万企业会员分布在全世界 130 个国家，其中绝大多数都是民营企业。中国民营企业对中国经济的贡献现在已大于 50%。

三、税收环境改善永远在路上

（一）税收环境的改善仍在路上

总体来说，税收制度是世界各国经济发展的基本制度，完善的税收制度既能够支持世界经济的发展，又能够促进社会和谐。中国税收改革持续 40 年，强力助推了企业 40 年的发展，但是税收环境的改善还是永远在路上。以税收法定为例，中国宪法中关于税收法定的内容还没有明确，但是世界上很多国家的宪法不仅明确了税收法定，还包括了负面清单等内容。所以我国在宪法、立法、执法和司法层面还需要进行完善。

目前在中国，企业的税收争议只能通过税务局和财政部各级沟通解决，大企业和税务局、财政部的沟通还是顺畅的。不过大企业有专业的团队，而中小企业的沟通就比较困难，从中也能折射出税收法定需要改善的问题。

（二）税收环境改善的期望

首先，希望对于企业在境外取得的所得采取免税法。美国本次税改也对企业取得境外所得实行了免税法。目前我国对境外所得实行的抵免法比较复杂并且税收饶让也无法实现，严重影响了企业争取境外所得税收利益的积极性。而免税法简单易行，能够更好地支持企业“走出去”。

其次，希望允许子公司合并纳税。子公司合并纳税是OECD成员的普遍做法，当一个投资者所属的企业不会因为投资方式的变化而影响其税负，进而支持企业扩大投资。同时也希望能够解决增值税留抵税额问题，中国企业增值税留抵额度很大，实际上是政府占用了企业的经营资金，影响了企业发展，应该彻底解决。

最后，希望能够建立大企业的税收征管体系。中石油几年前做过一次模糊的统计，其各级企业在国内大概需要面对9600个税务机构。中石油在75个国家缴税，在大多数国家税收征管与税收归属没有必然联系，因此只需和一个税务机构沟通并缴纳税款，政府按一定的规则将税款在政府间进行分配。税款的分配与企业无关，企业只要足额缴纳了税款就会得到各级政府的尊重。由此建议我国要建立大企业税收征管体系，税收征管与归属脱钩、税收归属与所有制脱钩。例如，有十几家股份公司的所得税权归中央，但是在地方就会有不同的声音。目前我国还在简化税制，简化税制能够促进经济发展，社会和谐。

我在石油企业中从事了40多年的财务税收工作，同时也在国外工作10年，因而和税务机构沟通交流比较多。最后的三年，我在国际商会税收委员会专门从事企业界的税收环境改善意见的整理集成工作。2018年国际商会发布了一个税收宪章，该税收宪章从税收合作遵从和税收征管的改进，为改善世界和各国税收环境，建立纳税人和政府的互信，从公平公正、非歧视、法治、确定性、合理的合规负担、隐私、效率和代表等八个方面，对纳税人和税收征管机关提出了一些应该遵守的基本要求和一些期望。当然，确定性是对税务机关的要求，纳税人希望税法保持稳定。税收政策的稳定并不仅是税收征管能确定的，它是由政策制定者、立法者和征管者三个方面结合而成，需要共同努力。

在企业和税务机关宣传税收宪章也是我的职责，今天我仅作个简要宣传，在国际商会网站有完整的英语版，我的PPT也把国际商会的税收宪章作为附件，欢迎大家学习了解。期盼中国税收法定得以实现，能够在2020年见证中国的税收法典的颁布。除了对境外所得实行免税法，建立大企业税收征管体系，对子公司合并纳税，我们还希望看见纳税人和税收征管机构在实质上更加平等。

四、企业税收管理者的梦想

（一）小梦想

国际商会的税收宪章得到落实，税收征管者和纳税人共同努力；中国税收法定得以实现，包括宪法、立法、执法、司法；中国大企业税收征管体系建立，支持中国企业更好地做大做强实现高质量发展；企业境外所得实行免税法，进一步的支持中国企业“走出去”，提升中国企业在国际市场的竞争力；子公司可以合并纳税，对投资者不因商务模式和公司形式的选择而在税收上差别对待；纳税人和征管者实现实质上的平等。

（二）大梦想

稳定、透明、公平的税收政策支持经济持续发展和社会和谐。税收制度是国家经济发展的基本制度，是国家非常重要的一项基本建设，盼望中国税收制度竞争力在世界领先。

简洁、公正、互信的税收征管支持依法纳税和杜绝偷税漏税。税收征管应该严格执行税收政策法规，不能因企业的所有制不同而不同，不能因行业的不同而不同，不能因企业规模的不同而不同。

完整、友好、实时的税收系统支持诚信报税和杜绝虚假报税。目前已经有了大数据、区块链、云计算、智能机器人的现代技术支持，在这种情况下，国家税收征管应该智能化和数字化。税收征管不能落后于时代，甚至应尽可能地提前一些，至少税收征管现代化能够达到目前技术水平。现代的纳税人应该是透明的经济人，我认为每个人每个企业都有自己的技术、专利、知识产权或商务模式等的隐私，但是作为市场中的经济人和纳税人在现代的信息化技术下应该是透明的，虚假报税偷税漏税应该消除。

世界税收网站。BEPS行动计划要求跨国公司按确定的标准准备转让定价同期资料，包括主体文档、本地文档和国别报告等，以提高跨国企业的税收遵从透明度加强对跨国公司转让定价的监管，以实现对跨国公司的利润在经济业务发生地和价值创造地征税。但跨国公司要熟悉经营所在国完整的税法和所签署的税收协定和议定书很难。建议联合国或OECD发起建立一个世界税收网站，各国生效的税收法典和税收协定、议定书，有责任和义务在世界税收网站以本国语言以及联合国六种语言予以公布，也为世界税收环境的透明度做出贡献。

世界税收总协定。世界税收规则是世界经济发展的最基本制度，目前世界在税收规则方面的合作远远不够，没有能够很好地支持世界经济的健康可持续发展。据IBFD资料，世界上现有双边税收协定和议定书12000多个，如果各个税务当局相互都完成税收协定的签署，协定数目还要成倍增加，这增加了跨国公司的负担。而且政府间的有害税收竞争不仅没能消除还有可能增加，跨国企业面临的税收环境更加复杂，遵从成本不断提升，这些都不利于世界经济发展。BEPS项目试图在改善对跨国公司的税收征管，然而并没有改善国际税收政策和规则，如果G20能够牵头委托OECD和联合国起草一份世界税收总协定，明确国际税收规则，净化世界税收环境，消除政府间有害税收实践。经过充分协商后签署，世界经济会发展得更好，各国经济也会发展得更好。

世界税收组织。目前，OECD、联合国、世界银行以及国际货币基金组织，已经建立了一个国际税收规则的合作平台，但合作的深度和力度远远不够，还不能满足世界经济发展的需要。世界税收合作水平是否应该提升？是否应该把这些力量进行整合？在这里我也有一个畅想，世界税收政策和规则作为世界经济发展和社会和谐的基本制度，对世界经济发展和各国经济发展都很重要，应得到各国政府的充分认识与高度重视，协商成立世界税收组织，以维护世界税收网站，维护世界税收总协定的执行，持续研究改善世界政策和规则，为世界经济发展服务。

个人所得税：开启税制改革新征程

李旭红*

2018年，《中华人民共和国个人所得税法》完成了第七次修订，个人所得税改革随之开启了税制改革新征程。

一、改革开放历程回顾

关于改革开放40年，如果从开放的角度梳理40年改革开放在税制方面前进的步伐，税制改革可以分为四大阶段。

第一阶段是“利改税”，确立了市场经济环境。在开放、健全的经济环境下，货物资本与劳动力可以实现自由流动。

第二阶段是实行“双轨制”差别税制阶段。现在我们可能认为这种差异性对国内企业不公平，但其在当时具有积极意义。正是由于税制的这种差异性，在吸引外资，带来技术与资本等方面发挥了关键性作用，中国经济因此高速增长。

第三阶段是加入世界贸易组织后，中国遵从国际秩序，经济更为开放。中国不再给外资企业超国民待遇，内外资企业可以在税制统一的背景下公平竞争。

第四个阶段是中国进入建立现代税制阶段。在建立现代税制阶段，我认为有三个问题需要解决。一是减税与财政收入的可持续性。在中国、美国等很多主流国家大范围推动减税的背景下，很多国家也同时面临财政可持续的问题。二是现代税制的设计需要与国际税制规则协调适应。例如有害税收实践，即BEPS第5项行动计划，虽然我国已通过同行审议保留对高新技术企业15%的优惠税率，但是在未来税制的设计上，不能忽视国际税收规则的约束。三是未来的税制要考虑到数字经济的挑战。随着数字经济的发展，全球的经济规则都在面临挑战。我们可以看到数字经

* 李旭红，北京国家会计学院财税政策与应用研究所所长、教授。

济的初期阶段为电子商务，接着是“互联网+”，之后到达高级阶段的数字经济。2018 年1—10 月，我国的消费增长为9%左右，但网上交易量增长速度已超过22%，我国数字经济快速发展，现代税制的设计无法忽视这种结构性的转变。同时包括区块链在内的很多新技术都会对税制有全新的要求。例如企业经常探讨资金流、票流、信息流和物流之间不能统一所带来的各种税务风险，而区块链的防伪特点可以解决在传统模式下无法突破的问题。

二、2018 年个人所得税改革

个人所得税改革的四个阶段也可以按照改革开放的步伐进行相应的梳理。

最初的阶段，我国收入水平较低，没有达到纳税的要求。改革开放后，随着外籍人员的到来和国民收入的增加，我国开始征收个人所得税。基于差异性来吸引劳动力、资本与技术，我国实行内外有别的税制。第二阶段，我国在加入世贸组织之后，税制逐步走向统一。第三阶段，即 2005—2011 年，是税制完善的阶段，包括利息税的调整，基本生计费用扣除的调整等。从 2012 年开始，中国进入新税制改革阶段，改革主要围绕如何建立现代税制展开。

在建立现代税制阶段，我国完成了《中华人民共和国个人所得税法》的第七次修订，这是税制改革上的一次历史性突破。个人所得税改革有以下 4 个亮点：

第一个亮点是由分类计征转为分类与综合相结合的模式，模式的转变本质上是解决对劳动征税与对资本利得征税的问题。税收用综合所得的方式解决对劳动征税问题，降低了大量中低收入人群的税负；用分类计征的方式解决对资本利得征税问题，资本利得征税基本维持不变，在减税背景下我们没有排斥资本。通过研究世界一些主要国家 2018 年的个人所得税改革趋势，我们发现对于资本利得征税各个国家做法不同。有的国家税改的目标主要在吸引资本回流，我国也需要吸引充足的资本等要素。

第二个亮点是提高基本扣除标准，优化调整税率结构。之前，大家的关注点在于减除费用标准，但我们更应聚焦在税率结构的优化。这次主要通过级距优化来优化税率结构。本次主要对中低收入人群进行减税，对于中高收入人群，税率变化不大。

第三个亮点是专项附加扣除，此次在减税背景下也实现了一定社会意义。我们的改革在征管上迈出一大步，即突破有些综合计征的局限。很多实行综合计征的国家都面临遵从成本过高的问题，我们尝试了定额扣除、首次申报、留存备查、交叉比对、重点抽查、联合惩戒等手段，实现了“互联网＋税收征管”的落地。

第四个亮点是现代税制与国际的融合，例如与现代税收征管相匹配的反避税条款。以前报税需要提交各种报税材料，现在变为不用提交税务机关，只需留存备查，通过采用第三方数据交互检查的方式，防范道德风险，提高国家税收治理水平。反避税条款方面，2018 年在 CRS 情报交换方面也有突破。未来反避税方面的核心技术之一是情报交换，而情报的核心为数据。通过多元化的数据交换手段，提高反避税能力，实现征管水平与税制的现代化，某种意义上也是国家税收治理水平提高的体现。

三、下一步改革可探索的问题

在个人所得税改革的现代税制建设阶段，仍有很大的拓展空间，我们也需进行探索。这次改革充分借鉴和融合国际个人所得税 2018 年的发展趋势。我们通过对中低收入人群的劳动收入的大面积减税，采用标准扣除、专项扣除、专项附加扣除，扩大税率级距等方式全面降低其税负。而中高收入人群的劳动收入税负如何处理还存在值得完善的地方。在全球资本利得税率提高的背景下，我们目前通过采用分类计征的方式维持其税率平衡。

个人所得税的改革展望，主要有三个问题需要探讨。首先，要探讨的是下一步个人所得税改革要走向分类综合还是全面综合？一方面，全面综合在某种意义上可能更为公平。但另一方面，分类与综合相结合，可以更好地解决劳务报酬与资本利得的差异性问题。此外，在综合计征方面如何解决遵从成本的问题，也需要我们思考。

其次，我们要探讨下一步个人所得税改革将以个人为单位还是家庭为单位？目前个人所得税制度已经进行了优化，既能以个人进行申报，也能妥善解决家庭问题。例如子女的教育支出，可以采取父亲扣除、母亲扣除或者父母各扣 50% 的方式，赡养老人的支出也可以在兄弟姐妹之间进行平均分摊、指定分摊、约定分摊。但像大病医疗支出是病人本身进行扣除，而实际上可能是由配偶、子女或者父母支付，此时以家庭为单位进行专项扣除可能更好。再如，以劳务收入为主处于45%税率级距的技术型高收入人群，假设其家庭成员没有收入，以家庭为单位计征对其超额累进税率有很强的减缓性。

最后，个人所得税税制如何与新塑造的国际税收秩序进行融合也是值得关注的问题。例如，个人取得的境外所得现在仍采用抵免法的方式，在未来，经济开放到一定程度，不仅是货物和资本在自由流动，更多的是劳动力自由流动，尤其是人力资本的自由流动，人力资本将会是未来国际要素竞争的重点。目前在企业所得税层面，有些国家为了增强对资本的吸引力，由抵免法转向免税法，而我国已经在分国（地区）不分项抵免法的基础上，增加了不分国不分项的综合抵免法，将抵免层级从三层扩大至五层，逐步在放宽对抵免的限制，那么在这样的环境下，下一步个人所得税应当采用抵免法还是免税法才能更适应新的国际经济环境和人才流动也值得我们下一步的探讨。

总结过去　展望未来
不断推进中国税收现代化建设

——“改革开放40年税收改革发展研究”专题研讨会综述

2018年11月23日，“改革开放40年税收改革发展研究”专题研讨会在北京召开，研讨会由国家税务总局税收科学研究所、北京国家会计学院、中国税务出版社联合主办。与会专家围绕40年税收领域的重大事件和历史节点、40年税收改革发展取得的重要成果以及面向新时代税收改革发展方向等进行了充分研讨与交流。

一、40年税收改革发展取得的成就举世瞩目

与会专家一致认为，1978年以来，中国改革开放取得了令世人瞩目的伟大成就，改革开放40年也是中国税收事业快速发展的40年。中国税收制度在探索中不断创新、在实践中不断完善。全国税务系统砥砺奋进、开拓进取，始终把握正确的政治方向，依法组织税收收入，不断推动税制改革，不断深化税收征管体制改革，切实增强税收征管效能，参与全球税收治理，积极提高国际税收影响力，持续优化税收营商环境，有力发挥了税收在国家治理中的基础性、支柱性、保障性作用。40年来的税收改革发展实践，积累了丰富的经验，有着许多重要启示。

国家税务总局原副局长张志勇结合自身经历体会，总结了改革开放以来中国税收政策特别是涉外税制从引入到逐步完善的过程，重点对20世纪90年代起尤其是加入WTO后涉外税收政策的调整变化及其背景进行了回顾。认为中国涉外税收发展的40年，是在不断探索实践、学习引入国际税收基本规则的过程中，逐渐改进成熟起来的。在创建涉外税制的初期，乃至之后的改革进程中，我们始终坚持解放思想、实事求是的思想方法。按照服务改革开放、维护国家权益、尊重国际惯例等原则，中国的税收政策和税收优惠在不同时期体现出不同的特点和侧重点，特别是进入21世纪以后，随着经济全球化的发展，国内税收政策日益受到国际税收规则的影

响。他还对数字经济等对全球税收影响进行了深入分析和解读。

中国社会科学院副院长高培勇认为，40年税收改革最突出的一个特征，就是与中国经济体制整体改革和整体发展紧密结合在一起，从来没有脱离过经济体制整体改革和整体发展。他把中国40年的税收改革大体分为两个阶段：一是1978—2012年阶段，以经济体制改革为主线，伴随经济高速增长，税收呈高速增长态势，这一时期税收改革的规律，就是沿着建立社会主义经济市场体制的目标和要求，税收发展呈现公共化的过程；二是2012年至今，伴随全面深化改革以及社会主要矛盾和矛盾的主要方面等一系列深刻转换，经济从高速增长阶段转向高质量发展阶段，这一时期税收改革的规律，就是国家治理现代化传递到税收领域的税收现代化，即税收现代化该如何匹配国家治理现代化。

中央财经大学副校长马海涛认为，1983—1984年“两步‘利改税’”是具有划时代意义的改革：一是突破了理论上和实践上国家不能向国营企业征收所得税的禁区；二是通过所得税的刚性支付解决了利润上缴这一种扭曲的分配关系，规范了政府和企业的关系。1994年实施的税制改革和分税制财政体制改革是具有里程碑意义的改革：是迄今为止最彻底、最全面的一次改革，不仅仅解决了统一市场的问题，还解决了中央与地方的税收收入分配问题，帮助中央政府走出了财政困境，极大地提高了中央权威和调控能力。

中国国际商会学者刘戬高度评价了40年来中国税收环境改善取得的巨大成就。一方面，国内税收政策环境和税收征管环境持续改善。从世界银行和普华永道会计师事务所2018年10月31日联合发布的《全球营商环境报告（2019）》《世界纳税指数报告（2019）》看，中国纳税指数全球排名从2005年的第173位上升到2017年的第114位，进步了69位，纳税次数排名从第104位上升到第15位，进步了89位，纳税小时排名从第167位上升到第53位，进步了114位。另一方面，全面参与国际税收环境改善和治理。中国发布了81份《国别投资税收指南》，基本覆盖境外主要投资目的地。对外正式签署106个避免双重征税协定，其中100个协定已生效，为跨境投资和经营企业在东道国享受公平待遇、有效解决纠纷、维护税收权益提供了法律依据。同时，开通12366纳税服务双语网站和咨询热线，为“走出去”“引进来”企业提供了更加专业税收咨询、办税指引等纳税服务，极大地提升了中国参与全球税收治理的水平。

二、40年税收改革与不断发展的中国道路

与会专家一致认为，40年来，中国税收领域改革始终坚持从全局出发、从实际出发，不断沿着中国特色社会主义道路前进。东北财经大学原副校长马国强充分肯定了40年改革开放的巨大成绩，对税负水平、税制结构、个人所得税和房地产税改革、地方税体系以及税收法定等当前热点问题从理论上进行了分析并提出了自己的看法和建议。

北京大学财经法研究中心主任、中国法学会财税法学研究会会长刘剑文把中国税收法治40年的巨大变化概括为四大趋势、六条经验。其中，四大趋势包括：一是税法税制从内外有别到一体化；二是税收改革从行政思维到法治思维；三是制度建设从行政主导到税收法定；四是法治理念从税收法制到税收法治。六条经验包括：一是坚持财权管理制度统一；二是坚持改革与法治双轮驱动；三是坚持顶层设计科学布局与试点探索先行先试；四是坚持建立较完备的中国特色社会主义的法治体系；五是坚持促进公民实现从义务观到权利观转变；六是坚持税收理论创新与制度创新结合。他认为，40年税收法治建设取得的巨大成就，根本原因在于坚持党的领导、坚持人民当家作主、坚持依法治国。

中国人民大学财政金融学院教授朱青回顾了改革开放40年以来的税制改革历程，认为主要体现为两个方面重大变化：一是税制不断现代化，伴随着中国改革开放和社会经济的高速发展，中国税制由一个非常古老的税制变成了一个很现代化的税制，例如屠宰税、集市交易税、农业税等在20世纪80年代、90年代还存在的古老税种逐渐消失了；二是税制不断国际化，由一个封闭的税制变成了一个开放的税制，从“利改税”到营改增都充分体现了税制改革与国际化接轨。

国家税务总局税收科学研究所所长李万甫从四个方面阐述了新时代税收治理格局的重塑。一是政府与市场关系是更好发挥税收治理作用的基点选择。税收内嵌于经济活动中，是处理政府与市场关系的重要纽带。只有理顺政府与市场关系，才能解决好精准施税，才能实现减税降费政策的效能最大化。二是税收改革助力经济转型发展的作用显著。从改革之初“计划经济为主、市场经济为辅”，到20世纪90年代“建立社会主义市场经济体制”，再到21世纪初“不断完善社会主义市场经济

体制”，直至党的十九大“加快完善社会主义市场经济体制”，税收改革从“利改税”到分税制，再到结构性减税、新一轮“6+1”改革等，在助力不同时期经济转型发展方面扮演着重要而关键的角色。三是减税降费成为新时代税收治理主基调。伴随新时代社会基本矛盾、管理模式、发展动能等一系列转换，减税降费已逐渐成为新时代税收治理的主基调。四是塑造新时代税收治理格局亟待中国特色税收治理理论创新。既要立足国内税制改革和结构优化，充分考量新经济、数字经济、大数据等对现代税收征管的冲击和影响，更要立足全球视野，在G20等全球治理平台的大背景下，着力提升国际税收规则的话语权。

三、40年税收改革与市场化、法治化、国际化同步

与会专家认为，坚持市场化、法治化、国际化的改革方向，是40年税收改革的主线索主脉络。中央财经大学副校长马海涛认为，市场化方面，40年财税改革完全是和市场化改革同步。法治化方面，税收法治化建设的最大标志性事件，是历时十年、跨越三届全国人大、经过四次审议的2014年新预算法，这部法律最大的改变是由过去的一部管理法变为现在的控权法。国际化方面，财税改革与国际化同步的重要体现，就是充分借鉴国际的经验，在国际规则框架下来研究和推进中国税收领域的各项改革，最终逐步实现了与国际规则接轨。

国家税务总局税收科学研究所研究员龚辉文介绍了“改革开放40年税收改革发展研究”课题组的研究成果，并表示，中国40年税制改革的市场化、国际化特征明显。以增值税为例，一方面，几十年来着力构建现代型增值税制的改革逐步深化，从1984年对部分产品试行增值税，1994年税改取消产品税同时对所有货物征收增值税，2009年增值税转型改革，再到2016年全面营改增试点以及此后的简化税率，都使得增值税制更规范，征收范围更广泛、抵扣链条更完整，消除重复征税更彻底。增值税制的中性特征有利于社会分工，是一个符合市场经济发展要求的税种。另一方面，增值税实行“出口退税、进口征税”的消费地征税原则，理论上可以使货物、劳务以零税负成本进入国际市场，有利于国际公平竞争，是一个符合国际化发展趋势的税种。

北京国家会计学院财税政策与应用研究所所长李旭红从《个人所得税法》第七

次修订视角切入，认为构建现代税制不能忽视国际税收规则的约束环境，需要不断与国际税收规则相协调相适应。中国税收改革需要不断国际化、不断融入全球化，不断提升参与全球税收治理的能力和水平。

四、40年税收改革与下一步攻坚难点和重点

习近平总书记多次强调，改革开放只有进行时、没有完成时。中国已经进入改革的深水区和攻坚期，需要解决的都是难啃的“硬骨头”。那么，40年税收改革走到今天，面临的主要困难是什么？主要阻力在哪里？税收领域改革的深水区意味着什么？对此，会议组织税收科学研究所特聘、特约研究员和课题组成员围绕“税制改革”和“税收征管与法治”议题进行了分组讨论。

与会专家认为，税收领域改革到了深水区，这充分说明每一项改革的难度都在加大。一方面，回顾总结过去40年税收改革的成功经验，最重要的目的就是为下一步最大限度凝聚共识、深化财税领域改革，提供一些借鉴或启发。另一方面，系统总结40年来中国作为发展中国家在税收改革领域的典型特征，有利于提炼出可为全球其他发展中国家和地区以资借鉴的做法和经验。

也有专家特别指出，每一阶段国际税收制度变迁都有不同特点，经过40年发展，中国税制的国际化已经实现了从“被动顺应”到“主动兼容”的巨大转变，下一步正在开始积极影响世界税收发展，例如，中国的营改增就为世界营改增提供了“中国样本”“中国方案”。从最近几年全球税收发展趋势看，未来一段时期，中国在税收领域最需要的改革，就是保持税制的简化、税制的稳定性和税制的可预见，以显著提升中国税制和税收营商环境在全球范围内的国际竞争力。

与会专家还强调，当前需要正确处理好税收征管与税收法治的关系。税收征管与税收法治是表和里的关系，税收征管是表，税收法治是里，税收征管理论的严谨性和重要性丝毫不亚于税制理论。对《税收征收管理法》的修订，应首先研究如何构建与现代税制相匹配的税收征管现代化体系。下一步，如何构建起面向自然人纳税人的现代税收征管体系是重点。建议从遵从理论的理性人假设出发，深入研究自然人税收征管过程中的自然人行为特征、自然人纳税人与税务部门之间的关系等议题。

五、结语

面对错综复杂的国际环境，中国的改革开放已进入深入区，改革开放是当代中国最鲜明的特色，是决定当代中国命运的关键抉择。40年来，税收改革发展的带来前所未有的深刻变化和伟大变革，促进了中国特色社会主义市场体制的形成和中国社会经济的高速发展，展望未来，税收事业的前景十分光明，挑战也十分严峻。40年的税收改革和发展历程表明，只有不断吸取国外的先进经验，科学总结过去，坚持走中国特色的道路，推进具有中国特色的税收科研理论创新，才能不断高质量地推进新时代税收现代化建设。